KB136488

해커스변호사

민사소송법

Criminal Procedure Law

변호사시험

기출의 脈

선택형

이 책의 머리말

변호사시험의 경쟁률이 2:1을 넘어서면서 수험생들의 고민도 많아졌습니다. 하지만 모든 시험의 경쟁률은 2:1입니다. '합격하는 나'와 '떨어지는 나'의 싸움입니다. 세상에서 가장 무서운 싸움이지요. '합격하는 나'는 어떤 사람일까요? **합격할 만큼 공부한 사람**입니다. 더 정확하게 표현하자면 합격할 만큼만 공부한 지혜로운 사람입니다. 변호사시험은 필수과목만 7과목에 각각 선택형·사례형·기록형 세 가지 유형을 대비해야하는 시험입니다. 21개 유형의 시험문제를 닷새 동안 풀어야 하는데 여기에 더하여 선택과목도 대비해야합니다. 3월에 입학한 로스쿨생이 3년 후 시험장에 들어서기 까지 34개월이 걸립니다. 민사소송법 선택형시험을 대비하기 위해 얼마의 시간을 투자할 수 있을까요?

끝을 생각하며 시작하십시오. 그리고 소중한 것을 먼저 하십시오. 기출문제를 풀어보는 것이야 말로 가장 먼저 해야 할 일이고 수험기간을 단축시켜줄 열쇠입니다. 나아가 **절제되고 오류없는 기출문제집 한권으로 기출되지 않은 출제유력 판례까지 대비할 수 있다면 '시험장에서의 나'는 오로지 '합격하는 나'로 수렴될 수 있을 것입니다.**

본서의 특징은 아래와 같습니다.

1. 교과서 진도에 맞춘 논리적 흐름과 체계

기출문제 원전을 교과서진도에 맞추어 배치함으로써 교과서 공부와 병행할 수 있도록 했습니다. 독자들은 먼저 교과서에서 해당진도의 내용을 학습한 후 실제 기출문제를 풀어봄으로써 문제적응력을 높이고 교과서를 공부할 때에도 강약을 조절할 수 있을 것입니다. 교과서와 별도로 본서를 가지고 학습할 때에도 교과서편재에 따라 **해설에 제목을 붙이고 지문을 분류하여 민사소송법의 논리적 흐름과 체계를 잃지 않도록** 했습니다.

2. 출제유력 판례 및 쟁점정리

해설부분에 참고판례, 관련판례, 비교판례, 쟁점정리 등의 표시를 하여 출제가 유력한 **판례와 쟁점을 정리**했습니다. 민사소송법에 할당된 선택형문제의 수가 16개 내외이기 때문에 결국 중요한 부분에서 출제될 수밖에 없습니다. 따라서 기출된 주요판례가 반복 출제되는 것은 피할 수 없습니다. 하지만 기출문제는 모든 수험생이 대비하는 최소한의 학습범위에 속하므로 이로써 변별력을 높이기에는 한계가 있습니다. 때문에 출제자에게는 똑같은 문제가 반복되는 것을 최소화하면서도 중요한 주제를 놓치지 않아야하는 딜레마가 존재합니다. 이 딜레마를 해결하는 가장 손쉬운 방법은 기출된 판례와 관련되거나, 비교되는 판례의 출제일 것입니다. 이러한 경향은 실제 기출문제를 분석해 보면 알 수 있습니다. 본서는 기출지문을 기준으로 삼아 가장 출제가 유력한 판례를 선별하고 적재적소에 배치함으로써, **별도의 판례집을 보지 않고도 다양한 문제를 대비**할 수 있도록 했습니다.

3. 오류없는 정확한 해설, 총 245page로 민사소송법 선택형 완벽대비

본서는 1회부터 12회까지 모든 기출문제를 원전 그대로 수록하고, 출제가능한 판례와 꼭 필요한 내용을 빠짐없이 정리하면서도 245page로 분량을 최소화했습니다.

변호사시험의 경우 기출문제와 법전협 모의고사 문제에서 쟁점화된 판례가 반복적으로 출제되고 있기 때문에 이에 대한 해설은 시중의 모든 해설지와 교수해설 등을 모조리 참고하여 **오류없이 또 정확한 판례학습이 되도록 해설**하였습니다.

아무쪼록 변호사시험을 준비하는 수험생들에게 적지 않은 도움을 줄 수 있기를 간절히 기대하는 마음입니다. 앞으로도 본서가 살아있는 수험서가 되도록 부족한 부분들은 꾸준히 보완해 나갈 예정입니다.

본서에 관한 의문이나 질문이 있으신 분은 dhyoon21@hanmail.net이나 daum 카페 "윤동환 민사법교실"(http://cafe.daum.net/civillawclass)로 의견을 개진해 주길 바랍니다.

2023년 3월 연구실에서
윤동환

변호사시험 민사소송법 선택형
'민사소송법의 맥' 기본서 목차별 기출표시

2012년~2023년 12년간 변시 기출쟁점

제1편 총 론

목 차	쟁 점
총 론	소권의 실효(1회,2회)

제2편 소송의 주체

목 차			쟁 점
법원	재판권		전속적 국제재판관할합의(5회)
	법관의 제척 · 기피 · 회피		제척이유(4회)
	관할권	관할의 의의와 종류	소가(5회,10회)
		전속관할과 임의관할	
		법정관할	
		지정관할	
		거동관할	관할합의 효력(6회), 전속적 관할합의(1회), 관할합의 효력의 주관적 범위(5회), 변론관할 요건(5회,10회,11회)
		이송	관할위반의 경우 이송신청권 유무(5회,7회), 재심의 소가 관할법원에 이송된 경우 재심제기 기간의 준수여부의 판단기준시기(11회), 전속관할을 위반한 이송결정의 구속력 인정여부(5회,7회,11회), 반소제기에 의한 이송(11회)
당사자	당사자 확정	당사자의 확정	
		당사자표시정정	당사자표시정정의 효력(2회,8회,9회,12회)
		성명모용소송	
		법인격부인	
		소제기 이전의 당사자 사망	간과판결의 효력(6회,8회)
		소송계속 중 당사자 사망	소송이 종료되는 경우(1회), 소송대리인이 있는 경우(11회), 당사자가 소송대리인에게 소송위임을 한 다음 소 제기 전에 사망한 경우(6회,9회,11회), 심급대리원칙에 따른 소송절차

			중단(2회,10회), 절차중단 사유를 간과한 판결의 효력(6회,9회)
		변론종결 후 당사자 사망	확정판결의 효력(6회)
	당사자자격	당사자능력	판단기준시점(4회,7회), 비법인사단의 당사자능력(4회,7회), 총유물의 보존행위(2회,3회), 조합의 당사자능력(1회), 당사자능력 흠결의 효과 – 실종선고의 경우(7회)
		당사자적격	말소등기청구의 피고적격(2회,11회,12회), 제3자의 소송담당 – 파산재단소송의 파산관재인(4회), 압류 및 추심명령 (12회), 채권자대위소송(8회,12회), 채권자취소소송(12회), 한미행정협정 (7회), 회사관련소송(7회 · 8회,10회), 단체내부의 분쟁의 피고적격 (8회,12회)
		소송능력	추인(3회)
		변론능력	
		소송상의 대리인	각자대리원칙(3회,10회), [제93조(개별대리의 원칙)와 제180조(공동대리인에게 할 송달)의 관계 : 10회], 무능력자의 특별대리인(2회,4회,10회), 임의대리인 중 법률상 소송대리인(2회), 변호사대리원칙의 예외(단독사건 1회 · 10회 , 소액사건 2회 · 5회), 특별수권사항(3회), 소송대리인의 지위(2회), 심급대리원칙(11회), 파기환송 후 환송 전 항소심 대리인의 대리권 부활(4회,10회), 직무집행정지 및 직무대행자의 선임(12회), 무권대리(2회,3회), 무권대리 추인(1회), 무권대리 일부추인(3회), 소송대리권의 소멸(1회), 쌍방대리금지 변호사법 제31조 1항 위반의 대리(1회)

제3편 제1심 소송절차

목 차		쟁 점
	소의 의의와 종류	공유물분할의 소(3회,10회)
	소송요건	소송요건의 조사방법(6회,8회,11회)
소송의 개시와 심리의 대상	소의이익	근저당권 이전의 부기등기(6회), 근저당권 설정의 말소등기(8회), 시효중단을 위한 소제기(11회), 순차로 경료된 등기들의 말소를 청구하는 소송(4회,11회), 현재이행의 소에서 소유권이전등기청구권이 가압류된 경우(8회,11회), 현재이행의 소에서 금전채권이 가압류된 경우(4회,6회,11회), 현재이행의 소에서 금전채권이 전부명령된 경우(4회), 현재이행의 소에서 금전채권이 추심명령된 경우(4회,6회,9회), 목적의 실현이 실익이 없는 경우(1회,9회), 장래이행의 소 대상적격(2회,7회), 장래이행의 소 미리 청구할 필요(7회,8회,11회), 확인의 소에서 자기성 원칙의 예외(4회,9회), 확인의 소에서 현재성 원칙(9회,11회), 확인의 소에서 현재성 원칙의 예외(4회,6회), 확인의 소에서 확인의 이익(4회,9회,11회), 시효중단을 위한 확인의 소(11회), 상소이익(8회)
	소송물	소송물 특정(6회,11회)
	소의 제기	무변론판결제도(2회,6회,8회)
소제기 효과	소송계속	
	중복소송 금지	당사자 동일 요건(1회,4회), 소송물 동일 요건(2회), 별소로 청구한 반대채권을 가지고 상계항변(1회,3회,4회,5회,8회,11회), 동일권리에 대한 확인청구와 이행청구(1회,4회), 일부청구와 잔부청구(3회,4회,6회,12회), 전소의 소송계속 중에 후소를 제기(2회,4회), 중복소송의 효과(2회,3회,4회), 중복소송금지와 채권자취소소송(10회), 중복소송금지와 채권자대위소송(10회), 중복소송금지와 추심소송제기(10회)
	소송계속의 실체법상 효과	시효중단의 효과 응소의 경우(3회,9회), 시효중단의 물적 범위(3회,6회,9회), 채권양도의 경우 시효중단(3회,4회,9회)

		변론의 의의와 종류	
변론	변론의 여러 가지 원칙	공개심리주의	
		쌍방심리주의	
		구술심리주의	
		직접심리주의	
		처분권주의	심판의 대상과 범위(1회,3회,10회), 질적 동일(2회,3회,10회), 일부청구와 과실상계(2회), 채무부존재확인의 소(5회), 단순이행청구에 대한 상환이행판결(1회,3회), 현재의 이행의 소에 대한 장래이행판결(2회,3회,8회,11회), 일부인용판결(10회)
		변론주의	준비서면 제출의 효과(1회,2회), 주요사실과 간접사실의 구별(7회,8회,9회)
		석명권	부제소합의 위배여부(8회,9회)
		적시제출주의	기일의 해태(12회), 실기한 공격방어방법(11회), 상고이유서 제출기간이 지난 뒤의 새로운 상고이유의 제한(8회,11회)
		집중심리주의	
		직권진행주의와 소송지휘권	
	변론의 준비		
	변론의 내용과 소송행위	변론의 내용	본안의 항변(6회), 소송에 있어 형성권의 행사(11회), 상계항변의 특수성(6회,8회), 상계항변에 대한 상계의 재항변(5회,6회,11회)
		소송행위	소송상 합의의 법적 성질(4회), 소 취하 합의(7회), 소송행위의 철회(5회), 의사표시의 하자와 소송행위의 취소(4회,9회), 불항소합의(10회)
	변론의 실시		
	기일 · 기간 · 송달	기일의 해태	기일의 해태의 요건(5회,10회), 양쪽 당사자의 결석(5회,8회,10회), 한쪽 당사자의 결석(1회,2회,3회,5회,8회)
		기간의 미준수 및 소송행위의 추후보완	추후보완 사유(4회), 추후보완기간 (4회,6회)
		송 달	송달실시기관(2회), 보충송달(3회,4회,7회), 우편송달(2회,3회,7회), 공시송달(6회,7회,8회)
	소송절차의 정지	소송절차의 정지의 의의 및 종류	
		소송절차의 중단	소송당사자 사망 – 소송대리인이 있는 경우(2회,3회,6회,7회,9회,10회), 소송절차 중단을 간과한 판결의 효력(7회,9회)
		소송절차의 중지	

		서 설	
		요증사실	
증거	불요증사실	재판상자백	사실상 진술의 대상(6회,7회), 문서의 진정성립에 관한 자백(4회,6회,10회,11회), 선결적 법률관계의 진술(1회), 법규의 존부·해석에 관한 진술(11회), 선행자백(6회,7회,11회), 자백의 형식(6회), 법원에 대한 구속력(6회,7회,11회), 자백의 취소(7회), 자백의 철회(1회,4회,7회)
		자백간주	당사자에 대한 구속력(1회,4회,7회,11회)
		현저한 사실	
		법률상 추정된 사실	
	증거조사	증거조사의 개시와 유형	증인신문방식(1회,2회,7회,10회), 감정(1회,10회)
		서증	문서의 종류(2회), 형식적 증거력(5회,12회), 2단의 추정(3회,5회,6회,9회,11회,12회), 추정의 복멸(3회,5회,6회,9회,11회,12회), 실질적 증거력(3회,6회,10회,12회), 문서의 직접제출(6회,9회,11회), 문서제출명령(2회)
		당사자신문	당사자신문 의의(2회), 보충성의 폐지(1회)
		증거보전	직권에 의한 증거보전(2회)
자유심증주의			
증명책임			증명책임 의의 및 분배(6회,8회), 증명책임의 완화(1회,3회), 일응의 추정의 복멸(3회)

목 차			쟁 점
총 설		소송종료사유	
		소송종료선언	소송종료선언의 사유(1회,3회)
당사자의 행위에 의한 종료	소의 취하와 재소금지	소의 취하	소취하 의의(4회), 소취하 요건(3회,9회), 소취하 절차(4회)
		재소금지	재소금지 요건(9회), 재소금지 효과(4회)
	재판상 화해	포기, 인낙	포기, 인낙의 시기 및 방식(3회)
		소송상 화해	소송상 화해 요건(2회), 화해권고결정(2회,3회,9회)
		제소전 화해	제소전 화해의 법적 성질(2회)
종국판결에 의한 종료		판결의 종류	일부판결(11회), 재판의 누락(7회,11회)
		기판력	기판력의 대상(4회,11회)
	기판력의 범위와 작용	기판력의 시적 범위	표준시 전에 존재한 사유(1회,4회,6회,10회), 표준시 이후에 발생한 사유(9회), 표준시 이후의 형성권 행사(1회,3회,9회,10회)
		기판력의 객관적 범위와 작용	기판력의 객관적 범위(2회,4회), 일부청구(6회), 판결이유 중의 판단(6회,11회), 항변(5회,8회,9회,10회), 동일관계(1회,4회,5회,9회,11회), 선결관계(2회,5회), 모순관계(4회,11회)
		기판력의 주관적 범위	소송물의 승계인(2회), 채권자대위소송에서 기판력의 범위(4회,5회,6회,10회,11회), 채권자취소소송에서 기판력의 범위(1회), 계쟁물의 승계인(10회)
		판결의 하자와 편취판결	

제5편 병합소송

목 차			쟁 점
병합청구소송	객관적 병합	청구의 병합(객관적 병합)	
		단순병합	상소불가분의 원칙과 항소심의 심판대상(10회,12회)
		선택적병합	선택적병합의 심판방법(12회)
		예비적병합	예비적병합의 의의(5회), 예비적병합의 심판방법(5회), 항소심의 심판대상(5회,10회,12회)
	청구의 후발적 병합	청구의 변경	청구변경의 범위(4회,6회,11회), 청구변경의 모습(3회,6회), 청구변경의 요건(1회,3회,6회), 소변경의 간과효과(3회)
		중간확인의 소	중간확인의 소에 대한 심판(11회)
		반소	반소의 성질(1회,4회,5회), 반소의 모습(4회,11회), 반소의 요건(2회,11회)
다수당사자소송	공동소송	통상공동소송	통상공동소송의 의의(1회,6회), 통상공동소송인 독립의 원칙(4회), 증거공통의 원칙(4회), 주장공통의 원칙(6회)
		고유필수적 공동소송	고유필수적 공동소송의 의의(4회), 합유 또는 총유관계소송(2회,4회,6회,10회,12회), 공유관계소송(1회,2회,4회,6회,12회), 형식적 형성소송(1회,6회,10회), 소송요건의 조사(6회), 상소심에서 소송진행의 통일(1회,4회,10회)
		유사필수적 공동소송	
		예비적·선택적 공동소송	소송의 형태(6회), 허용요건(2회,4회,7회,11회,12회), 효과(2회,12회)
		선정당사자 제도	선정의 방법(1회,5회), 선정의 효과(1회,5회,6회,11회), 선정자의 지위(1회)
	소송참가	보조참가	참가요건(8회), 참가인의 소송상 지위(1회,8회,9회,12회), 참가적 효력(2회,9회,11회,12회)
		소송고지	실체법상 효과(3회)
		공동소송적 보조참가	공동소송적 보조참가의 요건(1회,3회,6회), 공동소송적 보조참가의 효과(9회)
		공동소송참가	주주대표소송에서 회사의 소송참가 (10회)
		독립당사자참가	독립당사자참가 소송의 구조(6회), 참가요건(2회,3회,6회,11회), 참가소송의 심판(2회,3회,6회)
	당사자의 변경	임의적 당사자의 변경	
		소송승계	특정승계의 요건 – 승계인 적격의 판단기준(7회,12회), 특정승계의 효과(4회,12회), 승계인의 소송인수와 시효중단(10회), 참가승계와 부동의로 탈퇴하지 못한 자의 당사자들과의 관계(10회,12회)

제6편 상소심 및 재심절차

제7편 간이소송절차 및 종국판결에 부수되는 재판

※ 본문 내 목차인 편, 장, 절, 관은 '민사소송법의 맥' 기본서 목차에 따랐습니다. 따라서 기출이 없는 절, 관은 별도로 표시하지 않았습니다.

※ 제12회 변호사시험 기출문제는 번호(제1편 총론 A-1, 제2편 소송의 주체 B-1, 제3편 제1심의 소송절차 C-1, 제4편 소송의 종료 D-1, 제5편 병합소송 E-1, 제6편 상소심 및 재심절차 F-1 등)가 별도로 부여되었습니다.

※ 1회~12회 변호사시험 기출해설특강은 해커스변호사(lawyer.hackers.com)에서 수강하실 수 있습니다.

❷ 민사소송법
제1편 총론, 제2편 소송의 주체

제1장 법원
제1절 재판권
제2절 법관의 제척 · 기피 · 회피
제3절 관할권

문 1 소송목적의 값에 관한 설명 중 옳지 않은 것은? (다툼이 있는 경우 판례에 의함)　　　[변시 5회]

① 제소 당시 「소액사건심판법」의 적용대상인 소액사건이 그후 병합심리로 인하여 그 소송목적의 값의 합산액이 2,000만 원을 초과할 경우, 소액사건에 해당하지 아니한다.

② 「법원조직법」에서 소송목적의 값에 따라 관할을 정하는 경우 그 값은 소로 주장하는 이익을 기준으로 계산하여 정한다.

③ 특정부동산에 설정된 근저당권등기의 말소를 구하는 소에 있어서 소송목적의 값은 일응 그 피담보채권액에 의할 것이나, 그 근저당권이 설정된 당해 부동산의 가격이 피담보채권액보다 적을 때에는 부동산의 가격에 의한다.

④ 해고무효확인청구와 그 해고가 무효임을 전제로 한 임금지급청구가 1개의 소로 제기되는 경우 그중 다액인 소송목적의 값에 의한 인지만을 소장에 붙이면 된다.

⑤ 과실(果實) · 손해배상 · 위약금(違約金) 또는 비용의 청구가 소송의 부대목적이 되는 경우에는 그 값은 소송목적의 값에 넣지 아니한다.

해 설 ① [✕] ※ 병합심리로 소가의 합산액이 소액사건의 소가를 초과하는 경우 소액사건심판법의 적용대상인 소액사건에 해당하는지 여부

判例는 "소액사건심판법의 적용대상인 소액사건에 해당하는지 여부는 **제소 당시를 기준으로 정하여지는 것이므로, 병합심리로 그 소가의 합산액이 소액사건의 소가를 초과하였다고 하여도 소액사건임에는 변함이 없다**"(대판 1992.7.24. 91다43176)고 판시한 바 있다.

한편 2017. 1. 1.부터 시행된 소액사건심판규칙 제1조의2에 따른 소액사건은 제소한 때의 소송목적의 값이 3000만 원을 초과하지 아니하는 금전 기타 대체물이나 유가증권의 일정한 수량의 지급을 목적으로 하는 제1심의 민사사건으로 한다.

② [○] ※ 소송목적의 값 산정

법원조직법에서 소송목적의 값에 따라 관할을 정하는 경우 그 값은 소로 주장하는 이익을 기준으로 계산하여 정한다(민사소송법 제26조 1항).

③ [○] ※ 특정부동산에 설정된 근저당권설정등기의 말소를 구하는 소송에 있어서의 소가 산정의 기준

判例는 "특정부동산에 설정된 근저당권등기의 말소를 구하는 소송에 있어서의 소가는 일응 그

피담보채권액에 의할 것이나 그 근저당권이 설정된 당해 부동산의 가격이 피담보채권액 보다 적을 때는 부동산의 가격이 소가산정의 기준이 되는 것이다"(대판 1976.9.28. 75다2064)라고 판시한 바 있다.

④ [○] ※ 병합소송에서의 소가

判例는 "해고무효확인청구와 그 해고가 무효임을 전제로 한 임금지급청구가 병합된 경우 비재산권을 목적으로 하는 소송과 그 소송의 원인된 사실로부터 발생하는 재산권상의 소송을 병합한 때에 해당하여 그중 다액인 소가에 의한 인지만을 붙이면 된다(인지법 제2조 5항)"(대결 1994.8.31. 94마390)고 판시한 바 있다.

⑤ [○] ※ 부대청구의 불산입원칙

주된 청구만 소가를 산정하고 '과실(법정과실 포함), 손해배상(지연손해금, 지연이자), 위약금 또는 비용의 청구가 소송의 부대목적이 되는 경우에는 그 값은 소송목적의 값에 넣지 아니한다'(민사소송법 제27조 2항)

쟁점정리 하나의 소로 여러 개의 청구를 하는 경우에는 그 여러 청구의 값을 모두 합하여 소송목적의 값을 정한다(제27조 1항). 다만, ⅰ) 선택적·예비적 병합과 같이 하나의 소로써 여러 개의 청구를 하더라도 그 경제적 이익이 동일한 중복청구는 중복되는 범위에서 흡수된다. ⅱ) 수단인 건물철거청구와 목적인 토지인도청구가 병합된 경우와 같이 1개의 청구가 다른 청구의 수단에 지나지 않을 때에는 그 가액은 소가에 산입하지 않는다. ⅲ) 과실, 지연손해, 위약금, 비용 등의 부대청구는 산입하지 않는다(제27조 2항).

[정답] ①

문2 서울특별시 서초구(서울중앙지방법원 관할구역)에 사는 甲은 수원시에 사는 乙에게 甲 소유의 X토지(인천광역시 소재)를 대금 2억 원에 매도하였다. 그 후 甲은 乙을 상대로 X토지 매매계약상의 매매대금 2억 원과 소장송달 다음 날부터 다 갚는 날까지 연 12%의 비율에 의한 지연손해금을 청구하는 소를 제기하였다. 이에 관한 설명 중 옳지 않은 것을 모두 고른 것은? (다툼이 있는 경우 판례에 의함)

[변시 10회]

ㄱ. 甲의 배우자 丙은 변호사 자격이 없더라도 위 소송에서 법원의 허가를 얻어 甲의 소송대리인이 될 수 있다.

ㄴ. 甲이 제1심에서 전부 패소하여 제1심 판결에 대해 항소한 경우, 항소심의 관할법원은 고등법원이다.

ㄷ. 甲이 서울중앙지방법원에 위 소를 제기한 후 소송계속 중 대전광역시로 주소를 이전한 경우, 서울중앙지방법원의 관할은 소멸한다.

ㄹ. 甲이 서울동부지방법원에 위 소를 제기하였는데, 乙이 관할위반의 항변을 하지 아니하고 매매계약의 효력을 다투는 답변서를 제출하여 그것이 진술간주된 경우, 서울동부지방법원은 관할권을 가진다.

① ㄱ, ㄴ   ② ㄷ, ㄹ
③ ㄱ, ㄴ, ㄷ   ④ ㄴ, ㄷ, ㄹ
⑤ ㄱ, ㄴ, ㄷ, ㄹ

[해설] ㄱ. [X] ㄴ. [X] ① 소가가 5억원 이하인 사건, ② 수표 · 약속어음금 청구사건, ③ 합의부가 단독 판사관할로 인정한 재정단독사건 등은 단독판사관할이다. 단독사건은 지방법원 항소부가 제2심 이 된다.[1) 또한 과실, 지연손해, 위약금, 비용 등의 부대청구는 소가 산정에 산입되지 않고(민 소법 제27조 2항). 5억 원 이하의 단독사건 중 소송목적의 값이 1억 원을 초과하는 경우에는 비변호사대 리가 허용되지 않는다(민사소송규칙 제15조 제1항 제2호 가목).

☞ 사안의 경우 부대청구인 지연손해금 청구는 소가에 포함되지 않으므로 소가가 2억 원인 단 독판사 관할의 사건이다. 따라서 항소심은 지방법원 항소부이며, 비변호사대리가 허용되지 않 는 사건에 해당한다.

※ 소송위임에 의한 소송대리인(좁은 의미의 소송대리인)

(1) 변호사대리원칙
우리법은 변호사강제주의를 취하지 않으므로 본인이 소송행위를 할 수 있다. 다만 대리인에 의 하여 소송행위를 하는 때에는 법률에 따라 재판상 행위를 할 수 있는 대리인 이외에는 변호사 가 아니면 소송대리인이 될 수 없는 것이 원칙이다(제87조).

(2) 변호사대리원칙의 예외

1) 단독사건(법원의 허가 필요)

① **[비변호사대리 허용요건]** ㉠ 단독사건 중 소가가 일정 금액 이하의 사건일 것(1회 선택형), ㉡ 당사 자의 배우자 또는 4촌 이내의 친족으로서 당사자와의 생활관계에 비추어 상당하다고 인정되는 자 또는 당사자와 고용관계 등 계약을 맺고 그 사건에 관한 통상업무를 처리 · 보조하는 자로 서 그 담당사무 등에 비추어 상당하다고 인정되는 자가(규칙 제15조 2항) ㉢ 서면 신청에 따른 법원의 허가를 받을 것을 요한다(제88조 1항).

② **[구체적인 예]** ㉠ 민사 및 가사소송의 사물에 관한 규칙 제2조 단서 각호의 어느 하나에 해당 하는 사건(수표 · 어음금 청구사건, 금융기관이 원고인 대여금 등의 사건, 자동차손해배상보장법상 손 해배상사건 및 근로자의 업무상 재해로 인한 손해배상 사건, 재정단독사건 등)은 소가가 5억원을 초과하여도 여전히 단독사건이므로 비변호사대리가 허용된다. ㉡ 소가 5억원 이하의 단독사건 중 소가 1억원을 초과하지 아니하는 사건에 한하여 비변호사대리가 가능하므로, 고액단독사건 은 비변호사대리가 허용되지 않는다.

③ 단독사건이라도 상소심에서는 합의사건이 되므로 상소심에서는 비변호사대리가 원칙적으로 허 용되지 않는다.

2) 소액사건(3,000만 원 이하의 사건 : 법원의 허가 불요)
당사자의 배우자 · 직계혈족 또는 형제자매는 법원의 허가 없이 소송대리인이 될 수 있다(소액사 건심판법 제8조, 소액사건심판규칙 제1조의2).

---

1) 2015.2.13.에 개정된 사물관할에 관한 규칙은 소가 2억 초과 사건의 경우 지방법원합의부가 제1심으로 심판한다고 규정 하면서도(동 규정 제3조), 고등법원의 심판범위는 소가 1억 원을 초과한 사건이라고 규정하였다(동 규정 제4조). 그러나 2016.10.1. 규칙 제4조가 삭제됨으로써 현재 단독사건에 대한 제2심법원은 지방법원 항소부로 일원화 되었다.

※ 사물관할(임의관할)

(1) 합의부의 관할 [재, 5, 비, 재, 관]

　① 합의부에서 심판할 것으로 합의부가 스스로 결정한 재정합의사건(제34조 3항), ② 소가가 5억 원을 '초과'하는 민사사건(2016.9.6. 규칙개정), ③ 비재산권상의 소(해고무효확인의 소 등), ④ 재산권상의 소로서 소가를 산출할 수 없는 경우[낙찰자지위확인을 구하는 소(94다41454)], ⑤ 본소가 합의부관할일 때 이에 병합 제기하는 청구변경(제262조), 중간확인의 소(제264조), 반소(제269조), 독립당사자 참가(제79조) 등 관련청구사건은 그 소송목적의 값에 관계없이 합의부관할에 해당한다. 합의부사건은 고등법원이 제2심이 된다.

(2) 단독판사의 관할 [재, 5, 어]

　① 소가가 5억원 이하인 사건, ② 수표 · 약속어음금 청구사건, ③ 합의부가 단독판사관할로 인정한 재정단독사건 등은 단독판사관할이다. 단독사건 중 2억 원 이하인 사건은 지방법원 항소부가 제2심 법원이 되고, 2억 원을 초과하고 5억 원 이하인 사건은 고등법원이 제2심 법원이 된다.[2] 제3심은 고등법원이든 지방법원 항소부이든 대법원이 된다.

소 가	1심	2심		3심
3천만원 이하	단독사건 : 지법단독판사 (법원의 허가 없이 비변호사대리 가능)	2억원 이하	지방법원 항소부	대법원
3천만원 초과 1억원 이하	단독사건 : 지법단독판사 (법원의 허가 받아 비변호사대리 가능)			
1억원 초과 5억원 이하	단독사건 : 지법단독판사	2억원 초과	고등법원	
5억원 초과	합의사건 : 지방법원합의부			

　ㄷ. [X] 다른 소송요건의 판단 표준시가 사실심의 변론종결시인 점과는 달리 수소법원이 관할권이 있는지 여부는 '소제기한 때'를 표준으로 하여 정한다(제33조). 소제기시에 관할이 인정되는 한 그 뒤 사정변경은 원칙적으로 관할에 아무런 영향이 없다(관할의 항정). 다만, 단독판사에 본소사건이 계속 중인데 합의부관할에 속하는 사건이 반소로 제기된 경우(제269조 2항), 청구취지의 확장으로 합의부의 관할이 된 경우에는 합의부로의 이송원인이 된다.

　☞ 사안의 경우 서울중앙지방법원은 '지참채무의 원칙'상 '의무이행지'에 해당하여 적법한 관할에 해당하고, 수소법원의 관할의 표준시기는 '소 제기 시'이므로, 甲이 서울중앙지방법원에 소를 제기한 후 적법하게 관할권이 발생한 후 소송계속 중 대전광역시로 주소를 이전한 경우라도 서울중앙지방법원의 관할에는 아무런 영향이 없다.

민사소송법 제8조 (거소지 또는 의무이행지의 특별재판적) 「재산권에 관한 소를 제기하는 경우에는 거소지 또는 의무이행지의 법원에 제기할 수 있다.」

민법 제467조 (변제의 장소) 「①항 채무의 성질 또는 당사자의 의사표시로 변제장소를 정하지 아니한 때에는 특정물의 인도는 채권성립당시에 그 물건이 있던 장소에서 하여야 한다. ②항 전항의 경우에 특정물인도 이외의 채무변제는 채권자의 현주소에서 하여야 한다. 그러나 영업에 관한 채무의 변제는 채권자의 현영업소에서 하여야 한다.」

---

2) 2022.3.1.부터 시행되는 개정 규칙에서는 소가 5억 초과 사건의 경우 지방법원합의부가 제1심으로 심판한다고 규정하는 한편, 제4조를 다시 신설하여 고등법원의 심판범위는 소가 2억 원을 초과한 사건이라고 규정하였다(동 규정 제4조)

민사소송법 제33조(관할의 표준이 되는 시기) 법원의 관할은 소를 제기한 때를 표준으로 정한다.

ㄹ. [×] 判例는 "변론관할이 생기려면 피고의 본안에 관한 변론이나 준비절차에서의 진술은 현실적인 것이어야 하므로 피고의 불출석에 의하여 답변서 등이 법률상 진술 간주되는 경우는 변론관할이 생기지 않는다"(대판 1980.9.26. 80마403)라고 판시한 바 있다.

민사소송법 제30조 (변론관할) 피고가 제1심 법원에서 관할위반이라고 항변(抗辯)하지 아니하고 본안(本案)에 대하여 변론(辯論)하거나 변론준비기일(辯論準備期日)에서 진술하면 그 법원은 관할권을 가진다.

[정답] ⑤

문3　甲이 乙을 상대로 제기한 X토지의 소유권이전등기말소 청구의 소의 항소심법원은 甲에게 소유권이 인정되지 않는다는 이유로 甲이 승소한 제1심 판결을 취소하고 甲의 청구를 기각하는 판결을 선고하였다. 이에 대하여 甲이 상고를 제기하였는데, 상고심 법원은 항소심판결을 파기하고 항소심법원에 환송하는 판결을 선고하였다. 다음 설명 중 옳은 것은? (각 지문은 독립적이며, 다툼이 있는 경우 판례에 의함)

[변시 4회]

① 항소심에서 판결 작성에 관여한 A판사가 상고심 재판에 관여한 경우, 乙은 법률상 재판에 관여할 수 없는 법관이 관여하였음을 이유로 위 파기환송판결에 대하여 재심의 소를 제기할 수 있다.

② 환송 후 항소심의 판결정본이 환송 전 항소심의 甲의 대리인인 변호사 B에게 송달되면 송달로서의 효력이 생기지 않는다.

③ 환송 전과 환송 후의 항소심은 동일한 심급이므로 환송 전의 항소심판결에 관여한 C판사는 환송 후의 항소심재판에 관여할 수 있다.

④ 이 사건 제1심 법원의 촉탁에 의해 다른 법원의 D판사가 증거조사를 실시한 경우 D판사는 환송 후 항소심의 직무집행에서 제척된다.

⑤ 환송 후의 항소심판결에 대하여 乙이 적법하게 상고를 제기한 경우 환송 전의 상고심에서 乙을 대리하였던 변호사 E의 소송대리권은 환송 후의 상고심에서 부활하지 않는다.

해설　① [×] **제41조 (제척의 이유)** 「법관은 다음 각호 가운데 어느 하나에 해당하면 직무집행에서 제척(除斥)된다. 5. 법관이 불복사건의 이전심급의 재판에 관여하였을 때. 다만, 다른 법원의 촉탁에 따라 그 직무를 수행한 경우에는 그러하지 아니하다.」

※ 대법원의 환송판결이 재심의 대상적격이 있는지 여부(소극)

"재심제도의 본래의 목적에 비추어 볼 때, 재심의 대상이 되는 '확정된 종국판결'이란 당해 사건에 대한 소송절차를 최종적으로 종결시켜 그것에 하자가 있다고 하더라도 다시 통상의 절차로는 더 이상 다툴 수 없는 기판력이나 형성력, 집행력을 갖는 판결을 뜻하는 것이라고 이해하여야 할 것인 바, 대법원의 환송판결은 형식적으로 보면 '확정된 종국판결'에 해당하지만, 여기서 종국판결이라고 하는 의미는 당해 심급의 심리를 완결하여 사건을 당해 심급에서 이탈시킨다는 것을 의미하는 것일 뿐이고 실제로는 환송받은 하급심에서 다시 심리를 계속하게 되므로 소송절차를 최종적으로 종료시키는 판결은 아니며, 소송물에 관하여 직접적으로 재판하지 아니하고 원심의 재판을 파기하여 다시 심리 판단하여 보라는 종국적 판단을 유보한 재판의 성질상 직접적으로 기판력이나 실체법상 형성력, 집행력이 생기지 아니한다고 하겠으므로 이는 중간판결의 특성을 갖는 판결로서 '실질적으로 확정된 종국판결'이라 할 수 없다"(대결 1995.2.14. 전합93재다27)

② [X] ※ 대리권의 부활이 긍정된 판례 : 파기환송되어 사실심에 계속 중인 사건
"상고 전의 항소심의 소송대리인의 대리권은 그 사건이 항소심에 계속되면서 다시 부활하므로 환송 받은 항소심에서 환송 전의 항소심의 소송대리인에게 한 송달은 당사자에게 한 송달과 마찬가지의 효력이 있다"(대판 1984.6.14. 84다카744).

③ [X] 민사소송법 제41조 5호의 '이전 심급'은 하급심 재판을 말하므로 환송·이송되기 전에 원심에 관여한 법관이 환송·이송된 후에 다시 관여하는 경우는 이에 해당되지 않아 제척 사유가 아니다. 그러나 민사소송법 제436조 3항이 별도로 원심판결에 관여한 판사는 환송된 판결에 관여하지 못하도록 규정하고 있어 C판사는 환송 후의 항소심 재판에 관여할 수 없다.

④ [X] 민사소송법 제41조 5호의 관여란 "최종 변론, 판결의 합의 작성 등 **깊이 관여한 경우**를 말하며, 최종변론 전 변론준비·변론·**증거조사**, 기일지정과 같은 소송지휘 또는 판결의 선고에만 관여한 것은 제외한다"(대판 1997.6.13. 96다56115). 따라서 제1심 법원의 촉탁에 의해 증거조사만 실시한 경우 제척 사유에 해당되지 않는다.

⑤ [O] ※ 대리권의 부활이 부정된 판례 : 파기환송되어 법률심에 계속 중인 사건
判例는 "소송대리권 범위는 특별한 사정이 없는 한 당해 심급에 한정되므로, 상고심에서 항소심으로 파기환송된 사건이 다시 상고된 경우에는 항소심의 소송대리인은 그 대리권을 상실하고, 이때 환송 전 상고심 대리인의 대리권이 그 사건에 다시 상고심에 계속되면서 부활하게 되는 것은 아니라고 할 것"(대결 1996.4.4. 94마148)이라고 하여 **새로운 상고심을 별개의 심급**으로 본다.

[정답] ⑤

문4 관할 및 소송의 이송에 관한 설명 중 옳지 않은 것은? (다툼이 있는 경우 판례에 의함)   [변시 5회]

① 당사자가 관할위반을 이유로 한 이송신청을 한 경우 이는 단지 법원의 직권발동을 촉구하는 것에 불과하고, 법원은 이 이송신청에 대하여 재판을 할 필요가 없다.

② 심급관할을 위반한 이송결정의 효력(기속력)은 상급심 법원에는 미치지 않는다.

③ 대한민국 법원의 관할을 배제하고 외국의 법원을 관할법원으로 하는 전속적인 국제관할의 합의가 현저하게 불합리하고 불공정하여 공서양속에 반하는 법률행위에 해당하는 경우에는 무효이다.

④ 관할의 원인이 동시에 본안의 내용과 관련이 있는 경우, 법원은 원고가 주장하는 청구원인사실을 기초로 하여 관할권의 유무를 판단할 것이지, 본안의 심리를 한 후에 관할의 유무를 결정할 것은 아니다.

⑤ 부동산 양수인이 근저당권이 설정된 부동산의 소유권을 취득한 특정승계인에 해당할 경우, 근저당권설정자와 근저당권자 사이에 이루어진 관할합의의 효력은 그 부동산 양수인에게도 미친다.

해설 ① [O] ※ 관할위반의 경우 당사자의 이송신청권 존부

관할위반에 의한 이송(제34조 1항)은 다른 원인에 의한 이송(제34조 2항, 제35조, 제36조 등)과 달리 '당사자의 신청'권을 규정하고 있지 않다는 점에서 判例(다수의견)는 "당사자에게 관할위반을 이유로 하는 이송신청권이 있는 것이 아니다. 그러므로 당사자가 관할위반을 이유로 이송신청을 한 경우에도 이는 법원의 직권발동을 촉구하는 의미밖에 없으므로, 법원은 이 이송신청에 대하여 재판을 할 필요가 없고, 설사 법원이 재판을 했어도 항고가 허용될 수 없으므로 항고심은 이를 각하하여야 한다"(대결 1993.12.6. 전합93마524)고 하여 부정하고 있다.

② [O] ※ 전속관할의 위반과 이송결정의 구속력 : 상급심불구속

이송결정이 확정되면 소송을 이송받은 법원은 이송결정에 따라야 한다(제38조 1항). 따라서 이송결정이 잘못된 것이라도 소송을 이송받은 법원은 사건을 다시 다른 법원에 이송하지 못한다(동조 2항). 判例 역시 원칙적으로 "이송결정의 기속력은 불복방법으로 즉시항고가 마련되어 있는 점이나 이송의 반복에 의한 소송지연을 피하여야 할 공익적 요청에 비추어 볼 때, 전속관할 규정을 위배하여 이송한 경우에도 미친다"(대결 1995.5.15. 94마1059)고 판시하였으나 다만, "상급심 법원에도 미친다고 한다면 당사자의 심급의 이익을 박탈하고, 이송을 받은 법원이 법률심인 대법원인 경우에는 당사자의 사실에 관한 주장, 입증의 기회가 박탈되는 불합리가 생기므로 이송받은 상급심 법원에는 미치지 않는다"(대결 1995.5.15. 94마1059)고 판시하여 상급심 법원에는 기속력이 미치지 않는다고 본다.

③ [O] ※ 국제재판관할의 합의

判例는 한국법원의 재판권을 배제하고 외국법원만을 관할법원으로 하는 전속적 국제재판 관할합의가 유효하려면, "당해 사건이 대한민국 법원의 전속관할에 속하지 않고, 지정된 외국법원이 그 외국법상 당해 사건에 대해 관할권을 갖고, 당해 사건이 그 외국법원에 대하여 합리적 관련성을 가질 것이 요구되며, 또한 전속적 관할합의가 현저하게 불합리 하고 불공정한 경우에는 그 합의는 공서양속에 반하여 무효"(대판 1997.9.9. 96다20093)라고 판시한 바 있다.

④ [O] ※ 관할의 원인이 동시에 본안의 내용과 관련이 있는 경우, 관할권의 유무를 판단하는 방법

"관할권은 법원이 사건에 관하여 재판권을 행사할 권한으로서 청구의 당부에 관하여 본안판결을 할 수 있는 전제요건을 이루는 것이므로 법원은 우선 사건에 관하여 관할권의 유무를 확인한 후에 본안심리에 들어가야 하는 것이고, 관할의 원인이 동시에 본안의 내용과 관련이 있는 때에는 원고의 청구원인사실을 기초로 하여 관할권의 유무를 판단할 것이지, 본안의 심리를 한 후에 관할의 유무를 결정할 것은 아니다"(대결 2004.7.14. 2004무20).

⑤ [X] ※ 관할합의 효력의 주관적 범위 : 특정승계인 중 물권승계인(효력이 미치지 않음)

특정승계인 중 물권승계인은 합의의 효력을 받지 않는다. 물권의 내용은 정형화되어 있어서 당사자가 그 내용을 자유롭게 변경할 수 없고(민법 제185조 물권법정주의), 합의를 했어도 부동산등기법상 합의를 등기할 수도 없기 때문이다. 즉 判例는 "부동산 양수인이 근저당권 부담부의 소유권을 취득한 특정승계인에 불과하다면, 근저당권설정자와 근저당권자 사이에 이루어진 관할합의의 효력은 부동산 양수인에게 미치지 않는다"(대결 1994.5.26. 94마536)고 판시한 바 있다.

비교판례 ※ 관할합의 효력의 주관적 범위 : 특정승계인 중 채권승계인(효력이 미침)

"관할에 관한 당사자의 합의로 관할이 변경된다는 것을 실체법적으로 보면, 권리행사의 조건으로서 그 권리관계에 부분적으로 부착된 실체적 이해의 변경이라 할 수 있으므로, 지명채권과 같이 권리관계의 내용을 당사자가 자유롭게 정할 수 있는 경우에는, 당해 권리관계의 특정승계인은 그와 같이 변경된 권리관계를 승계한 것이라고 할 것이어서, 관할합의의 효력은 특정승계인에게도 미친다"(대결 2006.3.2. 2005마902).

[정답] ⑤

문5 소송의 이송에 관한 설명 중 옳은 것을 모두 고른 것은? (다툼이 있는 경우 판례에 의함) [변시 7회]

> ㄱ. 동일한 지방법원 내에서 합의부와 단독판사의 구별은 사무분담 문제에 불과하므로, 동일한 지방법원 내의 합의부와 단독판사 사이에서는 이송의 여지가 없다.
> ㄴ. 관할위반을 이유로 한 당사자의 이송신청은 단지 법원의 직권발동을 촉구하는 의미밖에 없으므로 이송신청 기각결정에 대하여는 즉시항고가 허용되지 않으나, 법원이 이송신청에 대하여 재판하지 않은 경우에는 재판에 영향을 미친 헌법위반이 있음을 이유로 한 특별항고가 허용된다.
> ㄷ. 당사자가 즉시항고를 하지 아니하여 이송결정이 확정된 경우, 전속관할의 규정을 위반한 이송결정이라고 하더라도 원칙적으로 기속력이 인정된다.
> ㄹ. 심급관할을 위반한 이송결정의 기속력은 이송받은 동일 심급의 법원과 하급심 법원에는 미치지만 상급심 법원에는 미치지 않는다.
> ㅁ. 이송결정이 확정되면 이송결정을 한 법원은 수소법원으로서의 자격을 상실하므로 어떠한 처분도 할 수 없다.

① ㄱ, ㅁ   ② ㄷ, ㄹ
③ ㄱ, ㄴ, ㄹ   ④ ㄱ, ㄷ, ㅁ
⑤ ㄴ, ㄷ, ㄹ

[해설] (ㄱ) [X] **제34조(관할위반 또는 재량에 따른 이송)** 「② 지방법원 단독판사는 소송에 대하여 관할권이 있는 경우라도 상당하다고 인정하면 직권 또는 당사자의 신청에 따른 결정으로 소송의 전부 또는 일부를 같은 지방법원 합의부에 이송할 수 있다.」

(ㄴ) [X] ※ 당사자의 이송신청권 인정여부(부정설)
관할위반에 따른 이송은 법원의 직권에 의해 이루어진다. 관할위반이송(제34조 1항)은 심판편의에 의한 이송 등(제34조 2항, 제35조, 제36조, 제269조 2항)과 달리 당사자의 이송신청권이 규정되어 있지 않아 이송신청권 인정 여부가 문제된다.
判例는 " i) 당사자가 관할위반을 이유로 한 이송신청을 한 경우에도 이는 단지 법원의 직권발동을 촉구하는 의미밖에 없는 것이고, 따라서 법원이 이 이송신청에 대하여는 재판을 할 필요가 없고, ii) 설사 법원이 이 이송신청을 거부하는 재판을 하였다고 하여도 항고가 허용될 수 없으므로 항고심에서는 이를 각하하여야 한다"(대결 1993.12.6. 전합93마524)고 하여 **부정설**의 입장이다. 또한 判例는 즉시항고(제39조)는 물론 특별항고(제449조)도 부정하는 입장이다(대결 1996.1.12. 95그59)

(ㄷ) [O] ※ 전속관할위반의 이송결정의 구속력(원칙적으로 구속력 인정)
判例는 "이송결정의 기속력은 당사자에게 이송결정에 대한 불복방법으로 즉시항고가 마련되어 있는 점이나 이송의 반복에 의한 소송지연을 피하여야 할 공익적 요청에 비추어 볼 때, 당사자가 이송결정에 대하여 즉시항고를 하지 아니하여 확정된 이상 원칙적으로 전속관할의 규정을 위배하여 이송한 경우에도 미친다"(대결 1995.5.15. 94마1059,1060)고 하여 전속관할에 위반한 이송결정의 경우에도 원칙적으로 구속력을 인정한다.

(ㄹ) [○] ※ 전속관할위반의 이송결정의 구속력(예외적으로 상급심불구속)
判例는 "심급관할을 위배한 이송결정의 기속력이 이송받은 상급심 법원에도 미친다고 한다면 당사자의 심급의 이익을 박탈하고 이송을 받은 법원이 법률심인 대법원인 경우 당사자의 사실에 관한 주장, 입증의 기회가 박탈되는 불합리가 생기므로 상급심 법원에는 미치지 않는다고 보아야 하나, 한편 그 기속력이 이송받은 하급심 법원에도 미치지 않는다고 한다면 사건이 하급심과 상급심 법원 간에 반복하여 전전이송되는 불합리한 결과를 초래하게 되므로 하급심 법원에는 미친다"(대결 1995.5.15. 94마1059,1060)고 판시하였다. 소송의 지연방지라는 이송의 공익적 취지에 비추어 전속관할의 경우에도 원칙적으로 이송결정의 구속력이 미친다고 보되, 당사자의 심급이익에 비추어 상급심에는 예외적으로 구속력이 미치지 않는다고 보는 判例의 견해가 타당하다.

(ㅁ) [×] ※ 이송의 효과 – 소송행위의 효력 유지여부(적극)
제37조(이송결정이 확정된 뒤의 긴급처분) 「법원은 소송의 이송결정이 확정된 뒤라도 급박한 사정이 있는 때에는 직권으로 또는 당사자의 신청에 따라 필요한 처분을 할 수 있다. 다만, 기록을 보낸 뒤에는 그러하지 아니하다.」

[정답] ②

문6 법원의 관할 및 소송의 이송에 관한 설명 중 옳지 않은 것은? (다툼이 있는 경우 판례에 의함) [변시 11회]

① 지방법원 합의부가 지방법원 단독판사의 판결에 대한 항소사건을 제2심으로 심판하는 도중에 지방법원 합의부의 관할에 속하는 반소가 제기되더라도 이미 정하여진 항소심 관할에는 영향이 없다.

② 피고가 제1심 법원에서 관할위반의 항변을 하지 않은 채 본안에 관한 답변서를 제출하고서 변론기일 또는 변론준비기일에 불출석함으로써 그 답변서가 진술간주된 경우에도 변론관할은 생긴다.

③ 당사자가 임의관할에 관한 전속적 합의를 하더라도 다른 법원에 변론관할이 생길 수 있다.

④ 전속관할의 규정을 위반하더라도 이송결정이 확정되면 원칙적으로 기속력이 인정되지만, 심급관할위반의 이송결정을 한 경우에는 그 기속력이 이송받은 상급심 법원에까지 미치지 아니한다.

⑤ 재심의 소가 재심제기의 기간 내에 제1심 법원에 제기되었으나 재심사유 등에 비추어 항소심 판결을 대상으로 한 것이라 인정되어 위 재심의 소를 항소심 법원에 이송한 경우, 재심제기의 기간 준수 여부는 제1심 법원에 제기된 때를 기준으로 하여야 한다.

[해설] ① [○] ※ 반소제기에 의한 이송(제269조 2항)
본소 피고가 항소 후 지방법원 합의부의 관할에 속하는 반소를 제기하면서 이송신청을 하였는데, 원심이 민사소송법 제34조, 제35조를 들어 이송결정을 한 사안에서, 본소에 대하여 제1심 법원의 토지관할 및 변론관할이 인정되어 위 소송의 항소심은 제1심법원의 항소사건을 담당하

는 원심법원의 관할에 속하며, ⅰ) 지방법원 합의부가 지방법원 단독판사의 판결에 대한 항소사건을 제2심으로 심판하는 도중에 지방법원 합의부의 관할에 속하는 반소가 제기되었더라도 이미 정하여진 항소심 관할에는 영향이 없고(주 : 제34조의 이송불가), ⅱ) 민사소송법 제35조는 전속관할인 심급관할에는 적용되지 않아 손해나 지연을 피하기 위한 이송의 여지도 없다"(대결 2011.7.14. 2011그65)고 한다.

[비교판례] 본소가 단독사건(소가 5억원 이하),[3]이라고 하더라도 반소(소가 5억원 초과)의 제기로 합의부 관할로 바뀐 경우 일괄하여 합의부로 이송한다(제269조 2항 본문). 다만 원고가 반소청구에 대해 본안변론을 함으로써 변론관할이 생긴 때에는 이송할 필요가 없다(제269조 2항 단서). 그러나 判例는 단독사건(소가 5억원 이하)에 대한 항소사건(지방법원합의부관할)을 심판하던 중 지방법원합의부관할에 속하는 반소(소가 5억원 초과)가 제기되어도 이송의 여지가 없다고 한다.

② [✕] ※ 피고의 불출석에 인한 답변서의 진술간주가 응소 관할 사유가 될 수 있는지 여부(소극)
변론관할이란, 원고가 관할권 없는 법원에 소를 제기한 경우, 피고가 이의 없이 본안에 관하여 변론함으로써 발생하는 관할을 말한다(제30조). 여기서 변론은 현실적인 구술에 의해 적극적으로 변론하여야 한다(통설). 判例는 "동법 제30조 소정의 응소관할이 생기려면 피고의 본안에 관한 변론이나 준비절차에서의 진술은 현실적인 것이어야 하므로 피고의 불출석에 의하여 답변서 등이 **법률상 진술 간주**(제148조 1항)되는 경우는 이에 포함되지 아니한다"(대결 1980.9.26. 80마403)고 한다.

③ [O] ※ 전속적 관할 합의 위반의 경우 변론관할 인정여부(적극)
'전속적 관할합의 위반'이 있더라도 '전속관할 위반'의 경우와는 구별되어야 한다. 즉 전속적 관할합의도 임의관할에 관한 것이므로 피고 乙이 다투지 않고 본안에 대하여 변론하거나 변론준비기일에서 진술하면 관할위반의 하자는 치유된다(제30조 : 변론관할).

④ [O] ※ 전속관할위반의 이송결정의 구속력 인정 여부(상급심불구속)
判例는 ⅰ) "이송결정의 기속력은 당사자에게 이송결정에 대한 불복방법으로 즉시항고가 마련되어 있는 점이나 이송의 반복에 의한 소송지연을 피하여야 할 공익적 요청에 비추어 볼 때, 당사자가 이송결정에 대하여 즉시항고를 하지 아니하여 확정된 이상 원칙적으로 전속관할의 규정을 위배하여 이송한 경우에도 미친다"고 하여 전속관할에 위반한 이송결정의 경우에도 원칙적으로 구속력을 인정하지만, ⅱ) "심급관할을 위배한 이송결정의 기속력이 이송받은 상급심 법원에도 미친다고 한다면 당사자의 심급의 이익을 박탈하고 이송을 받은 법원이 법률심인 대법원인 경우 당사자의 사실에 관한 주장, 입증의 기회가 박탈되는 불합리가 생기므로 상급심 법원에는 미치지 않는다고 보아야 하나, 한편 그 기속력이 이송받은 하급심 법원에도 미치지 않는다고 한다면 사건이 하급심과 상급심 법원 간에 반복하여 전전이송되는 불합리한 결과를 초래하게 되므로 **하급심 법원에는 미친다**"(대결 1995.5.15. 94마1059,1060)고 판시하였다.

⑤ [O] ※ 재심의 소가 관할법원에 이송된 경우 재심제기기간의 준수여부의 판단기준시기
"재심의 소가 재심제기기간내에 제1심법원에 제기되었으나 재심사유 등에 비추어 항소심판결을 대상으로 한 것이라 인정되어 위 소를 항소심법원에 이송한 경우에 있어서 재심제기기간의 준수여부는 민사소송법 제36조 제1항의 규정에 비추어 **재심법원에 제기된 때를 기준**으로 할 것이지 항소법원에 이송된 때를 기준으로 할 것은 아니다"(대판 1984.2.28. 전합83다카1981).

[정답] ②

---

3) 2022.3.1.부터 시행되는 개정 민사 및 가사소송의 사물관할에 관한 규칙에서는 소가 5억 초과 사건의 경우 지방법원합의부가 제1심으로 심판한다고 규정하는 한편(동 규정 제2조), 제4조를 신설하여 고등법원의 심판범위는 소가 2억 원을 초과한 사건이라고 규정하였다(동 규정 제4조)

제2장 당사자
제1절 당사자 확정

문7 당사자의 자격에 관한 설명 중 옳지 않은 것은? (다툼이 있는 경우 판례에 의함) [변시 7회]

① 어떤 단체가 소 제기 당시에는 법인 아닌 사단으로서의 실체를 갖추지 못하였으나 사실심 변론종결 시 법인 아닌 사단으로서의 실체를 갖추었다면 그 소는 적법하다.

② 어떤 사단법인의 하부조직이 스스로 법인 아닌 사단으로서의 실체를 갖추고 독자적인 활동을 하고 있다면, 그 하부조직은 그 사단법인과는 별개의 독립된 법인 아닌 사단으로서의 당사자능력을 가진다.

③ 청산종결등기가 이루어졌다 하더라도 청산사무가 종료되지 않았다면 청산법인은 당사자능력을 가진다.

④ 법인 아닌 사단의 대표자 자격에 관하여 상대방 당사자가 자백하더라도 이는 법원을 구속하지 않는다.

⑤ 실종자를 당사자로 한 판결이 특별한 조건 없이 선고되어 확정된 후에 실종선고가 확정되고 그로 인한 사망간주의 시점이 소 제기 전으로 소급하는 경우, 위 판결은 당사자능력이 없는 사망한 사람에 대한 것이므로 무효이다.

해설 ① [○] ※ 비법인사단의 당사자능력 [단, 대, 변, 종]
"비법인사단이 민사소송에서 당사자능력을 가지려면 일정한 정도로 조직을 갖추고 지속적인 활동을 하는 단체성이 있어야 하고 또한 그 **대표자**가 있어야 하므로, 자연발생적으로 성립하는 고유한 의미의 종중이라도 그와 같은 비법인사단의 요건을 갖추어야 당사자능력이 인정되고 이는 소송요건에 관한 것으로서 사실심의 변론종결시를 기준으로 판단하여야 한다(대판 2013.1.10. 2011다64607).

참고판례 당사자능력이란 소송의 주체가 될 수 있는 일반적인 능력을 말한다. 소의 적법요건으로서 소송요건이자 소송행위의 유효요건에 해당하며 당사자능력이 있는지는 **사실심의 변론종결시를 기준으로 판단한다**(대판 2010.3.25. 2009다95387)

② [○] ※ 비법인사단의 실체 [사, 다, 변, 주]
"ⅰ) 어떤 단체가 고유의 목적을 가지고 사단적 성격을 가지는 규약을 만들어 이에 근거하여 의사결정기관 및 집행기관인 대표자를 두는 등의 조직을 갖추고 있고, ⅱ) 기관의 의결이나 업무집행방법이 다수결의 원칙에 의하여 행하여지며, ⅲ) 구성원의 가입, 탈퇴 등으로 인한 변경에 관계없이 단체 그 자체가 존속되고, ⅳ) 그 조직에 의하여 대표의 방법, 총회나 이사회 등의 운영, 자본의 구성, 재산의 관리 기타 단체로서의 **주요사항**이 확정되어 있는 경우에는 비법인사단으로서의 실체를 가진다"(대판 1999.4.23. 99다4504)고 한다. 따라서 "사단법인의 하부조직의 하나라 하더라도 스스로 단체로서의 실체를 갖추고 독자적인 활동을 하고 있다면 사단법인과는 별개의 독립된 비법인사단으로 볼 수 있다"(대판 2009.1.30. 2006다60908).

③ [○] ※ **청산법인의 당사자능력**(청산사무종료시)
청산종결등기가 경료 된 경우에도 청산사무가 종료되었다 할 수 없는 경우에는 청산법인으로 존속한다(대판 1980.4.8. 79다2036).

[참고판례] ※ **구성원이 없게 된 비법인사단의 소송상 당사자능력 소멸시기**(청산사무종료시)
"법인 아닌 사단에 대하여는 사단법인에 관한 민법규정 가운데서 법인격을 전제로 하는 것을 제외하고는 이를 유추적용하여야 할 것인바, 사단법인에 있어서는 사원이 없게 된다고 하더라도 이는 해산사유가 될 뿐 막바로 권리능력이 소멸하는 것이 아니므로 법인 아닌 사단에 있어서도 구성원이 없게 되었다 하여 막바로 그 사단이 소멸하여 소송상의 당사자능력을 상실하였다고 할 수는 없고 청산사무가 완료되어야 비로소 그 당사자능력이 소멸하는 것이다"(대판 1992.10.9. 92다23087).

④ [○] "법인 아닌 사단 또는 재단의 존재 여부 그 대표자의 자격에 관한 사항은 소송당사자능력 또는 소송능력에 관한 사항으로서 직권조사항이고 소송당사자의 자백에 구애되지 않는다"(대판 1971.2.23. 70다44).

⑤ [×] ※ **당사자능력의 흠결을 간과한 판결의 효력**
"실종선고의 효력이 발생하기 전에는 실종기간이 만료된 실종자라 하여도 소송상 당사자능력을 상실하는 것은 아니므로 실종선고 확정 전에는 실종기간이 만료된 실종자를 상대로 하여 제기된 소도 적법하고 실종자를 당사자로 하여 선고된 판결도 유효하며 그 판결이 확정되면 기판력도 발생한다고 할 것이고, 이처럼 판결이 유효하게 확정되어 기판력이 발생한 경우에는 그 판결이 해제조건부로 선고되었다는 등의 특별한 사정이 없는 한 그 효력이 유지되어 당사자로서는 그 판결이 재심이나 추완항소 등에 의하여 취소되지 않는 한 그 기판력에 반하는 주장을 할 수 없는 것이 원칙이라 할 것이며, 비록 실종자를 당사자로 한 판결이 확정된 후에 실종선고가 확정되어 그 사망간주의 시점이 소 제기 전으로 소급하는 경우(주 : 민법 제28조)에도 위 판결 자체가 소급하여 당사자능력이 없는 사망한 사람을 상대로 한 판결로서 무효가 된다고는 볼 수 없다"(대판 1992.7.14. 92다2455).

[정답] ⑤

문8 **법인 아닌 사단에 관한 설명 중 옳지 않은 것은?** (다툼이 있는 경우 판례에 의함) [변시 4회]

① 법인 아닌 사단의 적법한 대표자 자격이 없는 甲이 한 소송행위는 후에 甲이 적법한 대표자 자격을 취득하여 추인을 하더라도 그 행위 시에 소급하여 효력을 가지는 것은 아니다.

② 법인 아닌 사단이 당사자인 사건에 있어서 대표자에게 적법한 대표권이 있는지 여부는 법원의 직권조사사항이다.

③ 법인 아닌 사단이 당사자능력이 있는지 여부는 사실심 변론종결시를 기준으로 판단한다.

④ 법인 아닌 사단의 대표자 乙이 특별한 사정이 없음에도 사원총회의 결의 없이 총유물의 처분에 관한 소송행위를 하였다면, 이는 소송행위를 함에 필요한 특별수권을 받지 않은 경우로서 재심사유에 해당한다.

⑤ 법인 아닌 사단이 타인 간의 금전채무를 보증하는 행위는 총유물의 관리·처분행위라고 볼 수 없다.

해설 ① [X] 민사소송법 제60조는 '소송행위에 필요한 권한의 수여에 흠이 있는 사람이 소송행위를 한 뒤에 보정된 당사자나 법정대리인이 이를 추인한 경우에는, 그 소송행위는 이를 한 때에 소급하여 효력이 생긴다.'고 규정하여, 원칙적으로 소급효가 없는 민법 제139조의 민법상 무효행위의 추인과 달리, 권한이 흠결된 소송행위의 추인에 원칙적 소급효를 인정한다. 따라서 "적법한 대표자 자격이 없는 비법인 사단의 대표자가 한 소송행위는 후에 대표자 자격을 적법하게 취득한 대표자가 그 소송행위를 추인하면 행위 시에 소급하여 효력을 갖게 되고, 이러한 추인은 상고심에서도 할 수 있다"(대판 2010.6.10. 2010다5373).

② [O] "비법인사단이 당사자인 사건에서 대표자에게 적법한 대표권이 있는지는 소송요건에 관한 것으로서 법원의 직권조사사항이므로 비법인사단 대표자의 대표권 유무가 의심스러운 경우에 법원은 이를 직권으로 조사하여야 한다"(대판 2013.4.25. 2012다118594).

③ [O] 소송요건의 존부는 사실심 변론종결시를 기준으로 하는 바, "종중이 비법인사단으로서 당사자능력이 있느냐의 문제는 소송요건에 관한 것으로서 사실심의 변론종결시를 기준으로 판단하여야 하는 것이다"(대판 2010.3.25. 2009다95387).

④ [O] 민사소송법 제451조 1항 3호는 '법정대리권·소송대리권 또는 대리인이 소송행위를 하는 데에 필요한 권한의 수요에 흠이 있는 때'를 재심 사유로 규정하고 있다. 비법인사단의 대표자가 총유물의 처분에 관한 소송행위를 하려면 특별한 사정이 없는 한 민법 제276조 1항에 의하여 사원총회의 결의가 있어야 하므로, 그 결의 없이 소송행위를 한 경우에 "이는 소송행위를 함에 필요한 특별수권을 받지 아니한 경우로서, 민사소송법 제422조 1항 3호(현행 제451조 1항 3호) 소정의 재심사유에 해당"(대판 1999.10.22. 98다46600)한다.

⑤ [O] "민법 제275조, 제276조 1항에서 말하는 총유물의 관리 및 처분이라 함은 총유물 그 자체에 관한 이용·개량행위나 법률적·사실적 처분행위를 의미하는 것이므로, 비법인사단이 타인 간의 금전채무를 보증하는 행위는 총유물 그 자체의 관리·처분이 따르지 아니하는 단순한 채무부담행위에 불과하여 이를 총유물의 관리·처분행위라고 볼 수는 없다"(대판 2007.4.19. 2004다60072).

[정답] ①

문9 甲종중(대표자 乙)은 종중원 丙을 상대로 A토지에 관하여 명의신탁 해지를 원인으로 한 소유권이전등기청구의 소를 제기하였다. 이 소송에서 乙의 대표권에 관한 설명 중 옳지 않은 것은? (다툼이 있는 경우 판례에 의함)　　　[변시 6회]

① 乙의 대표권의 유무는 소송요건에 해당하여 법원이 직권으로 조사할 사항이다.

② 乙의 대표권의 유무에 관한 사실은 자백의 대상이 될 수 있다.

③ 丙이 乙의 대표권의 유무에 관하여 주장하지 않더라도 법원으로서는 이미 제출된 자료에 의하여 그 대표권의 유무에 의심이 갈 만한 사정이 엿보인다면 乙에 관하여 심리하여야 한다.

④ 丙이 답변서를 제출하지 않았더라도 乙의 대표권의 유무에 의심이 갈 만한 사정이 엿보인다면 법원은 무변론 원고승소판결을 선고할 수 없다.

⑤ 乙의 대표권의 유무에 관하여 그 사실의 존부가 불분명한 경우에는 甲종중이 증명책임을 부담한다.

[해설] ① [O] ② [X] "종중이 당사자인 사건에 있어서 그 종중의 대표자에게 적법한 대표권이 있는지의 여부는 소송요건에 관한 것으로서 법원의 직권조사사항이고(①번 관련 해설), 이러한 직권조사사항이 자백의 대상이 될 수가 없다(②번 관련 해설)"(대판 2002.5.14. 2000다42908).

③ [O] "비법인사단이 당사자인 사건에서 대표자에게 적법한 대표권이 있는지 여부는 소송요건에 관한 것으로서 법원의 직권조사사항이므로, 법원에 판단의 기초자료인 사실과 증거를 직권으로 탐지할 의무까지는 없다 하더라도 이미 제출된 자료에 의하여 대표권의 적법성에 의심이 갈만한 사정이 엿보인다면 그에 관하여 심리·조사할 의무가 있다"(대판 2011.7.28. 2010다97044).

④ [O] 민사소송법 제257조(변론 없이 하는 판결) ① 법원은 피고가 제256조제1항의 답변서를 제출하지 아니한 때에는 청구의 원인이 된 사실을 자백한 것으로 보고 변론 없이 판결할 수 있다. 다만, 직권으로 조사할 사항이 있거나 판결이 선고되기까지 피고가 원고의 청구를 다투는 취지의 답변서를 제출한 경우에는 그러하지 아니하다.

☞ 종중의 대표자에게 적법한 대표권이 있는지의 여부는 소송요건에 관한 것으로서 법원의 직권조사사항이므로(대판 2002.5.14. 2000다42908), 제257조 제1항 단서에 의하여 乙의 대표권 유무에 의심이 갈 만한 사정이 엿보인다면 법원은 무변론 원고승소판결을 선고할 수 없다.

⑤ [O] "직권조사사항에 관하여도 그 사실의 존부가 불명한 경우에는 입증책임의 원칙이 적용되어야 할 것인바, 본안판결을 받는다는 것 자체가 원고에게 유리하다는 점에 비추어 **직권조사사항인 소송요건에 대한 입증책임은 원고에게 있다**"(대판 1997.7.25. 96다39301).

☞ 종중의 대표자에게 적법한 대표권이 있는지의 여부는 소송요건에 관한 것으로서 법원의 직권조사사항이므로(대판 2002.5.14. 2000다42908), 대표권의 유무에 관하여 그 사실의 존부가 불분명한 경우에는 원고인 甲종중이 증명책임을 부담한다.

[정답] ②

문 10 다음 설명 중 옳은 것은? (다툼이 있는 경우 판례에 의함) [변시 8회]

① 법원의 직무집행정지가처분결정에 의해 회사를 대표할 권한이 정지된 대표이사가 그 정지기간 중에 체결한 계약은 무효이지만, 그 후 가처분신청의 취하에 의하여 보전집행이 취소되었다면 무효인 계약은 유효하게 된다.

②「상법」상 비상장 주식회사의 이사가 법령 또는 정관에 위반한 행위를 하여 이로 인하여 회사에 회복할 수 없는 손해가 생길 염려가 있는 경우에는 감사 또는 발행주식의 총수의 100분의 1 이상에 해당되는 주식을 가진 주주는 회사를 위하여 이사에 대하여 그 행위를 유지할 것을 청구할 수 있다.

③ 채권자가 대위권을 행사할 당시 이미 채무자가 권리를 재판상 행사하여 패소의 본안판결을 받았더라도 채권자는 채무자를 대위하여 채무자의 권리를 행사할 당사자적격이 있다.

④ 유언집행자가 있는 경우에도 상속인은 유언집행에 필요한 범위 내의 상속재산에 관하여 원고적격이 있다.

⑤ 주주는 다른 주주에 대한 소집절차의 하자를 이유로 하여 주주총회결의취소의 소를 제기할 수 없다.

해설 ① [×] "법원의 직무집행정지 가처분결정에 의해 회사를 대표할 권한이 정지된 대표이사가 그 정지기간 중에 체결한 계약은 절대적으로 무효이고, 그 후 가처분신청의 취하에 의하여 보전집행이 취소되었다 하더라도 집행의 효력은 장래를 향하여 소멸할 뿐 소급적으로 소멸하는 것은 아니라 할 것이므로, 가처분신청이 취하되었다 하여 무효인 계약이 유효하게 되지는 않는다"(대판 2008.5.29. 2008다4537).

② [O] 이사가 법령 또는 정관에 위반한 행위를 하여 이로 인하여 회사에 회복할 수 없는 손해가 생길 염려가 있는 경우에는 감사 또는 발행주식의 총수의 100분의 1 이상에 해당하는 주식을 가진 주주는 회사를 위하여 이사에 대하여 그 행위를 유지할 것을 청구할 수 있다(상법 제402조).

③ [×] "채권자대위권은 채무자가 제3채무자에 대한 권리를 행사하지 아니하는 경우에 한하여 채권자가 자기의 채권을 보전하기 위하여 행사할 수 있는 것이기 때문에 채권자가 대위권을 행사할 당시 이미 채무자가 그 권리를 재판상 행사하였을 때에는 설사 패소의 확정판결을 받았더라도 채권자는 채무자를 대위하여 채무자의 권리를 행사할 당사자적격이 없다"(대판 1993.3.26. 92다32876).

④ [×] "유언집행자는 유증의 목적인 재산의 관리 기타 유언의 집행에 필요한 모든 행위를 할 권리의무가 있으므로, 유증 목적물에 관하여 마쳐진, 유언의 집행에 방해가 되는 다른 등기의 말소를 구하는 소송에 있어서는 유언집행자가 이른바 법정소송담당으로서 원고적격을 가진다고 할 것이고, 유언집행자는 유언의 집행에 필요한 범위 내에서는 상속인과 이해상반되는 사항에 관하여도 중립적 입장에서 직무를 수행하여야 하므로, 유언집행자가 있는 경우 그의 유언집행에 필요한 한도에서 상속인의 상속재산에 대한 처분권은 제한되며 그 제한 범위 내에서 상속인은 원고적격이 없다"(대판 2010.10.28. 2009다20840).

⑤ [×] "주주는 다른 주주에 대한 소집절차의 하자를 이유로 주주총회결의 취소의 소를 제기할 수도 있다"(대판 2003.7.11. 2001다45584).

[정답] ②

문 11 제3자의 소송담당에 관한 설명 중 옳은 것은? (다툼이 있는 경우 판례에 의함) [변시 7회]

① 주한미군 군인의 공무집행 중 불법행위로 인하여 대한민국 국민에게 손해가 발생한 경우, 그 손해배상청구소송에서 대한민국은 피고인 미군 측을 위하여 소송을 수행할 수 있으나 피고가 될 수 없다.

② 채권추심명령을 받은 압류채권자는 채무자가 피압류채권에 관하여 제기한 이행의 소 계속 중 추심의 소를 별도로 제기할 수 없다.

③ 공유자는 각자 보존행위를 할 수 있으나, 보존행위가 소송행위인 경우에는 특별한 사정이 없는 한 단독으로 할 수 없다.

④ 비상장회사의 발행주식총수의 100분의 1 이상에 해당하는 주식을 가진 주주가 회사에 회복할 수 없는 손해가 생길 염려가 없음에도 불구하고, 회사에 대하여 이사의 책임을 추궁할 소의 제기를 청구하지 않고 즉시 회사를 위하여 소를 제기한 경우, 그 소는 부적법하다.

⑤ 사해행위의 수익자 또는 전득자에 대하여 회생절차가 개시된 경우에 채권자는 관리인을 상대로 사해행위의 취소 및 그에 따른 원물반환을 구하는 소를 제기할 수 없다.

해설 ① [X] 주한미군 군인의 공무집행 중 불법행위로 인하여 대한민국 국민에게 손해가 발생한 경우, 그 손해배상청구소송에서 대한민국은 피고인 미군 측에 갈음하여 소송수행권을 갖는다(한미행정협정 제23조 5항).

② [X] ※ 채무자가 제소한 후 압류채권자의 추심소송제기 가부(긍정)

"채무자가 제3채무자를 상대로 제기한 이행의 소가 법원에 계속되어 있는 경우에도 압류채권자는 제3채무자를 상대로 압류된 채권의 이행을 청구하는 추심의 소를 제기할 수 있고, 제3채무자를 상대로 압류채권자가 제기한 추심의 소는 채무자가 제기한 이행의 소에 대한 관계에서 민사소송법 제259조가 금지하는 중복된 소제기에 해당하지 않는다고 봄이 타당하다"(대판 2013.12.18. 전합2013다202120)

쟁점정리 압류 및 추심명령은 갈음형 제3자 소송담당으로서 채무자는 제3채무자를 상대로 이행의 소를 제기할 당사자적격을 상실하고, 이러한 사정은 직권조사사항으로서 당사자의 주장이 없더라도 법원이 이를 직권으로 조사하여 부적법 각하하게 된다. 따라서 압류채권자가 제3채무자를 상대로 제기한 추심의 소의 본안에 관하여 심리 · 판단한다고 하여, 제3채무자에게 불합리하게 과도한 이중 응소의 부담을 지우고 본안 심리가 중복되어 당사자와 법원의 소송경제에 반한다거나 판결의 모순 · 저촉의 위험이 크다고 볼 수 없으므로 判例의 태도가 타당하다.

③ [X] ※ 공유관계소송

원칙적으로 **통상공동소송**(각자 단독으로 가능)에 의한다. 判例는 ㉠ "공동상속재산은 상속인들의 공유이고, 또 부동산의 공유자인 한 사람은 그 **공유물에 대한 보존행위로서** 그 공유물에 관한 원인무효의 등기 전부의 말소를 구할 수 있다"(대판 1996.2.9. 94다61649 : 그러나 지분권이 아닌 공유관계 자체에 의하여 말소청구를 하는 경우에는 고유필수적 공동소송이 됨)고 하고, ㉡ "**공동상속재산의 지분에 관한 지분권존재확인**을 구하는 소송은 필수적 공동소송이 아니라 통상의 공동소송"(대판 2010.2.25. 2008다96963)이라고 하며, ㉢ "공유자 중 한 사람은 공유물에 경료된 원인무효의 등기에 관하여 각 공유자에게 해당 지분별로 진정명의회복을 원인으로 한 소유권이전등기를 이행할 것을 단독으로 청구할 수 있다"(대판 2005.9.29. 2003다40651)고 본다.

비교판례 예외적으로 필수적 공동소송으로 본 判例는 다음과 같다. ㉠ "공유물 전체에 대한 소유관계 확인도 이를 다투는 제3자를 상대로 공유자 전원이 하여야 하는 것이지 공유자 일부만이 그 관계를 대외적으로 주장할 수 있는 것이 아니므로, 아무런 특별한 사정이 없이 다른 공유자의 지분의 확인을 구하는 것은 확인의 이익이 없다"(대판 1994.11.11. 94다35008). ㉡ "**공동상속인**이 다른 공동상속인을 상대로 어떤 재산이 상속재산임의 확인을 구하는 소는 이른바 고유필수적 공동소송이라고 할 것이고, 고유필수적 공동소송에서는 원고들 일부의 소 취하 또는 피고들 일부에 대한 소취하는 특별한 사정이 없는 한 그 효력이 생기지 않는다"(대판 2007.8.24. 2006다40980). ㉢ "목적물 전체에 대한 등기절차를 청구하는 경우에는 매수자 전원이 공동으로 청구하여야 한다"(대판 1960.7.7. 4292민상462).

④ [O] ※ 회사대표소송의 제소요건(상법 제403조의 취지 : 병행형)

"상법 제403조 제1항, 제3항, 제4항에 의하면, 발행주식 총수의 100분의 1 이상에 해당하는 주식을 가진 주주는 회사에 대하여 이사의 책임을 추궁할 소의 제기를 청구할 수 있는데, 회사가 위 청구를 받은 날로부터 30일 내에 소를 제기하지 아니하거나 위 기간의 경과로 인하여 회사에 회복할 수 없는 손해가 생길 염려가 있는 경우에는 발행주식 총수의 100분의 1 이상에 해당하는 주식을 가진 주주가 즉시 회사를 위하여 소를 제기할 수 있다는 취지를 규정하고 있는바, 이는 주주의 대표소송이 회사가 가지는 권리에 바탕을 둔 것임을 고려하여 주주에 의한 남소를 방지하기 위해서 마련된 제소요건에 관한 규정에 해당한다. 따라서 회사에 회복할 수 없는 손해가 생길 염려가 없음에도 불구하고 회사에 대하여 이사의 책임을 추궁할 소의 제기를 청구하지 아니한 채 발행주식 총수의 100분의 1 이상에 해당하는 주식을 가진 주주가 즉시 회사를 위하여 소를 제기하였다면 그 소송은 부적법한 것으로서 각하되어야 한다"(대판 2010.4.15. 2009다98058).

⑤ [X] ※ 사해행위의 수익자(전득자)에 대하여 회생절차가 개시된 경우 채권자의 채권자취소권(적법)
"사해행위취소권은 사해행위로 이루어진 채무자의 재산처분행위를 취소하고 사해행위에 의해 일탈된 채무자의 책임재산을 수익자 또는 전득자로부터 채무자에게 복귀시키기 위한 것이므로 환취권의 기초가 될 수 있다. 수익자 또는 전득자에 대하여 회생절차가 개시된 경우 채무자의 채권자가 사해행위의 취소와 함께 회생채무자로부터 사해행위의 목적인 재산 그 자체의 반환을 청구하는 것은 환취권의 행사에 해당하여 회생절차개시의 영향을 받지 아니한다. 따라서 채무자의 채권자는 사해행위의 수익자 또는 전득자에 대하여 회생절차가 개시되더라도 관리인을 상대로 사해행위의 취소 및 그에 따른 원물반환을 구하는 사해행위취소의 소를 제기할 수 있다"(대판 2014.9.4. 2014다36771).

[정답] ④

문 12 다음 설명 중 옳지 않은 것은? (다툼이 있는 경우에는 판례에 의함) [변시 2회]

① 피고 경정의 경우에는 경정신청서의 제출 시에 시효중단의 효과가 생기지만, 피고 표시정정의 경우에는 소제기 시에 시효중단의 효과가 생긴다.

② 전속적 관할의 합의가 유효하더라도 합의한 법원이 아닌 다른 법원에 변론관할이 생길 수 있고, 법원은 사건을 다른 법정관할법원으로 이송할 수 있다.

③ 실효의 원칙은 항소권과 같은 소송법상의 권리에 대하여도 적용될 수 있지만, 법원은 구체적으로 권리불행사 기간의 장단·당사자 쌍방의 사정·객관적으로 존재한 사정 등을 모두 고려하여 사회통념에 따라 위 원칙의 적용 여부를 합리적으로 판단하여야 한다.

④ 업무에 관한 포괄적 대리권을 가진 상법상 지배인은 법률상 인정된 임의대리인이며, 소액사건의 경우 당사자의 배우자는 법원의 허가를 받아 소송대리인이 될 수 있다.

⑤ 소 또는 상소를 제기한 사람이 진술금지의 명령과 함께 변호사선임명령을 받고 새 기일까지 변호사를 선임하지 않은 때에는 법원은 결정으로 소 또는 상소를 각하할 수 있다.

해설 ① [O] 피고 경정의 경우에는 경정신청서 제출시 시효중단의 효과가 생긴다(소제기의 실체법상의 효과로서 시효중단, 민소법 제265조). 이에 반하여 **당사자의 표시정정**은 당사자의 동일성을 유지하는 것이므로, 표시정정은 당초의 소제기시의 효과가 유지된다(아래 判例참조).
判例는 채무자 甲의 乙 은행에 대한 채무를 대위변제한 보증인 丙이 채무자 甲의 사망사실을 알면서도 그를 피고로 기재하여 소를 제기한 사안에서, "채무자 甲의 상속인이 실질적인 피고이고 다만 소장의 표시에 잘못이 있었던 것에 불과하므로, 보증인 丙은 채무자 甲의 상속인으로 피고의 표시를 정정할 수 있고, 따라서 당초 소장을 제출한 때에 소멸시효중단의 효력이 생긴다고 할 것이다"(대판 2011.3.10. 2010다99040)고 판시하였다.

② [O] 합의관할은 전속적 합의관할의 경우에도 그 성질상 임의관할이며 법정의 전속관할이 아니다. 따라서 원고가 합의를 무시한 채 다른 법정관할법원에 소를 제기하여도 피고가 이의 없

이 본안변론을 하면 변론관할(민소법 제30조)이 생기며, 전속적으로 합의된 법원이라도 현저한 지연을 피한다는 공익상의 필요가 있을 때에는 다른 법정관할법원에 이송할 수 있다(민소법 제35조).

③ [○] "실효의 원칙이라 함은 권리자가 장기간에 걸쳐 그 권리를 행사하지 아니함에 따라 그 의무자인 상대방이 더 이상 권리자가 권리를 행사하지 아니할 것으로 신뢰할 만한 정당한 기대를 가지게 된 경우에 새삼스럽게 권리자가 그 권리를 행사하는 것은 법질서 전체를 지배하는 신의성실의 원칙에 위반되어 허용되지 아니한다는 것을 의미하고, 항소권과 같은 소송법상의 권리에 대하여도 이러한 원칙은 적용될 수 있다고 할 것이다. 그런데 실효의 원칙이 적용되기 위하여 필요한 요건으로서의 실효기간(권리를 행사하지 아니한 기간)의 길이와 의무자인 상대방이 권리가 행사되지 아니하리라고 신뢰할 만한 정당한 사유가 있었는지의 여부는 일률적으로 판단할 수 있는 것이 아니라 구체적인 경우마다 권리를 행사하지 아니한 기간의 장단과 함께 권리자 측과 상대방측 쌍방의 사정 및 객관적으로 존재한 사정 등을 모두 고려하여 사회통념에 따라 합리적으로 판단하여야 한다"(대판 1996.7.30. 94다51840)고 판시하고 있다.

④ [×] 업무에 관한 포괄대리권을 가진 상법상 지배인(상법 제11조)은 소송대리권이 위임에 의하여 발생하지 않고 법률의 규정에 의하여 발생하는 법률상 소송대리인(임의대리인)에 해당한다. 그러나 소액사건의 경우 당사자의 배우자·직계혈족 또는 형제자매는 법원의 허가 없이 소송대리인이 될 수 있다(소액사건심판법 제8조 1항).

⑤ [○] 변론능력은 소송요건이 아니라 소송행위의 유효요건일 뿐이므로, 당사자가 변론능력이 없는 경우 법원은 진술금지의 재판을 할 수 있다. 그리고 진술금지 재판과 함께 변호사선임명령을 받은 사람이 (변론속행을 위한) 새 기일까지 변호사를 선임하지 않는 경우 법원은 결정으로 소 또는 상소를 각하할 수 있고, 이 결정에 즉시항고할 수 있다(민소법 제144조 4항, 5항).

[정답] ④

문 13 당사자표시정정에 관한 설명 중 옳은 것을 모두 고른 것은? (다툼이 있는 경우에는 판례에 의함) [변시 8회]

ㄱ. 피고로 표시된 자가 이미 사망한 사실을 모른 원고가 그를 피고로 표시하여 제소한 경우, 사망자의 상속인으로 당사자표시정정이 허용되고, 상고심에 이르러서도 당사자표시정정의 방법으로 위와 같은 흠결을 보정할 수 있다.

ㄴ. 피고로 표시된 자가 이미 사망한 사실을 모른 원고가 그를 피고로 표시하여 제소한 경우, 사망자의 제1순위 상속인이 상속을 포기하였다고 하더라도 제1순위 상속인으로 당사자표시정정이 허용된다.

ㄷ. 甲 주식회사의 대표이사 乙이 개인 명의로 소를 제기하였다면 乙로부터 甲 주식회사로 원고의 표시를 변경하는 당사자표시정정은 허용되지 아니한다.

ㄹ. 소장의 당사자표시가 착오로 잘못 기재되고 이와 같이 잘못 기재된 당사자를 표시한 본안판결이 선고되어 확정되었다면, 그 확정판결의 효력은 잘못 기재된 당사자와 동일성이 인정되는 범위 내에서 적법하게 확정된 당사자에 대하여 미친다.

① ㄱ, ㄴ   ② ㄴ, ㄷ   ③ ㄷ, ㄹ

④ ㄱ, ㄷ, ㄹ   ⑤ ㄴ, ㄷ, ㄹ

[해설] ㄱ. [X] "원고가 피고의 사망 사실을 모르고 사망자를 피고로 표시하여 소를 제기한 경우에, 청구의 내용과 원인사실, 당해 소송을 통하여 분쟁을 실질적으로 해결하려는 원고의 소제기 목적 내지는 사망 사실을 안 이후의 원고의 피고 표시 정정신청 등 여러 사정을 종합하여 볼 때에, 실질적인 피고는 당사자능력이 없어 소송당사자가 될 수 없는 사망자가 아니라 처음부터 사망자의 상속인이고 다만 그 표시에 잘못이 있는 것에 지나지 않는다고 인정된다면, 사망자의 상속인으로 피고의 표시를 정정할 수 있다"(대결 2006.7.4. 2005마425).

그러나 "민사소송에서 소송당사자의 존재나 당사자능력은 소송요건에 해당하고, 이미 사망한 자를 상대로 한 소의 제기는 소송요건을 갖추지 않은 것으로서 부적법하며, 상고심에 이르러서는 당사자표시정정의 방법으로 그 흠결을 보정할 수 없다"(대판 2012.6.14. 2010다105310).

[비교판례] ※ 항소심에서의 당사자 표시정정

① 원칙적으로 허용(심급의 이익을 박탈하지 않는 경우) : 항소심이 제1심의 속심이고 사실심이라는 점, 당사자의 동일성을 해하지 않는다는 점에서 **항소심에서의 당사자 표시정정은 상대방의 동의 없이 허용된다**(대판 1978.8.22. 78다1205). 반면 피고의 경정은 제1심 변론종결시까지만 허용된다(제 260조 1항).

② 예외적으로 불허(심급의 이익을 박탈하는 경우) : "사망자를 피고로 하여 제소한 제1심에서 원고가 상속인으로 당사자표시정정을 함에 있어서 일부상속인을 누락시킨 탓으로 그 누락된 상속인이 피고로 되지 않은 채 제1심판결이 선고된 경우에 원고는 항소심에서 그 누락된 상속인을 다시 피고로 정정추가할 수 없다"(대판 1974.7.16. 73다1190).

ㄴ. [X] "원고가 사망 사실을 모르고 사망자를 피고로 표시하여 소를 제기한 경우에, 청구의 내용과 원인사실, 당해 소송을 통하여 분쟁을 실질적으로 해결하려는 원고의 소제기 목적 내지는 사망 사실을 안 이후의 원고의 피고 표시 정정신청 등 여러 사정을 종합하여 볼 때 사망자의 상속인이 처음부터 실질적인 피고이고 다만 그 표시를 잘못한 것으로 인정된다면, 사망자의 상속인으로 피고의 표시를 정정할 수 있다. 그리고 이 경우에 실질적인 피고로 해석되는 사망자의 상속인은 실제로 상속을 하는 사람을 가리키고, 상속을 포기한 자는 상속 개시시부터 상속인이 아니었던 것과 같은 지위에 놓이게 되므로 제순위 상속인이라도 상속을 포기한 경우에는 이에 해당하지 아니하며, 후순위 상속인이라도 선순위 상속인의 상속포기 등으로 실제로 상속인이 되는 경우에는 이에 해당한다"(대결 2006.7.4. 2005마425).

[관련판례] "상속개시 이후 상속의 포기를 통한 상속채무의 순차적 승계 및 그에 따른 상속채무자 확정의 곤란성 등 상속제도의 특성에 비추어 채권자가 채무자의 사망 이후 그 1순위 상속인의 상속포기 사실을 알지 못하고 1순위 상속인을 상대로 소를 제기한 경우에도 채권자가 의도한 실질적 피고의 동일성에 관한 위 전제요건이 충족되는 한 후순위 상속인으로의 피고의 표시를 정정할 수 있다"(대판 2009.10.15. 2009다49964).

ㄷ. [O] "당사자표시정정은 원칙적으로 당사자의 동일성이 인정되는 범위에서만 허용되는 것이므로 회사의 대표이사였던 사람이 개인 명의로 제기한 소송에서 그 개인을 회사로 당사자표시정정을 하는 것은 부적법하다"(대판 2008.6.12. 2008다11276).

ㄹ. [O] "소송당사자가 누구인가는 소장에 기재된 표시 및 청구의 내용과 원인사실 등 소장의 전 취지를 합리적으로 해석하여 확정하여야 하고, 비록 소장의 당사자 표시가 착오로 잘못 기재되었음에도 소송 계속 중 당사자표시정정이 이루어지지 않아 잘못 기재된 당사자를 표시한 본안판결이 선고·확정된 경우라 하더라도 그 확정판결을 당연무효라고 볼 수 없을뿐더러, 그 확정판결의 효력은 잘못 기재된 당사자와 동일성이 인정되는 범위 내에서 위와 같이 적법하게 확정된 당사자에 대하여 미친다"(대판 2011.1.27. 2008다27615).

[비교판례] "당사자가 소제기 이전에 이미 사망하여 주민등록이 말소된 사실을 간과한 채 본안 판단에 나아간 원심판결은 당연무효라 할 것이나, 민사소송이 당사자의 대립을 그 본질적 형태로 하는 것임에 비추어 사망한 자를 상대로 한 상고는 허용될 수 없다 할 것이므로, 이미 사망한 자를 상대방으로 하여 제기한 상고는 부적법하다"(대판 2000.10.27. 2000다33775). 다만, "법원이 부적법한 당사자추가신청을 그 부적법함을 간과한 채 받아들이고 피고도 그에 동의하였으며 종전 원고인 대표이사 개인이 이를 전제로 소를 취하하게 되어 제1심 제1차 변론기일부터 새로운 원고인 회사와 피고 사이에 본안에 관한 변론이 진행된 다음 제1심에서 본안판결이 선고되었다면, 이는 마치 처음부터 원고 회사가 종전의 소와 동일한 청구취지와 청구원인으로 피고에 대하여 별도의 소를 제기하여 본안판결을 받은 것과 마찬가지라고 할 수 있으므로, 소송경제의 측면에서나 신의칙 등에 비추어 그 후에 새삼스럽게 당사자추가신청의 적법 여부를 문제삼는 것은 허용될 수 없다"(대판 1998.1.23. 96다41496).

[정답] ③

문 B-1 당사자표시정정에 관한 설명 중 옳지 않은 것은? (다툼이 있는 경우 판례에 의함)   [변시 12회]

① 소장에 표시된 피고의 당사자능력이 인정되지 않는 경우에도 소장 전체의 취지를 합리적으로 해석하여 인정되는 올바른 당사자능력자로 피고의 표시를 정정하는 것은 허용된다.

② 원고가 채무자의 1순위 상속인이 상속을 포기한 사실을 알지 못하여 그 1순위 상속인을 피고로 하여 소를 제기한 경우, 그 상속포기를 통해 비로소 상속인으로 된 자를 피고로 삼고자 하는 당사자표시정정 신청은 당사자의 동일성이 인정될 수 없어 부적법하다.

③ 당사자의 동일성이 인정되는 당사자표시정정은 항소심에서도 허용된다.

④ 사망한 자를 상대로 소를 제기한 경우, 상고심에서 그 상속인으로 당사자표시정정을 하는 것은 허용되지 않는다.

⑤ 당사자표시정정은 당사자로 표시된 자의 동일성이 인정되는 범위 안에서 그 표시만을 변경하는 경우에 한하여 허용되므로 종래의 당사자에 곁들여서 새로운 당사자를 추가하는 것은 허용되지 않는다.

해설 ① [○] "소장에 표시된 원고에게 당사자능력이 인정되지 않는 경우에는 소장의 전취지를 합리적으로 해석한 결과 인정되는 올바른 당사자능력자로 그 표시를 정정하는 것은 허용되며, 소장에 표시된 당사자가 잘못된 경우에 당사자표시를 정정케 하는 조치를 취함이 없이 바로 소를 각하할 수는 없다"(대판 2001.11.13. 99두2017)

② [×] "사망 사실을 모르고 사망자를 피고로 표시하여 소를 제기한 경우에, 청구의 내용과 원인 사실, 당해 소송을 통하여 분쟁을 실질적으로 해결하려는 원고의 소제기 목적 내지는 사망 사실을 안 이후의 원고의 피고 표시 정정신청 등 여러 사정을 종합하여 볼 때 **사망자의 상속인이 처음부터 실질적 피고이고 다만 그 표시에 잘못이 있는 것에 지나지 않는다고 인정된다면 사망자의 상속인으로 피고의 표시를 정정할 수 있다**"(대결 2006.7.4. 2005마425)

③ [○] 항소심이 제1심의 속심이고 사실심이라는 점, 당사자의 동일성을 해하지 않는다는 점에서 **항소심에서의 당사자 표시정정은 상대방의 동의 없이 허용된다**(대판 1978.8.22. 78다1205 : 당사자표시를 정정하는 것은 당사자를 변경하는 것이 아니므로 항소심에서 그러한 정정이 있었다 한들 당사자에게 심급의 이익을 박탈하는 현상이 일어난다고는 말할 수 없다).
비교쟁점 반면 피고의 경정은 제1심 변론종결시까지만 허용된다(제260조 1항)

④ [○] 判例는 필수적 공동소송인 공유물분할청구의 소에서 공동소송인 중 1인이 소제기전 사망한 사건에서 "민사소송에서 소송당사자의 존재나 당사자능력은 소송요건에 해당하고, 이미 사망한 자를 상대로 한 소의 제기는 소송요건을 갖추지 않은 것으로서 부적법하며, **상고심에 이르러서는 당사자표시정정의 방법으로 그 흠결을 보정할 수 없다**"(대판 2012.6.14. 2010다105310)고 하여 제소전 사망을 간과한 원심의 본안판결에 대하여 상고심은 원심판결을 파기하고 전체 소를 각하하여야 한다고 한다.

⑤ [○] "당사자표시 정정은 당사자로 표시된 자의 동일성이 인정되는 범위안에서 그 표시만을 변경하는 경우에 한하여 허용되는 것이므로 종래의 당사자에 곁들여서 새로운 당사자를 추가하는 것은 당사자표시 변경으로서 허용될 수 없고 이는 추가된 당사자에 대한 새로운 상소제기로 보아야 한다"(대판 1980.7.8. 80다885)

[정답] ②

제2절 당사자자격

문 B-2 당사자적격에 관한 설명 중 옳지 않은 것은? (다툼이 있는 경우 판례에 의함) [변시 12회]

① 채권에 대한 압류 및 추심명령이 있으면 제3채무자에 대한 이행의 소는 추심채권자만이 제기할 수 있고 채무자는 피압류채권에 관한 이행의 소를 제기할 당사자적격을 상실하나, 채무자의 이행소송 계속 중에 추심채권자가 압류 및 추심명령 신청의 취하 등에 따라 추심권능을 상실하게 되면 채무자는 당사자적격을 회복한다.

② 등기의무자가 아닌 자나 등기에 관한 이해관계가 있는 제3자가 아닌 자를 상대로 등기의 말소절차이행을 구하는 소는 당사자적격이 없는 자를 상대로 한 것이므로 부적법하다.

③ 집합건물의 관리단으로부터 관리업무를 포괄적으로 위임받은 위탁관리회사는 특별한 사정이 없는 한 구분소유자 등을 상대로 관리비를 청구할 당사자적격이 있다.

④ 채권자가 채권자대위권을 행사할 당시 이미 채무자가 그 권리를 재판상 행사하여 패소확정판결을 받았더라도 채권자는 채무자를 대위하여 위 채무자의 권리를 행사할 당사자적격이 있다.

⑤ 채권자가 채권자취소권을 행사하려면 사해행위로 인하여 이익을 받은 자나 전득한 자를 상대로 그 법률행위의 취소를 구하는 소를 제기하여야 하는 것이지 채무자를 상대로 소를 제기할 수는 없다.

해설 ① [○] "채권에 대한 압류 및 추심명령이 있으면 제3채무자에 대한 이행의 소는 추심채권자만이 제기할 수 있고 **채무자는 피압류채권에 대한 이행소송을 제기할 당사자적격을 상실한다고 하여야 할 것이다**"(대판 2000.4.11. 99다23888). 그러나 "**채무자의 이행소송 계속 중에 추심채권자가 압류 및 추심명령 신청의 취하 등에 따라 추심권능을 상실하게 되면 채무자는 당사자적격을 회복한다**"(대판 2010.11.25. 2010다64877).

② [○] "등기의무자, 즉 등기부상의 형식상 그 등기에 의하여 권리를 상실하거나 기타 불이익을 받을 자(등기명의인이거나 그 포괄승계인)가 아닌 자를 상대로 한 등기의 말소절차이행을 구하는 소는 당사자적격이 없는 자를 상대로 한 부적법한 소이다"(대판 1994.2.25. 93다39225).

③ [○] "다수의 구분소유자가 집합건물의 관리에 관한 비용 등을 공동으로 부담하고 공용부분을 효율적으로 관리하기 위하여 구분소유자로 구성된 관리단이 전문 관리업체에 건물 관리업무를 위임하여 수행하도록 하는 것은 **합리적인 이유와 필요**가 있고, 그러한 관리방식이 일반적인 거래현실이며, 관리비의 징수는 업무수행에 당연히 수반되는 필수적인 요소이다. 또한 집합건물의 일종인 일정 규모 이상의 공동주택에 대해서는 주택관리업자에게 관리업무를 위임하고 주택관리업자가 관리비에 관한 재판상 청구를 하는 것이 법률의 규정에 의하여 인정되고 있다. 이러한 점 등을 고려해 보면 관리단으로부터 집합건물의 관리업무를 위임받은 위탁관리회사는 특별한 사정이 없는 한 구분소유자 등을 상대로 자기 이름으로 소를 제기하여 관리비를 청구할 당사자적격이 있다"(대판 2016.12.15. 2014다87885,87892).

④ [X] ※ 채무자가 제3채무자에 대하여 소를 제기하여 패소판결이 확정된 후 채권자가 제3채무자를 상대로 채권자대위소송을 제기한 경우('채무자의 권리불행사'요건 불충족으로 대위소송 소각하)

"채권자대위권은 채무자가 제3채무자에 대한 권리를 행사하지 아니하는 경우에 한하여 채권자가 자기의 채권을 보전하기 위하여 행사할 수 있는 것이어서 채권자가 대위권을 행사할 당시는 이미 채무자가 권리를 재판상 행사하였을 때에는 설사 패소의 본안판결을 받았더라도 채권자는 채무자를 대위하여 채무자의 권리를 행사할 **당사자적격이 없다**"(대판 1993.3.26. 92다32876).

[비교판례] 종래 判例는 "채권자가 채무자를 대위하여 제3채무자에 대하여 제기한 이 사건 소송과 이미 확정된 채무자의 제3채무자에 대한 소송은, 비록 당사자가 다르지만 실질상 동일 소송이라 할 것이므로, 위 확정판결의 효력이 이 사건에 미친다"(대판 1981.7.7. 80다2751 ; 대판 1979.3.13. 76다688)고 하여 대위소송에 기판력이 미친다고 하였다. 그러나 이후 대법원은 채권자대위권의 요건 중 '채무자의 권리불행사'는 당사자적격에 관계되는 소송요건사실이므로 위와 같은 경우 당사자적격이 없다(대판 1993.3.26. 92다32876)고 하면서 소각하판결을 내렸다. 이로써 채권자의 대위권 행사가 확정판결의 기판력에 저촉되는 것으로 보아 채권자의 청구를 기각한 종래의 대법원 판결(대판 1979.3.13. 76다688)은 사실상 폐기되었다.[4]

⑤ [O] "채권자가 사해행위의 취소와 함께 책임재산의 회복을 구하는 사해행위취소의 소에 있어서는 수익자 또는 전득자에게만 피고적격이 있고 채무자에게는 피고적격이 없다"(대판 2009.1.15. 2008다72394)

[정답] ④

제3절 소송상의 대리인

문 14 미성년자인 甲 명의의 소유권이전등기가 마쳐진 X 토지에 관하여 매매를 원인으로 하여 乙 명의로 소유권이전등기가 마쳐졌다. 甲이 乙을 상대로 X 토지에 관한 乙 명의의 소유권이전등기 말소등기절차의 이행을 구하는 소를 제기하였다. 다음 설명 중 옳지 않은 것은? (각 지문은 독립적이고, 다툼이 있는 경우에는 판례에 의함) [변시 2회]

① 甲의 법정대리인이 없는 경우, 이해관계인은 소송절차가 지연됨으로써 손해를 볼 염려가 있음을 소명하여 수소법원에 특별대리인의 선임을 신청할 수 있다.

② 전(前) 등기명의인인 甲이 미성년자이기는 하나 일단 乙 명의로 소유권이전등기가 마쳐진 이상, 그 이전등기에 관하여 필요한 절차를 적법하게 거친 것으로 추정된다.

③ 법원은 기간을 정하여 甲의 소송능력을 보정하도록 명하여야 하며, 설령 보정하는 것이 지연됨으로써 손해가 생길 염려가 있는 경우에도 甲에게 소송행위를 하게 할 수 없다.

---

4) 김용담, 주석 민법(제4판), p.123

④ 甲이 직접 소송대리인을 선임하여 제1심의 소송수행을 하게 하였으나 항소심에서 甲의 친권자인 丙이 다른 소송대리인을 선임하여 소송행위를 하면서 아무런 이의를 제기한 바 없이 제1심의 소송결과를 진술한 경우에는 무권대리에 의한 소송행위를 묵시적으로 추인한 것으로 보아야 한다.

⑤ 친권자 丙이 甲을 대리하여 제기한 소송 중에 甲이 성년에 도달하더라도 그 사실을 乙에게 통지하지 아니하면 甲은 丙의 대리권 소멸의 효력을 乙에게 주장하지 못한다.

[해설] ① [O] 미성년자·피한정후견인 또는 피성년후견인이 당사자인 경우, 그 친족, 이해관계인(미성년자·피한정후견인 또는 피성년후견인을 상대로 소송행위를 하려는 사람을 포함한다), 대리권 없는 성년후견인, 대리권 없는 한정후견인, 지방자치단체의 장 또는 검사는 다음 각 호의 경우에 소송절차가 지연됨으로써 손해를 볼 염려가 있다는 것을 소명하여 수소법원(受訴法院)에 특별대리인을 선임하여 주도록 신청할 수 있다.
1. 법정대리인이 없거나 법정대리인에게 소송에 관한 대리권이 없는 경우(민소법 제62조 1항 1호).

② [O] 어느 부동산에 관하여 등기가 경료 되어 있는 경우 특별한 사정이 없는 한 그 원인과 절차에 있어서 적법하게 경료된 것으로 추정되므로(대판 1995.4.28. 94다23524), 전 등기명의인인 미성년자가 자신의 지분을 친권자에게 증여하는 행위가 이해상반행위라 하더라도 일단 이전등기가 경료 되어 있는 이상, 특별한 사정이 없는 한, 그 이전등기에 관하여 필요한 절차를 적법하게 거친 것으로 추정된다(대판 2002.2.5. 2001다72029).

③ [X] 보정하는 것이 지연됨으로써 손해가 생길 염려가 있는 경우에는 법원은 보정하기 전의 당사자로 하여금 일시적으로 소송행위를 하게 할 수 있다(민소법 제59조).

④ [O] "미성년자가 직접 변호인을 선임하여 제1심의 소송수행을 하게 하였으나 제2심에 이르러서는 미성년자의 친권자인 법정대리인이 소송대리인을 선임하여 소송행위를 하면서 아무런 이의를 제기한 바 없이 제1심의 소송결과를 진술한 경우에는 무권대리에 의한 소송행위를 묵시적으로 추인된 것으로 보아야 한다"(대판 1980.4.22. 80다308).

⑤ [O] 소송절차가 진행되는 중에 법정대리권이 소멸한 경우에는 본인 또는 대리인이 **상대방에게 소멸된 사실을 통지하지 아니하면** 소멸의 효력을 주장하지 못한다(민소법 제63조 1항 본문).
다만, 법원에 법정대리권의 소멸사실이 알려진 뒤에는 그 법정대리인은 민소법 제56조 제2항의 소송행위를 하지 못한다(민소법 제63조 1항 단서). 따라서 만약 법원에 친권자 丙의 법정대리권이 소멸된 사실이 알려진 뒤에는 그 사실이 乙에게 통지되기 전이라 하더라도 구대리인인 丙은 소의 취하, 화해, 청구의 포기·인낙 등(민소법 제56조 2항)의 행위를 할 수 없다.

[정답] ③

문 15 소송대리인에 관한 설명 중 옳지 않은 것을 모두 고른 것은? (다툼이 있는 경우에는 판례에 의함) [변시 1회]

> ㄱ. 병원을 운영하는 의료법인이 5,000만 원의 진료비를 청구하는 소송의 항소심에서, 변호사 자격이 없는 위 법인 소속 원무과 담당 직원은 법원의 허가를 얻어 위 법인을 대리하여 소송행위를 할 수 있다.
> ㄴ. 당사자에게 소송대리인이 선임되어 있는 경우, 그 당사자가 사망하면 소송대리권은 소멸되어 소송절차가 중단된다.
> ㄷ. 항소심 법원이 원고 소송대리인의 대리권 흠결을 이유로 소 각하 판결을 선고하자, 원고 소송대리인이 상고를 제기한 다음 상고심에서 원고로부터 대리권을 수여받아 자신이 종전에 한 소송행위를 모두 추인하였다면, 대법원은 항소심 판결을 파기하여야 한다.
> ㄹ. 무권대리인이 소송행위를 한 사건에 관하여 판결이 확정된 경우, 그 소송에서의 상대방이 이를 재심사유로 삼기 위하여는 그러한 사유를 주장함으로써 이익을 받을 수 있는 경우에 한한다.
> ㅁ. 원고의 소송복대리인으로 변론기일에 출석하여 변론을 하였던 변호사가 같은 사건의 다른 변론기일에 피고의 소송복대리인으로 출석하여 변론한 경우, 원고가 이에 대하여 이의를 제기하지 않았다면 피고의 소송복대리인으로서 한 위 변론은 유효하다.

① ㄱ, ㄴ   ② ㄱ, ㄷ
③ ㄴ, ㄹ   ④ ㄷ, ㅁ
⑤ ㄹ, ㅁ

해 설 ㄱ. [X] 변호사대리원칙의 예외는 단독판사가 심리·재판하는 사건 가운데 일부(민사소송법 제88조 1항, 민사소송규칙 제15조 1항)이다. 그러나 단독사건이라도 상소심에서는 당연히 합의사건이 되므로, 항소심은 변호사대리원칙이 적용된다.

ㄴ. [X] 당사자 본인의 사망으로 소송대리권이 소멸하지 않음이 원칙이다(민사소송법 제95조 1호). 그리고 소송계속 중 당사자 사망의 경우에도 소송중단에 관한 민사소송법 제233조 1항은 적용되지 않는다(민사소송법 제238조).

ㄷ. [O] "민사소송법 제97조에 의하여 소송대리인에게 준용되는 같은 법 제60조에 의하면 소송대리권의 흠결이 있는 자의 소송행위는 후에 당사자본인이나 보정된 소송대리인이 그 소송행위를 추인하면 행위시에 소급하여 그 효력을 갖게 되는 것이고, 이러한 추인은 상고심에서도 할 수 있는 것이다"(대판 1969.6.24. 69다511 등)

ㄹ. [O] "민사소송법에서 법정대리권 등의 흠결을 재심사유로 규정한 취지는 원래 그러한 대표권의 흠결이 있는 당사자측을 보호하려는 데에 있으므로, 그 상대방이 이를 재심사유로 삼기 위하여는 그러한 사유를 주장함으로써 이익을 받을 수 있는 경우에 한하고, 여기서 이익을 받을 수 있는 경우란 위와 같은 대표권 흠결 이외의 사유로도 종전의 판결이 종국적으로 상대방의 이익으로 변경될 수 있는 경우를 가리킨다"(대결 2000.12.22. 2000재다513).

ㅁ. [O] "원고 소송복대리인으로서 변론기일에 출석하여 소송행위를 하였던 변호사가 피고 소송
복대리인으로도 출석하여 변론한 경우라도, 당사자가 그에 대하여 아무런 이의를 제기하지 않
았다면 그 소송행위는 소송법상 완전한 효력이 생긴다"(대판 1995.7.28. 94다44903).

[참고판례] 변호사법 제31조 위반한 쌍방대리에 대해 判例는 "변호사법 제16조(현 변호사법 제31조)에
위반되는 소송행위가 무권대리행위라고 하여도 추인하면 효력이 발생한다"(대판 1970.6.30. 70다
809)고 판시하여 추인설을 따른 예도 있으나, "제1심에서 피고를 대리하여 소송행위를 하였던
변호사가 항소심에서 원고소송 복대리인으로 출석하여 변론을 한 경우라도 당사자가 그에 대
하여 아무런 이의를 제기하지 아니하면 그 소송행위는 소송법상 완전한 효력이 생긴다"(대판
1990.11.23. 90다4037,4044)라고 판시하여 주로 이의설의 입장이다.

[정답] ①

문 16 소송상의 대리인에 관한 설명 중 옳은 것을 모두 고른 것은? (다툼이 있는 경우 판례에 의함) [변시 10회]

> ㄱ. 대리권 있는 한정후견인이 소의 취하를 하기 위해서는 후견감독인으로부터 특별한 권
> 한을 받아야 하지만, 후견감독인이 없는 경우에는 수소법원의 허가를 받아야 한다.
> ㄴ. 의사무능력자를 위한 특별대리인이 재판상 화해를 하는 경우, 법원은 그 행위가 본인
> 의 이익을 명백히 침해한다고 인정할 때에는 그 행위가 있는 날부터 14일 이내에 결
> 정으로 이를 허가하지 아니할 수 있다.
> ㄷ. 항소심 판결이 상고심에서 파기되고 사건이 항소심 법원으로 환송되더라도 환송 전
> 항소심에서의 소송대리인의 소송대리권은 부활하지 않는다.
> ㄹ. 당사자에게 여러 소송대리인이 있는 경우, 항소기간은 소송대리인 중 1인에게 최초로
> 판결정본이 송달되었을 때부터 진행한다.

① ㄱ, ㄴ   ② ㄱ, ㄷ
③ ㄱ, ㄹ   ④ ㄴ, ㄷ
⑤ ㄴ, ㄹ

[해설] ㄱ. [X] **제56조(법정대리인의 소송행위에 관한 특별규정)** 「①항 미성년후견인, 대리권 있는 성년
후견인 또는 대리권 있는 한정후견인이 상대방의 소 또는 상소 제기에 관하여 소송행위를 하
는 경우에는 그 후견감독인으로부터 특별한 권한을 받을 필요가 없다.
②항 제1항의 법정대리인이 소의 취하, 화해, 청구의 포기·인낙(認諾) 또는 제80조에 따른 탈
퇴를 하기 위해서는 후견감독인으로부터 특별한 권한을 받아야 한다. 다만, 후견감독인이 없
는 경우에는 **가정법원(수소법원X)**으로부터 특별한 권한을 받아야 한다.」
☞ 수소법원이 아닌 가정법원의 특별한 권한을 받아야 하므로 틀린 지문이다.

ㄴ. [○] ▨제62조의2(의사무능력자를 위한 특별대리인의 선임 등)▨ 「①항 의사능력이 없는 사람을 상대로 소송행위를 하려고 하거나 의사능력이 없는 사람이 소송행위를 하는 데 필요한 경우 특별대리인의 선임 등에 관하여는 제62조를 준용한다. 다만, 특정후견인 또는 임의후견인도 특별대리인의 선임을 신청할 수 있다.

②항 제1항의 특별대리인이 소의 취하, 화해, 청구의 포기·인낙 또는 제80조에 따른 탈퇴를 하는 경우 법원은 그 행위가 본인의 이익을 명백히 침해한다고 인정할 때에는 그 행위가 있는 날부터 14일 이내에 결정으로 이를 허가하지 아니할 수 있다. 이 결정에 대해서는 불복할 수 없다.」

ㄷ. [✕] ※ 대리권의 부활이 긍정된 판례 : 파기환송되어 사실심에 계속 중인 사건

"상고 전의 항소심의 소송대리인의 대리권은 그 사건이 항소심에 계속되면서 다시 부활하므로 환송 받은 항소심에서 환송 전의 항소심의 소송대리인에게 한 송달은 당사자에게 한 송달과 마찬가지의 효력이 있다"(대판 1984.6.14. 84다카744).

[비교쟁점] ※ 대리권의 부활이 부정된 판례 : 환송 후 상고심

"소송대리권의 범위는 특별한 사정이 없는 한 당해 심급에 한정되므로, 상고심에서 항소심으로 파기환송된 사건이 다시 상고되었을 경우에는 항소심에서의 소송대리인은 그 소송대리권을 상실하게 되고, 이 때 환송 전의 상고심에서의 소송대리인의 대리권이 그 사건이 다시 상고심에 계속되면서 부활하게 되는 것은 아니라고 할 것"(대결 1996.4.4. 96마148).

ㄹ. [○] ※ 제93조(개별대리의 원칙)와 제180조(공동대리인에게 할 송달)의 관계(제93조 우선 적용)

"민사소송의 당사자는 민사소송법 제396조 1항에 의하여 판결정본이 송달된 날부터 2주 이내에 항소를 제기하여야 한다. 한편 당사자에게 여러 소송대리인이 있는 때에는 민사소송법 제93조에 의하여 각자가 당사자를 대리하게 되므로, 여러 사람이 공동으로 대리권을 행사하는 경우 그 중 한 사람에게 송달을 하도록 한 민사소송법 제180조가 적용될 여지가 없어 법원으로서는 판결정본을 송달함에 있어 여러 소송대리인에게 각각 송달을 하여야 하지만, 그와 같은 경우에도 소송대리인 모두 당사자 본인을 위하여 소송서류를 송달받을 지위에 있으므로 당사자에 대한 판결정본 송달의 효력은 결국 소송대리인 중 1인에게 최초로 판결정본이 송달되었을 때 발생한다. 따라서 당사자에게 여러 소송대리인이 있는 경우 항소기간은 소송대리인 중 1인에게 최초로 판결정본이 송달되었을 때부터 기산된다"(대결 2011.9.29. 2011마1335).

[정답] ⑤

문 17 소송대리인에 관한 설명 중 옳은 것을 모두 고른 것은? (다툼이 있는 경우 판례에 의함)   [변시 11회]

> ㄱ. 소송계속 중 당사자가 사망하였어도 소송대리인이 있어 소송절차가 중단되지 아니하는 경우, 그 소송대리인은 상속인들 전원을 위하여 소송을 수행하게 되는 것이며 그 사건의 판결은 상속인들 전원에 대하여 효력이 있다.
>
> ㄴ. 당사자가 소송대리인에게 소송위임을 한 다음 소 제기 전에 사망하였음에도 소송대리인이 당사자의 사망 사실을 모르고 그 당사자를 원고로 표시하여 소를 제기하였다면, 이러한 소의 제기는 적법하고 시효 중단 등 소 제기의 효력은 상속인들에게 귀속된다.
>
> ㄷ. 소송대리권의 범위는 특별한 사정이 없는 한 해당 심급에 한정되므로, 상소 제기의 특별수권을 받지 않은 소송대리인의 소송대리권은 그 심급의 판결을 송달받은 때 소멸된다.
>
> ㄹ. 선정당사자가 변호사와 소송위임계약을 체결하면서 선정자로부터 별도의 수권을 받지 않고 변호사 보수에 관한 약정을 한 경우, 그 약정은 선정자의 추인이 없더라도 선정자에 대하여 효력이 있다.

① ㄱ, ㄴ
② ㄱ, ㄴ, ㄷ
③ ㄱ, ㄷ, ㄹ
④ ㄴ, ㄷ, ㄹ
⑤ ㄱ, ㄴ, ㄷ, ㄹ

[해설] ㄱ. [○] ※ 소제기 후 당사자가 사망한 경우(제238조 적용. 따라서 제233조 1항 적용배제)

判例는 당사자가 사망하였으나 소송대리인이 있어 소송절차가 중단되지 아니한 경우 원칙적으로 소송수계라는 문제가 발생하지 아니하고 소송대리인은 상속인들 전원을 위하여 소송을 수행하게 되는 것이며, 그 사건의 판결은 상속인 전원에 대하여 효력이 있다고 한다(대결 1992.11.5. 91마342). 이 경우 소송절차가 중단되지 않기 때문에 중단을 해소하는 의미의 수계신청은 필요하지 않지만 상속인 등이 소송수계신청을 하는 것은 가능하다. 다만, 이는 당사자표시정정신청의 의미를 갖는다.

ㄴ. [○] ※ 당사자가 소송대리인에게 소송위임을 한 다음 소 제기 전에 사망한 경우(제238조 적용. 그러나 제233조 1항 유추적용)

判例는 "당사자가 사망하더라도 소송대리인의 소송대리권은 소멸하지 아니하므로(제95조 제1호), 당사자가 소송대리인에게 소송위임을 한 다음 소 제기 전에 사망하였는데 소송대리인이 당사자가 사망한 것을 모르고 당사자를 원고로 표시하여 소를 제기하였다면 소의 제기는 적법하고, 시효중단 등 소 제기의 효력은 상속인들에게 귀속된다. 이 경우 제233조 제1항이 유추적용되어 사망한 사람의 상속인들은 소송절차를 수계하여야 한다"(대판 2016.4.29. 2014다210449)고 판시하였다. 이 경우에도 소송대리인이 있으므로 소송절차는 중단되지 아니한다(대판 2016.4.29. 2014다210449).

ㄷ. [○] ※ 심급대리원칙

"소송대리권의 범위는 특별한 사정이 없는 한 당해 심급에 한정되어, 소송대리인의 소송대리권의 범위는 수임한 소송사무가 종료하는 시기인 당해 심급의 판결을 송달받은 때까지라고 할 것이다"(대결 2000.1.31. 99마6205)

ㄹ. [×] ※ 선정당사자의 지위

"변호사인 소송대리인과 사이에 체결하는 보수약정은 소송위임에 필수적으로 수반되어야 하는 것은 아니므로 선정당사자가 그 자격에 기한 독자적인 권한으로 행할 수 있는 소송수행에 필요한 사법상의 행위라고 할 수 없다"(대판 2010.5.13. 2009다105246).

[정답] ②

문 18 피고의 대표이사였던 甲은 대표이사선임결의 무효확인소송의 제1심이 진행 중 대표이사의 직무집행이 정지되었음에도 원고가 제기한 항소심에 이르러 피고를 대표하여 변호사 乙을 피고 소송대리인으로 선임하면서 그에게 상고제기 권한까지 위임하였다. 이에 乙은 항소심에서 피고를 대리하여 모든 소송행위를 하였고 피고 패소의 항소심판결이 선고된 후 상고를 제기하였다. 다음 설명 중 옳지 않은 것은? (다툼이 있는 경우에는 판례에 의함)   [변시 2회]

① 항소법원은 乙이 소송대리인으로 선임된 후 乙에게 소송대리권의 흠을 보정하도록 명함에 있어, 보정이 지연됨으로써 손해가 생길 염려가 있는 경우에는 乙에게 일시적으로 소송행위를 하게 할 수 있다.

② 위 상고의 제기는 피고를 대리할 권한이 없는 자에 의하여 제기된 것으로서 부적법하다.

③ 위 상고가 각하된다면, 乙이 그 소송수임에 관하여 중대한 과실이 없는 경우 상고비용은 甲이 부담해야 한다.

④ 상고심에서 피고의 적법한 직무대행자 丁에 의하여 선임된 피고 소송대리인 丙이 항소심에서 乙이 한 소송행위 중 상고제기 행위만을 추인하고 그 밖의 소송행위는 추인하지 아니하는 것은 허용되지 않는다.

⑤ 위 ④ 이후, 丙은 항소심에서 乙이 한 소송행위 중 이전에 추인하지 아니하였던 소송행위를 다시 추인할 수 있다.

해설 ① [○] 소송능력·법정대리권 또는 소송행위에 필요한 권한의 수여에 흠이 있는 경우에는 법원은 기간을 정하여 이를 보정(補正)하도록 명하여야 하며, 만일 보정하는 것이 지연됨으로써 손해가 생길 염려가 있는 경우에는 법원은 보정하기 전의 당사자 또는 법정대리인으로 하여금 일시적으로 소송행위를 하게 할 수 있다(민소법 제59조).

② [○] "피고의 대표이사이던 소외 1은 이 사건 제1심이 진행중이던 2006. 2. 16. 전주지방법원 군산지원 동일자 2005카합480 결정으로 대표이사의 직무집행이 정지되었음에도 원심에 이르러 피고를 대표하여 변호사 유경재를 피고 소송대리인으로 선임하면서 그에게 상고제기 권한까지 위임하였고, 이에 위 변호사는 원심에서 피고를 대리하여 모든 소송행위를 하였을 뿐 아니라 피고 패소의 원심판결이 선고된 후에는 피고의 소송대리인 자격으로 이 사건 상고를 제기하기까지 한 사실을 알 수 있는바, 위와 같이 직무집행이 정지된 대표이사 소외 1에 의하여 선임된 위 변호사에게는 원심에서 피고를 적법하게 대리할 권한이 있었다고 할 수 없으므로, 이 사건 상고는 피고를 대리할 권한이 없는 자에 의하여 제기된 것으로서 부적법하다"(대판 2008.8.21. 2007다79480)

③ [○] 법정대리인 또는 소송대리인으로서 소송행위를 한 사람이 그 대리권 또는 소송행위에 필요한 권한을 받았음을 증명하지 못하거나, 추인을 받지 못한 경우에 그 소송행위로 말미암아 발생한 소송비용에 대하여는 수소법원은 직권으로 또는 당사자의 신청에 따라 그에게 비용을 갚도록 명할 수 있다. 무권대리에 해당하여 소가 각하된 경우에는 소송비용은 그 소송행위를 한 대리인이 부담한다(민소법 제107조 2항, 제108조). 判例는 위 사안에서, "상고를 각하하고, 상고비용의 부담에 관하여는 민사소송법 제108조, 제107조 제2항을 적용하여 피고에 대한 대표권이 없는 소외 1이 부담하기로 하여 관여 대법관의 일치된 의견으로 주문과 같이 판결한다"(대판 2008.8.21. 2007다79480)고 판시하였다.

④ [○] 적법하게 선임된 소송대리인이 무권대리인이 한 소송행위 중 상고제기 행위만을 추인하고 그 밖의 소송행위는 추인하지 아니한다고 한 사안에서 判例는 상고행위만의 추인을 허용할 만한 특별한 사정이 없다고 하여 일부추인을 부정하였다(대판 2008.8.21. 2007다79480). 즉, 원칙적으로 일괄추인만 가능하다고 본다.

[비교판례] 그러나 "무권대리인이 변호사에게 위임하여 소를 제기하여서 승소하고 상대방의 항소로 소송이 2심에 계속 중 그 소를 취하한 일련의 소송행위 중 소취하 행위만을 제외하고 나머지 소송행위를 추인함은 소송의 혼란을 일으킬 우려가 없고 소송경제상으로도 적절하여 그 추인은 유효하다"(대판 1973.7.24. 69다60)고 하여 소송의 혼란을 가져올 염려가 없는 경우에는 일부추인도 허용된다고 한다.

⑤ [✕] "피고 소송대리인은 2008. 7. 22.자 상고이유 철회서에 의해 무권대리인인 변호사 유경재의 항소심에서 한 소송행위를 모두 추인하고 소송대리권의 수여에 흠이 있다는 요지의 상고이유 제1점을 철회한다는 의사를 개진하고 있으나, 일단 추인거절의 의사표시가 있은 이상 그 무권대리행위는 확정적으로 무효로 귀착되므로 그 후에 다시 이를 추인할 수는 없다 할 것이다"(대판 2008.8.21. 2007다79480).

[정답] ⑤

문 19 甲은 乙을 상대로 대여금 청구의 소를 제기하였다(이하에서 丙은 甲의 채권자이다). 다음 설명 중 옳지 않은 것은? (각 지문은 독립적이며, 다툼이 있는 경우 판례에 의함) [변시 4회]

① 甲이 乙에게 소구하고 있는 채권을 丙이 가압류한 경우 법원은 甲의 소를 각하하여야 한다.

② 甲이 乙에게 소구하고 있는 채권에 대하여 丙이 압류 및 전부명령을 받고 그 전부명령이 확정된 경우 법원은 甲의 청구를 기각하여야 한다.

③ 丙이 甲을 상대로 신청한 파산절차가 개시되어 파산관재인이 선임된 후, 甲의 파산선고 전에 성립한 위 대여금 채권에 기하여 甲이 위 소를 제기한 경우, 법원은 甲의 소를 각하하여야 한다.

④ 丙이 甲을 대위하여 乙을 상대로 위 대여금의 지급을 구하는 소를 제기하고 甲에게 소송고지한 후 그 소송에서 패소판결이 확정된 경우, 법원은 그 후에 제소된 甲의 乙에 대한 위 대여금 청구를 기각하여야 한다.

⑤ 甲의 乙에 대한 대여금채권에 대해 丙이 압류 및 추심명령을 받아 그 명령이 甲과 乙에게 송달된 후, 甲이 위와 같이 제소하였다면 법원은 甲의 소를 각하하여야 한다.

해설 ① [✕] "일반적으로 채권에 대한 가압류가 있더라도 이는 채무자가 제3채무자로부터 현실로 급부를 추심하는 것만을 금지하는 것일 뿐 채무자는 제3채무자를 상대로 그 이행을 구하는 소송을 제기할 수 있고 법원은 가압류가 되어 있음을 이유로 이를 배척할 수는 없는 것이 원칙이다. 왜냐하면 채무자로서는 제3채무자에 대한 그의 채권이 가압류되어 있다 하더라도 채무명의를 취득할 필요가 있고 또 는 시효를 중단할 필요도 있는 경우도 있을 것이며 또한 소송 계속 중에 가압류가 행하여진 경우에 이를 이유로 청구가 배척된다면 장차 가압류가 취소된 후 다시 소를 제기하여야 하는 불편함이 있는데 반하여 제3채무자로서는 이행을 명하는 판결이 있더라도 집행단계에서 이를 저지하면 될 것이기 때문이다"(대판 2002.4.26. 2001다59033).

② [○] 전부명령이 있는 때에는 압류된 채권은 지급에 갈음하여 압류채권자에게 이전된다(민사집 행법 제229조 3항). 즉, 전부명령이 있는 경우 전부채권은 채무자로부터 전부채권자에게 이전 되고 '지명채권의 양도'와 같은 효과가 발생한다(다만, 이는 집행행위에 의한 것이므로 민법 제450 조에 따른 대항요건이 필요한 것은 아니다). 따라서 전부명령이 있는 경우 전부채권자가 이행청구 권자임을 주장하는 이상 원고적격을 가지고, 채무자의 제3채무자에 대한 이행청구소송은 실체 법상의 이행청구권의 상실로 인하여 본안에서 기각되어야 한다.

쟁점정리 ※ 전부명령과 추심명령
㉠ 금전채권이 압류·전부된 경우에는 제3채무자에게 전부명령 송달시에 소급하여 당연히 전부채 권자에게 집행채권이 이전하고 동시에 집행채권 소멸의 효력이 발생하므로(민사집행법 제229 조 3항), 만약 집행채무자가 당해 채권의 이행을 청구하는 경우 제3채무자의 항변은 청구기각 의 본안에 관한 항변사유이다. 즉, 채무자의 제3채무자에 대한 이행청구소송은 실체법상의 이행 청구권의 상실로 인하여 본안에서 기각되어야 한다.
㉡ 금전채권이 압류·추심된 경우에는 제3채무자에 대한 이행의 소는 추심채권자만이 제기할 수 있고(민사집행법 제229조 2항), 집행채무자는 피압류채권에 대한 이행의 소를 제기할 당사자 적격을 상실하게 되므로, 이는 소각하의 본안전 항변사유이다. 하지만 금전채권이 단순히 (가) 압류 되었음을 들어 제3채무자가 채무자에게 항변할 수는 없다(대판 2000.4.11. 99다23888).
다만 가압류된 채권을 양수받은 양수인은 그러한 가압류에 의하여 권리가 제한된 상태의 채권 을 양수받는다고 보아야 할 것이다(대판 2000.4.11. 99다23888).

③ [○] 파산관재인은 채무자의 재산에 관한 소송에서 당사자가 되는(채무자회생 및 파산에 관한 법 률 제359조) 갈음형의 제3자 소송담당이다. 따라서 채무자는 소송의 당사자적격이 없어 소송은 부적법하다.

④ [○] 전원합의체 판결의 다수의견은 채권자 대위소송은 "어떠한 사유로 인하였던 적어도 **채권 자대위권에 의한 소송이 제기된 사실을 채무자가 알았을 경우에는 그 판결이 채무자에게 미친다.**"고 보는 바, 사안의 채무자 甲에게 丙의 채권자 대위 소송의 소송 고지가 있었던 이상 패소 판결 의 기판력은 甲에게도 미친다. 기판력의 본질에 관해 判例가 취하는 모순금지설에 의하면 "원 고 청구기각판결의 기판력에 의하여 그 내용과 모순되는 판단을 하여서는 안 되는 구속력 때 문에 전소판결의 판단을 채용하여 원고 청구기각 판결을 한다"(대판 1989.6.27. 87다카2478).

비교판례 "전소의 확정판결에서 원고가 승소한 부분에 해당하는 부분은 권리보호의 이익이 없 다"(대판 2009.12.24. 2009다64215).

⑤ [O] 추심명령이 있는 때에는 압류 채권자는 대위절차 없이 압류 채권을 추심할 수 있다(민사집행법 제229조 2항). 判例는 "채권에 대한 압류 및 추심명령이 있으면 제3채무자에 대한 이행의 소는 추심채권자만이 제기할 수 있고 채무자는 피압류채권에 대한 이행소송을 제기할 당사자적격을 상실"(대판 2010.11.25. 2010다64877)한다고 하여, 추심명령이 제3채무자에게 송달되어 확정된 경우 채무자의 제3채무자에 대한 소제기는 부적법해진다.

[정답] ①

문 20 당사자적격에 관한 설명 중 옳지 않은 것은? (다툼이 있는 경우 판례에 의함)   [변시 6회]

① 丙이 甲의 乙에 대한 채권에 관하여 압류 및 추심명령을 받은 경우, 甲은 위 채권에 대한 이행의 소를 제기할 당사자적격을 상실한다.

② 甲이 乙, 丙, 丁을 상대로 제기한 소송에서 乙이 선정당사자로 선정되어 소송을 수행하던 중 甲이 乙에 대한 소를 취하하면 乙은 선정당사자의 지위를 상실한다.

③ 甲이 乙, 丙의 합유로 소유권이전등기가 마쳐진 부동산에 관하여 명의신탁 해지를 원인으로 한 소유권이전등기절차의 이행을 구할 경우, 乙과 丙 모두를 피고로 하여야 한다.

④ 원인무효의 근저당권설정등기에 터 잡아 근저당권 이전의 부기등기가 마쳐진 경우, 근저당권의 양수인을 상대로 근저당권설정등기의 말소청구를 하여야 한다.

⑤ A주식회사의 정관에 따라 甲을 대표이사로 선출한 주주총회결의의 효력을 다투는 본안소송과 관련하여 甲에 대한 직무집행정지 및 직무대행자선임의 가처분신청을 할 때에는 A주식회사를 피신청인으로 하여야 한다.

해설 ① [O] "채권에 대한 압류 및 추심명령이 있으면 제3채무자에 대한 이행의 소는 추심채권자만이 제기할 수 있고 채무자는 피압류채권에 대한 이행소송을 제기할 당사자적격을 상실한다"(대판 2000.4.11. 99다23888).

② [O] 判例에 따르면 제53조의 선정당사자는 공동의 이해관계를 가진 여러 사람 중에서 선정되어야 하므로, 선정당사자 본인에 대한 부분의 소가 취하되거나 판결이 확정되는 등으로 **공동의 이해관계가 소멸**하는 경우에는 선정당사자는 선정당사자의 자격을 당연히 상실한다(대판 2014.10.15. 2013다25781).

③ [O] "합유로 소유권이전등기가 된 부동산에 관하여 명의신탁 해지를 원인으로 한 소유권이전등기절차의 이행을 구하는 소송은 합유물에 관한 소송으로서 합유자 전원에 대하여 합일적으로 확정되어야 하는 고유필수적 공동소송에 해당한다"(대판 2011.2.10. 2010다82639).

④ [O] "근저당권 이전의 부기등기는 기존의 주등기인 근저당권설정등기에 종속되어 주등기와 일체를 이루는 것이어서, 피담보채무가 소멸된 경우 또는 근저당권설정등기가 당초 원인무효인 경우 주등기인 근저당권설정등기의 말소만 구하면 되고 그 부기등기는 별도로 말소를 구하

지 않더라도 주등기의 말소에 따라 직권으로 말소되는 것이며, 근저당권 양도의 부기등기는 기존의 근저당권설정등기에 의한 권리의 승계를 등기부상 명시하는 것 뿐으로, 그 등기에 의하여 새로운 권리가 생기는 것이 아닌 만큼 근저당권설정등기의 말소등기청구는 양수인만을 상대로 하면 족하고 양도인은 그 말소등기청구에 있어서 피고 적격이 없으며, 근저당권의 이전이 전부명령 확정에 따라 이루어 졌다고 하여 이와 달리 보아야 하는 것은 아니다"(대판 2000.4.11. 2000다5640).

⑤ [×] "임시의 지위를 정하기 위한 이사직무집행정지가처분에 있어서 피신청인이 될 수 있는 자는 그 성질상 당해 이사이고, 회사에게는 피신청인의 적격이 없다"(대판 1982.2.9. 80다2424).

[비교판례] ※ 단체내부의 분쟁의 피고적격

判例는 '단체피고설'의 입장에서 "주주총회결의 취소와 결의무효확인판결은 대세적 효력이 있으므로 그와 같은 소송의 피고가 될 수 있는 자는 그 성질상 회사로 한정된다. 주식회사의 이사회결의는 회사의 의사결정이고 회사는 그 결의의 효력에 관한 분쟁의 실질적인 주체라 할 것이므로 그 효력을 다투는 사람이 회사를 상대로 하여 그 결의의 무효확인을 소구할 있다 할 것이나 그 이사회결의에 참여한 이사들은 그 이사회의 구성원에 불과하므로 특별한 사정이 없는 한 이사 개인을 상대로 하여 그 결의의 무효확인을 소구할 이익은 없다"(대판 1982.9.14. 80다2425)고 하였다.

[정답] ⑤

❷ 민사소송법
제1심의 소송절차

제1장 소송의 개시와 심리의 대상
제1절 소의 의의와 종류

문 1 소송의 제기에 관한 설명 중 옳지 않은 것은? (다툼이 있는 경우 판례에 의함) [변시 8회]

① 당사자들이 부제소합의를 쟁점으로 소의 적법을 다투지 아니함에도 법원이 직권으로 부제소합의에 위배되었다는 이유로 소가 부적법하다고 판단하기 위해서는 당사자에게 그와 같은 법률적 관점에 대하여 의견을 진술할 기회를 주어야 하고, 부제소합의를 하게 된 동기 및 경위, 당사자의 진정한 의사 등에 관하여도 충분히 심리를 하여야 하므로 법원이 그와 같이 하지 아니하고 소 각하 판결을 선고하였다면 석명의무를 위반하고 심리미진의 위법을 범한 것이다.

② 감독청의 허가 없이 학교법인이 학교법인의 기본재산인 부동산을 매도하는 계약을 체결한 후 그 부동산에서 운영하던 학교를 감독청의 허가를 받아 신축교사로 이전하고 준공검사까지 마친 경우, 매수인은 미리 청구할 필요가 있다고 하더라도 감독청의 허가를 조건으로 그 부동산에 관한 소유권이전등기절차의 이행을 청구할 수 없다.

③ 혼인무효의 소송 도중 협의이혼으로 혼인관계가 해소되었더라도 혼인무효의 효과가 현재의 법률상태에 직접적이고 중대한 영향을 미치는 경우 혼인무효의 소는 소의 이익이 있다.

④ 공시송달요건에 해당한다고 볼 여지가 충분한데도 공시송달 신청에 대한 허부 재판을 도외시한 채 주소보정 흠결을 이유로 소장각하명령을 하는 것은 위법하다.

⑤ 원고의 소 제기에 대하여 피고가 소장부본을 송달받은 날로부터 30일 이내에 답변서를 제출하지 아니한 경우 피고가 판결선고기일까지 원고의 청구를 다투는 취지의 답변서를 제출하였다면 법원은 변론 없이 판결을 선고할 수 없다.

[해설] ① [○] "부제소 합의는 소송당사자에게 헌법상 보장된 재판청구권의 포기와 같은 중대한 소송법상의 효과를 발생시키는 것으로서 그 합의 시에 예상할 수 있는 상황에 관한 것이어야 유효하고, 그 효력의 유무나 범위를 둘러싸고 이견이 있을 수 있는 경우에는 당사자의 의사를 합리적으로 해석한 후 이를 판단하여야 한다. 따라서 당사자들이 부제소 합의의 효력이나 그 범위에 관하여 쟁점으로 삼아 소의 적법 여부를 다투지 아니하는데도 법원이 직권으로 부제소 합의에 위배되었다는 이유로 소가 부적법하다고 판단하기 위해서는 그와 같은 법률적 관점에 대하여 당사자에게 의견을 진술할 기회를 주어

야 하고, 부제소 합의를 하게 된 동기 및 경위, 그 합의에 의하여 달성하려는 목적, 당사자의 진정한 의사 등에 관하여도 충분히 심리할 필요가 있다. 법원이 그와 같이 하지 않고 직권으로 부제소 합의를 인정하여 소를 각하하는 것은 예상외의 재판으로 당사자 일방에게 불의의 타격을 가하는 것으로서 석명의무를 위반하여 필요한 심리를 제대로 하지 아니하는 것이다"(대판 2013.11.28. 2011다80449).

② [×] ※ 허가조건부 이행청구
"감독청의 허가 없이 학교법인의 기본재산에 대하여 매매계약을 체결한 경우 매수인은 감독청의 허가를 조건으로 소유권이전등기절차의 이행을 구할 수 있다"(대판 1998.7.24. 96다27988).

[비교판례] 判例는 토지거래허가구역의 토지매수인이 매도인을 상대로 장차 허가받을 것을 조건으로 하여 소유권이전등기 청구를 허용하지 않았고(대판 1991.12.24. 90다12243), 대항요건을 갖추지 않은 채권양수인은 채무자와 사이에 아무런 법률관계가 없어 채무자에 대하여 채권양도인으로부터 양도통지를 받은 다음 채무를 이행하라는 청구는 부적법하다고 보았다(대판 1994.12.22. 94다20341).

③ [○] ※ 과거의 포괄적 법률관계확인의 경우
원칙적으로 과거의 권리관계의 존부확인을 구할 수 없으나, 현재 법률관계의 확인을 구하는 취지로 선해할 수 있는 경우나 과거의 포괄적 법률관계확인의 경우에는 허용된다. 즉, 신분관계·사단관계처럼 포괄적 법률관계의 경우에는 예외적으로 과거의 것이라도 일체 분쟁의 직접적·획일적 해결에 유효적절한 수단이 되는 경우 그 확인을 구하는 것이 허용된다. 判例는 ⊙ 사실혼 배우자 한 쪽 사망 후 사실혼관계존부확인의 소(대판 1995.3.28. 94므1447)에서 소의 이익을 긍정한 바 있으며, ⓛ "협의이혼으로 혼인관계가 해소된 경우에도 과거의 혼인관계의 무효확인을 구할 정당한 법률상 이익이 있다"(대판 1978.7.11. 78므7)고 판시하였다.

④ [○] "공시송달 요건에 해당한다고 볼 여지가 충분한 데도 불구하고 공시송달신청에 대한 허부재판을 도외시한 채 주소보정 흠결을 이유로 소장각하명령을 한 것은 위법하다"(대결 2003.12.12. 2003마1694).
제1심에서 원고가 공시송달신청을 하면서 제출한 소명자료와 그 동안의 송달 결과, 특히 법정경위 작성의 송달불능보고서의 내용을 종합하면 민사소송법 제194조가 규정하는 공시송달의 요건인 '당사자의 주소 등 또는 근무장소를 알 수 없는 경우'에 해당한다고 볼 여지가 충분함에도 위 공시송달 신청에 대하여는 아무런 결정을 하지 아니한 채 주소보정 흠결을 이유로 소장각하명령을 한 경우, 항고심으로서는 소장 부본 송달상의 흠결 보정에 관하여 선결문제가 되는 공시송달신청의 허부에 대하여도 함께 판단하여 제1심 재판장의 소장 각하명령의 당부를 판단하였어야 함에도 불구하고 이에 이르지 아니한 채 원고가 최종의 주소보정명령에 따른 주소보정조치를 취하지 아니한 이상 제1심 재판장의 소장각하명령에 위법이 있다고 할 수 없다는 이유 설시만으로 항고를 배척한 것은 위법하다고 한 사례

⑤ [○] 피고가 원고의 청구를 다투는 경우에는 소장의 부본을 송달받은 날부터 30일 이내에 답변서를 제출하여야 한다. 다만, 피고가 공시송달의 방법에 따라 소장의 부본을 송달받은 경우에는 그러하지 아니하다(민소법 제256조 1항). 법원은 피고가 제256조 제1항의 답변서를 제출하지 아니한 때에는 청구의 원인이 된 사실을 자백한 것으로 보고 변론 없이 판결할 수 있다. 다만, 직권으로 조사할 사항이 있거나 판결이 선고되기까지 피고가 원고의 청구를 다투는 취지의 답변서를 제출한 경우에는 그러하지 아니하다(민소법 제257조 1항).

[정답] ②

제2절 소송요건

문 2 **소송요건에 관한 설명 중 옳지 않은 것은?** (다툼이 있는 경우 판례에 의함) [변시 11회]

① 상고심 법원은 매매예약완결권이 제척기간 도과로 인하여 소멸되었다는 주장이 적법한 상고이유서 제출기간 경과 후에 상고인에 의하여 주장되었다 할지라도 이를 판단하여야 한다.

② 순차적으로 경료된 소유권이전등기의 전부 말소를 구하는 소송에서, 후순위등기의 말소등기청구가 기각되고 그 판결이 확정됨으로써 직접적으로는 그 전순위등기의 말소등기의 실행이 불가능해졌다면 그 전순위등기의 말소를 구할 소의 이익이 없다.

③ 채권담보의 목적으로 부동산에 관하여 가등기가 경료되었는데 채권자가 그 가등기의 피담보채무의 액수를 다투는 때에는, 채무자는 채권자에게 피담보채무의 변제를 조건으로 가등기를 말소할 것을 미리 청구할 필요가 있다.

④ 근저당권의 피담보채무에 관한 부존재확인의 소는 근저당권이 말소되면 확인의 이익이 없게 된다.

⑤ 「부동산 거래신고 등에 관한 법률」 제10조 제1항(구 「국토의 계획 및 이용에 관한 법률」 제117조 제1항) 소정의 토지거래계약에 관한 허가 구역 내의 토지에 대하여 매매계약이 체결되었는데 계약을 체결한 당사자 중 일방이 허가신청절차에 협력하지 않는 경우, 그 상대방은 위 협력의무의 이행을 소로써 구할 이익이 있다.

[해 설] ① [○] ※ 상고이유서 제출기간이 지난 뒤의 새로운 상고이유의 제한
"매매예약완결권의 제척기간이 도과하였는지 여부는 소위 직권조사사항으로서 이에 대한 당사자의 주장이 없더라도 법원이 당연히 직권으로 조사하여 재판에 고려하여야 하므로, 상고법원은 매매예약완결권이 제척기간 도과로 인하여 소멸되었다는 주장이 적법한 상고이유서 제출기간 경과 후에 주장되었다 할지라도 이를 판단하여야 한다"(대판 2000.10.13. 99다18725).

② [X] ※ 순차로 경료된 등기들의 말소를 청구하는 소송
순차로 경료된 등기들의 말소를 청구하는 소송은 권리관계의 합일적인 확정을 필요로 하는 필요적 공동소송이 아니라 통상공동소송이며, 통상공동소송에서는 공동당사자들 상호간의 공격방어방법의 차이에 따라 모순되는 결론이 발생할 수 있고, 이 경우 후순위 등기에 대한 말소청구가 패소 확정됨으로써 그 전순위 등기의 말소등기 실행이 결과적으로 불가능하게 되더라도, 그 전순위 등기의 말소를 구할 소의 이익이 없다고는 할 수 없다(대판 2008.6.12. 2007다36445)

③ [○] ※ 미리 청구할 필요가 인정되는 경우
저당권설정등기 말소등기청구권이나 담보가등기말소등기청구권처럼 원고가 먼저 자기 채무의 이행을 해야 비로소 그 이행기가 도래하는 이행청구권을 대상으로 하는 선이행청구는 원칙적으로 허용되지 않는다. 다만 判例는 "채권담보의 목적으로 부동산에 관하여 가등기가 경료된 경우 채무자는 자신의 채무를 먼저 변제하여야만 비로소 그 가등기의 말소를 구할 수 있는 것이기는 하지만, 채권자가 그 가등기가 채무담보의 목적으로 된 것임을 다툰다든지 피담보채무의 액수를 다투기 때문에 장차 채무자가 채무를 변제하더라도 채권자가 그 가등기의 말소에 협력할 것으로 기대되지

않는 경우에는 피담보채무의 변제를 조건으로 가등기를 말소할 것을 미리 청구할 필요가 있다"(대판 1992.7.10. 92다15376,92다15383)고 판시하였다.

④ [○] ※ 근저당권의 피담보채무에 관한 부존재확인의 소가 근저당권이 말소되면 확인의 이익이 없게 되는지 여부(적극)
"확인의 소에서 확인의 대상은 현재의 권리 또는 법률관계일 것을 요하므로 특별한 사정이 없는 한 과거의 권리 또는 법률관계의 존부확인은 인정되지 아니하는바, 근저당권의 피담보채무에 관한 부존재확인의 소는 근저당권이 말소되면 과거의 권리 또는 법률관계의 존부에 관한 것으로서 확인의 이익이 없게 된다"(대판 2013.8.23. 2012다17585).

⑤ [○] ※ 규제구역 내의 토지에 대하여 거래계약이 체결된 경우 쌍방 당사자는 공동으로 관할관청의 허가를 신청할 의무가 있는지 여부(적극) 및 허가신청절차에 협력하지 않는 상대방에 대하여 그 협력의무의 이행을 소송으로써 구할 이익이 있는지 여부(적극)
"규제지역 내의 토지에 대하여 거래계약이 체결된 경우에 계약을 체결한 당사자 사이에 있어서는 그 계약이 효력 있는 것으로 완성될 수 있도록 서로 협력할 의무가 있음이 당연하므로, 계약의 쌍방 당사자는 공동으로 관할 관청의 허가를 신청할 의무가 있고, 이러한 의무에 위배하여 허가신청절차에 협력하지 않는 당사자에 대하여 상대방은 협력의무의 이행을 소송으로써 구할 이익이 있다"(대판 1991.12.24. 전합90다12243).

[정답] ②

제3절 소의이익

문3 다음 설명 중 옳지 않은 것은? (다툼이 있는 경우 판례에 의함)   [변시 9회]

① 변제공탁의 피공탁자 또는 그 승계인이 아닌 제3자는 피공탁자를 상대로 공탁물출급청구권 확인의 소를 제기하여 전부 인용판결을 받은 다음, 이를 근거로 직접 법원에 공탁물출급청구를 할 수 있다.

② 甲의 채권자 丙이 甲의 乙에 대한 소유권이전등기청구권에 대하여 신청한 가압류결정이 乙에게 송달된 후 甲이 乙을 상대로 제기한 소유권이전등기청구 소송에서, 법원은 위 가압류의 해제를 조건으로 하지 아니하는 한 甲의 청구를 인용해서는 아니 된다.

③ 근저당권의 피담보채무에 관한 부존재확인의 소는 근저당권이 적법하게 말소되면 특별한 사정이 없는 한 확인의 이익이 없다.

④ 확인의 소는 당사자 사이의 법률관계에 한하지 않고 당사자의 일방과 제3자 또는 제3자 상호 간의 법률관계도 그 대상이 될 수 있다.

⑤ 소로써 확인을 구하는 서면의 진부가 확정되어도 서면이 증명하려는 권리관계 또는 법률적 지위의 불안이 제거될 수 없고, 그 법적 불안을 제거하기 위하여 당해 권리 또는 법률관계 자체의 확인을 구하여야 할 필요가 있는 경우에 해당하면 그 증서진부확인의 소는 부적법하다.

[해설] ① [X] ※ 변제공탁에 있어서 피공탁자가 아닌 사람이 피공탁자를 상대로 공탁물출급청구권 확인판결을 받은 경우에 직접 공탁물출급청구를 할 수 있는지 여부(소극)

"변제공탁의 공탁물출급청구권자는 피공탁자 또는 그 승계인이고 피공탁자는 공탁서의 기재에 의하여 형식적으로 결정되므로, 실체법상의 채권자라고 하더라도 피공탁자로 지정되어 있지 않으면 공탁물출급청구권을 행사할 수 없다. 따라서 피공탁자 아닌 제3자가 피공탁자를 상대로 하여 공탁물출급청구권 확인판결을 받았더라도 그 확인판결을 받은 제3자가 직접 공탁물출급청구를 할 수는 없고, 수인을 공탁금에 대하여 균등한 지분을 갖는 피공탁자로 하여 공탁한 경우 피공탁자 각자는 공탁서의 기재에 따른 지분에 해당하는 공탁금을 출급청구할 수 있을 뿐이며, 비록 피공탁자들 내부의 실질적인 지분비율이 공탁서상의 지분비율과 다르다고 하더라도 이는 피공탁자 내부간에 별도로 해결해야 할 문제이다"(대판 2006.8.25. 2005다67476)[5]

② [O] ※ 가압류·가처분된 소유권이전등기청구권에 대한 이행청구

가압류·가처분된 소유권이전등기청구권에 대한 이행청구(대판 1992.11.10. 92다4680)도 소의 이익이 있다. 다만, 대법원은 "소유권이전등기청구권에 대한 압류나 가압류가 있더라도 채무자는 제3채무자를 상대로 그 이행을 구하는 소송을 제기할 수 있고 법원은 가압류가 되어 있음을 이유로 이를 배척할 수는 없는 것이지만, 소유권이전등기를 명하는 판결(민법 제389조 2항)은 의사의 진술을 명하는 판결로서 이것이 확정되면 채무자는 일방적으로 이전등기를 신청할 수 있고 제3채무자는 이를 저지할 방법이 없게 되므로(주 : 집행공탁의 공탁물은 금전에 한정되기 때문에 제3채무자는 채무를 면할 방법이 없다) 위와 같이 볼 수는 없고 이와 같은 경우에는 '가압류의 해제'를 조건으로 하지 않는 한 법원은 이를 인용하여서는 안된다"(대판 1999.2.9. 98다42615 ; 대판 1992.11.10. 전합92다4680 등)고 판시하고 있다(원고일부승소).

[참고판례] 다만, 변론주의원칙상 제3채무자가 소유권이전등기청구권이 가압류된 사실을 주장하는 등의 사정이 있어야 위와 같은 해제조건부 인용 판결이 가능하다. 따라서 소유권이전등기청구권이 가압류된 경우에는 제3채무자에게 응소의무가 인정된다(대판 1999.6.11. 98다22963).

③ [O] ※ 확인의 소의 대상적격 중 현재성

"확인의 소에서 확인의 대상은 현재의 권리 또는 법률관계일 것을 요하므로 특별한 사정이 없는 한 과거의 권리 또는 법률관계의 존부확인은 인정되지 아니하는바, 근저당권의 피담보채무에 관한 부존재확인의 소는 근저당권이 말소되면 과거의 권리 또는 법률관계의 존부에 관한 것으로서 확인의 이익이 없게 된다"(대판 2013.8.23. 2012다17585)

[쟁점정리] ※ 확인의 소의 대상적격 [법, 자, 현]

'권리·법률관계'를 대상으로 하고(법률성), 자기의 권리를 확인하는 것이어야 하며(자기성), 현재 법률관계의 확인을 구하는 것이어야 한다(현재성)

④ [O] ※ 확인의 소의 대상적격 중 자기성(제3자 사이의 권리관계 확인)

확인의 소의 대상은 자기의 권리를 확인하는 것이어야 한다. 다만 예외적으로 당사자 일방과 제3자 사이의 권리관계 또는 제3자 사이의 권리관계에 관하여 당사자 사이에 다툼이 있어서 당사자 일방의 권리관계에 불안이나 위험이 초래되고 있고, 다른 일방에 대한 관계에서 그 법률관계를 확정시키는 것이 당사자의 권리관계에 대한 불안이나 위험을 제거할 수 있는 유효·적절한 수단이 되는 경우에는 당사자 일방과 제3자 사이의 권리관계 또는 제3자 사이의 권리관계에 관하여도 확인의 이익이 있다(대판 1997.6.10. 96다25449).

---

5) 甲과 乙을 피공탁자(지분 각 1/2)로 한 변제공탁에 대하여 甲이 乙을 상대로 1/2 지분을 초과하는 지분에 대한 공탁금출급청구권의 확인을 청구할 수 있는지 여부(소극)

⑤ [○] ※ 증서진부확인의 소의 확인의 이익

증서진부확인의 소는 확인소송으로서 확인의 이익이 있을 것이 요구된다. 判例는 서면으로 증명될 법률관계가 합의에 의하여 이미 소멸되었다는 취지로 주장하고 있다면, 그 서면의 진부가 확정되어도 이에 의하여 원고 주장의 위 권리관계 내지 법률적 지위의 불안이 제거될 수 없고, 그 법적불안을 제거하기 위하여서는 당해 권리 또는 법률관계 자체의 확인을 구하여야 할 필요가 있는 경우에 해당한다 할 것이므로, 진부확인의 소는 즉시 확정의 이익이 없어 부적법하다(대판 1991.12.10. 91다15317)고 하였다.

[쟁점정리] ※ 확인의 이익 [법, 현, 유적]

"확인의 이익은 원고의 권리 또는 법률상 지위에 현존하는 불안, 위험이 있고 그 불안, 위험을 제거함에는 확인판결을 받는 것이 가장 유효적절한 수단일 때에만 인정된다"(대판 1991.12.10. 91다14420).

[정답] ①

문4 다음 사례 중 소의 이익이 인정되지 않는 것은? (다툼이 있는 경우 판례에 의함) [변시 4회]

① 경매절차에서 가장임차인의 배당요구에 따라 배당표가 확정된 후, 후순위 진정채권자가 그 배당금지급청구권을 가압류하고 가장임차인을 상대로 배당금지급청구권 부존재의 확인을 구하는 소를 제기한 경우

② 부동산담보권 실행을 위한 경매의 배당절차에서 근저당권자의 채권에 대하여 배당이의를 하며 다투는 물상보증인을 상대로 근저당권자가 피담보채권 존재의 확인을 구하는 소를 제기한 경우

③ 협의이혼으로 혼인관계가 해소되었지만 현재의 법률상태에 영향을 미치고 있어 그 이혼당사자의 한 쪽이 다른 쪽을 상대로 과거의 혼인관계 무효확인을 구하는 소를 제기한 경우

④ 사해행위인 근저당권설정계약에 기한 근저당권설정등기가 경매절차상 매각으로 인하여 말소된 후, 그 등기로 인하여 해를 입게 되는 채권자가 근저당권설정계약의 취소를 구하는 소를 제기한 경우

⑤ 채무자의 채무초과가 임박한 상태에서 채권자가 이미 채무자 소유의 목적물에 저당권이 설정되어 있음을 알면서 자기 채권의 우선적 만족을 위하여 채무자와 통모하여 유치권을 성립시킨 후, 저당권자가 경매절차에서 그 유치권을 배제하기 위하여 유치권자를 상대로 그 부존재의 확인을 구하는 소를 제기한 경우

[해설] ① [X] 확인의 소는 "원고의 권리 또는 법률상 지위에 현존하는 불안, 위험이 있고 그 불안, 위험을 제거함에는 확인판결을 받는 것이 가장 유효적절한 수단일 때에만 인정된다"(대판 1991.12.10. 91다14420). 따라서 "가장 임차인의 배당요구가 받아 들여져 제1순위로 허위의 임차보증금에 대한 배당이 이루어졌으나 이해관계인들의 배당이의가 없어 그대로 배당표가 확정된 후 그 사실을 알게 된 후순위 진정 채권자에 의해 그 배당금지급청구권이 가압류되어 가장 임

차인이 현실적으로 배당금을 추심하지 못한 경우, 배당을 받지 못한 후순위 진정 채권자로서는 배당금지급청구권을 부당이득한 가장 임차인을 상대로 그 부당이득 채권의 반환을 구하는 것이 손실자로서의 권리 또는 지위의 불안·위험을 근본적으로 해소할 수 있는 유효·적절한 방법이므로, 후순위 진정 채권자가 가장 임차인을 상대로 배당금지급청구권 부존재확인을 구하는 것은 확인의 이익이 없다"(대판 1996.11.22. 96다34009).

② [○] "근저당권자가 근저당권의 피담보채무의 확정을 위하여 스스로 물상보증인을 상대로 확인의 소를 제기하는 것이 부적법하다고 볼 것은 아니며, 물상보증인이 근저당권자의 채권에 대하여 다투고 있을 경우 그 분쟁을 종국적으로 종식시키는 유일한 방법은 근저당권의 피담보채권의 존부에 관한 확인의 소라고 할 것이므로, 근저당권자인 원고가 물상보증인인 피고들을 상대로 제기한 이 사건 확인의 소는 확인의 이익이 있어 적법하다"(대판 2004.3.25. 2002다20742).

③ [○] 일반적으로 과거의 법률관계의 존부는 독립된 확인의 소의 대상으로 할 수 없고 그 과거의 법률관계의 영향을 받고 있는 현재의 법률상태의 확인을 구해야 하나 혼인 등의 신분관계나 사단적 관계와 같이 그것을 기본으로 하여 수많은 법률관계가 계속하여 발생하고 그 효과도 일반 제3자에까지 미치게 되는 경우에는 그것이 과거의 것이라 해도 현재의 법률 상태에 영향을 미치고 있는 한 그 확인의 이익이 인정된다.
判例는 협의이혼으로 혼인관계가 해소되었음에도 과거의 혼인 관계의 무효 확인을 구하는 소에 대하여, "과거 일정기간 동안의 혼인관계의 존부의 문제라 해도 혼인무효의 효과는 기왕에 소급하는 것이고 그것이 적출자의 추정, 재혼의 금지 등 당사자의 신분법상의 관계 또는 연금관계법에 기한 유족연금의 수급자격, 재산상속권 등 재산법상의 관계에 있어 현재의 법률상태에 직접적인 중대한 영향을 미치는 이상 그 무효확인을 구할 정당한 법률상의 이익이 있다 할 것이다"(대판 1978.7.11. 78므7)고 하며, 혼인관계가 당사자 일방이 사망함으로써 해소된 경우에도 과거의 혼인의 무효 확인을 구할 수 있도록 규정한 인사소송법 제27조 1항을 근거로 하여 확인의 이익을 긍정하였다.

④ [○] "채무자가 사해행위로 인한 근저당권 실행으로 경매절차가 진행 중인 부동산을 매각하고, 그 대금으로 근저당권자인 수익자에게 피담보채무를 변제함으로써 그 근저당권설정등기가 말소된 경우에 위와 같은 변제는 특별한 사정이 없는 한 근저당권의 우선변제권 이행으로 일반 채권자에 우선하여 된 것이라고 봄이 타당하므로, 근저당권이 실행되어 경매절차에서 근저당권설정등기가 말소된 경우와 마찬가지로 수익자로 하여금 근저당권 말소를 위한 변제 이익을 보유하게 하는 것은 부당하다. 따라서 이 경우에도 근저당권설정등기로 말미암아 해를 입게 되는 채권자는 원상회복을 위하여 사해행위인 근저당권설정계약의 취소를 구할 이익이 있다"(대판 2012.11.15. 2012다65058).

⑤ [○] "채무자가 채무초과의 상태에 이미 빠졌거나 그러한 상태가 임박함으로써 채권자가 원래라면 자기 채권의 충분한 만족을 얻을 가능성이 현저히 낮아진 상태에서 이미 채무자 소유의 목적물에 저당권 기타 담보물권이 설정되어 있어서 유치권의 성립에 의하여 저당권자 등이 그 채권 만족상의 불이익을 입을 것을 잘 알면서 자기 채권의 우선적 만족을 위하여 위와 같이 취약한 재정적 지위에 있는 채무자와의 사이에 의도적으로 유치권의 성립요건을 충족하는 내용의 거래를 일으키고 그에 기하여 목적물을 점유하게 됨으로써 유치권이 성립하였다면, 유치권자가 그 유치권을 저당권자 등에 대하여 주장하는 것은 다른 특별한 사정이 없는 한 신의칙에 반하는 권리행사 또는 권리남용으로서 허용되지 아니한다. 그리고 저당권자 등은 경매절차 기타 채권실행절차에서 위와 같은 유치권을 배제하기 위하여 그 부존재의 확인 등을 소로써 청구할 수 있다"(대판 2011.12.22. 2011다84298).

[정답] ①

문 5 근저당권에 관한 설명 중 옳지 않은 것은? (다툼이 있는 경우 판례에 의함) [변시 8회]

① 근저당권설정등기의 말소등기절차의 이행을 구하는 소송 도중 그 근저당권설정등기가 경락을 원인으로 하여 말소된 경우에는 해당 소를 각하하여야 한다.

② 소유권에 기한 방해배제청구권의 행사로서 근저당권설정등기의 말소등기청구를 한 전소의 확정판결의 기판력은 계약해제에 따른 원상회복으로 근저당권설정등기의 말소등기청구를 하는 후소에 미친다.

③ 채무자가 피담보채무 전액을 변제하였다고 주장하면서 근저당권설정등기의 말소등기절차의 이행을 청구하였으나 피담보채무의 잔존채무가 있는 것으로 밝혀진 경우, 채무자의 청구 중에는 확정된 잔존채무를 변제하고 그 다음에 위 등기의 말소를 구한다는 취지까지 포함되어 있는 것으로 해석함이 상당하며, 이는 장래 이행의 소로서 미리 청구할 이익도 있다.

④ 피담보채권의 양도를 원인으로 한 근저당권 이전의 부기등기가 있는 경우에 근저당권설정등기의 말소등기청구는 양수인을 상대로 제기하여야 하고, 근저당권 이전의 부기등기가 전부명령 확정에 따라 이루어지는 경우에도 동일하다.

⑤ 선순위 근저당권자는 저당부동산에 대하여 경매신청을 하지 아니하였는데 후순위 근저당권자가 저당부동산에 대하여 경매신청을 한 경우 선순위 근저당권의 피담보채권은 경락인이 경락대금을 완납한 때에 확정된다.

[해 설] ① [○] "근저당권설정등기의 말소등기절차의 이행을 구하는 소송 도중에 그 근저당권설정등기가 경락을 원인으로 하여 말소된 경우에는 더 이상 근저당권설정등기의 말소를 구할 법률상 이익이 없다"(대판 2003.1.10. 2002다57904).

[비교판례] "채무자와 수익자 사이의 근저당권설정계약이 사해행위인 이상 그로 인한 근저당권설정등기가 경락으로 인하여 말소되었다고 하더라도 수익자로 하여금 근저당권자로서의 배당을 받도록 하는 것은 민법 제406조 제1항의 취지에 반하므로, 수익자에게 그와 같은 부당한 이득을 보유시키지 않기 위하여 그 근저당권설정등기로 인하여 해를 입게 되는 채권자는 근저당권설정계약의 취소를 구할 이익이 있다"(대판 1997.10.10. 97다8687)

② [×] "소유권에 기한 방해배제청구권의 행사로서 말소등기청구(민법 제214조)를 한 전소의 확정판결의 기판력이 계약해제에 따른 원상회복으로 말소등기청구(등기원인의 무효를 뒷받침하는 사유로서 민법 제548조)를 하는 후소에 미치지 않는다"(대판 1993.9.14. 92다1353).

[참고판례] 구소송물이론을 따르면 말소등기청구소송의 소송물은 민법 제214조의 말소등기청구권 자체이고, 소송물의 동일성 식별표준이 되는 청구원인, 즉 말소등기청구권의 발생원인은 당해 '등기원인의 무효'에 국한된다. 따라서 등기원인의 무효를 뒷받침하는 개개의 사유는 독립된 공격방어방법에 불과하여 별개의 청구원인을 구성하는 것이 아니다(대판 1993.6.29. 93다11050)

③ [○] ※ 원고가 피담보채무의 '소멸'을 원인으로 근저당권설정등기의 말소등기청구의 소를 제기(장래이행판결 긍정)

단순이행청구의 경우에 선이행판결을 하는 것도 원고의 신청범위를 일탈하는 것이 아니므로 처분권주의에 반하지 않는다. 즉, 원고가 피담보채무의 **소멸**을 이유로 저당권설정등기의 말소나 소유권이전등기의 말소청구를 한 경우에(단순이행청구), ⅰ) 변론주의 원칙상 피고의 선이행의 항변이 있었고(원고의 채무가 아직 남아 있다는 항변) 심리결과 항변이 이유 있을 때, ⅱ) 원고가 반대의 의사표시를 하지 않는 한, ⅲ) 미리 청구할 필요가 있으면 원고청구기각이 아니라 원고의 남은 **채무의 선이행을 조건으로** 피고의 채무이행(등기말소)을 명하는 **장래이행판결을 할 수 있다**(대판 1996.11.12. 96다33938 ; 대판 2008.4.10. 2007다83694 : 아래 관련판례 참조)

[관련판례] "채무자가 피담보채무 전액을 변제하였다고 주장하면서 근저당권설정등기에 대한 말소등기절차의 이행을 청구하였으나 피담보채무의 범위나 그 시효소멸 여부 등에 관한 다툼으로 그 변제한 금액이 채무 전액을 소멸시키는 데 미치지 못하고 잔존채무가 있는 것으로 밝혀진 경우에는, 채무자의 청구 중에는 확정된 잔존채무를 변제하고 그 다음에 위 등기의 말소를 구한다는 취지까지 포함되어 있는 것으로 해석함이 상당하며, 이는 장래 이행의 소로서 미리 청구할 이익도 있다"(대판 1995.7.28. 95다19829).

[비교판례] ※ 원고가 피담보채무의 '부존재'를 원인으로 근저당권설정등기의 말소등기청구의 소를 제기(장래이행판결 부정)
원고가 피담보채무가 발생하지 않았음을 근거로 등기말소를 요구하는 경우에는 피담보채무의 변제를 조건으로 장래의 이행을 구하는 취지가 포함된 것으로 보이지 않으므로 장래이행판결을 하여서는 아니된다(대판 1991.4.23. 91다6009).

④ [○] "근저당권 이전의 부기등기는 기존의 주등기인 근저당권설정등기에 종속되어 주등기와 일체를 이루는 것이어서, 피담보채무가 소멸된 경우 또는 근저당권설정등기가 당초 원인무효인 경우 주등기인 근저당권설정등기의 말소만 구하면 되고 근저당권설정등기의 말소등기청구는 양수인만을 상대로 하면 족하고 양도인은 그 말소등기청구에 있어서 피고 적격이 없으며, 근저당권의 이전이 전부명령 확정에 따라 이루어졌다고 하여 이와 달리 보아야 하는 것은 아니다"(대판 2000.4.11. 2000다5640).

⑤ [○] 후순위 근저당권자가 경매를 신청한 경우 선순위 근저당권의 피담보채권은 그 근저당권이 소멸하는 시기, 즉 '경락인이 경락대금을 완납한 때'에 확정된다(대판 1999.9.21. 99다26085).

[비교판례] 근저당권자가 근저당목적물에 대하여 경매신청을 함으로써 거래를 종료시키려는 의사를 표시한 경우에는 '경매신청시'에 피담보채권의 원본이 확정된다(대판 1988.10.11. 87다카545).

[정답] ②

문6 장래이행의 소에 관한 설명 중 옳은 것(○)과 옳지 않은 것(×)을 올바르게 조합한 것은? (다툼이 있는 경우 판례에 의함) [변시 7회]

ㄱ. 채무자가 피담보채무 전액을 변제하였음을 이유로 저당권설정등기의 말소등기절차이행을 청구하였지만 피담보채무의 범위에 관한 견해 차이로 피담보채무가 남아있는 경우, 채무자의 청구 중에는 확정된 잔존채무의 변제를 조건으로 그 등기의 말소를 구한다는 취지까지 포함되어 있는 것으로 해석할 여지가 있으나 저당권설정등기의 말소를 미리 청구할 필요가 있다고까지 볼 수는 없다.

ㄴ. 장래의 이행을 명하는 판결을 하기 위해서는 채무의 이행기가 장래에 도래하여야 할 뿐만 아니라 의무불이행사유가 그때까지 존속한다는 것을 소 제기 시에 확정적으로 예정할 수 있어야 하고, 이러한 책임기간이 불확실하여 소 제기 시에 확정적으로 예정할 수 없는 경우에는 장래의 이행을 명하는 판결을 할 수 없다.

ㄷ. 이행보증보험계약에서 구상금채권 발생의 기초가 되는 법률상·사실상 관계가 사실심 변론종결 시까지 존재하고 있고 그러한 상태가 앞으로도 계속될 것으로 예상되며 보험자가 피보험자에게 보험금을 지급하더라도 보험계약자 등의 채무이행을 기대할 수 없음이 명백한 경우, 장래 이행보증보험금 지급을 조건으로 미리 구상금 지급을 구하는 장래이행의 소는 적법하다.

ㄹ. 양도인이 매매계약의 무효를 주장하면서 양수인에게서 받은 매매대금을 변제공탁하였다면, 양도인이 양도부동산에 관한 소유권이전의무의 존재를 다투고 있는 것이므로 양수인으로서는 소유권이전의무의 이행기 도래 전에도 그 이행을 미리 청구할 필요가 있다.

① ㄱ(○), ㄴ(○), ㄷ(×), ㄹ(×)　② ㄱ(○), ㄴ(×), ㄷ(○), ㄹ(×)
③ ㄱ(×), ㄴ(×), ㄷ(○), ㄹ(○)　④ ㄱ(×), ㄴ(○), ㄷ(×), ㄹ(○)
⑤ ㄱ(×), ㄴ(×), ㄷ(○), ㄹ(×)

해설 (ㄱ) [×] ※ 장래이행의 소 – 미리 청구할 필요(선이행청구의 경우)
"ⅰ) 채무자가 피담보채무 전액을 변제하였다고 하거나 ⅱ) 피담보채무의 일부가 남아 있음을 시인하면서 그 변제를 조건으로 저당권설정등기의 말소등기절차 이행을 청구하였지만 피담보채무의 범위에 관한 견해 차이로 그 채무 전액을 소멸시키지 못하였거나 ⅲ) 변제하겠다는 금액만으로는 소멸시키기에 부족한 경우에, 그 청구 중에는 확정된 잔존채무의 변제를 조건으로 그 등기의 말소를 구한다는 취지까지 포함되어 있는 것으로 해석하여야 하고, 이러한 경우에는 장래 이행의 소로서 그 저당권설정등기의 말소를 미리 청구할 필요가 있다고 보아야 한다"(대판 1996.2.23. 95다9310)

(ㄴ) [×] ※ 장래이행의 소 – 대상적격(청구적격, 권리보호의 자격)
"장래의 이행을 명하는 판결을 하기 위하여는 채무의 이행기가 장래에 도래하는 것뿐만 아니라 의무불이행사유가 그 때까지 존속한다는 것을 변론종결 당시에 확정적으로 예정할 수 있는 것이어야 하며 이러한 책임기간이 불확실하여 변론종결 당시에 확정적으로 예정할 수 없는 경우에는 장래의 이행을 명하는 판결을 할 수 없다"(대판 2002.6.14. 2000다37517).

(ㄷ) [○] ※ 장래이행의 소 – 미리 청구할 필요(계속적 · 반복적 이행청구의 경우)

"이행보증보험계약에 있어서 구상금채권의 발생의 기초가 되는 법률상 · 사실상 관계가 변론종결 당시까지 존재하고 있고, 그러한 상태가 앞으로도 계속될 것으로 예상되며, 구상금채권의 존부에 대하여 다툼이 있어 보험자가 피보험자에게 보험금을 지급하더라도 보험계약자와 구상금채무의 연대보증인들의 채무이행을 기대할 수 없음이 명백한 경우 장래 이행보증보험금지급을 조건으로 미리 구상금지급을 구하는 장래이행의 소가 적법하다"(대판 2004.1.15. 2002다3891)

(ㄹ) [○] ※ 장래이행의 소 – 미리 청구할 필요(의무자가 미리 다투는 경우)

"일반적으로 채무자가 채무의 이행기 도래 전부터 채무의 존재를 다투기 때문에 이행기가 도래하거나 조건이 성취되었을 때에 임의의 이행을 기대할 수 없는 경우에는 장래이행의 소로써 미리 청구할 필요가 인정되는데, 양도인측이 계약이 무효가 되었다고 주장하여 양수인으로부터 받은 매매대금을 변제공탁하였다면 양도인측이 양도 부동산에 관한 소유권이전의무의 존재를 다투고 있는 것이므로 양수인으로서는 위 의무의 이행기 도래 전에도 그 의무의 이행을 미리 청구할 필요가 있다고 보아야 한다"(대판 1993.11.9. 92다43128).

[정답] ③

제2장 소제기 효과
제1관 소송계속
제2관 중복소송 금지

문7 중복된 소 제기의 금지에 관한 설명 중 옳지 않은 것은? (다툼이 있는 경우 판례에 의함) [변시 4회]

① 치료비의 일부만 특정하여 그 지급을 청구한 경우에 명시적으로 유보한 나머지 치료비 지급청구를 별도 소송으로 제기하더라도 중복된 소 제기에 해당하지 아니한다.

② 법원에 계속되어 있는 전소가 부적법하더라도 동일한 후소의 변론종결시까지 취하 · 각하 등에 의하여 소송계속이 소멸되지 아니하는 한 그 후소는 중복된 소 제기의 금지에 저촉되는 부적법한 소로서 각하를 면할 수 없다.

③ 중복된 소 제기에 해당하지 않는다는 것은 소극적 소송요건으로 중복된 소 제기에 해당하면 법원은 피고의 항변을 기다릴 필요없이 후소를 부적법 각하하여야 한다.

④ 계속 중인 전소의 소구채권으로 그 소의 상대방이 청구하는 후소에서 하는 상계항변은 허용된다.

⑤ 중복된 소 제기임을 법원이 간과하고 본안판결을 한 후 그 판결이 확정되었다 하더라도 무효이다.

해설 ① [O] "전 소송에서 불법행위를 원인으로 치료비청구를 하면서 일부만을 특정하여 청구하고 그 이외의 부분은 별도소송으로 청구하겠다는 취지를 명시적으로 유보한 때에는 그 전소송의 소송물은 그 청구한 일부의 치료비에 한정되는 것이고 전 소송에서 한 판결의 기판력은 유보한 나머지 부분의 치료비에까지는 미치지 아니한다 할 것이므로 전 소송의 계속중에 동일한 불법행위를 원인으로 유보한 나머지 치료비청구를 별도소송으로 제기하였다 하더라도 중복제소에 해당하지 아니한다"(대판 1985.4.9. 84다552).

② [O] "중복제소금지는 소송계속으로 인하여 당연히 발생하는 소송요건의 하나로서, 이미 동일한 사건에 관하여 전소가 제기되었다면 설령 그 전소가 소송요건을 흠결하여 부적법하다고 할지라도 후소의 변론종결시까지 취하·각하 등에 의하여 소송계속이 소멸되지 아니하는 한 후소는 중복제소금지에 위배하여 각하를 면치 못하게 된다"(대판 1998.2.27. 97다45532).

③ [O] "소가 중복제소에 해당하지 아니한다는 것은 소극적 소송요건으로서 법원의 직권조사 사항이므로"(대판 1990.4.27. 88다카25274), 직권조사사항에 해당하여 피고의 항변 유무와 관계없이 직권으로 심리 후 부적법 각하하여야 한다.

④ [O] 별소로 청구한 반대채권을 가지고 상계항변을 한 사건에서(별소선행형) "사실심 재판부로서는 전소와 후소를 같은 기회에 심리·판단하기 위하여 이부, 이송 또는 변론병합 등을 시도함으로써 기판력의 저촉·모순을 방지함과 아울러 소송경제를 도모함이 바람직하였다고 할 것이나, 그렇다고 하여 특별한 사정이 없는 한 별소로 계속 중인 채권을 자동채권으로 하는 소송상 상계의 주장이 허용되지 않는다고 볼 수는 없다"(대판 2001.4.27. 2000다4050)고 하여, 중복소제기가 아니라는 입장이다. 상계항변으로 제출한 자동채권과 동일한 채권으로 별소를 제기(상계항변선행형)한 경우에도 "먼저 제기된 소송에서 상계 항변을 제출한 다음 그 소송계속 중에 자동채권과 동일한 채권에 기한 소송을 별도의 소나 반소로 제기하는 것도 가능하다"(대판 2022.2.17. 2021다275741) 판시하여 중복소제기에 해당하지 않는다고 보고 있다.

⑤ [×] "중복제소금지원칙에 위배되어 제기된 소에 대한 판결이나 그 소송절차에서 이루어진 화해라도 확정된 경우에는 당연무효라고 할 수는 없고"(대판 1995.12.5. 94다59028), 하자가 치유되어 재심사유도 되지 않는다. 다만 전·후소 판결이 모두 확정되었으나 판결의 내용이 모순되는 경우에는 뒤에 확정된 판결이 재심으로 취소된다(민사소송법 제451조 1항 10호).

[정답] ⑤

문**8** 중복된 소제기의 금지에 관한 설명 중 옳지 않은 것은? (다툼이 있는 경우 판례에 의함) [변시 3회]

① 중복된 소제기임을 법원이 간과하고 본안판결을 하였을 때에는 상소로 다툴 수 있고, 판결이 확정되었다면 당연무효의 판결이라고 할 수 없다.

② 전소와 후소의 판결이 모두 확정되었으나 그 내용이 서로 모순 저촉되는 때에는 어느 것이 먼저 제소되었는가에 관계없이 먼저 확정된 종국판결에 대하여 재심의 소를 제기할 수 있다.

③ 전 소송에서 피해자 甲이 가해자 乙에게 불법행위를 원인으로 치료비를 청구하면서 일부만을 특정하여 청구하고 그 이외의 부분은 별도소송으로 청구하겠다는 취지를 명시적으

로 유보한 경우, 甲이 전 소송의 계속 중 동일 불법행위를 원인으로 나머지 치료비 청구를 별도소송으로 제기하였다 하더라도 중복된 소제기에 해당하지 않는다.

④ 상계의 항변을 제출할 당시 이미 자동채권과 동일한 채권에 기한 소를 별도로 제기하여 계속 중인 경우, 특별한 사정이 없는 한 별소로 계속 중인 채권을 자동채권으로 하는 소송상 상계의 주장이 허용된다.

⑤ 채권자 丙이 채무자 甲과 수익자 乙 사이의 법률행위의 취소를 구하는 채권자취소소송이 계속 중 甲의 다른 채권자 丁이 甲과 乙 사이의 동일한 법률행위의 취소를 구하는 채권자취소소송을 제기한 경우, 후소는 중복된 소제기가 아니다.

[해설] ① [○] 중복된 소제기인 경우 법원은 부적법 각하 판결을 하여야 하지만, 이를 간과하고 본안판결을 한 경우 상소할 수 있다. 그러나 간과한 판결이 확정되었다고 해서 당연무효의 판결이라고 할 수는 없고, 하자가 치유되어 재심사유가 되지 않는다(대판 1995.12.5. 94다59028 참고). 다만 전후소 판결이 모두 확정되었으나 판결의 내용이 모순되는 경우에는 전후소(중복소제기여부)와 관계없이 뒤에 확정된 판결이 재심으로 취소된다(제451조 1항 10호).

② [X] "민사소송법 제422조 제1항 제10호(현행 제451조 1항 10호) 소정의 재심을 제기할 판결이 전에 선고한 확정판결과 저촉하는 때라 함은 재심대상이 된 확정판결의 기판력이 그보다 전에 선고한 확정판결의 기판력과 서로 저촉하는 경우를 말하므로 **재심을 제기할 판결이 그보다 늦게 선고 확정된 판결과 저촉되는 경우는 이에 해당하지 아니한다**"(대판 1981.7.28. 80다2668).

③ [○] "전 소송에서 불법행위를 원인으로 치료비청구를 하면서 일부만을 특정하여 청구하고 그 이외의 부분은 별도소송으로 청구하겠다는 취지를 명시적으로 유보한 때에는 그 전소송의 소송물은 그 청구한 일부의 치료비에 한정되는 것이고 전 소송에서 한 판결의 기판력은 유보한 나머지 부분의 치료비에까지는 미치지 아니한다 할 것이므로 전 소송의 계속중에 동일한 불법행위를 원인으로 유보한 나머지 치료비청구를 별도소송으로 제기하였다 하더라도 중복제소에 해당하지 아니한다"(대판 1985.4.9. 84다552).

④ [○] 별소로 청구한 반대채권을 가지고 상계항변을 한 사건에서(별소선행형) "사실심 재판부로서는 전소와 후소를 같은 기회에 심리·판단하기 위하여 이부, 이송 또는 변론병합 등을 시도함으로써 기판력의 저촉·모순을 방지함과 아울러 소송경제를 도모함이 바람직하였다고 할 것이나, 그렇다고 하여 특별한 사정이 없는 한 별소로 계속 중인 채권을 자동채권으로 하는 소송상 상계의 주장이 허용되지 않는다고 볼 수는 없다"(대판 2001.4.27. 2000다4050)고 하여, **중복소제기가 아니라는 입장이다. 상계항변으로 제출한 자동채권과 동일한 채권으로 별소를 제기(상계항변선행형)한 경우에도 "먼저 제기된 소송에서 상계 항변을 제출한 다음 그 소송계속 중에 자동채권과 동일한 채권에 기한 소송을 별도의 소나 반소로 제기하는 것도 가능하다"(대판 2022.2.17. 2021다275741)**판시하여 중복소제기에 해당하지 않는다고 보고 있다.

⑤ [○] "채권자취소권의 요건을 갖춘 각 채권자는 고유의 권리로서 채무자의 재산처분 행위를 취소하고 그 원상회복을 구할 수 있는 것이므로 여러 명의 채권자가 동시에 또는 시기를 달리하여 사해행위취소 및 원상회복청구의 소를 제기한 경우 이들 소가 중복제소에 해당하지 아니"(대판 2008.4.24. 2007다84352)한다.

[정답] ②

문 9 중복된 소제기의 금지에 관한 설명 중 옳고 그름의 표시(○, ×)가 옳게 조합된 것은? (다툼이 있는 경우에는 판례에 의함)   [변시 2회]

> ㄱ. 채권자가 채무자를 대위하여 제3채무자를 상대로 제기한 채권자대위소송이 계속 중 채무자가 제3채무자를 상대로 채권자대위소송과 소송물이 같은 소를 제기하여 소송이 계속된 경우, 후소는 중복된 소제기에 해당한다.
> ㄴ. A소가 제기되어 그 소송계속 중 A소와 당사자 및 소송물이 동일한 B소가 제기되고 양 소에 대한 판결이 선고되어 확정된 경우, 양 판결의 내용이 서로 모순·저촉될 때에는 뒤에 확정된 판결은 무효가 된다.
> ㄷ. A가 B의 폭행으로 상해를 입고 B를 상대로 이로 인한 손해배상으로 치료비를 청구하는 소송계속 중에 B를 상대로 동일한 상해에 기한 일실임금을 청구하는 별소를 제기한 경우, 후소는 중복된 소제기에 해당하지 않는다.
> ㄹ. A소의 소장 제출일은 2012. 11. 5.이고 소장 부본 송달일은 2012. 12. 26.이며, B소의 소장 제출일은 2012. 11. 7.이고 소장 부본 송달일은 2012. 12. 24.인 경우 중복된 소제기에 해당하는 소는 B소이다(단, A소와 B소는 당사자 및 소송물이 동일함).
> ㅁ. 동일한 사건에 관하여 전소가 소송계속 중이라면 설령 그 전소가 소송요건을 흠결하여 부적법하다고 할지라도 후소의 변론종결 시까지 취하·각하 등에 의하여 그 소송계속이 소멸되지 아니하는 한 후소는 중복된 소제기에 해당한다.

① ㄱ(○), ㄴ(×), ㄷ(○), ㄹ(×), ㅁ(○)　　② ㄱ(○), ㄴ(×), ㄷ(×), ㄹ(×), ㅁ(○)
③ ㄱ(×), ㄴ(○), ㄷ(×), ㄹ(×), ㅁ(○)　　④ ㄱ(×), ㄴ(○), ㄷ(×), ㄹ(○), ㅁ(×)
⑤ ㄱ(○), ㄴ(×), ㄷ(○), ㄹ(○), ㅁ(×)

해설 ㄱ. [○] ※ 채권자대위소송 계속 중 채무자의 소제기(중복제소 긍정)

判例는 "채권자대위소송 계속 중 채무자가 제3채무자에 대해서 소송이 제기된 경우, 양 소송은 동일소송이므로 후소는 중복소제기금지원칙에 위배되어 제기된 부적법한 소송이라 할 것이다"(대판 1992.5.22. 91다41187)라고 하여 채무자의 인식여부와 관계없이 중복소제기를 긍정한다.

　참고판례 ※ 채무자의 소송계속 중 채권자대위소송의 제기(중복제소 긍정)

判例는 "채무자가 제3채무자를 상대로 제기한 소송이 계속 중 채권자대위소송을 제기한 경우에는 양 소송은 동일소송이므로 후소는 중복소제기금지 규정에 저촉된다"(대판 1981.7.7. 80다2751)고 판시하여 긍정설의 입장이다.

　참고판례 ※ 채권자대위소송 계속 중 다른 채권자의 대위소송의 제기(중복제소 긍정)

判例는 "어느 채권자대위소송의 계속 중 다른 채권자가 채권자대위권에 기한 소를 제기한 경우 시간적으로 나중에 계속하게 된 소송은 중복소제기금지의 원칙에 위배하여 제기된 부적법한 소송이 된다"(대판 1994.2.8. 93다53092)고 판시하여 긍정설의 입장이다. 주의할 것은 채권자대위소송 도중 다른 채권자의 당사자참가는 합일확정의 필요성 및 중복소송의 취지에 비추어 중복소송에 해당하지 않는다.

[비교판례] ※ 이미 채무자가 권리를 재판상 행사하는 경우(당사자적격 부정)

채권자가 대위권을 행사할 당시는 이미 채무자가 권리를 재판상 행사하였을 때에는 설사 패소의 본안판결을 받았더라도 채권자는 채무자를 대위하여 채무자의 권리를 행사할 당사자적격이 없고 (대판 1992.11.10. 92다30016). 이 경우 채무자가 반소를 제기한 후 설령 그 반소가 적법하게 취하되었다고 하더라도 반소 후에 제기된 채권자에 의한 채권자대위권의 행사는 부적법하다(대판 2016.4.12. 2015다69372).

[비교판례] 채권자가 채권자대위권을 행사하는 방법으로 제3채무자에 대하여 소송을 제기하여 판결을 받은 경우에 그 확정판결의 효력이 미치는 범위

"채권자가 채권자대위권을 행사하는 방법으로 제3채무자를 상대로 소송을 제기하고 판결을 받은 경우에는 어떠한 사유로 인하였든 적어도 채무자가 채권자 대위권에 의한 소송이 제기된 사실을 알았을 경우에는 그 판결의 효력은 채무자에게 미친다"(대판 1975.5.13. 전합74다1664)

ㄴ. [X] 중복된 소제기임을 간과하고 본안판결을 한 경우 판결확정 전이면 상소로 다툴 수 있으나, 판결확정 후에는 당연히 재심사유가 되는 것은 아니고 당연무효의 판결이 되는 것도 아니다(대판 1995.12.5. 94다59028). 다만 전·후 양소의 판결이 모두 확정되었으나 서로 모순·저촉되는 경우에는 어느 것이 먼저 제소되었는가에 관계없이 뒤의 확정판결이 재심사유가 될 뿐이다 (민소법 제451조 제1항 10호).

ㄷ. [O] 判例는 수개의 손해항목을 청구할 때 손해항목마다 소송물이 별개라고 하여 손해3분설을 취한다. 즉, "불법행위로 말미암아 신체의 상해를 입었기 때문에 가해자에게 대하여 손해배상을 청구할 경우에 있어서는 그 소송물인 손해는 통상의 치료비 따위와 같은 적극적 재산상 손해와 일실수익 상실에 따르는 소극적 재산상 손해 및 정신적 고통에 따르는 정신적 손해(위자료)의 3가지로 나누어진다고 볼 수 있다"(대판 1976.10.12. 76다1313).
 ☞ 따라서 사안의 경우 A가 B를 상대로 치료비(적극적 손해)를 청구하는 소송(전소)계속 중, 일실임금(소극적 손해)을 청구하는 별소(후소)를 제기하더라도 소송물이 동일하지 아니하여 중복된 소제기에 해당하지 아니한다.

ㄹ. [X] 중복된 소제기에서 전소와 후소의 판별기준은 소송계속의 발생시기, 즉 소장부본이 피고에게 송달된 때의 선후에 의하고, 소제기에 앞서 가압류, 가처분 등 보전절차가 있더라도 이를 기준으로 가릴 것이 아니라는 것이 判例의 입장이다(대판 1994.11.25. 94다12517,12524).
 ☞ 따라서 사안의 경우 A소의 소장 부본 송달일이 2012. 12. 26.이고 B소의 소장부본 송달일이 2012. 12. 24.인 이상 중복된 소제기에 해당하는 소는 A소이다.

ㅁ. [O] 전소가 소송요건에 흠이 있어 부적법하더라도 후소의 변론종결시까지 취하·각하 등에 의하여 소송계속이 소멸하지 않는 한 후소는 중복된 소제기에 해당되어 각하를 면하지 못한다 (대판 1998.2.27. 97다45532).

[정답] ①

문 10 중복된 소 제기의 금지에 관한 설명 중 옳지 않은 것은? (다툼이 있는 경우 판례에 의함) [변시 10회]

① 각 채권자가 동일한 사해행위에 관하여 동시 또는 이시에 그 취소 및 원상회복청구의 소를 제기한 경우, 이들 소에 관해서는 중복된 소 제기 금지의 원칙은 문제되지 않는다.

② 채권자대위소송이 이미 법원에 계속되어 있을 때 같은 채무자의 다른 채권자가 동일한 소송물에 대하여 채권자대위권에 기한 소를 제기한 경우, 채무자가 선행하는 대위소송의 존재를 안 경우에 한하여 나중에 계속된 소송은 중복된 소 제기 금지의 원칙에 위배된다.

③ 중복된 소 제기 금지의 원칙에 위배되어 제기된 소에 대한 확정판결 또는 그 소송절차에서 성립된 화해는 당연무효라고 할 수 없다.

④ 채무자가 제3채무자를 상대로 제기한 이행의 소(전소)가 법원에 계속되어 있는 중에 압류채권자가 제3채무자를 상대로 제기한 추심의 소는 전소와의 관계에서 중복된 소 제기에 해당하지 않는다.

⑤ 보전처분 신청이 중복신청에 해당하는지 여부는 후행 보전처분 신청의 심리종결 시를 기준으로 판단하여야 하고, 보전명령에 대한 이의신청이 제기된 경우에는 그 이의신청에 대한 심리종결 시가 기준이 된다.

[해설] ① [O] "채권자취소권의 요건을 갖춘 각 채권자는 고유의 권리로서 채무자의 재산처분 행위를 취소하고 그 원상회복을 구할 수 있는 것이므로 각 채권자가 동시 또는 이시에 채권자취소 및 원상회복소송을 제기한 경우 이들 소송이 **중복제소에 해당하는 것이 아니다.** 어느 한 채권자가 동일한 사해행위에 관하여 채권자취소 및 원상회복청구를 하여 승소판결을 받아 그 판결이 확정되었다는 것만으로 그 후에 제기된 다른 채권자의 동일한 청구가 **권리보호의 이익이 없어지게 되는 것은 아니고,** 그에 기하여 재산이나 가액의 회복을 마친 경우에 비로소 다른 채권자의 채권자취소 및 원상회복청구는 그와 중첩되는 범위 내에서 권리보호의 이익이 없게 된다"(대판 2003.7.11. 2003다19558)

② [X] ※ **채권자대위소송 계속 중 채무자의 소제기**(중복제소 긍정)

判例는 "채권자대위소송 계속 중 채무자가 제3채무자에 대해서 소송이 제기된 경우, 양 소송은 동일소송이므로 후소는 중복소제기금지원칙에 위배되어 제기된 부적법한 소송이라 할 것이다"(대판 1992.5.22. 91다41187)라고 하여 채무자의 인식여부와 관계없이 중복소제기를 긍정한다.

[비교판례] ※ **이미 채무자가 권리를 재판상 행사하는 경우**(당사자적격 부정)

채권자가 대위권을 행사할 당시는 이미 채무자가 권리를 재판상 행사하였을 때에는 설사 패소의 본안판결을 받았더라도 채권자는 채무자를 대위하여 채무자의 권리를 행사할 당사자적격이 없고 (대판 1992.11.10. 92다30016), 이 경우 **채무자가 반소를 제기한 후 설령 그 반소가 적법하게 취하되었다고 하더라도 반소 후에 제기된 채권자에 의한 채권자대위권의 행사는 부적법하다**(대판 2016.4.12. 2015다69372).

비교판례 채권자가 채권자대위권을 행사하는 방법으로 제3채무자에 대하여 소송을 제기하여 판결을 받은 경우에 그 확정판결의 효력이 미치는 범위

"채권자가 채권자대위권을 행사하는 방법으로 제3채무자를 상대로 소송을 제기하고 판결을 받은 경우에는 어떠한 사유로 인하였든 적어도 채무자가 채권자 대위권에 의한 소송이 제기된 사실을 알았을 경우에는 그 판결의 효력은 채무자에게 미친다"(대판 1975.5.13. 전합74다1664)

비교판례 채권자대위소송을 제기한 자가 종국판결 후 소를 취하한 경우, 재소금지 규정의 적용

"채권자대위권에 의한 소송이 제기된 사실을 피대위자가 알게 된 이상, 그 대위소송에 관한 종국판결이 있은 후 그 소가 취하된 때에는 피대위자도 민사소송법 제240조 제2항 소정의 재소금지규정의 적용을 받아 그 대위소송과 동일한 소를 제기하지 못한다."(대판 1996.9.20. 93다20177,20184)

③ [O] 중복된 소제기임을 간과하고 본안판결을 한 경우 판결확정 전이면 상소로 다툴 수 있으나, 판결확정 후에는 당연히 재심사유가 되는 것은 아니고 당연무효의 판결이 되는 것도 아니다(대판 1995.12.5. 94다59028). 다만 전·후 양소의 판결이 모두 확정되었으나 서로 모순·저촉되는 경우에는 어느 것이 먼저 제소되었는가에 관계없이 뒤의 확정판결이 재심사유가 될 뿐이다(민소법 제451조 제1항 10호).

④ [O] ※ 채무자가 제소한 후 압류채권자의 추심소송제기 가부(긍정)

"채무자가 제3채무자를 상대로 제기한 이행의 소가 법원에 계속되어 있는 경우에도 압류채권자는 제3채무자를 상대로 압류된 채권의 이행을 청구하는 추심의 소를 제기할 수 있고, 제3채무자를 상대로 압류채권자가 제기한 추심의 소는 채무자가 제기한 이행의 소에 대한 관계에서 민사소송법 제259조가 금지하는 중복된 소제기에 해당하지 않는다고 봄이 타당하다"(대판 2013.12.18. 전합2013다202120)

쟁점정리 압류 및 추심명령은 갈음형 제3자 소송담당으로서 채무자는 제3채무자를 상대로 이행의 소를 제기할 당사자적격을 상실하고, 이러한 사정은 직권조사사항으로서 당사자의 주장이 없더라도 법원이 이를 직권으로 조사하여 부적법 각하하게 된다. 따라서 압류채권자가 제3채무자를 상대로 제기한 추심의 소의 본안에 관하여 심리·판단한다고 하여, 제3채무자에게 불합리하게 과도한 이중 응소의 부담을 지우고 본안 심리가 중복되어 당사자와 법원의 소송경제에 반한다거나 판결의 모순·저촉의 위험이 크다고 볼 수 없으므로 判例의 태도가 타당하다.

⑤ [O] "보전처분 신청에 관하여도 중복된 소제기에 관한 민사소송법 제259조의 규정이 준용되어 중복신청이 금지된다. 이 경우 보전처분 신청이 중복신청에 해당하는지 여부는 후행 보전처분 신청의 심리종결 시를 기준으로 판단하여야 하고, 보전명령에 대한 이의신청이 제기된 경우에는 이의소송의 심리종결 시가 기준이 된다"(대결 2018.10.4. 2017마6308)

[정답] ②

제3관 소송계속의 실체법상 효과

문 11 소 제기에 의한 소멸시효 중단의 효과에 관한 설명 중 옳은 것은? (다툼이 있는 경우 판례에 의함)

[변시 9회]

① 甲은 乙이 사망한 사실을 모르고 乙을 피고로 표시하여 제기한 대여금청구 소송에서 승소하였는데, 乙의 단독상속인 丙이 이러한 사실을 알고 위 판결에 대하여 항소한 경우에는 甲이 소를 제기한 때에 위 대여금채권의 소멸시효가 중단된 것으로 보아야 한다.

② 甲이 그 소유의 A 차량을 운전하던 중에 乙이 운전하던 B 차량과 충돌하여 상해를 입자, A 차량의 보험회사인 丙 회사가 甲에게 보험금을 지급한 후 乙을 상대로 구상금청구의 소를 제기하였는데, 甲이 丙 회사 측에 보조참가하여 乙의 과실 존부 등에 관하여 다툰 경우에는 甲의 보조참가로 인해 甲의 乙에 대한 손해배상채권의 소멸시효가 중단된 것으로 볼 수 없다.

③ 甲이 乙을 대위하여 丙을 상대로 부당이득반환을 원인으로 A 토지에 관한 소유권이전등기청구의 소를 제기하였는데, 甲의 乙에 대한 피보전채권이 인정되지 않음을 이유로 한 소각하 판결이 2019. 3. 15. 확정되었고, 乙의 다른 채권자 丁이 2019. 6. 14. 乙을 대위하여 丙을 상대로 위와 같은 내용의 소를 제기한 경우에는 乙의 丙에 대한 위 소유권이전등기청구권의 소멸시효는 甲이 채권자대위소송을 제기한 때에 중단된 것으로 보아야 한다.

④ 대여금채무자 겸 근저당권설정자 甲이 대여금채권자 겸 근저당권자 乙을 상대로 그 대여금채무의 소멸을 원인으로 한 근저당권설정등기말소청구의 소를 제기한 경우, 乙이 응소하여 자신의 甲에 대한 대여금채권이 존재한다고 적극적으로 주장함으로써 위 대여금채권의 소멸시효 중단의 효력을 발생시키기 위해서는 乙은 자신의 응소행위로 위 대여금채권의 소멸시효가 중단되었음을 주장하여야 하는데, 그 시효중단의 주장은 답변서 제출 시에 하여야 한다.

⑤ 乙에 대한 대여금채권자 甲이 2019. 7. 9. 乙을 상대로 지급명령을 신청하였고, 법원의 지급명령에 대하여 乙이 2019. 9. 10. 이의신청을 함으로써 사건이 소송으로 이행된 경우에는 위 지급명령에 의한 소멸시효 중단의 효력이 2019. 9. 10. 발생한다.

해설 ① [X] ※ 이미 사망한 자를 피고로 한 청구의 시효중단효과(부정)

"이미 사망한 자를 피고로 하여 제기된 소는 부적법하여 이를 간과한 채 본안 판단에 나아간 판결은 당연무효로서 그 효력이 상속인에게 미치지 않고, 채권자의 이러한 제소는 권리자의 의무자에 대한 권리행사에 해당하지 않으므로, 상속인을 피고로 하는 당사자표시정정이 이루어진 경우와 같은 특별한 사정이 없는 한, 거기에는 애초부터 시효중단 효력이 없어 민법 제170조 제2항이 적용되지 않는다고 봄이 타당하고, 법원이 이를 간과하여 본안에 나아가 판결을 내린 경우에도 마찬가지라고 보아야 한다"(대판 2014.2.27. 2013다94312).

② [X] ※ 보조참가로 인한 시효중단효과(긍정)

권리자가 보조참가하여 의무자에 대하여 다툰 것은 권리자가 재판상 그 권리를 주장하여 권리 위에 잠자는 것이 아님을 표명한 것으로 보기에 충분하므로, 소멸시효는 권리자의 위와 같은 보조참가로 인해 중단된다(대판 2014.4.24. 2012다105314).

③ [O] ※ 채권자대위의 소가 피보전권리의 부존재를 이유로 각하된 경우(민법 제170조 적용 긍정)

재판상의 청구가 있더라도 소의 각하·기각 또는 취하가 있으면 시효중단의 효력이 없다(민법 제170조 1항). 다만 '최고'로서의 효력은 인정된다(대판 1987.12.22. 87다카2337 참고). 이 경우 6개월 내에 재판상의 청구·파산절차참가·압류·가압류·가처분을 한 때에는, 시효는 최초의 재판상 청구로 인하여 중단된 것으로 본다(민법 제170조 2항).

채권자대위의 소가 피보전권리의 부존재를 이유로 각하된 경우에도 그때부터 6월 이내에 채무자가 제3채무자를 상대로 피대위권리에 관한 재판상 청구 등을 하면 시효는 최초의 재판상 청구로 인하여 중단되는지와 관련하여 대법원은 **채권자대위권 행사의 효과는 채무자에게 귀속되는 것이므로 채권자대위소송의 제기로 인한 소멸시효 중단의 효과 역시 채무자에게 생긴다**는 이유를 들어 **민법 제170조의 적용을 긍정**하고 있다(대판 2011.10.13. 2010다80930).

④ [X] ※ 응소로 인한 시효중단

채권자가 i) 채무자가 제기한 소송에서, ii) 응소하여 적극적으로 권리를 주장하여, iii) 승소한 경우는 민법 제170조 1항의 '재판상 청구'에 해당하여 소멸시효가 중단된다[채, 주, 승].

判例에 따르면 '변론주의' 원칙상 시효중단의 효과를 원하는 피고로서는 소송에서 응소행위로써 시효가 중단되었다고 주장해야 한다고 한다. 즉 시효중단사실은 주장이 필요한 '주요사실'이다. 따라서 피고의 응소행위가 있었다는 사정만으로 당연히 시효중단의 효력이 발생한다고 할 수는 없다(대판 1997.2.28. 96다26190). 다만 이러한 시효중단의 주장은 반드시 응소시에 할 필요는 없고 소멸시효 기간이 만료된 후라도 사실심 변론종결 전에는 언제든지 할 수 있다(대판 2010.8.26. 2008다42416,42423).

⑤ [X] ※ 지급명령으로 인한 시효중단

민법 제172조(지급명령과 시효중단) 「지급명령은 채권자가 법정기간내에 가집행신청을 하지 아니함으로 인하여 그 효력을 잃은 때에는 시효중단의 효력이 없다.」

'지급명령'이 있으면 '지급명령신청서'를 관할법원에 제출한 때 시효중단의 효력이 생긴다(통설). 한편, 채무자가 지급명령에 대해 적법한 '이의신청'을 하면 지급명령을 신청한 때에 소를 제기한 것으로 보므로(민사소송법 제472조 2항), 시효중단의 효력이 유지된다. 그리고 "지급명령 사건이 채무자의 이의신청으로 소송으로 이행되는 경우에 그 지급명령에 의한 시효중단의 효과는 소송으로 이행된 때가 아니라 지급명령을 신청한 때에 발생한다"(대판 2015.2.12. 2014다228440).

[정답] ③

문 12 소멸시효에 관한 설명 중 옳지 않은 것은? (다툼이 있는 경우 판례에 의함) [변시 11회]

① 채무자가 소멸시효 완성 후 채무를 일부 변제한 때에는 액수에 관하여 다툼이 없는 한 채무 전체를 묵시적으로 승인한 것으로 보아야 하고, 이 경우 시효 완성의 사실을 알고 소멸시효의 이익을 포기한 것으로 추정된다.

② 부진정연대채무에서 채무자 1인에 대한 재판상 청구 또는 채무자 1인이 행한 채무의
승인 등 소멸시효의 중단 사유나 시효이익의 포기는 다른 채무자에게 효력을 미친다.

③ 채권자가 전소로 이행청구를 하여 승소 확정판결을 받은 후 그 채권의 시효 중단을 위
한 후소를 제기하는 경우, 후소로 재판상의 청구가 있다는 점에 대하여만 확인을 구하
는 형태의 확인의 소도 허용된다.

④ 채권자가 채무자의 제3채무자에 대한 채권을 압류 또는 가압류한 경우, 압류 또
는 가압류된 채무자의 제3채무자에 대한 채권에 대하여는 시효 중단의 효력이
생긴다고 할 수 없다.

⑤ 가압류에 의한 시효 중단은 경매절차에서 부동산이 매각되어 가압류등기가 말소되기
전에 배당절차가 진행되어 가압류채권자에 대한 배당표가 확정되는 등의 특별한 사정
이 없는 한, 채권자가 가압류 집행에 의하여 권리행사를 계속하고 있다고 볼 수 있는
가압류등기가 말소된 때 중단사유가 종료되어, 그때부터 새로 소멸시효가 진행한다.

해설 ① [O] ※ 소멸시효가 완성된 채무의 일부변제(=시효완성의 사실을 알고 그 이익을 포기한 것으로 추정)
"채무자가 소멸시효 완성 후 채무를 일부 변제한 때에는 그 액수에 관하여 다툼이 없는 한 그 채무 전체를 묵
시적으로 승인한 것으로 보아야 하고, 이 경우 시효완성의 사실을 알고 그 이익을 포기한 것으로 추정되므
로, 소멸시효가 완성된 채무를 피담보채무로 하는 근저당권이 실행되어 채무자 소유의 부동산
이 경락되고 그 대금이 배당되어 채무의 일부 변제에 충당될 때까지 채무자가 아무런 이의를
제기하지 아니하였다면, 경매절차의 진행을 채무자가 알지 못하였다는 등 다른 특별한 사정이
없는 한, 채무자는 시효완성의 사실을 알고 그 채무를 묵시적으로 승인하여 시효의 이익을 포
기한 것으로 보아야 한다"(대판 2001.6.12. 2001다3580).

② [X] ※ 부진정연대채무에서 상대적 효력을 가지는 사유
연대채무에서 절대적 효력이 있는 것, 즉 면제(제419조 참조. 대판 2006.1.27. 2005다19378)·**소멸시**
효의 완성(제421조 참조. 대판 2010.12.23. 2010다52225)·**소멸시효의 중단**(대판 2011.4.4. 2010다91866) 등은
부진정연대채무에서는 상대적 효력이 있을 뿐이다. 그리고 이러한 부진정연대채무자 상호 간의
상대적 효력 사유로는 다른 부진정연대채무자의 구상금청구에 대한 유효한 항변이 될 수 없다.

③ [O] ※ 소멸시효 중단을 위한 후소로서 기존의 '이행소송' 외에 이른바 '새로운 방식의 확인소송'을 허용할 것
인지 여부(긍정)
대법원은 최근 전원합의체 판결을 통해 확정판결이 있는 청구권의 소멸시효 중단을 위한 후소
로서 전소와 같은 내용의 이행소송 외에 전소 판결로 확정된 채권의 시효를 중단시키기 위한
조치, 즉 '재판상의 청구(후소의 제기)'가 있다는 점에 대하여만 확인을 구하는 형태의 '새로운 방식의 확인
소송'이 허용되고, 채권자는 두 가지 형태의 소송 중 자신의 상황과 필요에 보다 적합한 것을
선택하여 제기할 수 있다고 판결하였다(대판 2018.10.18. 전합2015다232316).

④ [O] ※ 최고로서 경매신청, 압류 또는 가압류
채권자가 채무자의 제3채무자에 대한 채권을 압류 또는 가압류한 경우 채권자의 채무자에 대
한 채권은 압류에 따른 시효중단의 효력이 확정적으로 발생하나, 이와 달리 **압류의 대상인 채무자**
의 제3채무자에 대한 채권은 확정적 시효중단이 되는 것은 아니고 다만 채권자가 채무자의 제3채무자에
대한 채권에 관한 압류 및 추심명령을 받아 그 결정이 제3채무자에게 송달이 되었다면 채무자
의 제3채무자에 대한 채권은 '**최고**'로서의 효력에 의해 시효중단이 **된다**(대판 2003.5.13. 2003다16238).

⑤ [O] ※ 가압류의 집행보전의 효력이 존속하는 동안 가압류에 의한 시효중단의 효력이 계속되는지 여부(적극)
"민법 제168조에서 가압류를 소멸시효의 중단사유로 정하고 있는 것은 가압류에 의하여 채권자가 권리를 행사하였다고 할 수 있기 때문이고 가압류에 의한 집행보전의 효력이 존속하는 동안은 가압류채권자에 의한 권리행사가 계속되고 있다고 보아야 할 것이므로 가압류에 의한 시효중단의 효력은 가압류의 집행보전의 효력이 존속하는 동안 계속된다고 보아야 한다.
가압류는 강제집행을 보전하기 위한 것으로서 경매절차에서 부동산이 매각되면 그 부동산에 대한 집행보전의 목적을 다하여 효력을 잃고 말소되며, 가압류채권자에게는 집행법원이 그 지위에 상응하는 배당을 하고 배당액을 공탁함으로써 가압류채권자가 장차 채무자에 대하여 권리행사를 하여 집행권원을 얻었을 때 배당액을 지급받을 수 있도록 하면 족한 것이다. 따라서 이러한 경우 가압류에 의한 시효중단은 경매절차에서 부동산이 매각되어 가압류등기가 말소되기 전에 배당절차가 진행되어 가압류채권자에 대한 배당표가 확정되는 등의 특별한 사정이 없는 한, 채권자가 가압류 집행에 의하여 권리행사를 계속하고 있다고 볼 수 있는 가압류등기가 말소된 때 그 중단사유가 종료되어, 그때부터 새로 소멸시효가 진행한다고 봄이 타당하다(매각대금 납부 후의 배당절차에서 가압류채권자의 채권에 대하여 배당이 이루어지고 배당액이 공탁되었다고 하여 가압류채권자가 그 공탁금에 대하여 채권자로서 권리행사를 계속하고 있다고 볼 수는 없으므로 그로 인하여 가압류에 의한 시효중단의 효력이 계속된다고 할 수 없다)"(대판 2013.11.14. 2013다18622,18639).

[정답] ②

제3장 변 론
제1절 변론의 의의와 종류
제2절 변론의 여러 가지 원칙

문13 甲은 2015. 10. 7. 乙에 대한 3,000만 원의 차용금채무를 피담보채무로 하여 乙에게 甲 소유의 X 부동산을 목적물로 하는 근저당권설정등기를 해주었다. 그후 甲은 乙에게 2,000만 원을 변제하여 잔존채무가 1,000만 원이라고 주장하고 있는데, 乙은 甲의 잔존채무가 2,000만 원이라고 하면서 다투고 있다. 甲은 乙을 상대로 잔존채무가 1,000만 원임을 주장하며 채무부존재확인의 소를 제기하였다. 이에 관한 설명 중 옳은 것을 모두 고른 것은? (다툼이 있는 경우 판례에 의함)   [변시 5회]

> ㄱ. 甲의 乙에 대한 잔존채무가 乙의 주장대로 2,000만 원임이 인정되는 경우, 법원은 "원고의 피고에 대한 2015. 10. 7. 차용금채무는 2,000만 원을 초과하여서는 존재하지 아니함을 확인한다. 원고의 나머지 청구를 기각한다."라고 판결하여야 한다.
> ㄴ. 甲의 乙에 대한 잔존채무가 500만 원임이 인정되는 경우, 법원은 "원고의 피고에 대한 2015. 10. 7. 차용금채무는 1,000만 원을 초과하여서는 존재하지 아니함을 확인한다."라고 판결하여야 한다.
> ㄷ. 만일 乙이 위 소송 계속 중에 잔존채무 2,000만 원의 지급을 구하는 반소를 제기한다면, 甲이 제기한 채무부존재확인의 본소는 확인의 이익이 소멸하여 부적법하게 된다.
> ㄹ. 위 설문과 달리, 甲이 1,000만 원의 잔존채무 변제를 조건으로 X 부동산에 관한 근저당권말소등기청구의 소를 제기하였지만 잔존채무가 2,000만 원이라는 乙의 주장이 받아들여지는 경우, 법원은 특별한 사정이 없는 한 甲의 청구 중 일부를 기각하고 그 확정된 2,000만 원 채무의 변제를 조건으로 그 등기의 말소절차이행을 인용하는 판결을 하여야 한다.

① ㄱ, ㄴ
② ㄱ, ㄷ
③ ㄱ, ㄴ, ㄹ
④ ㄴ, ㄷ, ㄹ
⑤ ㄱ, ㄴ, ㄷ, ㄹ

[해설] ㉠ [○] ※ 처분권주의와 일부인용판결

判例는 "1천만 원을 초과하는 채무는 존재하지 않는다는 채무일부부존재확인의 소에서도 1,500만원을 초과하는 채무는 존재하지 않는다는 판결을 할 수 있다"(대판 1994.1.25. 98다9422)라고 판시한 바 있다.

☞ 사안에서 법원은 "원고의 피고에 대한 2015. 10. 7. 차용금채무는 2,000만 원을 초과하여서는 존재하지 아니함을 확인한다. 원고의 나머지 청구를 기각한다." 판결을 하여야 한다.

ⓒ [O] 甲은 잔존채무가 1,000만 원이라고 주장하고 있다. 따라서 법원이 그보다 적은 500만 원의 잔존채무가 존재한다고 인정하는 것은 甲이 구하는 것 이상을 인정하는 것이어서 **처분권주의에 반한다.** 결국 법원은 "원고의 피고에 대한 2015. 10. 7. 차용금채무는 1,000만 원을 초과하여서는 존재하지 아니함을 확인한다."라고 판결하여야 한다.

ⓒ [X] ※ 확인의 이익

判例는 "소송요건을 구비하여 적법하게 제기된 본소가 그 후 상대방이 제기한 반소로 인하여 소송요건에 흠결이 생겨 다시 **부적법하게 되는 것은 아니므로,** 원고가 손해배상채무부존재확인을 구할 이익이 본소로 확인을 구하였다면, 피고가 그 후 배상채무이행을 구하는 반소를 제기하였더라도 그 사정만으로 본소가 확인의 이익이 소멸하여 부적법하게 된다고 볼 수 없다"(대판 1999.6.8. 99다17401,17418)고 판시한 바 있다.

ⓒ [O] 甲의 조건(잔존채무 1,000만 원)보다 甲에게 불리한 乙의 주장(잔존채무가 2,000만 원)이 받아들여진 경우, 이는 원고인 甲에게 불리한 주장으로서 이를 인정하여도 **처분권주의에 반하는 것이 아니다.** 한편, 피고 乙이 잔존채무의 액수를 다투고 있으므로 선이행청구는 장래이행의 소로서 미리 청구할 필요가 인정되고, 원고 甲의 청구에는 甲이 주장하는 잔존채무액보다 많은 채무가 존재할 경우, 이의 변재를 조건으로 말소등기이행을 구하는 취지가 포함되어있다고 볼 수 있다. 따라서 법원은 특별한 사정이 없는 한 甲의 청구 중 일부를 기각하고 그 확정된 2,000만 원 채무의 변제를 조건으로 그 등기의 말소절차이행을 인용하는 판결을 하여야 한다.

[정답] ③

문 14 처분권주의에 관한 설명 중 옳지 않은 것은? (다툼이 있는 경우 판례에 의함) [변시 10회]

① 원고가 매매를 원인으로 한 소유권이전등기청구를 하였는데, 법원이 양도담보약정을 원인으로 소유권이전등기를 명하는 판결을 하는 것은 처분권주의에 위배되지 않는다.

② 1억 원을 초과하는 채무는 존재하지 않는다는 채무부존재확인의 소에서 2억 원을 초과하는 채무는 존재하지 않는다는 판결을 하는 것은 처분권주의에 위배되지 않는다.

③ 부동산을 단독으로 상속하기로 분할협의하였다는 이유로 부동산 전부가 자기 소유임의 확인을 구하는 청구에는 지분에 대한 소유권의 확인을 구하는 취지가 포함되어 있다고 보아야 하므로, 지분이 인정되면 청구를 전부 기각할 것이 아니라 지분에 관하여 승소판결을 하여야 한다.

④ 「민법」 제840조 각 호가 규정한 이혼사유마다 재판상 이혼청구를 할 수 있으므로 법원은 원고가 주장한 이혼사유에 관하여만 심판해야 하며 원고가 주장하지 아니한 이혼사유에 의하여 이혼청구를 인용하여서는 안 된다.

⑤ 자동차사고를 당한 원고가 「민법」상 불법행위의 사용자책임에 따른 손해배상청구를 하였는데, 법원이 「자동차손해배상 보장법」상 자기를 위하여 자동차를 운행하는 자의 손해배상책임 규정을 적용하여 청구를 인용하는 것은 처분권주의에 위배되지 않는다.

해설 ① [X] "원고가 매매를 원인으로 한 소유권이전등기를 청구한 데 대하여 원심이 양도담보약정을 원인으로 한 소유권이전등기를 명하였다면 판결주문상으로는 원고가 전부 승소한 것으로 보이기는 하나, 매매를 원인으로 한 소유권이전등기청구와 양도담보약정을 원인으로 한 소유권이전등기청구와는 청구원인사실이 달라 **동일한 청구라 할 수 없음**에 비추어, 원심은 원고가 주장하지도 아니한 양도담보약정을 원인으로 한 소유권이전등기청구에 관하여 심판하였을 뿐, 정작 원고가 주장한 매매를 원인으로 한 소유권이전등기청구에 관하여는 심판을 한 것으로 볼 수 없어 결국 원고의 청구는 실질적으로 인용한 것이 아니어서 판결의 결과가 불이익하게 되었으므로 원심판결에 '처분권주의'를 위반한 위법이 있고 따라서 그에 대한 '원고'의 상소의 이익이 인정된다"(대판 1992.3.27. 91다40696).

② [O] ※ **처분권주의와 일부인용의 허용여부**(적극)

원고가 신청한 일부만 인정되는 경우에는 청구기각판결을 하여서는 아니되고 일부인용 판결을 하여야 한다. 일부인용판결은 처분권주의에 반하지 않는다는 것이 통설과 判例의 입장이다. 다만 원고의 명시적 반대의사가 있으면 청구기각 판결을 하여야 한다.

관련판례 ※ **채무의 존부 및 액수를 다투면서 청구취지에 상한의 명시가 없는 경우**(일부인용판결 허용)

'4천만 원을 초과하여서는 존재하지 아니함을 확인한다.'와 같이 청구취지에 채무상한을 명시하지 않은 경우, 소송물은 4천만 원을 초과하는 채무 전부이다. 判例는 "원고가 상한을 표시하지 않고 일정액을 초과하는 채무의 부존재의 확인을 청구하는 사건에 있어서 일정액을 초과하는 채무의 존재가 인정되는 경우에는, 특단의 사정이 없는 한, 법원은 그 청구의 전부를 기각할 것이 아니라 존재하는 채무부분에 대하여 일부패소의 판결을 하여야 한다"(대판 1994.1.25. 93다9422)고 판시하여 일부패소(=일부인용)설의 입장이다

③ [O] "부동산을 단독으로 상속하기로 분할협의하였다는 이유로 그 부동산 전부가 자기 소유임의 확인을 구하는 청구에는 그와 같은 사실이 인정되지 아니하는 경우 자신의 상속받은 지분에 대한 소유권의 확인을 구하는 취지가 포함되어 있다고 보아야 하므로, 이러한 경우 법원은 특단의 사정이 없는 한 그 청구의 전부를 기각할 것이 아니라 그 소유로 인정되는 지분에 관하여 일부 승소의 판결을 하여야 한다"(대판 1995.9.29. 95다22849,22856).

④ [O] "민법 제840조의 각 이혼사유는 그 각 사유마다 독립된 이혼청구원인이 되므로 법원은 원고가 주장한 이혼사유에 관하여서만 심판하여야 한다"(대판 1963.1.31. 62다812)

⑤ [O] "자동차손해배상보장법 제3조는 불법행위에 관한 민법 규정의 특별규정이라고 할 것이므로 자동차 사고로 인하여 손해를 입은 자가 자동차손해배상보장법에 의하여 손해배상을 주장하지 않았다고 하더라도 법원은 민법에 우선하여 자동차손해배상보장법을 적용하여야 한다"(대판 1997.11.28. 95다29390)

[정답] ①

문 15 甲은 乙로부터 3억 원을 빌리면서 그 차용금 채무를 담보하기 위하여 甲 소유의 A 토지에 관하여 채무자 甲, 근저당권자 乙, 채권최고액 3억 3천만 원인 근저당권설정계약을 乙과 체결하고, 이에 관한 근저당권설정등기를 마쳐 주었다. 다음 설명 중 옳은 것을 모두 고른 것은? (다툼이 있는 경우 판례에 의함)

[변시 11회]

> ㄱ. 甲이 乙로부터 실제로 돈을 빌리지 않았으므로 위 근저당권설정등기는 무효의 등기라고 주장하면서 근저당권설정등기 말소등기절차의 이행을 구하는 소를 제기하였는데, 법원의 심리 결과 甲의 乙에 대한 차용금 채무 1억 원이 존재하는 것으로 밝혀지더라도 그 채무의 변제를 조건으로 위 등기의 말소를 명하는 판결을 할 수 없다.
>
> ㄴ. 甲이 乙의 기망행위로 인해 근저당권설정계약을 체결하였다고 주장하면서 위 근저당권설정계약을 취소하고 그 말소등기를 구하는 소를 제기한 경우, 甲의 3억 원의 부당이득반환채무와 乙의 근저당권설정등기 말소의무는 동시이행관계에 있다고 할 수 없다.
>
> ㄷ. 丙이 乙에 대한 5억 원의 채권에 관한 집행권원을 얻어 乙의 甲에 대한 대여금채권에 대해 압류 및 전부명령을 받아 丙 명의로 A 토지에 관한 근저당권이전의 부기등기를 마친 경우, 甲이 자신의 乙에 대한 차용금채무가 변제로 모두 소멸하였다고 주장하면서 乙을 상대로 제기한 위 근저당권설정등기 말소등기절차의 이행을 구하는 소는 적법하다.
>
> ㄹ. 丙이 乙로부터 乙의 甲에 대한 대여금채권을 유효하게 양도받아 丙 명의로 A 토지에 관한 근저당권이전의 부기등기를 마친 경우, 甲이 자신의 乙에 대한 차용금채무가 변제로 모두 소멸하였다고 주장하면서 丙 명의 근저당권이전의 부기등기 말소등기절차의 이행을 구하는 소는 부적법하다.

① ㄹ
② ㄱ, ㄹ
③ ㄴ, ㄷ
④ ㄱ, ㄴ, ㄹ
⑤ ㄴ, ㄷ, ㄹ

해설 ㄱ. [○] ※ 현재의 이행의 소에 대한 장래이행판결 [피, 원, 미]
① 원고가 피담보채무의 '소멸'을 원인으로 근저당권설정등기의 말소등기청구의 소를 제기(장래이행판결 긍정)
단순이행청구의 경우에 선이행판결을 하는 것도 원고의 신청범위를 일탈하는 것이 아니므로 처분권주의에 반하지 않는다. 즉, 원고가 피담보채무의 소멸을 이유로 저당권설정등기의 말소나 소유권이전등기의 말소청구를 한 경우에(단순이행청구), ⅰ) 변론주의 원칙상 피고의 선이행의 항변이 있었고(원고의 채무가 아직 남아 있다는 항변) 심리결과 항변이 이유 있을 때, ⅱ) 원고가 반대의 의사표시를 하지 않는 한, ⅲ) 미리 청구할 필요가 있으면 원고청구기각이 아니라 원고의 남은 채무의 선이행을 조건으로 피고의 채무이행(등기말소)을 명하는 장래이행판결을 할 수 있다(대판 1996.11.12. 96다33938 ; 대판 2008.4.10. 2007다83694)
② 원고가 피담보채무의 '부존재'를 원인으로 근저당권설정등기의 말소등기청구의 소를 제기(장래이행판결 부정)

'ⅱ)' 요건과 관련하여 원고가 피담보채무가 발생하지 않았음을 근거로 등기말소를 요구하는 경우에는 피담보채무의 변제를 조건으로 장래의 이행을 구하는 취지가 포함된 것으로 보이지 않으므로 장래이행판결을 하여서는 아니된다(대판 1991.4.23. 91다6009).

☞ 甲이 乙로부터 실제로 돈을 빌리지 않았음을 근거로 근저당권설정등기 말소등기절차의 이행을 구하는 소를 제기한 이상, 법원의 심리 결과 甲의 乙에 대한 차용금 채무 1억 원이 존재하는 것으로 밝혀지더라도 그 채무의 변제를 조건으로 위 등기의 말소를 명하는 판결을 할 수는 없다.

ㄴ. [×] "이 사건 근저당권설정계약은 그 자체로서 독자적으로 존재하는 것이 아니라 그 피담보채권의 발생원인이 된 금전소비대차계약과 결합하여 그 전체가 경제적, 사실적으로 일체로서 행하여진 것으로 그 하나가 다른 하나의 조건이 되어 어느 하나의 존재없이는 당사자가 다른 하나를 의욕하지 않았을 것으로 보이고, 더우기 이 사건의 경우에는 원고가 금전차용행위의 의미도 제대로 모르면서 소외 1과 소외 2의 꾀임에 빠져 당장 돈이 생겨 이를 마음대로 쓸 수 있다는 점에 현혹된 나머지 자신의 전답에 담보권을 설정하고 고리의 사채를 빌려 이를 소외 1이 마음대로 유흥비에 탕진하도록 한 것이어서 비록 실제로 원고에게 금원이 교부된 부분이 있다고 하더라도 그 부분에 관하여 원고가 정상적인 사리판단에 의해 차용하기를 의욕했다고는 할 수 없어 이 사건 근저당권설정계약의 체결원인이 되었던 위 소외 2의 기망행위는 금전소비대차계약에도 미쳤다 할 것이므로 원고의 이 사건 근저당권설정계약에 대한 취소의 의사표시는 법률행위의 일부무효이론과 궤를 같이 하는 법률행위 일부취소의 법리에 따라 소비대차계약을 포함하는 전체에 대한 취소의 효력이 있다 할 것이고, 그 결과 피고가 원고에 대하여 부담하게 될 근저당권설정등기말소의무는 원고가 피고에 대하여 부담하게 될 부당이득반환의무와 동시이행관계에 있다고 봄이 상당하다"(대판 1994.9.9. 93다31191)

ㄷ. [×] ㄹ. [○] ※ 피담보채무의 소멸 또는 근저당권설정등기의 원인무효를 이유로 근저당권 이전의 부기등기에 대하여 말소를 구할 소의 이익이 있는지 여부(소극) 및 근저당권 이전의 부기등기가 경료된 경우, 근저당권설정등기 말소청구의 상대방(=양수인)

"근저당권 이전의 부기등기는 기존의 주등기인 근저당권설정등기에 종속되어 주등기와 일체를 이루는 것이어서, 피담보채무가 소멸된 경우 또는 근저당권설정등기가 당초 원인무효인 경우 주등기인 근저당권설정등기의 말소만 구하면 되고 그 부기등기는 별도로 말소를 구하지 않더라도 주등기의 말소에 따라 직권으로 말소되는 것이며, 근저당권 양도의 부기등기는 기존의 근저당권설정등기에 의한 권리의 승계를 등기부상 명시하는 것 뿐으로, 그 등기에 의하여 새로운 권리가 생기는 것이 아닌 만큼 근저당권설정등기의 말소등기청구는 양수인만을 상대로 하면 족하고 양도인은 그 말소등기청구에 있어서 피고 적격이 없으며, 근저당권의 이전이 전부명령 확정에 따라 이루어졌다고 하여 이와 달리 보아야 하는 것은 아니다"(대판 2000.4.11. 2000다5640).

[정답] ②

문 16 처분권주의와 변론주의에 관한 설명 중 옳지 않은 것은? (다툼이 있는 경우에는 판례에 의함) [변시 3회]

① 유권대리에 관한 주장 가운데 무권대리에 속하는 표현대리의 주장이 포함되어 있다고 볼 수 없고, 별도로 표현대리에 관한 주장이 있어야 법원은 표현대리의 성립여부를 심리판단할 수 있다.

② 건물의 소유를 목적으로 한 토지임대차에서 임대인이 임차인을 상대로 기간만료를 이유로 그 토지에 현존하는 건물철거 및 토지인도청구의 소를 제기하였다. 위 소송에서 피고가 건물매수청구권을 적법하게 행사하여 원고가 건물에 관한 소유권이전등기절차의 이행 및 건물인도를 구하는 내용으로 청구취지변경을 하였더라도, 법원은 피고가 동시이행항변을 하지 않는 한 건물매매대금을 지급받음과 상환으로 소유권이전등기절차의 이행 및 건물인도를 명하는 판결을 내릴 수 없다.

③ 국가 명의로 소유권보존등기가 경료된 토지에 관하여 甲 명의의 소유권이전등기가 경료되었는데, 위 토지를 사정받은 乙이 국가와 甲을 상대로 등기말소를 구하는 소를 제기하여, 국가는 乙에게 원인무효인 소유권보존등기의 말소등기절차를 이행할 의무가 있고 甲 명의의 소유권이전등기는 등기부취득시효 완성을 이유로 유효하다는 취지의 판결이 확정되었다. 그 후 乙이 국가를 상대로 국가의 불법행위를 이유로 토지의 소유권 상실로 인한 손해배상을 구한 사안에서, 법원은 국가에 대하여 소유권보존등기 말소등기절차 이행의무의 이행불능으로 인한 손해배상책임을 인정할 수 있다.

④ 저당권이 설정되어 있는 부동산을 채무자가 사해행위로 수익자에게 매도한 후 수익자의 변제로 위 저당권설정등기가 말소된 경우, 채권자가 위 매매계약의 취소와 부동산 자체의 반환을 청구하였더라도 법원은 원고의 청구취지변경 없이 가액반환을 명할 수 있다.

⑤ 원고가 피담보채무 전액을 변제하였다고 주장하면서 근저당권설정등기 말소등기절차의 이행을 구하는 소를 제기하였으나 잔존채무가 있는 것으로 밝혀진 경우, 법원은 원고의 반대 의사표시가 없는 한 잔존채무의 지급을 조건으로 근저당권설정등기의 말소를 명하여야 한다.

해설 ① [O] "변론에서 당사자가 주장한 주요사실만이 심판의 대상이 되는 것으로서 여기에서 주요사실이라 함은 법률효과를 발생시키는 실체법상의 구성요건 해당사실을 말하는 것인바, 대리권에 기한 대리의 경우나 표현대리의 경우나 모두 제3자가 행한 대리행위의 효과가 본인에게 귀속된다는 점에서는 차이가 없으나 유권대리에 있어서는 본인이 대리인에게 수여한 대리권의 효력에 의하여 위와 같은 법률효과가 발생하는 반면 표현대리에 있어서는 대리권이 없음에도 불구하고 법률이 특히 거래상대방 보호와 거래안전 유지를 위하여 본래 무효인 무권대리의 효과를 본인에게 미치게 한 것으로서 표현대리가 성립된다고 하여 무권대리의 성질이 유권대리로 전환되는 것은 아니므로, 양자의 구성요건 해당사실 즉 주요사실은 서로 다르다고 볼 수밖에 없다. 그러므로 유권대리에 관한 주장 가운데 무권대리에 속하는 표현대리의 주장이 포함되어 있다고 볼 수 없으며, 따로 표현대리에 관한 주장이 없는 한 법원은 나아가 표현대리의 성립여부를 심리 판단할 필요가 없다"(대판 1983.12.13. 전합83다카1489).

② [○] ※ 동시이행항변권의 행사효 : 이행거절 권능
"토지 임차인이 건물매수청구권을 행사한 경우, 토지 임차인의 건물명도 및 소유권이전등기의 무와 토지 임대인의 건물대금지급의무가 동시이행관계"(대판 1998.5.8. 98다2389)에 있다. 이러한 동시이행의 항변권은 '항변권'이기 때문에, 이를 주장하는 때에 한해 그 효력이 발생한다. 즉 주장이 없는 경우에는 상대방의 청구권은 그대로 효력을 발생하며(비록 채무의 이행을 제공하지 않더라도), 법원도 주장이 없는 한 항변권의 존재를 고려할 필요 없이 상대방의 청구를 인용하여야 한다(대판 1990.11.27. 90다카25222).
☞ 피고가 동시이행항변을 하지 않는 한 건물매매대금을 지급받음과 상환으로 소유권이전등기 절차의 이행 및 건물인도를 명하는 판결을 내릴 수 없다.

[비교판례] ※ 동시이행항변권의 존재효, 당연효 : 이행지체 저지효
동시이행의 항변권을 가지는 채무자는 자신의 채무를 이행하지 않는 것이 정당한 것으로 인정 되기 때문에, 비록 이행기에 이행을 하지 않더라도 이행지체가 되지 않는다(민법 제390조 단 서). 이행지체책임의 면책의 효력은 그 항변권을 행사·원용하지 않아도 발생한다(대판 2010.10.14. 2010다 47438).

③ [X] 判例는 "국가 명의로 소유권보존등기가 경료된 토지의 일부 지분에 관하여 甲 등 명의의 소유권이전등기가 경료되었는데, 乙이 등기말소를 구하는 소를 제기하여 국가는 乙에게 원인 무효인 등기의 말소등기절차를 이행할 의무가 있고 甲 등 명의의 소유권이전등기는 등기부취 득시효 완성을 이유로 유효하다는 취지의 판결이 확정되자, 乙이 국가를 상대로 손해배상을 구한 사안에서, 甲 등의 등기부취득시효 완성으로 토지에 관한 소유권을 상실한 乙이 불법행 위를 이유로 소유권 상실로 인한 손해배상을 청구할 수 있음은 별론으로 하고, 애초 국가의 등기말소의무 이행불능으로 인한 채무불이행책임을 논할 여지는 없고, 또한 **토지의 소유권 상실** 로 인한 손해배상을 구하는 을의 청구에 대하여 당사자가 주장하지 아니한 소유권보존등기 말소등기절차 이 행의무의 이행불능으로 인한 손해배상책임을 인정할 수 없음에도, 이와 달리 손해배상책임을 인정한 원심판결에 법리오해와 처분권주의 위반의 위법이 있다"(대판 2012.5.17. 전합2010다28604)고 보았다.
☞ 따라서 법원은 乙의 청구대로 불법행위로 인한 손해배상책임을 인정해야하고, 이행불능으 로 인한 손해배상책임을 인정할 수는 없다.

④ [○] "저당권이 설정되어 있는 부동산이 사해행위로 이전된 경우에 그 사해행위는 부동산의 가액에서 저당권의 피담보채권액을 공제한 잔액의 범위 내에서만 성립한다고 보아야 하므로, 사해행위 후 변제 등에 의하여 저당권설정등기가 말소된 경우 그 부동산의 가액에서 저당권의 피담보채무액을 공제한 잔액의 한도에서 사해행위를 취소하고 그 가액의 배상을 구할 수 있을 뿐이고, 특별한 사정이 없는 한 변제자가 누구인지에 따라 그 방법을 달리한다고 볼 수는 없 는 것이며, 사해행위인 계약 전부의 취소와 부동산 자체의 반환을 구하는 청구취지 속에는 위와 같이 일부 취소를 하여야 할 경우 그 일부취소와 가액배상을 구하는 취지도 포함되어 있다고 볼 수 있으므로 청구취지 의 변경이 없더라도 바로 가액반환을 명할 수 있다"(대판 2001.6.12. 99다20612).

⑤ [○] "원고가 피담보채무 전액을 변제하였다고 주장하면서 근저당권설정등기에 대한 말소등기절 차의 이행을 청구하였으나 그 원리금의 계산 등에 관한 다툼 등으로 인하여 변제액이 채무 전 액을 소멸시키는데 미치지 못하고 잔존채무가 있는 것으로 밝혀진 경우에는 특별한 사정이 없 는 한 원고의 청구 중에는 확정된 잔존채무를 변제하고 그 다음에 위 등기의 말소를 구한다는 취지도 포함 되어 있는 것으로 해석함이 상당하고, 이는 장래 이행의 소로서 미리 청구할 이익도 인정된다

고 할 것이다. 따라서 원심으로서는 이 사건 근저당권설정등기의 피담보채무 중 잔존원금 및 지연손해금의 액수를 심리·확정한 다음, 그 변제를 조건으로 이 사건 근저당권설정등기의 말소를 명하였어야 한다고 할 것이다"(대판 2008.4.10. 2007다83694).

☞ 따라서 원고의 반대표시가 없는 한 법원은 잔존채무의 지급을 조건으로 근저당권설정등기의 말소를 명하여야 한다.

[정답] ③

문 17 변론주의에 관한 설명 중 옳지 않은 것은? (다툼이 있는 경우 판례에 의함)   [변시 4회]

① 소멸시효에 대하여 당사자가 본래의 기산일보다 뒤의 날짜를 기산일로 하여 주장할 경우 변론주의의 원칙상 법원은 당사자가 주장하는 기산일을 기준으로 소멸시효를 계산하여야 한다.

② 부동산의 시효취득에 관하여 자주점유인지 여부를 가리는 기준이 되는 점유의 권원은 간접사실에 불과하므로 법원으로서는 이에 관한 당사자의 주장에 구속되지 아니하고 소송자료에 의하여 판단할 수 있다.

③ 채무불이행으로 인한 손해배상청구권에 대한 소멸시효항변이 불법행위로 인한 손해배상청구권에 대한 소멸시효항변을 포함한 것으로 볼 수는 없다.

④ 법원은 당사자가 시효를 원용하지 않는 경우, 당사자에게 시효를 원용할 의사의 유무를 묻거나 그 원용을 촉구할 의무가 없다.

⑤ 원고가 청구원인을 대여금 청구라고 밝히면서 그에 대한 증거로 약속어음을 제출한 데 대하여 피고가 소멸시효항변을 하면서 「어음법」상 3년의 소멸시효가 적용된다고 주장한 경우, 법원은 직권으로 「민법」 등이 정하는 소멸시효 기간을 살펴 소멸시효 완성 여부를 판단할 수 없다.

[해설] ① [○] ② [○] 변론주의란 소송 자료의 제출 책임은 당사자에게 있고 법원은 그 자료만을 판단의 기초로 삼아야 한다는 원칙으로, "민사소송절차에서의 변론주의 원칙은 권리의 발생·변경·소멸이라는 법률효과 판단의 요건이 되는 주요사실에 대한 주장·입증에 적용되는 것으로서 그 주요사실의 존부를 확인하는데 도움이 되는 간접사실이나 그의 증빙자료에 대하여는 적용되지 않는 것"(대판 2004.5.14. 2003다57697)이다. "소멸시효의 기산일은 채무의 소멸이라고 하는 법률효과 발생의 요건에 해당하는 소멸시효기간 계산의 시발점으로서 소멸시효 항변의 법률요건을 구성하는 구체적인 사실에 해당하므로 이는 **변론주의의 적용 대상**이라 할 것이고, 따라서 본래의 소멸시효 기산일과 당사자가 주장하는 기산일이 서로 다른 경우에는 변론주의의 원칙상 법원은 당사자가 주장하는 기산일을 기준으로 소멸시효를 계산하여야 한다"(대판 2005.8.25. 94다35886).

[비교판례] "취득시효의 기산점은 법률효과의 판단에 관하여 직접 필요한 주요사실이 아니고 간접사실에 불과하므로 법원으로서는 이에 관한 당사자의 주장에 구속되지 아니하고 소송자료에 의하여 점유의 시기를 인정할 수 있다"(대판 1998.5.12. 97다34037).

비교판례 "시효취득에 있어서 점유기간의 산정기준이 되는 점유개시의 시기나 그 점유가 자주점유인지의 여부를 가리는 기준이 되는 점유의 권원 같은 사실은 모두 취득시효의 요건사실인 점유기간이나 자주점유를 추정하는 징표 즉 간접사실로서 법원은 당사자의 주장하는 바에 구애됨이 없이 소송자료에 의하여 인정되는 바에 따라 진정한 점유의 시기와 권원을 인정하여야 한다"(대판 1982.6.22. 80다2671).

③ [O] 어떤 주장에 묵시적으로 다른 주장도 포함되어 있다고 볼 여지가 있으면 이를 직접 주장하지 않더라도 변론주의에 반하지 않는다. 그러나 "채무불이행으로 인한 손해배상청구권에 대한 소멸시효 항변이 불법행위로 인한 손해배상청구권에 대한 소멸시효 항변을 포함한 것으로 볼 수는 없다"(대판 1998.5.29. 96다51110).

④ [O] 민사소송법 제136조 1항은 '소송관계를 분명하게 하기 위해 당사자에게 사실상 또는 법률상 사항에 관해 질문할 수 있고, 증명하도록 촉구할 수 있다'고 하여 석명권에 대해 규정한다. 그러나 "법원의 석명권 행사는 당사자의 주장에 모순된 점이 있거나 불완전·불명료한 점이 있을 때에 이를 지적하여 정정·보충할 수 있는 기회를 주고, 계쟁 사실에 대한 증거의 제출을 촉구하는 것을 그 내용으로 하는 것으로, 당사자가 주장하지도 아니한 법률효과에 관한 요건사실이나 독립된 공격방어방법을 시사하여 그 제출을 권유함과 같은 행위를 하는 것은 변론주의의 원칙에 위배되는 것으로 석명권 행사의 한계를 일탈하는 것이 된다"(대판 1998.4.23. 98다61463) 따라서 "원심이 피고가 주장하지도 아니한 시효취득 항변을 하는 것인지 여부에 관하여 석명하지 않았다고 하여 석명권 불행사의 위법을 저질렀거나, 그로 인하여 심리미진의 위법을 저질렀다고 할 수 없다"(대판 1996.2.9. 95다27998).

⑤ [X] 변론주의는 법률이 아닌 사실과 증거의 제출에만 적용된다. "어떤 권리의 소멸시효기간이 얼마나 되는지에 관한 주장은 단순한 법률상의 주장에 불과하므로 **변론주의의 적용대상이 되지 않고 법원이 직권으로 판단할 수 있다**"(대판 2013.2.15. 2012다68217).
☞ 소멸시효의 기산일에는 변론주의가 적용되나, 취득시효의 기산점과 소멸시효의 기간에는 변론주의가 적용되지 않는다.

[정답] ⑤

문 18 변론주의에 관한 기술 중 옳지 않은 것은? (다툼이 있는 경우에는 판례에 의함) [변시 1회]

① 원고가 X 토지를 피고로부터 매수하였다고 주장하였으나, 증인신문을 신청하여 제3자가 원고를 대리하여 피고로부터 위 토지를 매수한 사실을 입증하고 있다면, 원고가 대리행위에 관한 명백한 진술을 하지 않았더라도 법원이 대리행위에 관한 간접적인 진술이 있었다고 보는 것은 변론주의에 위배되지 않는다.

② 불법행위로 인한 손해배상책임이 인정되는 경우, 법원은 손해액에 관한 아무런 입증이 없다고 하여 바로 청구기각을 할 것이 아니라 적극적으로 석명권을 발동하여 입증을 촉구할 의무가 있다.

③ 증여를 원인으로 한 부동산소유권이전등기청구에 대하여 피고가 시효취득을 주장하였다고 하여도 그 주장 속에 원고의 위 이전등기청구권이 시효소멸하였다는 주장까지 포함되었다고 할 수 없다.

④ 부동산의 시효취득에 있어서 그 점유가 자주점유인지의 여부를 가리는 기준이 되는 점유의 권원은 주요사실이므로 법원은 당사자의 주장과 달리 증거에 의하여 진정한 점유의 권원을 심리하여 취득시효의 완성 여부를 판단할 수 없다.

⑤ 대여금 채권자가 주채무자와 그 보증인을 공동피고로 하여 대여금청구의 소를 제기하였는데 보증인인 피고가 항변을 전혀 하지 않았다면, 설사 위 채무가 변제되었고 주채무자인 피고가 변제항변을 하였더라도 보증인인 피고에게는 변제항변의 효과가 미치지 않는다.

해 설 ① [O] 判例는 변론주의의 기계적 적용에 따라 발생할 여지가 있는 소송수행 능력 차이로 인한 불합리를 제거하기 위해 간접적 주장을 다수 인정하고 있다. "甲이 소장에서 토지를 乙로부터 매수하였다고 주장하고 있으나 甲이 위 매매당시 불과 10세 남짓한 미성년이었고 증인신문을 신청하여 甲의 조부인 丙이 甲을 대리하여 위 토지를 매수한 사실을 입증하고 있다면 甲이 그 변론에서 위 대리행위에 관한 명백한 진술을 한 흔적은 없다 하더라도 위 **증인신청으로서 위 대리행위에 관한 간접적인 진술은 있었다고 보아야** 할 것이므로 원심이 위 토지를 甲의 대리인이 매수한 것으로 인정하였다 하여 이를 변론주의에 반하는 것이라고는 할 수 없다"(대판 1987.9.8. 87다카982).

참고판례 "쌍무계약에서 당사자 일방이 그 채무를 이행하지 아니할 의사를 명백히 표시한 경우에 있어서 계약해제 주장에 필요한 주요사실은 상대방이 이행지체한 사실, 채무자가 미리 이행하지 아니할 의사를 명백히 표시한 사실 및 계약해제의 의사를 표시한 사실이라고 할 것이므로, 당사자가 계약의 해제를 주장하면서 상당한 기간을 정하여 계약이행을 최고하였으나 그 기간 내에 채무를 불이행하였다고만 주장하는 경우에 당사자가 주장하지도 아니한 채무자가 미리 이행하지 아니할 의사를 명백히 표시하였다는 사실을 인정하여 계약해제가 적법하다고 판단하는 것은 변론주의에 위배된다고 할 것이나, **당사자의 이러한 주장은 직접적으로 명백히 한 경우뿐만 아니라 당사자의 변론을 전체적으로 관찰하여 간접적으로 주장한 것으로 볼 수 있는 경우에도 주장이 있는 것으로 보아** 적법한 계약해제가 있었다고 판단하여도 무방하다고 할 것이다"(대판 1995.4.28. 94다16083).

② [O] 법원은 당사자가 신청한 증거에 의하여 심증을 얻을 수 없거나 그 밖에 필요하다고 인정한 때에는 직권으로 증거조사를 할 수 있다(민소법 제292조). 다만, 判例는 "**불법행위로 인하여 손해가 발생한 사실이 인정되는 경우에는 법원은 손해액에 관한 당사자의 주장과 입증이 미흡하더라도 적극적으로 석명권을 행사하여 입증을 촉구하여야** 하고 경우에 따라서는 **직권으로라도 손해액을 심리 판단하여야 한다**" (대판 1986.8.19. 84다카503,504)고 판시하였으며, 그 기준으로 '증명책임의 분배원리에 따라 재판하는 것이 정의·형평에 반하고, 증명책임을 부담하는 당사자가 스스로 증명할 능력이 없는 경우'를 들고 있다.

③ [O] "소멸시효의 완성으로 권리소멸의 효과가 발생하였다고 하여도 피고들이 소송상 권리소멸의 항변을 한바 없는 이상 법원으로서는 이에 관하여 판단할 수 없는 것인바, **취득시효와 소멸시효는 그 성립요건을 달리하므로 피고들이 소론과 같이 취득시효를 주장하였다고 하여 소멸시효의 주장까지 포함한 취지라고 볼 수는 없다**"(대판 1982.2.9. 81다534)

④ [X] "부동산의 시효취득에 있어서 그 점유가 자주점유인지의 여부를 가리는 기준이 되는 **점유의 권원은 간접사실에 지나지 아니하는 것이므로, 법원은 당사자의 주장에 구애됨이 없이 소송자료**

에 의하여 인정되는 바에 따라 진정한 점유의 권원을 심리하여 취득시효의 완성 여부를 판단할 수 있다"(대판 1997.2.28. 96다53789). 즉, 부동산의 시효취득에 있어서 주요사실은 '20년간 계속, 자주·평온·공연한 점유를 한 사실'이다(민법 제245조 1항).

⑤ [O] 주채무자와 보증인에 대한 대여금 청구는 통상의 공동소송에 해당하므로 공동소송인 독립의 원칙이 적용되고, 공동소송인 사이의 소송행위는 유·불리에 관계없이 다른 공동소송인에 영향을 미치지 않는다(민사소송법 제66조, 소송자료의 불통일). "민사소송법 제66조의 명문의 규정과 우리 민사소송법이 취하고 있는 변론주의 소송구조 등에 비추어 볼 때, 통상의 공동소송에 있어서 이른바 주장공통의 원칙은 적용되지 아니한다" (대판 2006.1.26. 2005다52504).

[정답] ④

문 19 변론주의에 관한 설명 중 옳은 것을 모두 고른 것은? (다툼이 있는 경우 판례에 의함) [변시 7회]

> ㄱ. 주요사실에 대하여 당사자가 주장하지 않은 사실을 인정하여 판단하는 것은 변론주의에 위배되지만, 변론을 전체적으로 관찰하여 당사자가 간접적으로 주장한 것으로 볼 수 있는 경우에는 주요사실의 주장이 있는 것으로 보아야 한다.
>
> ㄴ. 민사집행절차에 관하여 「민사집행법」에 특별한 규정이 없으면 「민사소송법」의 규정이 준용되므로, 강제경매개시결정에 대한 이의의 재판절차에도 「민사소송법」상 재판상 자백이나 자백간주에 관한 규정이 준용된다.
>
> ㄷ. 국가배상책임에 관한 소송에서 피고 대한민국이 「민법」상 10년의 소멸시효완성을 주장하였음에도 법원이 「국가재정법」상 5년의 소멸시효를 적용하는 것은 변론주의에 위배되지 않는다.
>
> ㄹ. 본래의 소멸시효 기산일과 당사자가 주장하는 소멸시효 기산일이 서로 다른 경우, 법원은 당사자가 주장하는 기산일에 구속되지 아니하고 본래의 기산일을 기준으로 소멸시효를 계산할 수 있다.
>
> ㅁ. 부동산의 시효취득에서 점유기간의 산정기준이 되는 점유개시의 시기는 간접사실에 불과하므로 이에 대한 자백은 법원이나 당사자를 구속하지 않는다.

① ㄱ, ㄴ, ㅁ   ② ㄱ, ㄷ, ㄹ   ③ ㄱ, ㄷ, ㅁ
④ ㄴ, ㄷ, ㄹ   ⑤ ㄴ, ㄹ, ㅁ

해 설 (ㄱ) [O] "법률상의 요건사실에 해당하는 주요사실에 대하여 당사자가 주장하지도 아니한 사실을 인정하여 판단하는 것은 변론주의에 위배된다고 할 것이나, 당사자의 주요사실에 대한 주장은 직접적으로 명백한 경우뿐만 아니라 당사자가 법원에 서증을 제출하며 그 입증 취지를 진술함으로써 서증에 기재된 사실을 주장하거나 당사자의 변론을 전체적으로 관찰하여 간접적으로 주장한 것으로 볼 수 있는 경우에도 주요사실의 주장이 있는 것으로 보아야 한다"(대판 2006.6.30. 2005다21531).

(ㄴ) [×] "직권주의가 강화되어 있는 민사집행법하에서 민사집행법 제16조의 집행에 관한 이의의 성질을 가지는 강제경매 개시결정에 대한 이의의 재판절차에서는 민사소송법상 재판상 자백이나 의제자백에 관한 규정은 준용되지 아니하고, 이는 민사집행법 제268조에 의하여 담보권실행을 위한 경매절차에도 준용되므로 경매개시결정에 대한 형식적인 절차상의 하자를 이유로 한 임의경매 개시결정에 대한 이의의 재판절차에서도 민사소송법상 재판상 자백이나 의제자백에 관한 규정은 준용되지 아니한다"(대결 2015.9.14. 2015마813)

(ㄷ) [○] 어떤 시효기간이 적용되는지에 관한 주장은 권리의 소멸이라는 법률효과를 발생시키는 요건을 구성하는 사실에 관한 주장이 아니라 단순히 법률의 해석이나 적용에 관한 의견을 표명한 것이다. 이러한 주장에는 변론주의가 적용되지 않으므로 법원이 당사자의 주장에 구속되지 않고 직권으로 판단할 수 있다. 당사자가 민법에 따른 소멸시효기간을 주장한 경우에도 법원은 직권으로 상법에 따른 소멸시효기간을 적용할 수 있다(대판 2017.3.22. 2016다258124). 따라서 判例는 국가배상책임에 관한 소송에서 국가가 민법상 10년의 소멸시효완성을 주장하였음에도 법원이 구 예산회계법에 의한 5년의 소멸시효를 적용한 것이 변론주의를 위반한 것이 아니라고 판시하였다(대판 2008.3.27. 2006다70929,70936)

(ㄹ) [×] "소멸시효의 기산일은 채무의 소멸이라고 하는 법률효과 발생의 요건에 해당하는 소멸시효기간 계산의 시발점으로서 소멸시효 항변의 법률요건을 구성하는 구체적인 사실에 해당하므로 이는 변론주의의 적용 대상이고, 따라서 본래의 소멸시효 기산일과 당사자가 주장하는 기산일이 서로 다른 경우에는 변론주의의 원칙상 법원은 당사자가 주장하는 기산일을 기준으로 소멸시효를 계산하여야 하는데, 이는 당사자가 본래의 기산일보다 뒤의 날짜를 기산일로 하여 주장하는 경우는 물론이고 특별한 사정이 없는 한 그 반대의 경우에 있어서도 마찬가지이다"(대판 1995.8.25. 94다35886).

(ㅁ) [○] "부동산의 시효취득에 있어서 점유기간의 산정기준이 되는 점유개시의 시기는 취득시효의 요건사실인 점유기간을 판단하는 데 간접적이고 수단적인 구실을 하는 간접사실에 불과하므로 이에 대한 자백은 법원이나 당사자를 구속하지 않는 것이다"(대판 1994.11.4. 94다37868).

[정답] ③

문 20　**소멸시효에 관한 설명 중 옳지 않은 것은?** (다툼이 있는 경우 판례에 의함)　　[변시 9회]

① 소멸시효의 이익을 받는 자가 소멸시효 완성의 항변을 하지 않은 경우 법원은 이에 대하여 판단할 수 없다.

② 물상보증인이 그 저당권의 피담보채무의 부존재 또는 소멸을 이유로 제기한 저당권설정등기말소청구 소송에서, 채권자 겸 저당권자가 청구기각의 판결을 구하고 피담보채권의 존재를 주장하더라도 이로써 피담보채권의 소멸시효가 중단되지 아니한다.

③ 채권양도 후 대항요건이 구비되기 전의 양도인이 채무자를 상대로 제기한 소송 중에 채무자가 채권양도의 효력을 인정하는 등의 사정으로 인하여 양도인의 청구가 기각되고 양수인이 그로부터 6월 내에 채무자를 상대로 양수금청구의 소를 제기한 경우, 양도인의 최초의 소 제기 시에 위 채권의 소멸시효가 중단된다.

④ 가압류로 인한 소멸시효 중단의 효력은 가압류결정이 제3채무자에게 송달된 때에 발생하고 가압류신청 시로 소급하지 아니한다.

⑤ 소송 당사자가 「민법」에 따른 소멸시효기간을 주장한 경우에도 법원은 직권으로 「상법」에 따른 소멸시효기간을 적용할 수 있다.

[해설] ① [O], ⑤ [O] ※ 소멸시효 항변은 당사자의 주장이 있어야만 법원의 판단대상이 되는지 여부(적극) 및 이때 어떤 시효기간이 적용되는지에 관한 주장에 변론주의가 적용되는지 여부(소극)

"민사소송절차에서 변론주의 원칙은 권리의 발생·변경·소멸이라는 법률효과 판단의 요건이 되는 주요사실에 관한 주장·증명에 적용된다. 따라서 권리를 소멸시키는 소멸시효 항변은 변론주의 원칙에 따라 당사자의 주장이 있어야만 법원의 판단대상이 된다(①번 해설).

그러나 이 경우 어떤 시효기간이 적용되는지에 관한 주장은 권리의 소멸이라는 법률효과를 발생시키는 요건을 구성하는 사실에 관한 주장이 아니라 단순히 법률의 해석이나 적용에 관한 의견을 표명한 것이다. 이러한 주장에는 변론주의가 적용되지 않으므로 법원이 당사자의 주장에 구속되지 않고 직권으로 판단할 수 있다. 당사자가 민법에 따른 소멸시효기간을 주장한 경우에도 법원은 직권으로 상법에 따른 소멸시효기간을 적용할 수 있다(⑤번 해설)"(대판 2017.3.22. 2016다258124)

② [O] ※ 응소가 소멸시효의 중단사유인 재판상 청구에 해당하기 위한 요건 [채, 주, 승]

채권자가 i) 채무자가 제기한 소송에서, ii) 응소하여 적극적으로 권리를 주장하여, iii) 승소한 경우는 민법 제170조 1항의 '재판상 청구'에 해당하여 소멸시효가 중단된다. 특히 ' i '요건과 관련하여 채무자가 제기한 소송에서 채권자가 응소하여 적극적으로 자신의 권리를 주장하는 경우이어야 한다. 따라서 담보물의 제3취득자나 물상보증인 등 시효를 원용할 수 있는 지위에 있으나 직접 의무를 부담하지 아니하는 자가 제기한 소송에서의 응소행위는 권리자의 의무자에 대한 재판상 청구에 준하는 행위에 해당한다고 볼 수 없다(대판 2007.1.11. 2006다33364 등).

물상보증인(담보물의 제3취득자)이 제기한 소송에서 채권자가 적극적으로 응소행위를 하였다 하더라도 이는 '채무 없는' 물상보증인(담보물의 제3취득자)에게 재판상 청구를 한 것으로 볼 수 있을 뿐, 채무자에게 재판상 청구를 한 것은 아니기 때문이다.

③ [O] ※ 채권양도의 대항요건을 갖추지 못한 상태에서 '채권양도인'이 채무자를 상대로 소를 제기한 경우(시효중단 인정)

i) 이 경우 시효중단이 되는데 ii) 그 소송 중에 채무자가 채권양도의 효력을 인정하는 등의 사정으로 인하여 채권양도인의 청구가 기각된 경우 시효중단의 효력이 없어지나, iii) 이 경우에도 채권양수인이 그로부터 6월 내에 채무자를 상대로 재판상의 청구 등을 하면 채권양도인이 최초의 재판상 청구를 한 때부터 시효가 중단된다(민법 제169조, 민법 제170조 2항 : 대판 2009.2.12. 2008두20109)

[비교판례] ※ 채권양도의 대항요건을 갖추지 못한 상태에서 '채권양수인'이 채무자를 상대로 소를 제기한 경우(시효중단 인정)(대판 2005.11.10. 2005다41818)

④ [X] ※ 가압류로 인한 소멸시효 중단의 발생시기

소멸시효는 압류, 가압류 또는 가처분으로 인하여 중단되는바(제168조 2호), 判例에 따르면 이러한 가압류 등은 '집행'이 되는 것을 전제로 민사소송법 제265조(재판상 청구의 경우 소제기시 시효중단)를 유추적용하여 재판상 청구의 '소제기'와 유사하게 '집행을 신청한 때'에 소급하여 시효중단의 효력이 발생한다고 한다(대판 2017.4.7. 2016다35451). 즉, "채무자가 아닌 제3자가 채무자의 동산을 점유하고 있는 경우, 동산에 관한 인도청구권을 가압류 하는 방법으로 가압류집행을 할 수 있고, 이 경우 가압류 효력의 발생시기는 '가압류명령이 제3자에게 송달된 때'이나, 가압류로 인한 소멸시효 중단의 효력은 '가압류 신청시'에 소급하여 발생한다"(同 判例).

[정답] ④

문 21 취득시효에 관한 설명 중 옳지 않은 것은? (다툼이 있는 경우에는 판례에 의함) [변시 8회]

① 법원은 당사자의 주장에 구애됨이 없이 소송자료에 의하여 부동산 취득시효의 요건인 진정한 점유의 개시시기를 인정할 수 있다.

② 취득시효 완성을 원인으로 하는 소유권이전등기청구권을 피보전권리로 하는 부동산처분금지가처분등기가 마쳐진 후에 가처분채권자가 가처분채무자를 상대로 가처분의 피보전권리에 기한 소유권이전등기를 청구하면서, 가처분등기 후 가처분채무자로부터 소유권이전등기를 넘겨받은 제3자를 상대로 가처분채무자와 제3자 사이의 법률행위가 원인무효라는 사유를 들어 가처분채무자를 대위하여 제3자 명의 소유권이전등기의 말소를 구하는 청구는 특별한 사정이 없는 한 소의 이익이 있다.

③ 취득시효기간 만료 당시의 점유자로부터 부동산을 양수하여 점유를 승계한 현 점유자는 전 점유자의 소유자에 대한 소유권이전등기청구권을 대위행사할 수 있을 뿐, 전 점유자의 취득시효 완성의 효과를 주장하여 직접 자기에게 소유권이전등기를 청구할 권원은 없다.

④ 취득시효 완성 당시의 소유권이전등기가 무효라면 소유자가 누구인지 알 수 없는 경우 등 특별한 사정이 없는 한 시효취득자는 소유자를 대위하여 위 무효등기의 말소를 구하고 다시 위 소유자를 상대로 취득시효 완성을 이유로 한 소유권이전등기를 구하여야 한다.

⑤ 법원은 당사자의 주장에 구애됨이 없이 소송자료에 의하여 부동산 취득시효의 요건인 진정한 점유의 권원을 인정할 수 없다.

해설 ① [O] "부동산의 시효취득에 있어서 점유기간의 산정기준이 되는 점유개시의 시기는 취득시효의 요건사실인 점유기간을 판단하는 데 간접적이고 수단적인 구실을 하는 간접사실에 불과하므로 이에 대한 자백은 법원이나 당사자를 구속하지 않는 것이다"(대판 1994.11.4. 94다37868).

② [O] ※ 부동산처분금지가처분 등기가 마쳐진 후 가처분의 피보전권리에 기한 소유권이전등기를 청구하는 경우 : 목적의 실현이 실익이 있는 경우(소의 이익 긍정)

"취득시효 완성을 원인으로 하는 소유권이전등기청구권을 피보전권리로 하는 부동산처분금지가처분 등기가 마쳐진 후에 가처분채권자가 가처분채무자를 상대로 가처분의 피보전권리에 기한 소유권이전등기를 청구함과 아울러 가처분 등기 후 가처분채무자로부터 소유권이전등기를 넘겨받은 제3자를 상대로 가처분채무자와 제3자 사이의 법률행위가 원인무효라는 사유를 들어 가처분채무자를 대위하여 제3자 명의 소유권이전등기의 말소를 청구하는 경우, 가처분채권자가 채무자를 상대로 본안의 승소판결을 받아 확정되면 가처분에 저촉되는 처분행위의 효력을 부정할 수 있다고 하여, 그러한 사정만으로 위와 같은 제3자에 대한 청구가 소의 이익이 없어 부적법하다고 볼 수는 없다. 가처분채권자가 대위 행사하는 가처분채무자의 위 제3자에 대한 말소청구권은 가처분 자체의 효력과는 관련이 없을 뿐만 아니라, 가처분은 실체법상의 권리관계와 무관하게 효력이 상실될 수도 있어, 가처분채권자의 입장에서는 가처분의 효력을 원용하는 외에 별도로 가처분채무자를 대위하여 제3자 명의 등기의 말소를 구할 실익도 있기 때문이다"(대판 2017.12.5. 2017다237339)

③ [O] "전 점유자의 점유를 승계한 자는 그 점유 자체와 하자만을 승계하는 것이지 그 점유로 인한 법률효과까지 승계하는 것은 아니므로 부동산을 취득시효기간 만료 당시의 점유자로부터 양수하여 점유를 승계한 현 점유자는 자신의 전 점유자에 대한 소유권이전등기청구권을 보전하기 위하여 전 점유자의 소유자에 대한 소유권이전등기청구권을 대위행사할 수 있을 뿐, 전 점유자의 취득시효완성의 효과를 주장하여 직접 자기에게 소유권이전등기를 청구할 권원은 없다"(대판 1995.3.28. 전합93다47745).

④ [O] "점유취득시효완성을 원인으로 한 소유권이전등기청구는 시효완성 당시의 소유자를 상대로 하여야 하므로 시효완성 당시의 소유권보존등기 또는 이전등기가 무효라면 원칙적으로 그 등기명의인은 시효취득을 원인으로 한 소유권이전등기청구의 상대방이 될 수 없고, 이 경우 시효취득자는 소유자를 대위하여 위 무효등기의 말소를 구하고 다시 위 소유자를 상대로 취득시효완성을 이유로 한 소유권이전등기를 구하여야 한다"(대판 2005.5.26. 2002다43417).

⑤ [X] "부동산의 시효취득에 있어서 그 점유가 자주점유인지의 여부를 가리는 기준이 되는 점유의 권원은 간접사실에 지나지 아니하는 것이므로, 법원은 당사자의 주장에 구애됨이 없이 소송자료에 의하여 인정되는 바에 따라 진정한 점유의 권원을 심리하여 취득시효의 완성 여부를 판단할 수 있다"(대판 1997.2.28. 96다53789).

[정답] ⑤

문 C-1 **취득시효에 관한 설명 중 옳지 않은 것은?** (다툼이 있는 경우 판례에 의함) [변시 12회]

① 점유자가 취득시효를 주장하는 경우, 그 점유자에게 소유의 의사가 없었다는 점은 점유자의 취득시효의 성립을 부정하는 자에게 증명책임이 있다.

② 부동산 소유자가 취득시효가 완성된 사실을 알고 그 부동산을 제3자에게 처분하여 취득시효 완성을 원인으로 한 소유권이전등기의무를 이행불능에 빠뜨려 시효취득을 주장하는 자에게 손해를 입혔다면 이는 불법행위를 구성한다.

③ 부동산에 대한 점유취득시효 완성 후 이를 원인으로 한 소유권이전등기를 하지 않고 있는 사이에 그 부동산에 관하여 제3자 명의로 소유권이전등기가 경료된 경우, 당초의 점유자가 계속 점유하고 있고 소유자 변동 시점을 기산점으로 삼아도 다시 취득시효의 점유기간이 경과하였다면 점유자로서는 제3자 앞으로의 소유권 변동시를 새로운 점유 취득시효의 기산점으로 삼아 2차의 취득시효의 완성을 주장할 수 있다.

④ 부동산에 대한 소유권확인 및 소유권보존등기 말소를 구하는 소(전소)의 기판력은 동일한 부동산에 대한 취득시효 완성을 원인으로 소유권이전등기를 구하는 소(후소)에 미치지 아니한다.

⑤ 부동산의 시효취득에 있어서 그 점유가 자주점유인지 여부를 가리는 기준이 되는 점유의 권원은 주요사실에 해당한다.

해설 ① [O] ※ 잠정적 진실

잠정적 진실은 전제사실 없이 일정한 사실을 추정하는 것을 말한다. '소유의 의사로 선의, 평온 및 공연하게 점유한 것으로 추정한다'(민법 제197조 1항)는 엄격한 의미의 법률상 추정은 아니지만 잠정적으로 인정되는 사실에 대해 다투는 자에게 증명책임을 지우는 규정으로 결국 증명책임의 전환을 가져온다. 따라서 점유자의 자주점유는 잠정적 진실로 이를 다투는 당사자가 증명책임을 지고, 자주점유에 대한 반대사실을 본증으로 증명해야 추정을 복멸시킬 수 있다.

② [O] ※ 취득시효 완성자와 취득시효 완성당시의 소유자(전 소유자) 사이의 법률관계

취득시효가 완성된 후 점유자가 그 취득시효를 주장하거나 이로 인한 소유권이전등기를 청구하기 이전에는, 특별한 사정이 없는 한 등기명의인은 그 시효취득사실을 알 수 없으므로 이를 제3자에게 처분하였다고 하더라도 불법행위가 성립하지는 않는다(대판 1995.7.11. 94다4509).

그러나 등기명의인이 자신의 부동산에 대하여 취득시효가 완성된 사실을 '알고도' 제3자에게 처분하여 등기명의를 넘겨줌으로써 시효취득자에게 손해를 입혔다면 불법행위를 구성하며, 만약 부동산을 취득한 제3자가 부동산 소유자의 이러한 불법행위에 적극 가담하였다면 이는 사회질서에 반하는 행위로서 무효가 된다(대판 1994.4.12. 93다60779).

③ [O] ※ 2차 취득시효기간 중 등기부상 소유명의자가 변경된 경우

"부동산에 대한 점유취득시효가 완성된 후 취득시효 완성을 원인으로 한 소유권이전등기를 하지 않고 있는 사이에 그 부동산에 관하여 제3자 명의의 소유권이전등기가 경료된 경우라 하더라도 당초의 점유자가 계속 점유하고 있고 소유자가 변동된 시점을 기산점으로 삼아도 다시 취득시효의 점유기간이 경과한 경우에는 점유자로서는 제3자 앞으로의 소유권 변동시를 새로운 점유취득시효의 기산점으로 삼아 2차의 취득시효의 완성을 주장할 수 있다"(대판 2009.7.16. 전합 2007다15172,15189).

④ [O] ※ 기판력의 객관적 범위

"전소의 소송물은 부동산에 대한 소유권 확인과 소유권보존등기에 대한 말소등기청구권의 존부였던 것임에 반하여 후소는 비록 동일 부동산에 관한 것이기는 하지만 점유취득시효 완성을 원인으로 하는 소유권이전등기청구권의 존부에 관한 것인 경우, 判例는 위 전후의 양 소는 그 청구취지와 청구원인이 각기 상이하여 서로 모순·저촉된다고 할 수 없으므로 전소 판결의 기판력이 후소에 미친다고 할 수 없다"(대판 1997.11.14. 97다32239).

⑤ [X] ※ 간접사실

"부동산의 시효취득에 있어서 그 점유가 자주점유인지의 여부를 가리는 기준이 되는 점유의 권원은 간접사실에 지나지 아니하는 것이므로, 법원은 당사자의 주장에 구애됨이 없이 소송자료에 의하여 인정되는 바에 따라 진정한 점유의 권원을 심리하여 취득시효의 완성 여부를 판단할 수 있다"(대판 1997.2.28. 96다53789).

[정답] ⑤

문 22 甲은 乙회사(이하 '乙'이라 함)의 영업을 위하여 2005. 1. 1. 乙에게 변제기를 2009. 5. 5.로 하여 1억 5,000만 원을 대여해 주었음에도 乙이 이를 변제하지 않는다며 乙에 대하여 2014. 7. 1. 대여금청구소송을 제기하였다. 이에 대하여 乙은 대여사실을 인정하면서 위 채권은 2014. 5. 5. 시효로 소멸되었다고 주장하였다. 이에 관한 설명 중 옳은 것을 모두 고른 것은? (다툼이 있는 경우 판례에 의함) [변시 8회]

ㄱ. 甲의 대여사실에 대하여는 자백이 성립한 것이므로 법원은 별도의 증거조사 없이 甲의 대여사실을 인정하여야 한다.
ㄴ. 본래의 소멸시효 기산일과 당사자가 주장하는 기산일이 서로 다른 경우에 법원은 당사자가 주장하는 기산일을 기준으로 소멸시효를 계산하여야 한다.
ㄷ. 위 사건을 심리한 결과 甲의 대여금은 乙의 영업을 위한 것이 아닌 개인적인 대여금이라고 법원이 판단하였을 경우에도 그 소멸시효기간을 乙의 주장과 달리 판단할 수 없다.
ㄹ. 乙이 소멸시효 완성 주장을 하지 않은 경우에 법원이 증거조사결과 甲의 채권이 소멸시효 완성으로 인하여 소멸하였다는 심증을 형성하더라도 이를 이유로 청구기각의 판결을 선고할 수 없다.

① ㄱ, ㄴ
② ㄱ, ㄹ
③ ㄴ, ㄹ
④ ㄱ, ㄴ, ㄹ
⑤ ㄱ, ㄷ, ㄹ

해설 (ㄱ) [O] "자백은 창설적 효력이 있는 것이어서 법원도 이에 기속되는 것이므로, 당사자 사이에 다툼이 없는 사실에 관하여는 법원은 그와 배치되는 사실을 증거에 의하여 인정할 수 없다"(대판 1988.10.24. 87다카804). 원고 甲의 피고 乙에 대한 대여금청구의 소에서 甲이 주장·증명하여야 할 주요사실은 甲이 2005. 1. 1. 乙에게 변제기 2009. 5. 5.로 정하여 1억 5,000만원을 대여한 사실이다. 이에 대하여 乙이 변론 또는 변론준비 절차에서 위 대여사실을 인정하는 것은 상대방 주장과 일치하고 자기에게 불리한 상대방의 주장사실을 진실한 것으로 인정하는 당사자의 주요사실의 진술에 해당한다. 따라서 재판상자백이 성립하고 이는 불요증사실로서 법원은 위 대여사실을 인정하여야 한다.

(ㄴ) [O] "소멸시효의 기산일은 채무의 소멸이라고 하는 법률효과 발생의 요건에 해당하는 소멸시효기간 계산의 시발점으로서 소멸시효 항변의 법률요건을 구성하는 구체적인 사실에 해당하므로 이는 변론주의의 적용 대상이고, 따라서 본래의 소멸시효 기산일과 당사자가 주장하는 기산일이 서로 다른 경우에는 변론주의의 원칙상 법원은 당사자가 주장하는 기산일을 기준으로 소멸시효를 계산하여야 하는데, 이는 당사자가 본래의 기산일보다 뒤의 날짜를 기산일로 하여 주장하는 경우는 물론이고 특별한 사정이 없는 한 그 반대의 경우에 있어서도 마찬가지이다"(대판 1995.8.25. 94다35886).

(ㄷ) [X] "민사소송절차에서 변론주의 원칙은 권리의 발생·변경·소멸이라는 법률효과 판단의 요건이 되는 주요사실에 관한 주장·증명에 적용된다. 따라서 권리를 소멸시키는 소멸시효 항변은 변론주의 원칙에 따라 당사자의 주장이 있어야만 법원의 판단대상이 된다. 그러나 이 경우 어떤 시효기간이 적용되는지에 관한 주장은 권리의 소멸이라는 법률효과를 발생시키는 요건을 구성하는 사실에 관한 주장이 아니라 단순히 법률의 해석이나 적용에 관한 의견을 표명한 것이다. 이러한 주장에는 변론주의가 적용되지 않으므로 법원이 당사자의 주장에 구속되지 않고 직권으로 판단할 수 있다. 당사자가 민법에 따른 소멸시효기간을 주장한 경우에도 법원은 직권으로 상법에 따른 소멸시효기간을 적용할 수 있다"(대판 2017.3.22. 2016다258124)

(ㄹ) [O] "민법 부칙 제10조 제1항에 의한 등기를 경료하지 않으므로 인하여 그 부동산에 관하여 취득하였던 소유권을 상실하였다는 항변만 있는 경우에 소유권이전등기청구권이 소멸시효기간 만료로 인하여 소멸되었다고 판단한 것은 변론주의 원칙 위배 내지 소멸시효에 관한 법리오해

의 위법이 있다"(대판 1980.1.29. 79다1863 : 소멸시효기간 만료에 인한 권리소멸에 관한 것은 소멸시효의 이익을 받은 자가 소멸시효완성의 항변을 하지 않으면, 그 의사에 반하여 재판할 수 없다).

[정답] ④

문 23 석명권과 관련된 설명 중 옳지 않은 것은? (다툼이 있는 경우에는 판례에 의함)   [변시 2회]

① 원고가 피고에 대하여 부당이득금반환을 구한다는 청구를 하다가, 제3자로부터 그 부당이득반환채권을 양수하였으므로 그 양수금의 지급을 구한다고 주장하여 청구원인을 변경하는 경우, 법원은 청구의 교환적 변경인지 추가적 변경인지를 석명으로 밝혀볼 의무가 있다.

② 사해행위 취소소송에서 그 소의 제척기간의 경과 여부가 당사자 사이에 쟁점이 된 바가 없음에도 당사자에게 의견진술의 기회를 부여하거나 석명권을 행사하지 않고 제척기간의 경과를 이유로 사해행위 취소의 소를 각하한 것은 법원이 석명의무를 위반한 것이다.

③ 지적의무를 게을리한 채 판결을 한 경우에는 소송절차의 위반으로 절대적 상고이유가 된다.

④ 증거로 제출된 차용증에 피고는 보증인, 채무자는 제3자로 기재되어 있고, 원고는 피고에 대하여 보증채무의 이행이 아니라 주채무의 이행을 구하고 있는 경우, 이는 당사자의 주장과 그 제출증거 사이에 모순이 있는 경우에 해당하므로 법원이 석명권을 행사하여 이를 밝혀보지 아니하고 원고의 주장사실을 인정하였다면 석명권 불행사로 인한 심리미진의 위법이 있다.

⑤ 당사자가 전혀 주장하지 아니하는 공격방어방법, 특히 독립한 항변사유를 당사자에게 시사하여 그 제출을 권유하는 것과 같은 행위는 변론주의의 원칙에 위배되는 것이어서 석명권의 한계를 일탈한 것이다.

[해설] ① [O] "소의 변경이 교환적인가 또는 추가적인가의 여부는 기본적으로 당사자의 의사해석에 의할 것이므로 당사자가 구청구를 취하한다는 명백한 의사표시 없이 새로운 청구원인을 주장하는 등으로 그 변경 형태가 불명할 경우에는 사실심법원으로서는 과연 청구변경의 취지가 무엇인가 즉, 교환적인가 또는 추가적인가의 점에 대하여 석명으로 이를 밝혀 볼 의무가 있다"(대판 1995.5.12. 94다6802).

② [O] "당사자가 부주의 또는 오해로 인하여 증명하지 아니한 것이 분명하거나 쟁점으로 될 사항에 관하여 당사자 사이에 명시적인 다툼이 없는 경우에는 법원은 석명을 구하고 증명을 촉구하여야 하고, 만일 당사자가 전혀 의식하지 못하거나 예상하지 못하였던 법률적 관점을 이유로 법원이 청구의 당부를 판단하려는 경우에는 그 법률적 관점에 대하여 당사자에게 의견진술의 기회를 주어야 하며, 그와 같이 하지 않고 예상 외의 재판으로 당사자 일방에게 불의의 타격을 가하는 것은 석명의무를 다하지 아니하여 심리를 제대로 하지 아니한 위법을 범한 것

이 되므로, 사해행위 취소소송에서 그 소의 제척기간의 도과 여부가 당사자 사이에 쟁점이 된 바가 없음에도 당사자에게 의견진술의 기회를 부여하거나 석명권을 행사함이 없이 제척기간의 도과를 이유로 사해행위 취소의 소를 각하한 것은 법원의 석명의무를 위반한 것이다"(대판 2006.1.26. 2005다37185).

③ [X] 지적의무를 어기고 판결한 경우 소송절차 위반으로 상고이유가 되나 절대적 상고이유가 되는 것이 아니고 일반적 상고이유(민소법 제423조)가 된다. 즉 의무위반이 판결에 영향을 미칠 것을 요한다(대판 1995.11.14. 95다25923).

④ [O] "처분문서인 차용증에 피고는 보증인으로 기재되어 있을 뿐이고 제3자가 차용인으로 기재되어 있는 한편, 원고는 피고에 대하여 보증채무의 이행을 구하지 아니하고 주채무의 이행을 구하고 있는 경우, 이는 당사자의 주장과 그 제출증거 사이에 모순이 있는 경우에 해당한다 할 것이므로, 법원이 석명권의 행사를 통하여 이를 밝혀 보지 아니하고 원고의 주장사실을 인정하였다면 석명권 불행사로 인한 심리미진의 위법이 있다"(대판 1994.9.30. 94다16700).

⑤ [O] 判例는 소극적 석명은 허용되지만, 당사자의 주장이 분명한데 새로운 신청이나 당사자가 주장하지도 않은 요건사실 또는 공격방어방법을 시사하여 그 제출을 권유함과 같은 것(적극적 석명)은 변론주의에 위반되며 석명권의 범위를 일탈한다고 하였다(아래 80다2360등).

관련판례 "석명권은 당사자의 진술에 모순 흠결이 있거나 애매하여 그 진술의 취지를 알 수 없을 때 또는 입증책임 있는 당사자에게 입증을 촉구하기 위하여 행사하는 것이지 당사자가 주장하지 아니하는 공격 방어방법 특히 독립한 항변사유를 시사하여 그 제출을 권유함과 같은 행위는 변론주의의 원칙에 위배되는 것이어서 석명권의 한계를 일탈하는 것이다"(대판 1981.7.14. 80다2360)

[정답] ③

문24 임대차 및 법원의 석명의무 등에 관한 설명 중 옳지 않은 것은? (다툼이 있는 경우 판례에 의함) [변시 5회]

① 토지에 대한 임대차계약 종료 시 임대인이 임차인을 상대로 지상물(건물) 철거 및 그 부지의 인도를 청구한 데 대하여 임차인이 지상물매수청구권을 행사하여 그 청구권이 인정되는 경우, 임대인의 위 청구에는 건물매수대금 지급과 동시에 건물인도를 구하는 청구가 포함되어 있다고 볼 수 없다.

② 임대차보증금반환채권에 대한 압류 및 추심명령이 있더라도, 임대인은 임차인에 대하여 가지는 동시이행 항변권을 상실하지 않는다.

③ 원고가 소유권에 기한 목적물 반환청구만을 하고 있음이 명백한 경우, 법원이 원고에게 점유권에 기한 반환청구도 구하고 있는지 여부를 석명할 의무가 있는 것은 아니다.

④ 임대할 권한이 없는 자로부터 타인 소유의 건물을 임차하여 점유·사용하고 이로 말미암아 그 건물소유자에게 손해를 입힌 임차인은 비록 그가 선의의 점유자라 하더라도 그 점유·사용으로 인한 이득을 반환할 의무가 있다.

⑤ 부속된 물건이 오로지 임차인의 특수목적에 사용하기 위하여 부속된 것일 때에는 「민법」 제646조가 규정하는 부속물매수청구의 대상이 되는 부속물에 해당하지 않는다.

해설 ① [O] ※ 건물철거, 대지인도청구에 '건물대금지급과 상환으로 건물을 인도하라는 청구'가 포함되어 있는지 여부

判例는 "건물철거와 그 부지인도청구에는 건물매수대금 지급과 상환으로 건물의 명도를 구하는 청구가 포함되어 있다고 볼 수는 없다"고 하면서, "다만 이 경우에 법원은 석명권으로 철거청구를 유지할 것인지 아니면 건물매수대금지급과 상환으로 건물명도를 구할 의사가 있는지를 석명하여야 한다"(대판 1995.7.11. 전합 94다34265)고 판시한 바 있다.

② [O] ※ 압류 및 추심명령과 동시이행 항변권

判例는 "금전채권에 대한 압류 및 추심명령이 있는 경우, 이는 강제집행절차에서 추심채권자에게 채무자의 제3채무자에 대한 채권을 추심할 권능만을 부여하는 것이므로, 이로 인하여 채무자가 제3채무자에 대하여 가지는 채권이 추심채권자에게 이전되거나 귀속되는 것은 아니므로, 추심채무자로서는 제3채무자에 대하여 피압류채권에 기하여 그 동시이행을 구하는 항변권을 상실하지 않는다"(대판 2001.3.9. 2000다73490)고 판시한 바 있다.

③ [O] ※ 석명의무 존부

判例는 "소유권에 기하여 미등기 무허가건물의 반환을 구하는 청구취지 속에는 점유권에 기한 반환청구권을 행사한다는 취지가 당연히 포함되어 있다고 볼 수는 없고, 소유권에 기한 반환청구만을 하고 있음이 명백한 이상 법원에 점유권에 기한 반환청구도 구하는지의 여부를 석명할 의무가 있는 것은 아니다"(대판 1996.6.14. 94다53006)라고 판시한 바 있다.

④ [X] ※ 선의의 점유자

선의의 점유자는 본권(소유권, 지상권, 전세권, 임차권)이 없더라도 점유물의 과실을 취득한다(민법 제201조 1항).

⑤ [O] ※ 건물임차인의 부속물 매수청구권

判例는 "건물에 부속된 것으로 임차인의 소유에 속하고 건물의 구성부분을 이루지 않는 독립한 물건이며, 건물의 편익을 가져오게 하는 물건이어야 하고(대판 1993.2.26. 92다41627), 따라서 오로지 임차인의 특수목적에 사용하기 위하여 부속된 때에는 매수청구의 대상이 될 수 없다"(대판 1993.2.26. 92다41627)고 판시한 바 있다.

[정답] ④

문 25 임대차에 관한 설명 중 옳지 않은 것은? (다툼이 있는 경우 판례에 의함) [변시 8회]

① 임대차계약상의 차임채권이 양도된 경우, 임대차계약 당사자 사이에 별도의 특약이 없는 한 임차인은 임대차계약이 종료되어 목적물을 반환할 때까지 연체된 차임상당액을 보증금에서 공제할 것을 주장할 수 없다.

② 「주택임대차보호법」제3조 제1항의 대항요건을 갖춘 임차인의 임대차보증금반환채권에 대한 압류 및 전부명령이 확정되어 임차인의 임대차보증금반환채권이 집행채권자에게 이전된 후 소유자인 임대인이 당해 주택을 제3자에게 매도한 경우 임대인은 전부금 지급의무를 부담하지 않는다.

③「주택임대차보호법」제3조 제1항의 대항요건과 임대차계약증서상의 확정일자를 갖춘 임차인은「민사집행법」에 따른 경매를 할 때 임차주택의 환가대금에서 후순위권리자나 그 밖의 채권자보다 우선하여 보증금을 변제받을 권리가 있다.

④ 건물의 소유를 목적으로 하는 토지임대차계약에서 지상물매수청구권의 행사로 인하여 임대인과 임차인 사이에 지상물에 관한 매매가 성립하게 되며, 임대인은 그 매수를 거절하지 못한다.

⑤ 건물의 소유를 목적으로 하는 토지임대차계약 종료 시 토지 임대인이 토지 임차인을 상대로 하여 토지 임차인이 그의 비용으로 그 토지 지상에 신축한 건물 철거와 그 부지 인도 청구를 하고, 이에 대하여 토지 임차인은 지상물매수청구권을 행사하는 경우에는 토지 임대인의 청구에 해당 건물 매수대금 지급과 동시에 건물명도를 구하는 청구가 포함되어 있다고 볼 수 없다.

[해설] ① [×] "임대차에서 수수된 보증금은 임대차에 따른 임차인의 모든 채무를 담보하는 것으로서 피담보채무 상당액은 임대차관계의 종료 후 목적물이 반환될 때에 별도의 의사표시 없이 보증금에서 당연히 공제되므로, 보증금이 수수된 임대차계약에서 차임채권이 양도되었다고 하더라도, 임차인은 임대차계약이 종료되어 목적물을 반환할 때까지 연체한 차임 상당액을 보증금에서 공제할 것을 주장할 수 있다"(대판 2015.3.26. 2013다77225)

② [○] "주택임대차보호법 제3조 제1항의 대항요건을 갖춘 임차인의 임대차보증금반환채권에 대한 압류 및 전부명령이 확정되어 임차인의 임대차보증금반환채권이 집행채권자에게 이전된 경우 제3채무자인 임대인으로서는 임차인에 대하여 부담하고 있던 채무를 집행채권자에 대하여 부담하게 될 뿐 그가 임대차목적물인 주택의 소유자로서 이를 제3자에게 매도할 권능은 그대로 보유하는 것이며, 위와 같이 소유자인 임대인이 당해 주택을 매도한 경우 주택임대차보호법 제3조 제2항에 따라 전부채권자에 대한 보증금지급의무를 면하게 되므로, 결국 임대인은 전부금지급의무를 부담하지 않는다"(대판 2005.9.9. 2005다23773).

③ [○] 주택임대차보호법 제3조 제1항·제2항 또는 제3항의 대항요건과 임대차계약증서상의 확정일자를 갖춘 임차인은「민사집행법」에 따른 경매 또는「국세징수법」에 따른 공매를 할 때에 임차주택(대지를 포함한다)의 환가대금에서 후순위권리자나 그 밖의 채권자보다 우선하여 보증금을 변제받을 권리가 있다(주택임대차보호법 제3조의2).

④ [○] 지상물매수청구권은 '형성권'으로서, 임차인의 행사만으로 지상물에 관해 임대인과 임차인 사이에 시가에 의한 매매 유사의 법률관계가 성립한다(대판 1991.4.9. 91다3260).

⑤ [○] 判例는 "토지임대차 종료시 임대인의 건물철거와 그 부지인도 청구에는 건물매수대금 지급과 동시에 건물명도를 구하는 청구가 포함되어 있다고 볼 수 없다. 따라서 임차인의 지상물매수청구권 행사의 항변이 받아들여지면 청구취지의 변경이 없는 한 임대인의 지상물철거 및 토지인도청구는 기각하여야 할 것이나, 이 경우 법원으로서는 임대인이 종전의 청구를 계속 유지할 것인지, 아니면 대금지급과 상환으로 지상물의 명도를 청구할 의사가 있는 것인지(예비적으로라도)를 석명하고 임대인이 그 석명에 응하여 소를 변경한 때에는 지상물 명도의 판결을 함으로써 분쟁의 1회적 해결을 꾀하여야 한다"(대판 1995.7.11. 전합 94다34265)고 판시하였다.

[정답] ①

문 26 소송상 상계 항변에 관한 설명 중 옳지 않은 것은? (다툼이 있는 경우 판례에 의함)   [변시 5회]

① 소송상 상계 항변은 상대방의 동의 없이 이를 철회할 수 있고, 그 경우 법원은 이에 대하여 심판할 수 없다.

② 소송상 상계 항변이 제출되었으나 소송절차 진행 중 조정이 성립됨으로써 수동채권의 존재에 관한 법원의 실질적인 판단이 이루어지지 않은 경우, 상계 항변의 사법상 효과는 발생하지 않는다.

③ 甲이 乙을 피고로 3,000만 원의 손해배상청구의 소를 제기하여 제1심에서 승소판결을 받았으나 乙의 항소 제기로 그 항소심 계속 중에 乙이 甲을 피고로 하여 대여금반환청구의 소를 제기한 경우, 甲은 그 소송에서 위 3,000만 원의 손해배상채권을 자동채권으로 하는 소송상 상계 항변을 할 수 있다.

④ 피고의 소송상 상계 항변에 대하여 원고가 다시 피고의 자동채권을 소멸시키기 위하여 소송상 상계 재항변을 하는 것은 특별한 사정이 없는 한 허용되지 않는다.

⑤ 피고가 소송상 상계 항변과 소멸시효 완성 항변을 함께 주장한 경우, 법원은 상계 항변을 먼저 판단할 수 있다.

해설 ① [○] ※ 상계 항변의 철회
소송상 상계 항변은 취효적 소송행위인바, 취효적 소송행위는 원칙적으로 심판이 있을 때까지 자유롭게 철회, 정정, 보충할 수 있다. 처분권주의와 변론주의가 적용되기 때문이다. 따라서 소송상 상계 항변 역시 사실심 변론종결시 전에는 상대방의 동의 없이 철회할 수 있고, 그 경우 법원은 이에 대하여 심판할 수 없다. 判例 역시 "소송상 방어방법으로서의 상계 항변은 그 수동채권의 존재가 확정되는 것을 전제로 하여 행하여지는 일종의 예비적 항변으로서 상대방의 동의 없이 이를 철회할 수 있고, 그 경우 법원은 처분권주의의 원칙상 이에 대하여 심판할 수 없다(대판 2011.7.14. 2011다23323)고 판시하였다.

② [○] ※ 상계 항변의 사법상 효과
判例는 "소송상 방어방법으로서의 상계항변은 수동채권의 존재가 확정되는 것을 전제로 하여 행하여지는 일종의 예비적 항변으로서 당사자가 소송상 상계항변으로 달성하려는 목적, 상호 양해에 의한 자주적 분쟁해결수단인 조정의 성격 등에 비추어 볼 때, 당해 소송절차 진행 중 당사자 사이에 조정이 성립됨으로써 수동채권의 존재에 관한 법원의 실질적인 판단이 이루어지지 아니한 경우에는 그 소송절차에서 행하여진 소송상 상계항변의 사법상 효과도 발생하지 않는다고 봄이 타당하다"(대판 2013.3.28. 2011다3329)고 판시한 바 있다.

③ [○] ※ 별소로 계속 중인 채권을 자동채권으로 하는 상계의 주장이 후소에서 허용되는지 여부
判例는 별소로 청구한 반대채권을 가지고 상계항변을 한 사건에서(별소선행형) "사실심 재판부로서는 전소와 후소를 같은 기회에 심리·판단하기 위하여 이부, 이송 또는 변론병합 등을 시도함으로써 기판력의 저촉·모순을 방지함과 아울러 소송경제를 도모함이 바람직하였다고 할 것이나, 그렇다고 하여 특별한 사정이 없는 한 별소로 계속 중인 채권을 자동채권으로 하는 소송상 상계의 주장이 허용되지 않는다고 볼 수는 없다"(대판 2001.4.27. 2000다4050)고 하여, **중복소 제기가 아니라는 입장이다.** 상계항변으로 제출한 자동채권과 동일한 채권으로 별소를 제기(상계항변선행

형)한 경우에도 "먼저 제기된 소송에서 상계 항변을 제출한 다음 그 소송계속 중에 자동채권과 동일한 채권에 기한 소송을 별도의 소나 반소로 제기하는 것도 가능하다"(대판 2022.2.17. 2021다 275741) 판시하여 중복소제기에 해당하지 않는다고 보고 있다.

④ [○] ※ 원고의 상계 재항변

判例는 "소송상 방어방법으로서의 상계항변은 통상 수동채권의 존재가 확정되는 것을 전제로 하여 행하여지는 일종의 예비적 항변으로서 소송상 상계의 의사표시에 의해 확정적으로 효과가 발생하는 것이 아니라 당해 소송에서 수동채권의 존재 등 상계에 관한 법원의 실질적 판단이 이루어지는 경우에 비로소 실체법상 상계의 효과가 발생한다. 이러한 피고의 소송상 상계항변에 대하여 원고가 다시 피고의 자동채권을 소멸시키기 위하여 소송상 상계의 재항변을 하는 경우, 법원이 원고의 소송상 상계의 재항변과 무관한 사유로 피고의 소송상 상계항변을 배척하는 경우에는 소송상 상계의 재항변을 판단할 필요가 없고, 피고의 소송상 상계항변이 이유 있다고 판단하는 경우에는 원고의 청구채권인 수동채권과 피고의 자동채권이 상계적상 당시에 대등액에서 소멸한 것으로 보게 될 것이므로 원고가 소송상 상계의 재항변으로써 상계할 대상인 피고의 자동채권이 그 범위에서 존재하지 아니하는 것이 되어 이때에도 역시 원고의 소송상 상계의 재항변에 관하여 판단할 필요가 없게 된다. 또한, 원고가 소송물인 청구채권 외에 피고에 대하여 다른 채권을 가지고 있다면 소의 추가적 변경에 의하여 그 채권을 당해 소송에서 청구하거나 별소를 제기할 수 있다. 그렇다면 원고의 소송상 상계의 재항변은 일반적으로 이를 허용할 이익이 없다. 따라서 피고의 소송상 상계항변에 대하여 원고가 소송상 상계의 재항변을 하는 것은 다른 특별한 사정이 없는 한 허용되지 않는다고 보는 것이 타당하다"(대판 2014.6.12. 2013다95964)고 판시한 바 있다.

⑤ [×] ※ 상계 항변과 소멸시효 완성 항변

상계항변에 대한 판단은 판결이유 중의 판단이지만 상계로 대항한 법원에서 기판력을 인정하고 있고(제216조 2항) 상계의 항변은 반대채권소멸이라는 출혈적인 방어방법인 점에서 피고가 면제, 소멸시효, 등과 함께 상계를 주장하는 경우는 '대가 없이 반대채권의 소멸이 초래되는 것'을 방지하기 위하여 무대가적인 면제나 소멸시효의 항변에 대한 판단을 먼저 하고 상계는 최후에 판단하여야 한다. 즉 상계의 항변은 예비적 상계항변으로 취급하여야 한다. 피고의 지상물매수청구권도 상계의 항변과 같이 예비적 항변으로 취급해야 한다.

判例도 "소송에서의 상계항변은 일반적으로 소송상의 공격방어방법으로 피고의 금전지급의무가 인정되는 경우 자동채권으로 상계를 한다는 예비적 항변의 성격을 갖는다. 따라서 이 사건과 같이 상계항변이 먼저 이루어지고 그 후 대여금채권의 소멸을 주장하는 소멸시효항변이 있었던 경우에, 상계항변 당시 채무자인 피고에게 수동채권인 대여금채권의 시효이익을 포기하려는 효과의사가 있었다고 단정할 수 없다. 그리고 항소심 재판이 속심적 구조인 점을 고려하면 제1심에서 공격방어방법으로 상계항변이 먼저 이루어지고 그 후 항소심에서 소멸시효항변이 이루어진 경우를 달리 볼 것은 아니다"(대판 2013.2.28. 2011다21556)고 판시하였다.

[정답] ⑤

문 27 甲은 乙에게 3억 원을 대여하였다고 주장하면서 乙을 상대로 3억 원의 반환을 청구하는 소를 제기하였다. 변론 진행 중 乙은 차용 사실을 부정하는 한편 "설령 甲으로부터 3억 원을 차용하였더라도 甲에 대한 5억 원의 대여금 채권을 가지고 대등액에서 상계한다."라고 진술하였고, 이에 대하여 甲은 乙로부터 5억 원을 차용한 사실이 없다고 진술하였다. 이에 관한 설명 중 옳지 않은 것은? (다툼이 있는 경우 판례에 의함)   [변시 11회]

① 소송상 방어방법으로서의 상계항변은 수동채권의 존재가 확정되는 것을 전제로 행하여지는 일종의 예비적 항변이다.

② 위 소송 진행 중 열린 조정 기일에서 甲과 乙 사이에 "乙은 甲에게 2억 원을 지급한다. 甲은 나머지 청구를 포기한다."라는 내용의 조정이 성립하여 조서에 기재되더라도 위 상계항변의 사법상 효과는 발생하지 않는다.

③ 상계항변에 관한 판단에는 기판력이 발생하므로, 상계항변은 어떠한 경우에도 실기한 공격방어방법이 되지 않는다.

④ 법원이 甲의 乙에 대한 채권의 존재를 인정하면서 乙의 상계항변을 받아들여 甲의 청구를 기각하는 판결을 하였다면 甲과 乙은 이 판결에 대하여 모두 상소의 이익이 있다.

⑤ 乙이 상계항변으로 제출한 5억 원의 대여금 채권을 원인으로 甲에 대하여 이미 별소를 제기하여 소송계속 중이라고 하더라도 이러한 소송상 상계항변은 허용된다.

해설 ① [O] ※ 소송상 방어방법으로서의 상계항변

"소송상 방어방법으로서의 상계항변은 통상 수동채권의 존재가 확정되는 것을 전제로 하여 행하여지는 일종의 예비적 항변으로서 소송상 상계의 의사표시에 의해 확정적으로 효과가 발생하는 것이 아니라 당해 소송에서 수동채권의 존재 등 상계에 관한 법원의 실질적 판단이 이루어지는 경우에 비로소 실체법상 상계의 효과가 발생한다"(대판 2014.6.12. 2013다95964).

② [O] ※ 소송에 있어 형성권의 행사 : 상계의 항변(신병존설)

사법상 형성권 행사와 소송상 항변이 동시에 이루어지는 경우, 소취하, 실기한 공격방어방법 각하 등으로 실질적인 판단을 받지 못할 때 사법상 효력이 유지되는지 문제된다.

判例는 상계의 항변에 대해서는 "소송상 방어방법으로서의 상계항변은 그 수동채권의 존재가 확정되는 것을 전제로 하여 행하여지는 일종의 예비적 항변으로서 당사자가 소송상 상계항변으로 달성하려는 목적, 상호양해에 의한 자주적 분쟁해결수단인 조정의 성격 등에 비추어 볼 때 당해 소송절차 진행 중 당사자 사이에 '조정'이 성립됨으로써 수동채권의 존재에 관한 법원의 실질적인 판단이 이루어지지 아니한 경우에는 그 소송절차에서 행하여진 소송상 상계항변의 사법상 효과도 발생하지 않는다"(대판 2013.3.28. 2011다3329)고 하여 신병존설의 입장으로 판시하였다.

비교판례 ※ 소송에 있어 형성권의 행사 : 해제의 항변(병존설)

대법원은 해제권을 행사한 사안에서, "소제기로써 계약해제권을 행사한 후 그 뒤 그 소송을 취하하였다 하여도 해제권은 형성권이므로 그 행사의 효력에는 아무런 영향을 미치지 아니한다"(대판 1982.5.11. 80다916)고 하여 병존설로 평가되는 입장이다.

③ [X] ※ 실기한 공격방어방법의 각하와 상계항변

'실기한 공격·방어방법의 각하'란 적시제출주의를 어겨 당사자의 고의 또는 중과실로 공격방어방법이 늦게 제출되었을 때에는 각하하고 심리하지 아니하는 법원의 권한을 말한다. 예비적 주장이나 출혈적인 상계의 항변, 건물매수청구권은 일찍 제출하는 것을 기대하기 어려우므로 중과실이 부정된다. 다만 判例는 파기환송 전에 제출할 수 있었던 상계항변을 환송 후에 주장한 경우를 실기한 공격방법으로 본 판시가 있다(대판 2005.10.7. 2003다44387).

④ [○] ※ 상계의 항변을 받아들여 청구를 기각한 제1심판결에 대하여 항소한 경우의 문제

원고의 청구를 전부 기각한 판결에 대하여 원고는 상소의 이익이 인정되나 피고는 판결이유 중의 판단에 불복이 있더라도 상소를 할 이익이 없는 것이 원칙이다. 그러나 상계를 주장한 청구가 성립되어 원고의 청구가 기각된 때와 같이 예외적으로 판결이유에 대한 기판력이 인정되는 경우에는, 피고에게 상소를 할 이익이 인정된다(대판 1993.12.28. 93다47189).

⑤ [○] ※ 항변으로 제출된 권리의 별소제기

判例는 별소로 청구한 반대채권을 가지고 상계항변을 한 사건에서(별소선행형) "사실심 재판부로서는 전소와 후소를 같은 기회에 심리·판단하기 위하여 이부, 이송 또는 변론병합 등을 시도함으로써 기판력의 저촉·모순을 방지함과 아울러 소송경제를 도모함이 바람직하였다고 할 것이나, 그렇다고 하여 특별한 사정이 없는 한 별소로 계속 중인 채권을 자동채권으로 하는 소송상 상계의 주장이 허용되지 않는다고 볼 수는 없다"(대판 2001.4.27. 2000다4050)고 하여, 중복소제기가 아니라는 입장이다.

[비교판례] 상계항변으로 제출한 자동채권과 동일한 채권으로 별소를 제기(상계항변선행형)한 경우에는 판시한 바가 없다가, 최근 판례는 별소선행형과 마찬가지로 중복소제기에 해당하지 않는다고 판시하였다(대판 2022.2.17. 2021다275741). 상계항변 자체가 소송물이 아니고 방어방법이므로 소송계속이 발생하지 않으므로 별소선행형 사안과 마찬가지로 중복소제기에 해당하지 않는다.

[정답] ③

문 28 상계항변과 시효항변에 관한 설명 중 옳지 않은 것은? (다툼이 있는 경우 판례에 의함) [변시 6회]

① 채무자가 소멸시효 완성의 항변을 하기 전에 상계항변을 먼저 한 경우, 채무자는 시효완성으로 인한 법적 이익을 받지 않겠다는 의사를 표시한 것으로 보아야 한다.

② 어떤 권리의 소멸시효기간이 얼마나 되는지는 법원이 직권으로 판단할 수 있다.

③ 피고의 소송상 상계항변에 대하여 원고가 소송상 상계의 재항변을 할 경우, 법원은 피고의 소송상 상계항변의 인용 여부와 관계없이 원고의 소송상 상계의 재항변에 관하여 판단할 필요가 없으므로 원고의 위 재항변은 다른 특별한 사정이 없는 한 허용되지 않는다.

④ 채권자가 동일한 목적을 달성하기 위하여 복수의 채권을 가지고 있더라도 선택에 따라 어느 하나의 채권만을 행사하는 것이 명백한 경우, 채무자의 소멸시효 완성의 항변은 그 채권에 대한 것으로 보아야 한다.

⑤ 소송상 상계항변은 피고의 금전지급의무가 인정되면 자동채권으로 상계하겠다는 예비적 항변의 성격을 갖는다.

해설 ① [×] ⑤ [○] "소송에서의 상계항변은 일반적으로 소송상의 공격방어방법으로 피고의 금전지급의 무가 인정되는 경우 자동채권으로 상계를 한다는 **예비적 항변의 성격을 갖는다.** 따라서 상계항변 이 먼저 이루어지고 그 후 대여금채권의 소멸을 주장하는 소멸시효항변이 있었던 경우에, 상계 항변 당시 채무자인 피고에게 수동채권인 대여금채권의 시효이익을 포기하려는 효과의사가 있었다 고 단정할 수 없다. 그리고 항소심 재판이 속심적 구조인 점을 고려하면 제1심에서 공격방어방법 으로 상계항변이 먼저 이루어지고 그 후 항소심에서 소멸시효항변이 이루어진 경우를 달리 볼 것은 아니 다"(대판 2013.2.28. 2011다21556).

② [○] "어떤 권리의 소멸시효기간이 얼마나 되는지에 관한 주장은 단순한 법률상의 주장에 불 과하므로 변론주의의 적용대상이 되지 않고 법원이 직권으로 판단할 수 있다"(대판 2013.2.15. 2012다68217).

③ [○] "소송상 방어방법으로서의 상계항변은 통상 수동채권의 존재가 확정되는 것을 전제로 하여 행하여지는 일종의 예비적 항변으로서 소송상 상계의 의사표시에 의해 확정적으로 효과가 발생 하는 것이 아니라 당해 소송에서 수동채권의 존재 등 상계에 관한 법원의 실질적 판단이 이루어지 는 경우에 비로소 실체법상 상계의 효과가 발생한다. 이러한 피고의 소송상 상계항변에 대하여 원고가 다 시 피고의 자동채권을 소멸시키기 위하여 소송상 상계의 재항변을 하는 경우, ⅰ) 법원이 원고의 소송상 상 계의 재항변과 무관한 사유로 피고의 소송상 상계항변을 배척하는 경우에는 소송상 상계의 재항변을 판단할 필요가 없고, ⅱ) 피고의 소송상 상계항변이 이유 있다고 판단하는 경우에는 원고의 청구채권인 수동채 권과 피고의 자동채권이 상계적상 당시에 대등액에서 소멸한 것으로 보게 될 것이므로 원고가 소송상 상계의 재항변으로써 상계할 대상인 피고의 자동채권이 그 범위에서 존재하지 아니하는 것이 되 어 이때에도 역시 원고의 소송상 상계의 재항변에 관하여 판단할 필요가 없게 된다. 또한, ⅲ) 원고가 소송 물인 청구채권 외에 피고에 대하여 다른 채권을 가지고 있다면 소의 추가적 변경에 의하여 그 채권을 당해 소송에서 청구하거나 별소를 제기할 수 있다. 그렇다면 원고의 소송상 상계의 재항변은 일반적으로 이를 허용할 이익이 없다. 따라서 피고의 소송상 상계항변에 대하여 원고가 소송상 상계의 재 항변을 하는 것은 다른 특별한 사정이 없는 한 허용되지 않는다고 보는 것이 타당하다"(대판 2014.6.12. 2013다95964).

④ [○] "채권자가 동일한 목적을 달성하기 위하여 복수의 채권을 가지고 이를 행사하는 경우 각 채권이 발생시기와 발생원인 등을 달리하는 별개의 채권인 이상 별개의 소송물에 해당하므로, 이에 대하여 채무자가 소멸시효 완성의 항변을 하는 경우에 그 항변에 의하여 어떠한 채권을 다투는 것인지 특정하여야 하고 그와 같이 특정된 항변에는 특별한 사정이 없는 한 청구원인을 달리하는 채권에 대한 소멸시효 완성의 항변까지 포함된 것으로 볼 수는 없다. 그러나 채권자가 동일한 목적을 달성하기 위하여 복수의 채권을 가지고 있더라도 선택에 따라 어느 하나의 채권만을 행 사하는 것이 명백한 경우라면 채무자의 소멸시효 완성의 항변은 채권자가 행사하는 당해 채권에 대한 항변 으로 봄이 타당하다"(대판 2013.2.15. 2012다68217).

[정답] ①

문 29 甲은 乙에 대하여 매매대금의 지급을 구하는 소를 제기하였다(이를 '제1소송'이라 함). 이 소송 도중에 乙은 甲에게 대여금의 반환을 구하는 별소를 제기하였다(이를 '제2소송'이라 함). 이후 제1소송의 기일에서 乙은 주위적으로 소멸시효가 완성되었다고 항변하면서, 예비적으로 제2소송의 대여금채권을 자동채권으로 하는 상계항변을 하였다. 이에 관한 설명 중 옳지 않은 것은? (다툼이 있는 경우 판례에 의함)

[변시 8회]

① 乙이 주위적 항변으로 주장한 사실 또는 예비적 항변으로 주장한 사실은 乙에게 증명책임이 있다.

② 제1소송에서 예비적 항변이 받아들여져 청구기각의 판결이 선고된 경우에 甲에게는 항소의 이익이 있지만 乙에게는 항소의 이익이 없다.

③ 상계를 주장한 청구가 성립되는지 아닌지의 판단은 상계하자고 대항한 액수에 한하여 기판력을 가진다.

④ 상계적상 시점 이전에 수동채권의 변제기가 이미 도래한 경우, 법원은 상계적상의 시점 및 수동채권의 지연손해금 기산일과 이율 등을 구체적으로 특정해 줌으로써 자동채권에 대하여 어느 범위에서 상계의 기판력이 미치는지 판결이유에서 분명히 밝혀야 한다.

⑤ 乙이 계속 중인 제2소송에서 청구한 대여금채권을 제1소송에서 자동채권으로 하여 소송상 상계의 주장을 하는 것은 허용된다.

해설 ① [○] 제1소송에서 피고 乙이 주위적으로 소멸시효를 주장하고, 예비적으로 상계를 주장하는 것은 모두 원고 甲의 주장과 양립 가능한 다른 사실을 주장하는 항변에 해당하므로 모두 피고 乙에게 주장·증명책임이 있다.

② [×] 원고의 청구를 전부 기각한 판결에 대하여는 피고가 판결이유 중의 판단에 불복이 있더라도 상소를 할 이익이 없는 것이 원칙이다. 그러나 상계를 주장한 청구가 성립되어 원고의 청구가 기각된 때와 같이 예외적으로 판결이유에 대한 기판력이 인정되는 경우(민소법 제216조 2항)에는, 상소를 할 이익이 인정된다(대판 1993.12.28. 93다47189).

☞ 상계항변은 출혈적 항변이므로 항소심에서 원고 甲의 소구채권 자체가 인정되지 않는 경우에는 乙이 상계로 주장한 채권은 여전히 청구가 가능할 수 있다. 따라서 예비적 상계 항변이 인정되어 승소한 피고 乙에게도 상소이익이 인정된다.

참고판례 "원심은 원고의 청구원인사실을 모두 인정한 다음 피고의 상계항변을 받아들여 상계 후 잔존하는 원고의 나머지 청구부분만을 일부 인용하였는데, 이 경우 피고들로서는 원심판결 이유 중 원고의 소구채권을 인정하는 전제에서 피고의 상계항변이 받아들여진 부분에 관하여도 상고를 제기할 수 있고, 상고심에서 원고의 소구채권 자체가 인정되지 아니하는 경우 더 나아가 피고의 상계항변의 당부를 따져볼 필요도 없이 원고 청구가 배척될 것이므로, 결국 원심판결은 그 전부에 대하여 파기를 면치 못한다"(대판 2002.9.6. 2002다34666).

③ [○] 상계를 주장한 청구가 성립되는지 아닌지의 판단은 상계하자고 대항한 액수에 한하여 기판력을 가진다(민소법 제216조 2항).

④ [○] "상계의 의사표시가 있는 경우, 채무는 상계적상시에 소급하여 대등액에서 소멸한 것으로 보게 되므로, 상계에 의한 양 채권의 차액 계산 또는 상계충당은 상계적상의 시점을 기준으로 하게 된다. 따라서 그 시점 이전에 수동채권의 변제기가 이미 도래하여 지체가 발생한 경우에는 상계적상 시점까지의 수동채권의 약정이자 및 지연손해금을 계산한 다음 자동채권으로 그 약정이자 및 지연손해금을 먼저 소각하고 잔액을 가지고 원본을 소각하여야 한다. 상계를 주장하면 그것이 받아들여지든 아니든 상계하자고 대항한 액수에 대하여 기판력이 생긴다(민사소송법 제216조 제2항). 따라서 여러 개의 자동채권이 있는 경우에 법원으로서는 그 중 어느 자동채권에 대하여 어느 범위에서 상계의 기판력이 미치는지 판결이유 자체로 당사자가 분명하게 알 수 있을 정도까지는 밝혀 주어야 한다. 그러므로 상계항변이 이유 있는 경우에는, 상계에 의하여 소멸되는 채권의 금액을 일일이 계산할 것까지는 없다고 하더라도, 최소한 상계충당이 지정충당에 의하게 되는지 법정충당에 의하게 되는지 여부를 밝히고, 지정충당이 되는 경우라면 어느 자동채권이 우선 충당되는지를 특정하여야 할 것이며, 자동채권으로 이자나 지연손해금채권이 함께 주장되는 경우에는 그 기산일이나 이율 등도 구체적으로 특정해 주어야 할 것이다"(대판 2011.8.25. 2011다24814).

⑤ [○] 判例는 별소로 청구한 반대채권을 가지고 상계항변을 한 사건에서(별소선행형) "사실심 재판부로서는 전소와 후소를 같은 기회에 심리·판단하기 위하여 이부, 이송 또는 변론병합 등을 시도함으로써 기판력의 저촉·모순을 방지함과 아울러 소송경제를 도모함이 바람직하였다고 할 것이나, 그렇다고 하여 특별한 사정이 없는 한 별소로 계속 중인 채권을 자동채권으로 하는 소송상 상계의 주장이 허용되지 않는다고 볼 수는 없다"(대판 2001.4.27. 2000다4050)고 하여, 중복소제기가 아니라는 입장이다. 상계항변으로 제출한 자동채권과 동일한 채권으로 별소를 제기(상계항변선행형)한 경우에도 "먼저 제기된 소송에서 상계 항변을 제출한 다음 그 소송계속 중에 자동채권과 동일한 채권에 기한 소송을 별도의 소나 반소로 제기하는 것도 가능하다"(대판 2022.2.17. 2021다275741) 판시하여 중복소제기에 해당하지 않는다고 보고 있다.

[정답] ②

제6절 기일·기간·송달

문 30 당사자가 변론기일에 출석하지 아니한 경우에 관한 설명 중 옳은 것은? (다툼이 있는 경우 판례에 의함)

[변시 5회]

① 원고와 피고가 제2회 변론기일에 모두 출석하지 아니하였지만 제3회 변론기일에는 모두 출석한 다음 제4회 변론기일에는 피고만이 출석하였으나 변론을 하지 아니한 경우, 당사자의 기일지정신청이 없는데도 재판장이 직권으로 다시 기일을 지정하였다면, 그 기일지정은 무효이다.

② 당사자의 불출석 효과가 발생하는 변론기일에는 법정 외에서 실시하는 증거조사기일도 포함된다.

③ 변론기일에 원고만이 출석하여 변론하고 피고는 답변서를 제출하였으나 출석하지 아니하여 위 답변서에 적혀 있는 사항이 진술간주된 경우, 변론관할이 발생한다.

④ 원고와 피고가 변론기일에 출석하지 아니하였지만 재판장이 기일을 변경하지 아니한 채 지정된 변론기일에서 사건과 당사자를 호명하였다면, 변론조서에 '연기'라고 기재하여도 당사자 불출석의 효과가 발생한다.

⑤ 변론기일에 한 쪽 당사자가 불출석한 경우 법원은 출석한 당사자만으로 변론을 진행하여야 하고, 불출석한 당사자가 그 때까지 제출한 소장·답변서, 그 밖의 준비서면에 적혀 있는 사항을 진술한 것으로 보아야 한다.

[해설] ① [✕] ※ 취하간주

적법한 기일통지를 받았음에도 불구하고 양쪽 당사자가 결석한 경우에 우리 민소법은 취하간주로 처리한다(제268조). 이때 결석은 단속적이어도 무방하며 '같은 심급'의 같은 종류의 기일에서의 불출석이어야 한다. 사안의 경우 원고와 피고는 제2회 변론기일에 모두 불출석하였고, 제4회 변론기일의 경우 피고만 출석하였으나 변론을 하지 아니한 경우 불출석으로 의제되므로 결국 원고와 피고는 모두 2회 불출석한 것이 된다. 따라서 判例는 "쌍방이 2회에 걸쳐 불출석한 때에는 당사자의 기일지정신청에 의해 기일을 지정할 것이나, 법원이 직권을 신 기일을 지정한 때에도 직권으로 정한 기일 또는 그 후의 기일에 쌍방이 불출석 또는 무변론한 때에는 소의 취하가 간주된다"(대판 2002.7.26. 2001다60491)고 판시한 바 있다(제268조 2항).

② [✕] ※ 불출석의 효과가 발생하는 변론기일

判例는 "변론기일에서 당사자가 변론을 하고 증인신문신청을 하므로 증인조사를 법정 외에서 한다는 특별한 조치가 없는 한 증인신문하기로 고지된 기일은 변론기일이므로 지정고지 기일에 2회에 걸쳐 출석치 않거나 출석하고서도 변론치 않은 경우에는 쌍불취하간주로 될 것이다"(대판 1955.7.21. 4288민상59)라고 판시한 바 있다. 따라서 법정 외에서 실시하는 증거조사기일은 위 변론기일에 포함되지 않는다.

③ [✕] ※ 진술간주와 변론관할

判例는 "변론관할이 생기려면 피고의 본안에 관한 변론이나 준비절차에서의 진술은 현실적인 것이어야 하므로 피고의 불출석에 의하여 답변서 등이 법률상 진술 간주되는 경우는 변론관할이 생기지 않는다"(대판 1980.9.26. 80마403)라고 판시한 바 있다.

④ [O] ※ 취하간주와 '연기'의 기재

判例는 "변론조서에 연기라는 기재가 있다 하더라도 그 기재는 기일을 실시할 수 없는 당사자의 관계에서만 기일을 연기한다는 것일 뿐, 기일을 해태한 당사자들에 대한 관계에 있어서는 사건 호명으로 불출석의 효과가 발생하는 것이고 연기의 기재는 무의미한 것이다"(대판 1982.6.22. 81다791)라고 판시하여 불출석의 효과가 당연히 발생한다고 판시한 바 있다.

⑤ [✕] ※ 한쪽 당사자의 결석과 진술간주

判例는 "동 규정에 의하면 변론기일에 한쪽 당사자가 불출석한 경우에 변론을 진행하느냐 기일을 연기하느냐는 법원의 재량에 속하나, 출석한 당사자만으로 변론을 진행할 때에는 반드시 불출석한 당사자가 제출한 소장, 답변서, 준비서면에 적혀 있는 사항을 진술한 것으로 보아야 한다"(대판 2008.5.8. 2008다2890)라고 판시한 바 있다.

[정답] ④

문31 변론에서 당사자의 불출석에 관한 설명 중 옳지 않은 것은? (변호사를 선임하지 않고 당사자 본인이 소송을 수행하는 것으로 가정함)   [변시 1회]

① 당사자가 민사소송법 제144조에 의해 진술을 금지당한 경우, 변론속행을 위하여 정한 새 기일에 그 당사자가 출석하더라도 그 기일에 불출석한 것으로 취급될 수 있다.

② 변론기일에 한쪽 당사자가 결석한 경우, 변론을 진행할지 기일을 연기할지는 법원의 재량에 속한다.

③ 공시송달의 방법으로 기일통지서를 송달받은 당사자가 당해 변론기일에 출석하지 아니하고 아무런 준비서면도 제출하지 않은 경우, 법원은 그 당사자가 상대방의 주장을 자백한 것으로 본다.

④ 원고가 청구포기의 의사표시가 적혀 있는 준비서면에 공증사무소의 인증을 받아 이를 제출하고 변론기일에 결석한 경우, 변론이 진행되었다면 청구의 포기가 성립된 것으로 본다.

⑤ 제1심에서 당사자 쌍방이 변론기일에 결석하여 법원이 새로운 기일을 정하고 그것을 당사자 쌍방에게 통지하였지만 그 새로운 기일에도 쌍방 모두 결석한 후 1월 이내에 당사자의 기일지정신청이 없으면, 소를 취하한 것으로 본다.

해설 ① [○] 진술금지로 인해 당사자의 진술이 없는 경우도 불출석에 의한 진술간주로 취급될 수 있다 (민소법 제148조). 다만 헌법상 재판청구권을 제한당할 수 있으므로 법원은 적절한 조치를 취해야 한다는 하급심 判例가 있다.

"법원은 소송관계를 분명하게 하기 위하여 필요한 진술을 할 수 없는 당사자의 진술을 금지할 수 있으나(민소법 제144조 1항), 이는 소송절차의 원활·신속한 진행과 사법제도의 능률적인 운용을 기하려는 데 본뜻이 있으므로, 소송관계의 규명을 위하여 필요한 한도에 그쳐야 하고, 헌법상 보장된 재판을 받을 권리를 본질적으로 침해하지 않는 범위 내에서 이루어져야 하며 변호사강제주의를 채택하지 않고 있는 우리 민사소송법의 취지가 존중될 수 있도록 하는 배려가 필요하고, 따라서 만일 당사자가 변론기일 진행중 일시적으로 흥분하여 소송의 원활한 진행을 방해하는 사유로 진술을 금지한 경우에는 새로 지정한 기일에 당사자가 진정이 되었다면 종전 기일에 한 진술금지명령을 취소하여야 할 것이고, 당사자가 법원의 석명에 대하여 사안의 진상을 충분히 해명할 만한 능력이 부족하다는 등의 이유로 진술을 금지한 경우에는 변호사선임명령을 함께 하되, 경제적 능력의 부족으로 그 명령에 따르지 못한다는 등의 주장이 제기된 경우라면 직권에 의한 소송구조결정 등으로 변호사가 선임되도록 변론을 진행시키는 등 재판을 받을 권리가 봉쇄되지 않도록 하는 조치를 할 필요가 있다"(부산고법 2004.4.22. 2003나13734,13741)

② [○] 원고 또는 피고가 변론기일에 출석하지 아니하거나, 출석하고서도 본안에 관하여 변론하지 아니한 때에는 그가 제출한 소장·답변서, 그 밖의 준비서면에 적혀 있는 사항을 진술한 것으로 보고 출석한 상대방에게 변론을 명할 수 있다(제148조 1항).

"민사소송법 제148조 제1항에 의하면, 변론기일에 한쪽 당사자가 불출석한 경우에 변론을 진행하느냐 기일을 연기하느냐는 법원의 재량에 속한다고 할 것이나, 출석한 당사자만으로 변론을 진행할 때에는 반드시 불출석한 당사자가 그때까지 제출한 소장·답변서, 그 밖의 준비서면에 적혀 있는 사항을 진술한 것으로 보아야 한다" (대판 2008.5.8. 2008다2890).

③ [×] 공시송달의 경우 불출석에 의한 자백간주는 인정되지 않는다(민소법 제150조 3항 단서).

④ [○] 제1항의 규정에 따라 당사자가 진술한 것으로 보는 답변서, 그 밖의 준비서면에 청구의 포기 또는 인낙의 의사표시가 적혀 있고 공증사무소의 인증을 받은 때에는 그 취지에 따라 청구의 포기 또는 인낙이 성립된 것으로 본다(민소법 제148조 2항).

⑤ [○] 양 쪽 당사자가 변론기일에 출석하지 아니하거나 출석하였다 하더라도 변론하지 아니한 때에는 재판장은 다시 변론기일을 정하여 양 쪽 당사자에게 통지하여야 한다(민소법 제268조 1항). 제1항의 새 변론기일 또는 그 뒤에 열린 변론기일에 양 쪽 당사자가 출석하지 아니하거나 출석하였다 하더라도 변론하지 아니한 때에는 1월 이내에 기일지정신청을 하지 아니하면 소를 취하한 것으로 본다(민소법 제268조 2항).

[정답] ③

문C-2 변론기일 및 변론준비기일 등에 관한 설명 중 옳지 않은 것은? (다툼이 있는 경우 판례에 의함)

[변시 12회]

① 변론기일에 한쪽 당사자가 불출석한 경우에 법원의 재량으로 출석한 당사자만으로 변론을 진행할 때에는 반드시 불출석한 당사자가 그때까지 제출한 소장·답변서, 그 밖의 준비서면에 적혀 있는 사항을 진술한 것으로 보아야 한다.

② 법원에 제출되어 상대방에게 송달된 답변서나 준비서면에 자백에 해당하는 내용이 기재되어 있는 경우에도 그것이 변론기일이나 변론준비기일에서 진술 또는 진술간주되어야 재판상 자백이 성립한다.

③ 양쪽 당사자가 2회에 걸쳐 변론기일에 출석하지 아니하거나 출석하더라도 변론을 하지 아니한 때에는 법원은 당사자의 기일지정신청에 의하여 기일을 지정하여야 할 것이나, 법원이 두 번째 불출석 기일에 직권으로 신기일을 지정한 때에는 당사자의 기일지정신청에 의한 기일지정이 있는 경우와 마찬가지로 보아야 한다.

④ 양쪽 당사자가 변론준비기일에 1회, 변론기일에 1회 불출석하면 변론준비기일의 불출석 효과는 변론기일에 승계된다.

⑤ 변론기일의 송달절차가 적법하지 아니한 이상 비록 그 송달이 유효하고 그 변론기일에 양쪽 당사자가 출석하지 아니하였더라도 그에 따른 양쪽 당사자 불출석의 효과는 발생하지 않는다.

해설 ① [○] ※ 한쪽 당사자가 불출석한 경우
한쪽 당사자가 불출석한 경우에 반드시 진술간주의 처리를 하여야 하는 것은 아니며, 진술간주 제도를 적용하여 **변론을 진행하느냐 기일을 연기하느냐는 법원의 재량**에 속한다고 할 것이나, 출석한 당사자만으로 변론을 진행할 때에는 반드시 불출석한 당사자가 그때까지 제출한 소장·답변서, 그 밖의 준비서면에 적혀 있는 사항을 **진술한 것으로 보아야 한다**(대판 2008.5.8. 2008다2890 : 진술간주기속설).

② [○] ※ 서면에서 자백한 경우 '재판상 자백'인지 '자백간주'인지

한 쪽 당사자가 상대방의 주장사실을 자백한 내용의 준비서면을 제출한 채 기일을 해태한 경우, 재판상 자백설과 자백간주설의 견해대립이 있다. 결석자가 법정에 출석하였더라도 자백 취지의 진술을 하였을 것인바, 재판상 자백으로 보는 것이 결석자에게 불이익하다고 보기 어려우므로 **재판상 자백설이 타당하다**(통설).

判例도 "법원에 제출되어 상대방에게 송달된 답변서나 준비서면에 자백에 해당하는 내용이 기재되어 있는 경우라도 그것이 변론기일이나 변론준비기일에서 진술 또는 진술간주되어야 재판상 자백이 성립한다"(대판 2015.2.12. 2014다229870)고 하여 **진술간주의 경우에도 재판상자백의 성립을 인정한다**(예컨대. 원고의 대여금청구에서 원고의 대여사실에 대하여 피고가 답변서에 차용했다고 기재하고 결석한 경우 대여사실을 인정하는 진술을 한 것으로 간주하므로 재판상 자백이 성립한다고 본다).

③ [○] ※ 양쪽 당사자의 2회 결석

"당사자 쌍방이 2회에 걸쳐 변론기일에 출석하지 아니한 때에는 당사자의 기일지정신청에 의하여 기일을 지정하여야 할 것이나, 법원이 직권으로 신기일을 지정한 때에는 당사자의 기일지정신청에 의한 기일지정이 있는 경우와 마찬가지로 보아야 할 것이고, 그와 같이 직권으로 정한 기일 또는 그 후의 기일에 당사자 쌍방이 출석하지 아니하거나 출석하더라도 변론하지 아니한 때에는 소의 취하가 있는 것으로 보아야 한다"(대판 2002.7.26. 2001다60491).

④ [×] ※ 변론준비기일의 불출석 효과는 변론기일에 승계되는지 여부(소극)

결석은 단속적이어도 무방하며 '같은 심급'의 같은 종류의 기일에서의 불출석이어야 한다. 환송판결 전후의 쌍방 불출석은 동일 심급이 아니며(대판 1963.6.20. 63다166), **변론기일과 변론준비기일은 동종의 기일이 아니다**(대판 2006.10.27. 2004다69581).

⑤ [○] ※ 부적법하지만 유효한 공시송달(기일해태의 효과 불발생 : 제150조 3항 단서적용 아님에 주의)

"판사의 공시송달명령에 의하여 공시송달을 한 이상 공시송달의 요건을 구비하지 않은 흠결이 있다 하더라도 공시송달의 효력에는 영향이 없다"(대판 1984.3.15. 84마20). 그러나 "민사소송법 제241조 제2항 및 제4항(현행 제268조 1·2항 : 저자주)에 의하여 소 또는 상소의 취하가 있는 것으로 보는 경우 같은 조 제2항 소정의 1월의 기일지정신청기간은 불변기간이 아니어서 그 추완이 허용되지 않는 점을 고려한다면, 같은 조 제1, 2항에서 '변론의 기일에 당사자 쌍방이 출석하지 아니한 때'란 당사자 쌍방이 적법한 절차에 의한 송달을 받고도 변론기일에 출석하지 않는 것을 가리키는 것이고, 변론기일의 송달절차가 적법하지 아니한 이상 비록 그 송달이 유효하고 그 변론기일에 당사자 쌍방이 출석하지 아니하였다고 하더라도 쌍방 불출석의 효과는 발생하지 않는다"(대판 1997.7.11. 96므1380).

[정답] ④

문 32 甲은 乙을 상대로 X부동산에 관하여 매매계약을 원인으로 한 소유권이전등기청구소송을 제기하였다. 이에 관한 설명 중 옳은 것을 모두 고른 것은? (다툼이 있는 경우 판례에 의함)   [변시 8회]

> ㄱ. 법원이 위 소송에서 소송자료를 통하여 X부동산에 관한 甲의 매매계약에 기한 소유권
>   이전등기청구권은 인정되지 않으나 甲의 양도담보약정에 기한 소유권이전등기청구권
>   이 인정된다는 심증을 형성한 경우에 甲의 청구를 인용할 수 있다.
> ㄴ. 乙이 甲의 주장사실 중 매매계약 체결사실을 인정하는 내용의 답변서를 제출하고 제1
>   회 변론기일에 불출석하여 위 답변서를 진술한 것으로 보는 경우, 매매계약 체결사실
>   에 대하여 자백한 것으로 간주된다.
> ㄷ. 위 1심 진행 중에 甲의 채권자인 丙이 甲의 위 소유권이전등기청구권을 가압류한 경
>   우 법원이 甲의 청구를 인용할 때 위 가압류의 해제를 조건으로 하여야 한다.
> ㄹ. 甲이 승소한 1심 판결에 대하여 乙이 항소한 항소심에서 양 당사자가 변론기일에 2회
>   불출석하고 새로 지정된 변론기일에도 불출석한 경우에는 소가 취하된 것으로 간주된다.

① ㄷ   ② ㄱ, ㄴ
③ ㄴ, ㄷ   ④ ㄴ, ㄹ   ⑤ ㄷ, ㄹ

해설 ㄱ. [X] "원고가 매매를 원인으로 한 소유권이전등기를 청구한 데 대하여 원심이 양도담보약정을 원인으로 한 소유권이전등기를 명하였다면 판결주문상으로는 원고가 전부 승소한 것으로 보이기는 하나, 매매를 원인으로 한 소유권이전등기청구와 양도담보약정을 원인으로 한 소유권이전등기청구와는 청구원인사실이 달라 동일한 청구라 할 수 없음에 비추어, 원심은 원고가 주장하지도 아니한 양도담보약정을 원인으로 한 소유권이전등기청구에 관하여 심판하였을 뿐, 정작 원고가 주장한 매매를 원인으로 한 소유권이전등기청구에 관하여는 심판을 한 것으로 볼 수 없어 결국 원고의 청구는 실질적으로 인용한 것이 아니어서 판결의 결과가 불이익하게 되었으므로 원심판결에 처분권주의를 위반한 위법이 있고 따라서 그에 대한 원고의 상소의 이익이 인정된다"(대판 1992.3.27. 91다40696). ☞ 매매를 원인으로 한 소유권이전등기청구권과 양도담보약정을 원인으로 한 소유권이전등기청구권은 소송물이 다르므로 지문의 경우 법원이 甲의 청구를 인용한다면 처분권주의를 위반한 것이다.

ㄴ. [X] 한 쪽 당사자가 출석하지 아니한 경우 법원은 기일을 해태한 당사자가 미리 제출한 소장·답변서 그 밖의 준비서면에 적혀 있는 사항을 진술한 것으로 간주하고, 출석한 상대방에게 변론을 명하고 심리를 진행할 수 있다(민소법 제148조 1항). 한편, 한 쪽 당사자가 상대방의 주장사실을 자백한 내용의 준비서면을 제출한 채 기일을 해태한 경우, 재판상 자백설과 자백간주설의 견해대립이 있다. 결석자가 법정에 출석하였더라도 자백 취지의 진술을 하였을 것인바, 재판상 자백으로 보는 것이 결석자에게 불이익하다고 보기 어려우므로 재판상 자백설이 타당하다(통설). 判例도 "법원에 제출되어 상대방에게 송달된 답변서나 준비서면에 자백에 해당하는 내용이 기재되어 있는 경우라도 그것이 변론기일이나 변론준비기일에서 진술 또는 진술간주되어야 재판상 자백이 성립한다"(대판 2015.2.12. 2014다229870)고 하여 진술간주의 경우에도 재판상자백의 성립을 인정한다.
    ☞ 乙은 매매계약사실을 인정하는 답변서를 제출하였고 불출석하였으므로 민소법 제148조 1항에 의해 진술간주 되었고, 그 내용은 甲의 주장과 일치하고 자신에게 불리한 사실로서 자백에 해당하므로 재판상자백이 성립한다.

ㄷ. [O] 이행기가 도래한 청구권을 강제집행하려면 승소확정판결을 얻어야 하므로 판결을 받기 위한 현재이행의 소는 원칙적으로 권리보호이익이 인정된다. 가압류·가처분된 소유권이전등 기청구권에 대한 이행청구(대판 1992.11.10. 전합92다4680)도 소의 이익이 있다. 다만, 대법원은 "소유권이전등기청구권에 대한 압류나 가압류가 있더라도 채무자는 제3채무자를 상대로 그 이행을 구하는 소송을 제기할 수 있고 법원은 가압류가 되어 있음을 이유로 이를 배척할 수는 없는 것이지만, 소유권이전등기를 명하는 판결(민법 제389조 2항)은 의사의 진술을 명하는 판결로서 이것이 확정되면 채무자는 일방적으로 이전등기를 신청할 수 있고 제3채무자는 이를 저지할 방법이 없게 되므로(주 : 집행공탁의 공탁물은 금전에 한정되기 때문에 제3채무자는 채무를 면할 방법이 없다) 위와 같이 볼 수는 없고 이와 같은 경우에는 '가압류의 해제'를 조건으로 하지 않는 한 법원은 이를 인용하여서는 안된다" (대판 1999.2.9. 98다42615 : 대판 1992.11.10. 전합92다4680등)고 판시하고 있다.

ㄹ. [X] 양 쪽 당사자가 변론기일에 출석하지 아니하거나 출석하였다 하더라도 변론하지 아니한 때에는 재판장은 다시 변론기일을 정하여 양 쪽 당사자에게 통지하여야 한다(민소법 제268조 1항). 제1항의 새 변론기일 또는 그 뒤에 열린 변론기일에 양 쪽 당사자가 출석하지 아니하거 나 출석하였다 하더라도 변론하지 아니한 때에는 1월 이내에 기일지정신청을 하지 아니하면 소를 취하한 것으로 본다(동조 2항). 제2항의 기일지정신청에 따라 정한 변론기일 또는 그 뒤 의 변론기일에 양쪽 당사자가 출석하지 아니하거나 출석하였다 하더라도 변론하지 아니한 때에는 소를 취하한 것으로 본다(동조 3항). 상소심의 소송절차에는 제1항 내지 제3항의 규정을 준용한다. 다만, 상소심에 서는 상소를 취하한 것으로 본다(동조 4항).
☞ 항소심에서 양 당사자가 변론기일에서 2회 불출석하고, 새로 지정된 변론기일에서도 불출 석한 경우이므로 항소는 취하된 것으로 간주되고 원판결이 확정된다.

[정답] ①

문 33 甲은 乙을 상대로 6억 원의 지급을 구하는 대여금청구의 소를 제기하였다. 다음 설명 중 옳은 것을 모두 고른 것은?
[변시 2회 변형]

ㄱ. 법원은 乙이 소장 부본을 송달받은 날부터 30일 이내에 답변서를 제출하지 아니한 때에는 직권으로 조사할 사항이 있더라도 청구의 원인이 된 사실을 자백한 것으로 보고 변론 없이 판결할 수 있다.

ㄴ. 乙이 소장 부본을 송달받은 날부터 30일이 지난 뒤라도 판결이 선고되기까지 甲의 청구를 다투는 취지의 답변서를 제출하면 법원은 더 이상 무변론 판결을 할 수 없다.

ㄷ. 乙이 청구의 원인이 된 사실을 모두 자백하는 취지의 답변서를 제출하고 따로 항변을 하지 아니한 때에도 특별한 사정이 없는 한 법원은 무변론 판결을 할 수 있다.

ㄹ. 甲이 출석하지 아니한 변론기일에 乙은 자신의 준비서면에 적지 않았다고 하더라도 상계항변을 할 수 있다.

ㅁ. 乙이 준비서면을 제출한 후 변론기일에 불출석하여도 법원은 乙이 그 준비서면에 적혀 있는 사항을 진술한 것으로 보고 출석한 甲에게 변론을 명할 수 있다.

① ㄱ, ㄷ   ② ㄴ, ㅁ

③ ㄷ, ㄹ   ④ ㄱ, ㄴ, ㄹ

⑤ ㄴ, ㄷ, ㅁ

[해설] ㄱ. [X] ㄴ. [O] 법원은 피고가 소장 부본을 송달받은 날부터 30일 이내에 답변서를 제출하지 아니한 때에는 청구의 원인된 사실을 자백한 것으로 보고 변론 없이 판결할 수 있다. 다만 ① 직권으로 조사할 사항이 있거나 ② 판결이 선고되기까지 피고가 원고의 청구를 다투는 취지의 답변서를 제출한 경우에는 그러하지 아니하다(민소법 제257조 1항).

ㄷ. [O] 피고가 청구의 원인이 된 사실을 모두 자백하는 취지의 답변서를 제출하고 따로 항변을 하지 아니한 때에는 민소법 제257조 1항의 규정을 준용한다(민소법 제257조 2항).

ㄹ. [X] 준비서면에 적지 아니한 사실은 상대방이 출석하지 아니한 때에는 변론에서 주장하지 못한다(민소법 제276조 본문). 사안의 경우 6억 원의 지급을 구하는 대여금청구소송으로 합의부 사건이므로, 단독사건의 경우 민소법 제276조 본문이 적용되지 않는다는 민소법 제276조 단서는 적용되지 아니한다.

ㅁ. [O] 원고 또는 피고가 변론기일에 출석하지 아니하거나, 출석하고서도 본안에 관하여 변론하지 아니한 때에는 그가 제출한 소장, 답변서, 그 밖의 준비서면에 적혀 있는 사항을 진술한 것으로 보고 출석한 상대방에게 변론을 명할 수 있다(민소법 제148조 1항).

[정답] ⑤

문 34 당사자의 변론(준비)기일 불출석에 관한 설명 중 옳지 않은 것을 모두 고른 것은? (다툼이 있는 경우 판례에 의함)   [변시 10회]

ㄱ. 소송대리인이 있는 경우에 변론기일 불출석에 따른 불이익을 당사자에게 귀속시키려면 그 당사자 본인과 소송대리인 모두가 변론기일에 출석하지 아니하여야 하고, 그 출석 여부는 변론조서의 기재에 의하여 증명되어야 한다.

ㄴ. 변론준비기일은 변론이 효율적이고 집중적으로 실시될 수 있도록 당사자의 주장과 증거를 정리하기 위한 것으로서 그 이후에 진행되는 변론기일과 일체성이 있으므로, 변론준비기일에서의 양 쪽 당사자 불출석의 효과는 변론기일에 승계된다.

ㄷ. 양 쪽 당사자가 변론기일에 2회 불출석한 때에는 1월 이내에 기일지정신청을 하지 않으면 소를 취하한 것으로 간주하는바, 위 기간은 불변기간이므로 당사자가 책임질 수 없는 사유로 말미암아 위 기간 내에 기일지정신청을 하지 못한 경우 그 당사자는 그 사유가 없어진 날부터 2주 이내에 그 신청을 보완할 수 있다.

ㄹ. 「민사소송법」 제268조 제1항에 정한 '양 쪽 당사자가 변론기일에 출석하지 아니한 때'는 양 쪽 당사자가 적법한 절차에 의한 송달을 받고도 변론기일에 출석하지 않은 때를 말한다.

① ㄱ, ㄷ   ② ㄱ, ㄹ

③ ㄴ, ㄷ   ④ ㄴ, ㄹ

⑤ ㄷ, ㄹ

[해설] ㄱ. [O] "민사소송법 제241조에 의하여 당사자의 변론기일 불출석으로 인한 불이익을 그 당사자에게 귀속시키려면, 그 당사자 본인과 소송대리인 모두가 출석하지 아니함을 요건으로 하고 그 출석 여부는 변론조서의 기재에 의하여서 증명하여야 하므로, 변론조서에서 소송대리인 불출석이라고만 기재되어 있고 당사자 본인의 출석여부에 대하여 아무런 기재가 없으면, 이른바 당사자 쌍방의 변론기일에의 불출석은 증명되지 아니한다"(대판 1979.9.25. 78다153,154).

ㄴ. [X] ※ 변론준비기일 불출석의 효과가 변론기일에 승계되는지 여부(소극)

判例는 "변론준비절차는 원칙적으로 변론기일에 앞서 주장과 증거를 정리하기 위하여 진행되는 변론 전 절차에 불과할 뿐이어서 변론준비기일을 변론기일의 일부라고 볼 수 없고 변론준비기일과 그 이후에 진행되는 변론기일이 일체성을 갖는다고 볼 수도 없는 점, 변론준비기일이 수소법원 아닌 재판장 등에 의하여 진행되며 변론기일과 달리 비공개로 진행될 수 있어서 직접주의와 공개주의가 후퇴하는 점, 변론준비기일에 있어서 양쪽 당사자의 불출석이 밝혀진 경우 재판장 등은 양쪽의 불출석으로 처리하여 새로운 변론준비기일을 지정하는 외에도 당사자 불출석을 이유로 변론준비절차를 종결할 수 있는 점, 나아가 양쪽 당사자 불출석으로 인한 취하간주제도는 적극적 당사자에게 불리한 제도로서 적극적 당사자의 소송유지의사 유무와 관계없이 일률적으로 법률적 효과가 발생한다는 점까지 고려할 때 **변론준비기일에서 양쪽 당사자 불출석의 효과는 변론기일에 승계되지 않는다**"(대판 2006.10.27. 2004다69581)고 하였다.

ㄷ. [X] ㄹ. [O] "민사소송법 제241조 제2항 및 제4항(현행 제268조 1·2항 : 저자주)에 의하여 소 또는 상소의 취하가 있는 것으로 보는 경우 같은 조 제2항 소정의 1월의 기일지정신청기간은 불변기간이 아니어서 그 추완이 허용되지 않는 점을 고려한다면, 같은 조 제1, 2항에서 '변론의 기일에 당사자 쌍방이 출석하지 아니한 때'란 당사자 쌍방이 적법한 절차에 의한 송달을 받고도 변론기일에 출석하지 않는 것을 가리키는 것이고, 변론기일의 송달절차가 적법하지 아니한 이상 비록 그 송달이 유효하고 그 변론기일에 당사자 쌍방이 출석하지 아니하였다고 하더라도 쌍방 불출석의 효과는 발생하지 않는다"(대판 1997.7.11. 96므1380).

[정답] ③

문35 송달에 관한 설명 중 옳지 않은 것은? (다툼이 있는 경우에는 판례에 의함) 　　　　[변시 2회]

① 원칙적으로 송달담당기관과 송달실시기관은 다르다.

② 소송서류는 특별한 규정이 없는 한 원본으로 송달하여야 하며, 소송대리인이 있는 경우에도 당사자 본인에게 한 송달은 유효하다.

③ 송달의 방법은 교부송달이 원칙이고, 우편송달의 경우 발송 시에 송달된 것으로 본다.

④ 공시송달은 직권 또는 당사자의 신청에 따라 재판장의 명령으로 한다.

⑤ 공시송달에 의한 판결편취의 경우, 이로 인해 패소한 당사자는 추후보완상소 또는 재심의 소를 통해 구제받을 수 있다.

해설 ① [O] 원칙적으로 송달담당기관은 법원사무관등(민소법 제175조 1항)이고, 송달실시기관은 집행관과 우편집배원이다(민소법 제176조).

② [X] 특별한 규정이 없으면 송달할 서류의 원본이 아니라, 등본을 교부하여 실시한다. 다만 기일통지서 또는 출석요구서의 송달은 원본(민소법 제167조 1항), 판결의 송달은 정본(민소법 제210조 2항)의 교부를 요한다. 소송대리인이 있는 경우 소송대리인이 송달받을 사람이나, 당사자 본인에 대한 송달은 적절한 것이 아니라도 유효하다(대판 1970.6.5. 70마325).

③ [O] 송달은 특별한 규정이 없으면 송달받을 사람에게 서류의 등본 또는 부본을 교부하는 교부송달이 원칙이고(민소법 제178조), 우편송달의 경우는 발송한 때에 송달된 것으로 본다(민소법 제189조, 제187조).

④ [X] 당사자의 주소 등 또는 근무장소를 알 수 없는 경우 또는 외국에서 하여야 할 송달에 관하여 제191조의 규정에 따를 수 없거나 이에 따라도 효력이 없을 것으로 인정되는 경우에는 **법원사무관 등**은 직권으로 또는 당사자의 신청에 따라 공시송달을 할 수 있다(민소법 제194조 1항). [시행일 2015.7.1]
출제당시에는 옳은 지문이었으나 개정법에 의하면 법원사무관 등이 공시송달을 할 수 있다. 다만, 재판장은 소송의 지연을 피하기 위하여 필요하다고 인정하는 때에 공시송달을 명하거나(민소법 제194조 3항), 직권으로 또는 신청에 따라 법원사무관등의 공시송달처분을 취소할 수 있다(민소법 제194조 4항). [시행일 2015.7.1]

⑤ [O] 判例는 **허위주소 송달에 의한 판결편취의 경우** 그 판결정본이 허위주소로 송달된 이상 그 송달이 무효이고 아직 판결정본이 송달된 것이 아니므로 항소기간이 진행된 것이 아니므로 피고는 어느 때나 항소를 제기할 수 있으므로 상소의 추후보완이나 재심청구는 허용되지 않는다고 하여 **항소설의 입장**이나, **공시송달에 의한 판결편취의 경우**에는 판결정본의 송달이 유효한 것으로 보고 상소의 추후보완(민소법 제173조) 또는 재심의 소(민소법 제451조 1항 11호)에 의해 구제될 수 있다고 하여 **상소추후보완·재심설**의 입장이다(대판 1985.7.9. 85므12).

[정답] ②, ④

문36 송달에 관한 설명 중 옳지 않은 것은? (다툼이 있는 경우에는 판례에 의함)　　　[변시 3회]

① 송달받을 사람의 주소·거소·영업소 또는 사무소를 알지 못하거나 그 장소에서 송달할 수 없는 때에는 송달받을 사람이 고용·위임 그 밖에 법률상 행위로 취업하고 있는 다른 사람의 주소·거소·영업소 또는 사무소에서 송달할 수 있다.

② 우체국 창구에서 송달받을 자의 동거자에게 송달서류를 교부한 것은 위 동거자가 송달받기를 거부하지 아니한다 하더라도 보충송달의 방법으로서 부적법하다.

③ 송달받을 사람 본인이 장기출타로 부재중인 경우에는, 동거인에게 보충송달 또는 유치송달을 하거나 바로 우편송달을 할 수도 있다.

④ 당사자·법정대리인 또는 소송대리인이 송달받을 장소를 바꾸고도 그러한 취지의 신고를 하지 아니하고 달리 송달할 장소를 알 수 없는 경우, 그 사람에게 송달할 서류는 종전에 송달받던 장소에 등기우편으로 발송할 수 있다.

⑤ 여러 사람이 공동으로 대리권을 행사하는 경우의 송달은 그 가운데 한 사람에게 하면 된다.

해설 ① [O] 근무지에서의 교부송달(민사소송법 제183조 2항)

② [O] 判例는 "송달은 원칙적으로 민사소송법 제170조 제1항(현행 민사소송법 제183조 1항)에서 정하는 송달을 받을 자의 주소, 거소, 영업소 또는 사무실 등의 '송달장소'에서 하여야 하는바, 송달장소에서 송달받을 자를 만나지 못할 때에는 그 사무원, 고용인 또는 동거자로서 사리를 변식할 지능이 있는 자에게 서류를 교부하는 보충송달의 방법에 의하여 송달할 수는 있지만, 이러한 보충송달은 위 법 조항에서 정하는 '송달장소'에서 하는 경우에만 허용되고 송달장소가 아닌 곳에서 사무원, 고용인 또는 동거자를 만난 경우에는 그 사무원 등이 송달받기를 거부하지 아니한다 하더라도 그 곳에서 그 사무원 등에게 서류를 교부하는 것은 보충송달의 방법으로서 부적법하다"(대결 2001.8.31. 2001마3790)고 하여 우체국 창구에서 송달받을 자의 동거자에게 송달서류를 교부한 것은 부적법한 보충송달이라고 판단하였다.

③ [X] 우편송달은 "보충송달이나 유치송달이 불가능한 경우에 할 수 있는 것이므로(민사소송법 제187조) 폐문부재와 같이 송달을 받을 자는 물론 그 사무원, 고용인 또는 동거자 등 서류를 수령할 만한 자를 만날 수 없는 경우라면 모르거니와 단지 송달을 받을 자만이 장기출타로 부재중이어서 그 밖의 동거자 등에게 보충송달이나 유치송달이 가능한 경우에는 위 우편송달을 할 수 없다"(대결 1991.4.15. 91마162). 따라서 송달 받을 사람 본인이 장기출타로 부재중인 경우에 동거인에게 보충송달 또는 유치송달을 해야 하고, 바로 우편송달을 할 수는 없다.

④ [O] 민사소송법 제185조 2항, 민사소송규칙 제51조

⑤ [O] 민사소송법 제180조

[정답] ③

문 37 송달에 관한 설명 중 옳지 않은 것은? (다툼이 있는 경우 판례에 의함) [변시 7회]

① 다른 주된 직업을 가지고 있으면서 A주식회사의 비상근이사, 비상근감사 또는 사외이사의 직을 가지고 있는 사람에 대해서는 A주식회사의 본점이 「민사소송법」 제183조 제2항의 '근무장소'에 해당한다고 할 수 없다.

② 소송서류를 송달받을 본인과 당해 소송에 관하여 이해의 대립 내지 상반된 이해관계가 있는 수령대행인에 대하여는 보충송달을 할 수 없다.

③ 보충송달에서 수령대행인이 될 수 있는 사무원이란 반드시 송달받을 사람과 고용관계가 있어야 하는 것은 아니고, 평소 본인을 위하여 사무 등을 보조하는 자이면 충분하다.

④ 「환경분쟁 조정법」에 의한 재정의 경우, 재정문서는 재판상 화해와 동일한 효력을 가질 수도 있는 점 등에 비추어 재정문서의 송달은 공시송달의 방법으로 할 수 없다.

⑤ 「민사소송법」 제187조에 정한 우편송달은 같은 법 제186조에 따른 보충송달, 유치송달 등이 불가능할 것을 요건으로 하는바, 일단 위 요건이 구비되어 우편송달이 이루어진 이상 그 이후에 송달할 서류는 위 요건의 구비 여부를 불문하고 위 조문에 정한 우편송달을 할 수 있다.

해설 ① [O] 제183조 2항의 '근무장소'는 현실의 근무장소로서 고용계약 등 법률상 행위로 취업하고 있는 지속적인 근무장소를 말한다(대판 2015.12.10. 2012다16063). 따라서 判例는 "다른 주된 직업을 가지고 있으면서 회사의 비상근이사, 사외이사 또는 비상근감사의 직에 있는 피고에게 그 회사의 본점은 지속적인 근무장소라고 할 수 없으므로 제183조 2항에 정한 '근무장소'에 해당한다고 볼 수 없고, 위 소외 1이 피고에 대한 소장부본을 그 회사의 본점 소재지에서 수령한 것을 제186조 2항의 보충송달로서 효력이 있다고 볼 수도 없다"(대판 2015.12.10. 2012다16063)고 판시하였다.

② [O] "보충송달제도는 본인 아닌 그의 사무원, 피용자 또는 동거인, 즉 수령대행인이 서류를 수령하여도 그의 지능과 객관적인 지위, 본인과의 관계 등에 비추어 사회통념상 본인에게 서류를 전달할 것이라는 합리적인 기대를 전제로 한다. 그런데 본인과 수령대행인 사이에 당해 소송에 관하여 이해의 대립 내지 상반된 이해관계가 있는 때에는 수령대행인이 소송서류를 본인에게 전달할 것이라고 합리적으로 기대하기 어렵고, 이해가 대립하는 수령대행인이 본인을 대신하여 소송서류를 송달받는 것은 쌍방대리금지의 원칙에도 반하므로, 본인과 당해 소송에 관하여 이해의 대립 내지 상반된 이해관계가 있는 수령대행인에 대하여는 **보충송달을 할 수 없다**"(대판 2016.11.10. 2014다54366).

③ [O] "민사소송법 제186조 제1항에서 규정한 보충송달에서 수령대행인이 될 수 있는 사무원이란 반드시 송달받을 사람과 고용관계가 있어야 하는 것은 아니고, 평소 본인을 위하여 사무 등을 보조하는 자이면 충분하다"(대판 2010.10.14. 2010다48455).

④ [O] "환경분쟁 조정법 제40조 제3항, 제42조 제2항, 제64조 및 민사소송법 제231조, 제225조 제2항의 내용과 재정문서의 정본을 송달받고도 당사자가 60일 이내에 재정의 대상인 환경피해를 원인으로 하는 소송을 제기하지 아니하는 등의 경우 재정문서가 재판상 화해와 동일한 효력이 있으므로 재정의 대상인 환경피해를 원인으로 한 분쟁에서 당사자의 재판청구권을 보장할 필요가 있는 점 등을 종합하면, 환경분쟁 조정법에 의한 재정의 경우 재정문서의 송달은 공시송달의 방법으로는 할 수 없다"(대판 2016.4.15. 2015다201510).

⑤ [X] "민사소송법 제173조에 의한 우편송달은 당해 서류에 관하여 교부 또는 보충, 유치송달 등이 불가능한 것임을 요건으로 하는 것이므로 당해 서류의 송달에 한하여 할 수 있는 것이지 그에 이은 별개의 서류 등의 송달에 관하여는 위 요건이 따로 구비되지 않는 한 당연히 우편송달을 할 수 있는 것은 아니라고 보아야 할 것이다"(대결 1990.1.25. 89마939).

[정답] ⑤

문 38 공시송달에 관한 설명 중 옳은 것은? (다툼이 있는 경우 판례에 의함)　[변시 6회]

① 피고가 변론종결 후에 사망한 상태에서 판결이 선고된 경우, 망인인 피고에 대한 판결정본의 공시송달은 무효이다.

② 당사자의 주소등 또는 근무장소를 알 수 없는 경우 또는 외국에서 하여야 할 송달에 관하여 「민사소송법」 제191조(외국에서 하는 송달의 방법)의 규정에 따를 수 없거나 이에 따라도 효력이 없을 것으로 인정되는 경우에는 법원사무관등은 당사자의 신청에 의해서만 공시송달을 할 수 있다.

③ 첫 공시송달은 「민사소송법」 제195조(공시송달의 방법)의 규정에 따라 실시한 날부터 4주가 지나야 효력이 생긴다. 다만, 같은 당사자에게 하는 그 뒤의 공시송달은 실시한 다음 날부터 효력이 생긴다.

④ 재판장은 직권으로 법원사무관등의 공시송달처분을 취소할 수 없다.

⑤ 원고가 피고의 주소나 거소를 알고 있었음에도 소장에 소재불명 또는 허위의 주소나 거소를 기재하여 소를 제기한 탓으로 공시송달의 방법에 의하여 판결정본이 송달된 경우, 피고는 소송행위 추후보완에 의한 상소를 할 수 없다.

해설 ① [O] "피고가 변론종결 후에 사망한 상태에서 판결이 선고된 경우, 망인에 대한 판결정본의 공시송달은 무효이고, 상속인이 소송절차를 수계하여 판결정본을 송달받기 전까지는 그에 대한 항소제기기간이 진행될 수도 없다"(대판 2007.12.14. 2007다52997).

② [X] **민사소송법 제194조(공시송달의 요건)** 「①항 당사자의 주소등 또는 근무장소를 알 수 없는 경우 또는 외국에서 하여야 할 송달에 관하여 제191조의 규정에 따를 수 없거나 이에 따라도 효력이 없을 것으로 인정되는 경우에는 법원사무관등은 직권으로 또는 당사자의 신청에 따라 공시송달을 할 수 있다.」

③ [X] **민사소송법 제196조(공시송달의 효력발생)** 「①항 첫 공시송달은 제195조의 규정에 따라 실시한 날부터 2주가 지나야 효력이 생긴다. 다만, 같은 당사자에게 하는 그 뒤의 공시송달은 실시한 다음 날부터 효력이 생긴다.」

④ [X] **민사소송법 제194조(공시송달의 요건)** 「④항 재판장은 직권으로 또는 신청에 따라 법원사무관등의 공시송달처분을 취소할 수 있다.」

⑤ [X] "당사자가 상대방의 주소 또는 거소를 알고 있었음에도 소재불명 또는 허위의 주소나 거소로 하여 소를 제기한 탓으로 공시송달의 방법에 의하여 판결(심판)정본이 송달된 때에는 민사소송법 제451조 제1항 제11호에 의하여 재심을 제기할 수 있음은 물론이나 또한 같은 법 제173조에 의한 소송행위 추완에 의하여도 상소를 제기할 수도 있다"(대판 2011.12.22. 2011다73540).

[정답] ①

문39 공시송달에 관한 설명 중 옳지 않은 것은? (다툼이 있는 경우 판례에 의함) [변시 8회]

① 소장부본이 피고에게 적법하게 송달되어 소송이 진행되던 도중 피고에게 소송서류의 송달이 불능하게 된 결과 부득이 공시송달의 방법에 의하게 된 경우 피고는 소송의 진행상황을 조사할 의무가 있다.

② 법인의 대표자가 사망하고 달리 법인을 대표할 자도 정하여지지 아니하였기 때문에 법인에 대하여 송달을 할 수 없는 경우 공시송달도 할 수 없다.

③ 원고가 피고의 주소 또는 근무장소를 알 수 없어서 공시송달을 신청하는 경우 원고는 피고의 주소 또는 근무장소를 알 수 없다는 사유를 증명해야 한다.

④ 공시송달의 방법으로 기일통지서를 송달받은 당사자가 변론기일에 출석하지 아니한 경우 상대방이 주장하는 사실에 대하여 자백간주의 효력이 발생하지 아니한다.

⑤ 공시송달의 방법으로 소장을 송달받은 피고가 송달의 효력이 발생한 날로부터 30일 이내에 원고의 청구를 다투는 취지의 답변서를 제출하지 않았더라도, 법원은 바로 선고기일을 지정할 수는 없고 반드시 변론기일을 지정하여야 한다.

해설 ① [O] "소장부본과 변론기일소환장 등이 적법히 송달되어 소장이 진행도중 소송서류의 송달이 불능하게 된 결과 부득이 공시송달의 방법에 의한 경우에는 최초의 소장부본의 송달부터 공시송달의 방법에 의한 경우와는 달라서 피고는 소송이 제기된 것을 알고 있었으므로 소송의 진행상태를 조사할 의무가 있다 할 것이며, 따라서 특별한 사정이 없는 한 피고가 패소판결이 선고된 사실을 몰랐다고 하더라도 여기에는 과실이 있다고 보는 것이 상당하다"(대판 1987.3.10. 86다카2224).

비교판례 "원고가 주소가 바뀌었다고 하면서 송달장소변경신고를 했는데도 항소심은 송달장소신고를 간과하고 원고의 이전 주소지로 변론기일통지서를 송달했다가 송달불능되자 변론기일통지서 기타 서류에 대해 공시송달을 명한 경우는 항소심의 원고의 송달장소신고를 간과한 것이므로 특별한 사정이 없는 한 원고는 책임질 수 없는 사유로 불변기간을 준수할 수 없었던 경우이므로 추후보완상고는 허용된다"(대판 2001.7.27. 2001다30339).

② [O] "법인의 대표자가 사망하여 버리고 달리 법인을 대표할 자도 정하여지지 아니하였기 때문에 법인에 대하여 송달을 할 수 없는 때에는 공시송달도 할 여지가 없는 것이라고 보아야 할 것이다"(대판 1991.10.22. 91다9985)

③ [X] **민사소송법 제194조(공시송달의 요건)** 「①항 당사자의 주소등 또는 근무장소를 알 수 없는 경우 또는 외국에서 하여야 할 송달에 관하여 제191조의 규정에 따를 수 없거나 이에 따라도 효력이 없을 것으로 인정되는 경우에는 법원사무관등은 직권으로 또는 당사자의 신청에 따라 공시송달을 할 수 있다. ②항 제항의 신청에는 그 사유를 소명하여야 한다.」

④ [O] **민사소송법 제150조(자백간주)** 「①항 당사자가 변론에서 상대방이 주장하는 사실을 명백히 다투지 아니한 때에는 그 사실을 자백한 것으로 본다. 다만, 변론 전체의 취지로 보아 그 사실에 대하여 다툰 것으로 인정되는 경우에는 그러하지 아니하다. ②항 상대방이 주장한 사실에 대하여 알지 못한다고 진술한 때에는 그 사실을 다툰 것으로 추정한다. ③항 당사자가 변론기일에 출석하지 아니하는 경우에는 제1항의 규정을 준용한다. 다만, 공시송달의 방법으로 기일통지서를 송달받은 당사자가 출석하지 아니한 경우에는 그러하지 아니하다.」

⑤ [O] **민사소송법 제256조(답변서의 제출의무)** 「①항 피고가 원고의 청구를 다투는 경우에는 소장의 부본을 송달받은 날부터 30일 이내에 답변서를 제출하여야 한다. 다만, 피고가 공시송달의 방법에 따라 소장의 부본을 송달받은 경우에는 그러하지 아니하다.」

민사소송법 제257조(변론없이 하는 판결) 「①항 법원은 피고가 제256조제1항의 답변서를 제출하지 아니한 때에는 청구의 원인이 된 사실을 자백한 것으로 보고 변론 없이 판결할 수 있다. 다만, 직권으로 조사할 사항이 있거나 판결이 선고되기까지 피고가 원고의 청구를 다투는 취지의 답변서를 제출한 경우에는 그러하지 아니하다.」 즉, 민사소송법 제257조의 무변론 자백간주는, 동법 제256조 제1항에 따른 답변서 제출 의무가 있음을 전제로 하는 것이다. 따라서 제256조 제1항 단서에 따라 공시송달이 된 경우에는 30일 내에 답변서를 제출할 의무가 없으므로 동법 제257조의 무변론 판결이 불가능하다.

[정답] ③

제7절 소송절차의 정지

문40 당사자의 사망에 관한 설명 중 옳지 않은 것은? (다툼이 있는 경우 판례에 의함)　　[변시 9회]

① 소 제기 당시 이미 사망한 사실을 모르고 원고가 사망한 자를 피고로 표시하여 소를 제기한 경우, 실질적인 피고가 사망자의 상속인이고 다만 그 표시에 잘못이 있는 것에 지나지 않는다고 인정되면, 상고심에서도 사망자의 상속인으로 피고표시정정을 할 수 있다.

② 甲이 소송대리인에게 소송위임을 한 다음 소 제기 전에 사망하였는데, 소송대리인이 甲이 사망한 것을 모르고 甲을 원고로 표시하여 소를 제기하였다면, 소 제기는 적법하고 시효중단 등 소 제기의 효력은 甲의 상속인들에게 귀속된다.

③ 신청 당시 이미 사망한 자를 채무자로 한 처분금지가처분 인용결정이 있어 그 가처분등기가 마쳐진 경우, 채무자의 상속인은 위 가처분등기를 말소하기 위하여 위 결정에 대한 이의신청을 할 수 있으나, 부동산소유권이전등기청구권 보전을 위한 위 가처분의 본안소송에서 승소한 채권자가 그 확정판결에 기하여 소유권이전등기를 마치면 특별한 사정이 없는 한 위 결정에 대한 이의신청을 할 수 없다.

④ 소송계속 중 어느 일방 당사자의 사망에 의한 소송절차의 중단을 간과하고 변론이 종결되어 제1심 판결이 선고된 경우, 위 판결은 당연무효가 아니고 항소의 대상이 된다.

⑤ 신청 당시 이미 사망한 자를 채무자로 한 처분금지가처분 결정은 당연무효이므로 그 효력이 상속인에게 미치지 아니한다.

해설 ① [×] ※ 상고심에서의 당사자 표시정정(불허)

대법원은 **법률심인 상고심에 이르러서는 당사자표시정정의 방법으로 흠결을 보정할 수 없다**는 입장이다. 즉, **判例**는 필수적 공동소송인 공유물분할청구의 소에서 공동소송인 중 1인이 소제기전 사망한 사건에서 "민사소송에서 소송당사자의 존재나 당사자능력은 소송요건에 해당하고, 이미 사망한 자를 상대로 한 소의 제기는 소송요건을 갖추지 않은 것으로서 부적법하며, 상고심에 이르러서는 당사자표시정정의 방법으로 그 흠결을 보정할 수 없다"(대판 2012.6.14. 2010다105310)고 하여 제소전 사망을 간과한 원심의 본안판결에 대하여 상고심은 원심판결을 파기하고 전체 소를 각하하여야 한다고 한다.

비교판례 ※ 항소심에서의 당사자 표시정정(원칙적으로 허용, 예외적으로 불허)

항소심이 제1심의 속심이고 사실심이라는 점, 당사자의 동일성을 해하지 않는다는 점에서 항소심에서의 당사자 표시정정은 상대방의 동의 없이 허용된다(대판 1978.8.22. 78다1205 : 반면 피고의 경정은 제1심 변론종결시까지만 허용된다. 제260조 1항) 그러나 제1심의 당사자표시정정에서 누락된 상속인을 항소심에서 정정추가하는 것은 1심에서 절차관여가 없었던 누락상속인의 심급의 이익을 침해할 수 있기 때문에 허용될 수 없다(대판 1974.7.16. 73다1190).

② [○] ※ 당사자가 소송대리인에게 소송위임을 한 다음 소 제기 전에 사망한 경우
判例는 "당사자가 사망하더라도 소송대리인의 소송대리권은 소멸하지 아니하므로(제95조 제1호), 당사자가 소송대리인에게 소송위임을 한 다음 소 제기 전에 사망하였는데 소송대리인이 당사자가 사망한 것을 모르고 당사자를 원고로 표시하여 소를 제기하였다면 소의 제기는 적법하고, 시효중단 등 소 제기의 효력은 상속인들에게 귀속된다. 이 경우 제233조 제1항이 유추적용되어 사망한 사람의 상속인들은 소송절차를 수계하여야 한다"(대판 2016.4.29. 2014다210449)고 판시하였다. 이 경우에도 소송대리인이 있으므로 소송절차는 중단되지 아니한다(대판 2016.4.29. 2014다210449).

[쟁점정리] 위 判例는 중단부분에 대해서는 제238조에 따라 제233조 1항을 적용하지 아니함으로써 소송절차가 중단되지 않지만, 수계에 대해서는 제233조 1항의 유추적용을 인정하고 있다(제238조 적용, 그러나 제233조 1항 유추적용). 따라서 위 判例는 소송대리인이 있는 경우이지만 수계절차가 요구된다는 것이 또 하나의 쟁점이 됨을 주의해야 한다.

③ [○], ⑤ [○] ※ 사망한 자를 채무자로 한 처분금지가처분결정의 효력(무효) 및 부동산소유권이전등기청구권 보전을 위한 가처분 후 본안승소판결에 기한 소유권이전등기가 이루어진 경우, 그 가처분에 대한 이의신청을 할 이익이 있는지 여부(소극)
"이미 사망한 자를 채무자로 한 처분금지가처분신청은 부적법하고 그 신청에 따른 처분금지가처분결정이 있었다고 하여도 그 결정은 당연무효로서 그 효력이 상속인에게 미치지 않는다고 할 것이므로, 채무자의 상속인은 일반승계인으로서 무효인 그 가처분결정에 의하여 생긴 외관을 제거하기 위한 방편으로 가처분결정에 대한 이의신청으로써 그 취소를 구할 수 있다고 할 것이나(⑤번 지문 해설), 부동산소유권이전등기청구권 보전을 위한 가처분의 본안소송에서 승소한 채권자가 그 확정판결에 기하여 소유권이전등기를 경료하게 되면 가처분의 목적이 달성되어 그 가처분은 이해관계인의 신청에 따라 집행법원의 촉탁으로 말소될 운명에 있는 것이므로, 특별한 사정이 없는 한 가처분에 대한 이의로 그 결정의 취소를 구할 이익이 없다고 할 것이다(③번 지문 해설)"(대판 2002.4.26. 2000다30578).

④ [○] ※ 절차중단 사유를 간과한 판결의 효력
대법원은 "소송계속 중 어느 일방 당사자의 사망에 의한 소송절차 중단을 간과하고 변론이 종결되어 판결이 선고된 경우에는 i) 상속인과의 관계에서 대립당사자구조가 존재하고 다만 수계 시까지 절차가 중단될 뿐인바, ii) 그 판결은 소송에 관여할 수 있는 적법한 수계인의 권한을 배제한 결과가 되는 절차상 위법은 있지만 그 판결이 당연무효라 할 수는 없고, iii) 다만 그 판결은 대리인에 의하여 적법하게 대리되지 않았던 경우와 마찬가지로 보아 대리권흠결을 이유로 상소(제424조 1항 4호) 또는 재심(제451조 1항 3호)에 의하여 그 취소를 구할 수 있을 뿐이다"(대판 1995.5.23. 94다28444)라고 판시하여 종래의 당연무효로 보던 입장에서 위법설의 입장으로 변경하였다.

[정답] ①

문 41 甲은 乙을 상대로 매매를 원인으로 한 소유권이전등기청구의 소를 제기하기 위하여 변호사 A를 소송대리인으로 선임하였는데, A가 법원에 소장을 제출하기 전에 甲이 사망하였고, A는 그러한 사실을 모르고 소장에 甲을 원고로 기재하여 위 소를 제기하였다. 甲에게는 상속인으로 丙, 丁이 있다. 제1심 법원은 원고의 청구를 기각하는 판결을 선고하였다. 이에 관한 설명 중 옳지 않은 것은? (다툼이 있는 경우 판례에 의함) [변시 9회]

① 제1심 법원이 판결서에 甲을 원고로 기재한 경우에도 위 판결의 효력이 丙과 丁에게 미친다.

② 甲이 A에게 상소를 제기할 권한을 수여한 경우 丙과 丁이 직접 항소하지 않고 A도 항소하지 않은 때에는, A가 제1심 판결 정본을 송달받은 날부터 2주가 경과하면 위 판결이 확정된다.

③ 甲이 A에게 상소를 제기할 권한을 수여한 경우 A가 丙만이 甲의 상속인인 줄 알고 丙에 대해서만 소송수계절차를 밟고 丙만을 항소인으로 표시하여 제1심 판결 전부에 대하여 항소를 제기한 때에는 丁에 대해서도 항소 제기의 효력이 미치므로, 丁은 항소심에서 소송수계를 하지 않더라도 항소인으로서 소송을 수행할 수 있다.

④ 甲이 A에게 제1심에 한하여 소송대리권을 수여한 경우 A에게 제1심 판결 정본이 송달된 때에 소송절차가 중단되지만, 丙과 丁의 소송수계에 의하여 소송절차가 다시 진행되면 그때부터 항소기간이 진행된다.

⑤ 甲이 A에게 제1심에 한하여 소송대리권을 수여한 경우 A에게 제1심 판결 정본이 송달된 후 丙과 丁이 소송수계절차를 밟지 않고 변호사 B에게 항소심에 대한 소송대리권을 수여하여 B가 甲 명의로 항소장을 제출한 때에는, 丙과 丁은 항소심에서 수계신청을 하고 B가 한 소송행위를 추인할 수 있다.

해설 ① [O] ※ 당사자가 사망하였으나 그를 위한 소송대리인이 있어 소송절차가 중단되지 않는 경우, 판결의 효력이 공동상속인에게 미치는지 여부(적극)

"민사소송법 제95조 제1호, 제238조에 따라 소송대리인이 있는 경우에는 당사자가 사망하더라도 소송절차가 중단되지 않고 소송대리인의 소송대리권도 소멸하지 아니하는바, 이때 망인의 소송대리인은 당사자 지위의 당연승계로 인하여 상속인으로부터 새로이 수권을 받을 필요 없이 법률상 당연히 상속인의 소송대리인으로 취급되어 상속인들 모두를 위하여 소송을 수행하게 되는 것이고, 당사자가 사망하였으나 그를 위한 소송대리인이 있어 소송절차가 중단되지 않는 경우에 비록 상속인으로 당사자의 표시를 정정하지 아니한 채 망인을 그대로 당사자로 표시하여 판결하였다고 하더라도 그 판결의 효력은 망인의 소송상 지위를 당연승계한 상속인들 모두에게 미치는 것이므로, 망인의 공동상속인 중 소송수계절차를 밟은 일부만을 당사자로 표시한 판결 역시 수계하지 아니한 나머지 공동상속인들에게도 그 효력이 미친다"(대판 2010.12.23. 2007다22859)

② [O] ※ 사망한 당사자의 소송대리인에게 상소제기에 관한 특별수권이 부여되어 있는 경우 상소제기 없이 상소기간이 지나가면 그 판결이 확정되는지 여부(적극)

"망인의 소송대리인에게 상소제기에 관한 특별수권이 부여되어 있는 경우에는, 그에게 판결이 송달되더라도 소송절차가 중단되지 아니하고 상소기간은 진행하는 것이므로 상소제기 없이 상소기간이 지나가면 그 판결은 확정되는 것이지만, 한편 망인의 소송대리인이나 상속인 또는 상대방 당사자에 의하여 적법하게 상소가 제기되면 그 판결이 확정되지 않는 것 또한 당연하다. 그런데 당사자 표시가 잘못되었음에도 망인의 소송상 지위를 당연승계한 정당한 상속인들 모두에게 효력이 미치는 판결에 대하여 그 잘못된 당사자 표시를 신뢰한 망인의 소송대리인이나 상대 당사자가 그 잘못 기재된 당사자 모두를 상소인 또는 피상소인으로 표시하여 상소를 제기한 경우에는, 상소를 제기한 자의 합리적 의사에 비추어 특별한 사정이 없는 한 정당한 상속인들 모두에게 효력이 미치는 위 판결 전부에 대하여 상소가 제기된 것으로 보는 것이 타당하다"(대판 2010.12.23. 2007다22859).

[쟁점정리] 상소제기의 특별수권을 가진 대리인이 있는 이상 판결정본이 송달되어도 소송절차는 중단되지 않는다. 따라서 판결정본 송달시부터 상소기간이 진행하고, 判例의 입장인 당연승계 긍정설(당사자사망시 상속인이 당사자의 지위를 당연승계하고 수계절차는 절차적으로 확인적 의미만 있을 뿐이라는 견해)에 의할 때 상소기간이 도과하면 상속인은 확정판결의 효력을 받게 된다.

③ [×] ※ 당사자가 소송대리인에게 소송위임을 한 다음 소 제기 전에 사망한 경우(제238조 적용. 그러나 제233조 1항 유추적용)
"당사자가 사망하더라도 소송대리인의 소송대리권은 소멸하지 아니하므로(제95조 제1호), 당사자가 소송대리인에게 소송위임을 한 다음 소 제기 전에 사망하였는데 소송대리인이 당사자가 사망한 것을 모르고 당사자를 원고로 표시하여 소를 제기하였다면 소의 제기는 적법하고, 시효중단 등 소 제기의 효력은 상속인들에게 귀속된다. 이 경우 제233조 제1항이 유추적용되어 사망한 사람의 상속인들은 소송절차를 수계하여야 한다"(대판 2016.4.29. 2014다210449)

[쟁점정리] 제233조 1항은 당사자 사망으로 인한 소송절차의 중단과 수계에 대해 규정하고 있다. 그런데 소송대리인이 있는 경우에는 제233조 1항을 적용하지 아니한다(제238조). 그리고 위 사안의 경우 당사자가 사망하더라도 소송대리인의 소송대리권은 소멸하지 아니하는 것으로 인정된다(제95조 제1호). 그러나 위 判例는 중단부분에 대해서는 제238조에 따라 제233조 1항을 적용하지 아니함으로써 소송절차가 중단되지 않지만, 수계에 대해서는 제233조 1항의 유추적용을 인정하고 있다. 따라서 위 判例는 소송대리인이 있는 경우이지만 수계절차가 요구된다는 것이 또 하나의 쟁점이 됨을 주의해야 한다.

[비교판례] ※ 소제기 후 당사자가 사망한 경우(제238조 적용. 따라서 제233조 1항 적용배제)
判例는 당사자가 사망하였으나 소송대리인이 있어 소송절차가 중단되지 아니한 경우 원칙적으로 소송수계라는 문제가 발생하지 아니하고 소송대리인은 상속인들 전원을 위하여 소송을 수행하게 되는 것이며, 그 사건의 판결은 상속인 전원에 대하여 효력이 있다고 한다(대결 1992.11.5. 91마342). 이 경우 소송절차가 중단되지 않기 때문에 중단을 해소하는 의미의 수계신청은 필요하지 않지만 상속인 등이 소송수계신청을 하는 것은 가능하다. 다만, 이는 당사자표시정정신청의 의미를 갖는다.

④ [○], ⑤ [○] ※ 심급대리원칙에 따른 소송절차 중단
"당사자가 사망하였으나 소송대리인이 있는 경우에는 소송절차가 중단되지 아니하고(민사소송법 제238조, 제233조 제1항), 그 소송대리인은 상속인들 전원을 위하여 소송을 수행하게 되며, 판결은 상속인들 전원에 대하여 효력이 있다. 이 경우 심급대리의 원칙상 판결정본이 소송대리인에게 송달되면 소송절차가 중단되므로 항소는 소송수계절차를 밟은 다음에 제기하는 것이 원칙이다(④번 해설). 다만 제1심 소송대리인이 상소제기에 관한 특별수권이 있어 상소를 제기하였다면 그 상소제기 시부터 소송절차가 중단되므로 항소심에서 소송수계절차를 거치면 된다.
그리고 소송절차 중단 중에 제기된 상소는 부적법하지만 상소심법원에 수계신청을 하여 그 하자를 치유시

킬 수 있으므로, 상속인들로부터 항소심 소송을 위임받은 소송대리인이 소송수계절차를 취하지 아니한 채 사망한 당사자 명의로 항소장 및 항소이유서를 제출하였더라도, 상속인들이 항소심에서 수계신청을 하고 소송대리인의 소송행위를 적법한 것으로 추인하면 그 하자는 치유된다(⑤번 해설) 할 것이고, 추인은 묵시적으로도 가능하다"(대판 2016.4.29. 2014다210449).

[정답] ③

> **문42** 甲은 乙을 상대로 대여금청구의 소를 제기하기 위하여 변호사 X를 소송대리인으로 선임하면서 상소 제기의 권한도 부여하였다. 그 후 甲은 사망하였고 甲의 상속인으로는 A, B, C가 있다. 이에 관한 설명 중 옳은 것을 모두 고른 것은? (다툼이 있는 경우 판례에 의함) [변시 7회]
>
> ㄱ. 甲이 소 제기 전에 사망하였는데 X가 그 사실을 모른 채 甲 명의로 소를 제기한 경우, 위 소는 부적법하다.
> ㄴ. 甲이 소송계속 중 사망한 경우, 소송절차는 중단되지 않고 X가 A, B, C 모두를 위한 소송대리인이 된다.
> ㄷ. 甲이 소송계속 중 사망하였는데 A와 B만이 상속인인 줄 알았던 X가 A와 B 명의로만 소송수계신청을 하여 A와 B만을 당사자로 표시한 제1심 판결이 선고되고 그 당사자 표시를 신뢰한 X가 A와 B만을 당사자로 표시하여 항소한 경우, A, B, C 모두에게 효력이 미치는 제1심 판결 전부에 대하여 항소가 제기된 것으로 보아야 한다.
> ㄹ. 위 ㄷ.에서 X는 항소하지 않고 A와 B만이 직접 항소한 경우에도 A, B, C 모두에게 효력이 미치는 제1심 판결 전부에 대하여 항소가 제기된 것으로 보아야 한다.
> ㅁ. 만일 X에게 상소 제기의 권한이 부여되지 않았다면 심급대리의 원칙상 제1심 판결이 선고될 때 소송절차가 중단된다.
>
> ① ㄱ, ㅁ   ② ㄴ, ㄷ
> ③ ㄴ, ㄹ   ④ ㄱ, ㄴ, ㄷ
> ⑤ ㄱ, ㄹ, ㅁ

해설 (ㄱ) [×] "당사자가 사망하더라도 소송대리인의 소송대리권은 소멸하지 아니하므로(민사소송법 제95조 제1호), 당사자가 소송대리인에게 소송위임을 한 다음 소 제기 전에 사망하였는데 소송대리인이 당사자가 사망한 것을 모르고 당사자를 원고로 표시하여 소를 제기하였다면 소의 제기는 적법하다"(대판 2016.4.2. 2014다210449).

(ㄴ) [○] "당사자가 사망하였으나 소송대리인이 있어 소송절차가 중단되지 아니한 경우 원칙적으로 소송수계라는 문제가 발생하지 아니하고 소송대리인은 상속인들 전원을 위하여 소송을 수행하게 되는 것이다"(대결 1992.11.5. 91마342).

(ㄷ) [○] ※ 소송대리인이 상속인 일부를 누락하고 항소한 경우
제1심 소송 계속 중 원고가 사망하자 공동상속인 중 甲만이 수계절차를 밟아 甲만을 망인의

소송수계인으로 표시하여 원고 패소 판결을 선고한 제1심판결에 대하여, 상소제기의 특별수권을 부여받은 망인의 **소송대리인이 항소인을 甲으로 기재하여 항소를 제기**하였고, 항소심 소송 계속 중에 망인의 공동상속인 중 乙 등이 소송수계신청을 한 사안에서 判例는, "제1심판결의 효력은 그 당사자 표시의 잘못에도 불구하고 당연승계에 따른 수계적격자인 망인의 상속인들 모두에게 미치는 것인데 그 항소 역시 소송수계인으로 표시되지 아니한 나머지 상속인들 모두에게 효력이 미치는 위 제1심판결 전부에 대하여 제기된 것으로 보아야 할 것이므로 위 항소로 인하여 제1심판결 전부에 대하여 확정이 차단되고 항소심절차가 개시되었으며, 다만 제1심에서 이미 수계한 甲 외에 망인의 나머지 상속인들 모두의 청구 부분과 관련하여서는 항소제기 이후로 소송대리인의 소송대리권이 소멸함에 따라 민사소송법 제233조에 의하여 그 소송절차는 중단된 상태에 있었다고 보아야 할 것이고, 따라서 원심으로서는 망인의 정당한 상속인인 乙 등의 위 소송수계신청을 받아들여 그 부분 청구에 대하여도 심리 판단하였어야 한다"(대판 2010.12.23. 2007다22859)고 보았다.

[판례해설] 누락상속인에 대해 대리할 권한이 없는 일부상속인이 스스로 항소한 아래 91마342 사안과 달리, 2007다22859 사안은 모든 상속인을 대리할 권한을 가진 소송대리인이 항소한 경우이다. 따라서 소송대리인의 항소제기의 효과는 모든 상속인에게 미치므로, 判例의 견해에 따르면 공동상속인 중 乙 등의 소송수계신청이 가능하다. 따라서 이 경우엔 누락상속인의 구제책이 문제되지 않는다.

(ㄹ) [×] ※ 일부 상속인만이 스스로 항소한 경우

判例는 제1심 소송 계속 중 원고가 사망하고 1심 패소 판결 후 **일부 상속인만이 항소제기**를 한 사안에서 "당사자가 사망하였으나 소송대리인이 있어 소송절차가 중단되지 아니한 경우 원칙적으로 소송수계라는 문제가 발생하지 아니하고 소송대리인은 상속인들 전원을 위하여 소송을 수행하게 되는 것이며 그 사건의 판결은 상속인들 전원에 대하여 효력이 있다 할 것이고, 소송대리인이 상소제기의 특별수권을 부여받고 있었으므로 항소제기기간은 진행된다고 하지 않을 수 없어 제1심판결 중 나머지 상속인의 상속지분에 해당하는 부분은 그들(누락상속인)이나 소송대리인이 항소를 제기하지 아니한 채 항소제기기간이 도과하여 이미 그 판결이 확정되었다고 하지 않을 수 없다"(대결 1992.11.5. 91마342)고 하였다.

[판례해설] 상소제기의 특별수권을 가진 대리인이 있는 이상 판결정본이 송달되어도 소송절차는 중단되지 않는다. 따라서 판결정본 송달시부터 상소기간이 진행하고, 判例의 입장인 당연승계 긍정설(당사자사망시 상속인이 당사자의 지위를 당연승계하고 수계절차는 절차적으로 확인적 의미만 있을 뿐이라는 견해)에 의할 때 상소기간이 도과하면 상속인은 확정판결의 효력을 받게 된다. 그런데 공동상속인의 재산관계는 공유관계로서 소송형태는 통상공동소송에 해당하므로 소송진행의 통일이 요구되지 않아 상소불가분원칙이 적용되지 않는다. 따라서 공동상속인 중 일부상속인만이 항소한 경우 항소하지 못한 공동상속인(누락상속인)은 이심되지 않고 결국 제1심판결에 관여하지도 못한 채 제1심의 패소판결의 효력을 받게 된다. 따라서 상소하지 못한 상속인의 구제책이 논의되는 바, 判例의 입장대로 판결의 확정효력이 미치는 한 누락상속인을 위한 추완상소를 인정하거나 손해배상을 인정함이 타당하다.

(ㅁ) [×] "당사자가 사망하였으나 그를 위한 소송대리인이 있는 경우에는 소송절차가 중단되지 아니하고, 그 소송대리인은 상속인들 전원을 위하여 소송을 수행하게 되어 그 사건의 판결은 상속인들 전원에 대하여 효력이 있다고 할 것이며, 다만 심급대리의 원칙상 그 판결정본이 소송대리인에게 송달된 때에는 소송절차가 중단된다"(대판 1996.2.9. 94다61649).

[정답] ②

문43 乙은 자동차 사고에 대비하여 丁 보험주식회사와 책임보험계약을 체결하였다. 그 후 甲은 乙이 운전하는 차량에 부딪혀 중상을 입자 변호인 丙을 소송대리인으로 선임하여 乙을 상대로 불법행위를 원인으로 하는 손해배상청구소송을 제기하였다. 甲은 제1심 소송계속 중 사망하였고 상속인으로 A, B 및 가족과 연락을 끊고 미국에 사는 C가 있었으나, 丙은 A, B만 상속인으로 알고 A, B에 대해서만 수계절차를 밟았다. 위 사건에 관하여 제1심 법원은 청구기각판결을 하였고 상소제기의 특별수권을 받았던 丙은 A, B만을 항소인으로 표시하여 항소를 제기하였다. 다음 설명 중 옳지 않은 것은? (다툼이 있는 경우에는 판례에 의함) [변시 3회]

① 甲이 사망하였으므로 소송절차가 중단되는 것이 원칙이나, 소송대리인 丙이 있으므로 소송절차는 중단되지 않는다.

② 甲의 사망 후 원고는 상속인인 A, B, C가 되고 甲에 의해 선임된 소송대리인 丙은 상속인들 모두의 대리인이 된다.

③ 위 손해배상청구소송은 통상공동소송이다.

④ 비록 丙이 A, B만 상속인으로 알고 C를 위하여 항소를 하지 않았다고 하여도, C는 상속이 되었다는 사실을 알기 힘들고 대리인 丙도 마찬가지이므로 당사자가 책임질 수 없는 사유에 의해 항소를 하지 못한 경우에 해당하여 추후보완항소를 할 수 있다.

⑤ 甲의 상속인들은 乙이 책임을 질 사고로 입은 손해에 대하여 보험금액의 한도 내에서 丁에게 직접 보상을 청구할 수 있다.

[해 설] ① [O] ② [O] ④ [X] "ⅰ) 민사소송법 제95조 제1호, 제238조에 따라 소송대리인이 있는 경우에는 당사자가 사망하더라도 소송절차가 중단되지 않고(①번 관련 해설) 소송대리인의 소송대리권도 소멸하지 아니하는바, 이때 망인의 소송대리인은 당사자 지위의 당연승계로 인하여 상속인으로부터 새로이 수권을 받을 필요 없이 법률상 당연히 상속인의 소송대리인으로 취급되어 상속인들 모두를 위하여 소송을 수행하게 되는 것이고(②번 관련 해설), 당사자가 사망하였으나 그를 위한 소송대리인이 있어 소송절차가 중단되지 않는 경우에 비록 상속인으로 당사자의 표시를 정정하지 아니한 채 망인을 그대로 당사자로 표시하여 판결하였다고 하더라도 그 판결의 효력은 망인의 소송상 지위를 당연승계한 상속인들 모두에게 미치는 것이므로, 망인의 공동상속인 중 소송수계절차를 밟은 일부만을 당사자로 표시한 판결 역시 수계하지 아니한 나머지 공동상속인들에게도 그 효력이 미친다.

ⅱ) 망인의 소송대리인에게 상소제기에 관한 특별수권이 부여되어 있는 경우에는, 그에게 판결이 송달되더라도 소송절차가 중단되지 아니하고 상소기간은 진행하는 것이므로 상소제기 없이 상소기간이 지나가면 그 판결은 확정되는 것이지만, 한편 망인의 소송대리인이나 상속인 또는 상대방 당사자에 의하여 적법하게 상소가 제기되면 그 판결이 확정되지 않는 것 또한 당연하다. 그런데 당사자 표시가 잘못되었음에도 망인의 소송상 지위를 당연승계한 정당한 상속인들 모두에게 효력이 미치는 판결에 대하여 그 잘못된 당사자 표시를 신뢰한 망인의 소송대리인이나 상대방 당사자가 그 잘못 기재된 당사자 모두를 상소인 또는 피상소인으로 표시하여 상소를 제기한 경우에는, 상소를 제기한 자의 합리적 의사에 비추어 특별한 사정이 없는 한 정당한 상속인들 모두에게 효력이 미치는 위 판결 전부에 대하여 상소가 제기된 것으로 보는 것이 타당하다(④번 관련 해설)"(대판 2010.12.23. 2007다22859).

☞ 그러므로 소송대리인 丙이 수계신청한 당사자인 A, B만을 표시한 제1심 판결을 신뢰하여 A와 B만을 항소인으로 표시하여 항소하였더라도 丙은 C를 위해서도 항소제기를 할 수 있는

권한을 가지고 있기 때문에 수계신청하지 않은 상속인 C를 위해서도 적법한 항소제기가 있는 것으로 보아야 한다. 따라서 C에 대한 항소심이 계속되고 있는 것이므로 추후보완항소는 할 수 없다.

[쟁점정리] 대법원은 당연승계긍정설의 입장에서, "일응 대립당사자 구조를 갖추고 적법히 소가 제기되었다가 소송도중 어느 일방의 당사자가 사망함으로 인해서 그 당사자로서의 자격을 상실하게 된 때에는 그 대립당사자 구조가 없어져 버린 것이 아니고, 그때부터 그 소송은 그의 지위를 당연히 이어 받게 되는 상속인들과의 관계에서 대립당사자 구조를 형성하여 존재하게 되는 것"(대판 1995.5.23. 94다28444)이라고 하여 "당사자가 사망하였으나 소송대리인이 있어 소송절차가 중단되지 아니한 경우 원칙적으로 소송수계라는 문제가 발생하지 아니하고 소송대리인은 상속인들 전원을 위하여 소송을 수행하게 되는 것이며 그 사건의 판결은 상속인들 전원에 대하여 효력이 있다"고 판시한다(대결 1992.11.5. 91마342).

③ [O] "공동상속재산은 상속인들의 공유"(대판 1996.2.9. 94다61649)이므로 공동상속인 A, B, C는 甲의 손해배상채권을 준공유한다. 이 경우 실체법상 관리처분권이 공동귀속되지 않으므로(민법 제263조), 사안의 손해배상청구소송은 통상공동소송이다.

[관련판례] "소송계속중 당사자인 피상속인이 사망한 경우 공동상속재산은 상속인들의 공유이므로 소송의 목적이 공동상속인들 전원에게 합일확정되어야 할 필요적 공동소송관계라고 인정되지 아니하는 이상 반드시 공동상속인 전원이 공동으로 수계하여야 하는 것은 아니며, 수계되지 아니한 상속인들에 대한 소송은 중단된 상태로 그대로 피상속인이 사망한 당시의 심급법원에 계속되어 있다"(대판 1993.2.12. 92다29801).

⑤ [O] 제3자는 피보험자가 책임을 질 사고로 입은 손해에 대하여 보험금액의 한도내에서 보험자에게 직접 보상을 청구할 수 있다(상법 제724조 2항).

[정답] ④

문44 甲은 乙을 상대로 불법행위에 기한 손해배상청구의 소를 제기하였다. 이에 관한 설명 중 옳은 것을 모두 고른 것은? (다툼이 있는 경우 판례에 의함) [변시 6회]

ㄱ. 乙이 소 제기 전에 이미 사망하였음에도 법원이 이를 간과하고 본안판결을 선고하였다면 이 판결은 당연무효이다.

ㄴ. 乙이 소송계속 후 변론종결 전에 사망하여 소송절차 중단사유가 발생하였음에도 이를 간과하고 선고한 판결은 당연무효는 아니다.

ㄷ. 乙이 변론종결 후에 사망한 때에도 판결의 선고는 가능하다.

ㄹ. 乙이 소송계속 중 사망하더라도 乙을 위한 소송대리인 丙이 있다면 소송절차는 중단되지 않으며 상속인이 수계절차를 밟지 않더라도 丙은 상속인의 소송대리인이 된다.

ㅁ. 甲이 소송대리인 丙에게 소송위임을 한 다음 소 제기 전 사망하였음에도 丙이 이를 모르고 甲을 원고로 표시하여 소를 제기한 경우, 이 소는 부적법하므로 각하되어야 한다.

① ㄱ, ㄴ, ㄷ   ② ㄱ, ㄴ, ㅁ
③ ㄴ, ㄹ, ㅁ   ④ ㄱ, ㄴ, ㄷ, ㄹ
⑤ ㄱ, ㄷ, ㄹ, ㅁ

[해설] ㄱ. [○] "사망자를 피고로 하는 소제기는 원고와 피고의 대립당사자 구조를 요구하는 민사소송법 상의 기본원칙이 무시된 부적법한 것으로서 실질적 소송관계가 이루어질 수 없으므로, 그와 같은 상태에서 제1심판결이 선고되었다 할지라도 판결은 당연무효이다"(대판 2015.1.29. 2014다 34041).

ㄴ. [○] 대법원은 "소송계속 중 어느 일방 당사자의 사망에 의한 소송절차 중단을 간과하고 변론 이 종결되어 판결이 선고된 경우에는 ⅰ) 상속인과의 관계에서 **대립당사자구조가 존재하고** 다만 수계시까지 절차가 중단될 뿐인바, ⅱ) 그 판결은 소송에 관여할 수 있는 적법한 수계인의 권 한을 배제한 결과가 되는 **절차상 위법은 있지만 그 판결이 당연무효라 할 수는 없고,** ⅲ) 다만 그 판 결은 대리인에 의하여 적법하게 대리되지 않았던 경우와 마찬가지로 보아 **대리권흠결을 이유로 상소**(제424조 1항 4호) **또는 재심**(제451조 1항 3호)**에 의하여 그 취소를 구할 수 있을 뿐이다"**(대판 1995.5.23. 94다28444)라고 판시하여 종래의 당연무효로 보던 입장에서 위법설의 입장으로 변경 하였다.

ㄷ. [○] 변론종결 뒤에 당사자가 사망한 경우에도 판결을 선고할 수 있고(제247조 1항), 이러한 판결은 유효하며, 그 판결이 확정되면 변론종결 뒤의 승계인인 상속인에게 기판력이 미친다 (제218조 1항).

[참고판례] "이 사건의 청구인이던 갑이 원심의 변론종결후에 사망하였음에도 원심이 소송수계 절차없이 판결을 선고하였다고 하더라도 위법이라 할 수 없다"(대판 1989.9.26. 87므13).

ㄹ. [○] "민사소송법 제95조 제1호, 제238조에 따라 소송대리인이 있는 경우에는 당사자가 사망 하더라도 소송절차가 중단되지 않고 소송대리인의 소송대리권도 소멸하지 아니하는바, 이때 망인의 소송대리인은 당사자 지위의 당연승계로인하여 상속인으로부터 새로이 수권을 받을 필 요 없이 법률상 당연히 상속인의 소송대리인으로 취급되어 상속인들 모두를 위하여 소송을 수 행하게 되는 것이다"(대판 2010.12.23. 2007다22859).

ㅁ. [×] "당사자가 사망하더라도 소송대리인의 소송대리권은 소멸하지 아니하므로 (민사소송법 제 95조 제1호), 당사자가 소송대리인에게 소송위임을 한 다음 소 제기 전에 사망하였는데 소송대리인이 당 사자가 사망한 것을 모르고 당사자를 원고로 표시하여 소를 제기하였다면 소의 제기는 적법하고, 시효중 단 등 소 제기의 효력은 상속인들에게 귀속된다. 이 경우 민사소송법 제233조 제1항이 유추적 용되어 사망한 사람의 상속인들은 소송절차를 수계하여야 한다"(대판 2016.4.29. 2014다210449)

[정답] ④

제4장 증 거
제3절 불요증사실

문 45 불요증사실에 관한 기술 중 옳은 것을 모두 고른 것은? (다툼이 있는 경우에는 판례에 의함)   [변시 1회]

ㄱ. 불요증사실로서 법원에 현저한 사실은 판결을 하여야 할 법원의 법관이 직무상 경험으로 그 사실의 존재에 관하여 명확한 기억을 하고 있는 사실뿐만 아니라, 기록 등을 조사하여 곧바로 그 내용을 알 수 있는 사실도 포함한다.

ㄴ. 피해자의 장래수입상실액을 인정하는 데 이용되는 고용형태별근로(직종별임금)실태조사보고서와 한국직업사전의 각 존재 및 그 기재 내용을 법원에 현저한 사실로 보아, 법원은 그것을 기초로 피해자의 일실수입을 산정할 수 있다.

ㄷ. 원고가 주장한 사실에 대해서 자백간주가 되었다면, 피고는 그 뒤 변론종결시까지 그 사실을 다투더라도 자백간주의 효과를 번복할 수 없다.

ㄹ. 자백의 취소에 있어 그 자백이 진실에 부합하지 않는 것임이 증명된 경우라도 나머지 요건인 그 자백이 착오로 인한 것이라는 점은 변론 전체의 취지만에 의하여 인정할 수 없다.

ㅁ. 당사자가 주장하지 않았음에도, 법원이 당해 법원의 다른 판결에서 인정한 사실관계를 법원에 현저한 사실로 인정한 것은 변론주의를 위반한 것이다.

① ㄴ, ㅁ
② ㄹ, ㅁ
③ ㄱ, ㄴ, ㄷ
④ ㄱ, ㄴ, ㅁ
⑤ ㄱ, ㄷ, ㄹ

해설 ㄱ. [○] ㄴ. [○] "ⅰ) 민사소송법 제261조 소정의 '법원에 현저한 사실'이라 함은 법관이 직무상 경험으로 알고 있는 사실로서 그 사실의 존재에 관하여 명확한 기억을 하고 있거나 또는 기록 등을 조사하여 곧바로 그 내용을 알 수 있는 사실을 말한다(㉠ 관련 해설). ⅱ) 피해자의 장래수입상실액을 인정하는 데 이용되는 직종별임금실태조사보고서와 한국직업사전의 각 존재 및 그 기재 내용을 법원에 현저한 사실로 보아, 그를 기초로 피해자의 일실수입을 산정한 조치는, 객관적이고 합리적인 방법에 의한 것이라고 보여지므로 옳다(㉡ 관련 해설)"(대판 1996.7.18. 전합94다20051).

ㄷ. [✕] 재판상 자백은 법원과 당사자를 구속하나, 자백간주는 법원에 대해 구속력을 가질 뿐이고 당사자를 구속하지 않는다.

관련판례 "제1심에서 의제자백이 있었다고 하더라도 항소심에서 변론종결시까지 이를 다투었다면 자백의 의제는 할 수 없다"(대판 1987.12.8. 87다368).

"민사소송법 제150조 제1항은 '당사자가 변론에서 상대방이 주장하는 사실을 명백히 다투지 아니한 때에는 그 사실을 자백한 것으로 본다. 다만, 변론 전체의 취지로 보아 그 사실에 대하여 다툰 것으로 인정되는 경우에는 그러하지 아니하다.'고 규정하고 있는바, 당사자는 변론이 종결될 때까지 어느 때라도 상대방의 주장사실을 다툼으로써 자백간주를 배제시킬 수 있고, 상대방의 주장사실을 다투었다고 인정할 것인가의 여부는 사실심 변론종결 당시의 상태에서 변론의 전체를 살펴서 구체적으로 결정하여야 할 것이다"(대판 2004.9.24. 2004다21305)

ㄹ. [X] 자백이 진실에 반하는 경우 착오는 변론전체의 취지로도 인정이 가능하다.
"재판상의 자백에 대하여 상대방의 동의가 없는 경우에는 자백을 한 당사자가 그 자백이 진실에 부합되지 않는다는 것과 자백이 착오에 기인한다는 사실을 증명한 경우에 이를 취소할 수 있는바, 이때 진실에 부합하지 않는다는 사실에 대한 증명은 그 반대되는 사실을 직접증거에 의하여 증명함으로써 할 수 있지만, 자백사실이 진실에 부합하지 않음을 추인할 수 있는 간접사실의 증명에 의하여도 가능하다고 할 것이고, 또 자백이 진실에 반한다는 증명이 있다고 하여 그 자백이 착오로 인한 것이라고 추정되는 것은 아니지만 그 **자백이 진실과 부합되지 않는 사실이 증명된 경우라면 변론의 전취지에 의하여 그 자백이 착오로 인한 것이라는 점을 인정할 수 있다**"(대판 2000.9.8. 2000다23013).

ㅁ. [O] 현저한 사실은 불요증사실일 뿐, 변론주의가 적용되므로 주요사실인 한 당사자의 주장이 필요하다.
"변론주의가 적용되는 소송절차에서 법원에 현저한 사실도 그 사실이 주요사실인 경우에는 당사자의 주장이 있어야만 비로소 판결의 기초로 할 수 있다"(대판 1965.3.2. 64다1761)

[정답] ④

문 46 재판상 자백에 관한 설명 중 옳지 않은 것은? (다툼이 있는 경우 판례에 의함)　　　　[변시 7회]

① 일단 자기에게 불리한 사실을 진술한 당사자도 그 후 상대방의 원용이 있기 전에는 그 진술을 철회하고 이와 모순되는 진술을 자유로이 할 수 있으며, 이 경우 앞의 자인사실은 소송자료에서 제거된다.

② 재판상 자백을 취소하려면 당사자는 그 자백이 진실에 어긋난다는 것 외에 착오로 말미암은 것임을 아울러 증명하여야 하며, 진실에 어긋나는 것임이 증명되었다고 하여 착오로 말미암은 것으로 추정되지는 않는다.

③ 재판상 자백을 취소하는 경우, 진실에 어긋난다는 사실에 대한 증명은 그 반대되는 사실을 직접증거로 증명함으로써 할 수 있지만 자백사실이 진실에 어긋남을 추인할 수 있는 간접사실의 증명으로도 가능하다.

④ 타인의 불법행위로 인하여 피해자가 상해를 입거나 사망한 경우, 그 손해배상을 구하는 소에서 피해자의 사고 당시 수입은 재판상 자백의 대상이 된다.

⑤ 「민사소송법」 제150조 제3항 본문의 요건이 구비되어 자백간주의 효과가 발생하였다 하더라도 그 이후의 변론기일에 대한 소환장이 공시송달의 방법으로 송달되었다면 위 조항의 단서에 따라 자백간주의 효과가 상실된다.

해설 ① [○] 재판상 자백의 일종인 이른바 선행자백은 당사자 일방이 자진하여 자기에게 불리한 사실상의 진술을 한 후 상대방이 이를 원용함으로써 사실에 관하여 당사자 쌍방의 주장이 일치함을 요하므로 일치가 있기 전에는 전자의 진술을 선행자백이라 할 수 없고, 따라서 일단 자기에게 불리한 사실을 진술한 당사자도 그 후 상대방의 원용이 있기 전에는 자인한 진술을 철회하고 이와 모순되는 진술을 자유로이 할 수 있으며 이 경우 앞의 자인사실은 소송자료에서 제거된다(대판 2016.6.9. 2014다64752).

② [○] **제288조 (불요증사실)** 「법원에서 당사자가 자백한 사실과 현저한 사실은 증명을 필요로 하지 아니한다. 다만, 진실에 어긋나는 자백은 그것이 착오로 말미암은 것임을 증명한 때에는 취소할 수 있다.」
자백을 취소하는 당사자는 그 자백이 진실에 반한다는 것 외에 착오로 인한 것임을 아울러 증명하여야 하고, 진실에 반하는 것임이 증명되었다고 하여 착오로 인한 자백으로 추정되는 것은 아니다(대판 2010.2.11. 2009다84288,84295).

③ [○] 재판상의 자백에 대하여 상대방의 동의가 없는 경우에는 자백을 한 당사자가 그 자백이 진실에 부합되지 않는다는 것과 자백이 착오에 기인한다는 사실을 증명한 경우에 이를 취소할 수 있는바, 이때 진실에 부합하지 않는다는 사실에 대한 증명은 그 반대되는 사실을 직접증거에 의하여 증명함으로써 할 수 있지만, 자백사실이 진실에 부합하지 않음을 추인할 수 있는 간접사실의 증명에 의하여도 가능하다고 할 것이고, 또 자백이 진실에 반한다는 증명이 있다고 하여 그 자백이 착오로 인한 것이라고 추정되는 것은 아니지만 그 자백이 진실과 부합되지 않는 사실이 증명된 경우라면 변론의 전취지에 의하여 그 자백이 착오로 인한 것이라는 점을 인정할 수 있다(대판 2000.9.8. 2000다23013).

④ [○] 타인의 불법행위로 인하여 피해자가 상해를 입게 되거나 사망하게 된 경우, 피해자가 입게 된 소극적 손해인 일실수입은 피해자의 사고 당시 수입을 기초로 하여 산정하게 되므로 피해자의 사고 당시 수입은 자백의 대상이 된다(대판 1998.5.15. 96다24668).

⑤ [✕] 민사소송법 제150조 3항 본문 소정의 자백간주의 요건이 구비되어 일단 **자백간주로서의 효과**가 발생한 때에는 그 이후의 기일에 대한 소환장이 송달불능으로 되어 공시송달하게 되었다고 하더라도 이미 발생한 **자백간주의 효과**가 상실되는 것은 아니라고 할 것이므로 위 규정에 의하여 자백한 것으로 간주하여야 할 사실을 증거 판단하여 자백 간주된 사실에 배치되는 사실인정을 하는 것은 위법이라고 할 것이다(대판 1988.2.23. 87다카961).

[정답] ⑤

문47 甲은 乙에게 매매계약에 기한 매매대금 청구의 소를 제기하면서 매매계약서를 그 증거로 제출하였다. 乙은 제1회 변론기일에서 甲이 주장하는 매매계약 체결사실과 매매계약서의 진정성립을 인정하였다. 그후 乙은 매매계약 체결사실을 다투고자 한다. 이 사안에 관한 설명 중 옳지 않은 것은? (다툼이 있는 경우 판례에 의함)　　　　　　　　　　　　　　　　[변시 4회]

① 乙이 위 자백을 취소하려면 그 자백이 진실에 어긋나는 것 외에 착오로 인한 것임을 아울러 증명하여야 하고, 진실에 어긋나는 것임이 증명되었다고 하여 착오로 인한 자백으로 추정되지는 않는다.

② 乙의 자백 취소에 대하여 甲이 동의하면 진실에 어긋나는지 여부나 착오 여부와는 상관없이 자백의 취소는 인정된다.

③ 乙의 위 자백이 진실에 어긋난다는 사실이 증명된 경우라면 변론 전체의 취지에 의하여 그 자백이 착오로 인한 것이라는 점을 법원이 인정할 수 있다.

④ 乙이 매매계약서의 진정성립에 관하여 한 자백은 보조사실에 관한 자백이어서 이를 자유롭게 취소할 수 있다.

⑤ 乙의 위 자백이 진실에 어긋난다는 사실의 증명은 간접사실의 증명에 의하여도 가능하다.

[해설] ① [O] 진실에 어긋나는 자백은 그것이 착오로 말미암은 것임을 증명한 때에는 취소할 수 있다 (민사소송법 제288조 단서). 따라서 "자백을 취소하는 당사자는 그 자백이 진실에 반한다는 것 외에 착오로 인한 것임을 아울러 증명하여야 하고, 진실에 반하는 것임이 증명되었다고 하여 착오로 인한 자백으로 추정되는 것은 아니다"(대판 2010.2.11. 2009다84288).

② [O] "자백은 사적자치의 원칙에 따라 당사자의 처분이 허용되는 사항에 관하여 그 효력이 발생하는 것이므로, 일단 자백이 성립되었다고 하여도 그 후 그 자백을 한 당사자가 위 자백을 취소하고 이에 대하여 상대방이 이의를 제기함이 없이 동의하면 반진실, 착오의 요건은 고려할 필요없이 자백의 취소를 인정하여야 할 것"(대판 1994.9.27. 94다22897).

　　[비교판례] "자백은 진실에 반하고 착오에 의한 것임을 증명한 때 한하여 취소할 수 있는 것이고 자백취소에 대하여 상대방이 아무런 이의를 제기하고 있지 않다는 점만으로 그 취소를 인정할 수는 없다"(대판 1987.7.7. 87다카69).

③ [O] "자백이 진실에 반한다는 증명이 있다고 하여 그 자백이 착오로 인한 것이라고 추정되는 것은 아니지만 그 자백이 진실과 부합되지 않는 사실이 증명된 경우라면 변론의 전취지에 의하여 그 자백이 착오로 인한 것이라는 점을 인정할 수 있다"(대판 2000.9.9. 2000다23013).

④ [X] "문서의 성립에 관한 자백은 보조사실에 관한 자백이기는 하나 그 취소에 관하여서는 다른 간접사실에 관한 자백의 취소와는 달리 주요사실의 자백취소와 동일하게 처리하여야 할 것이므로 문서의 진정성립을 인정한 당사자는 자유롭게 이를 철회할 수 없는 것이다"(대판 1988.12.20. 88다카3083).

　　[비교판례] "이는 문서에 찍힌 인영의 진정함을 인정하였다가 나중에 이를 철회하는 경우에도 마찬가지로 보아야 할 것"(대판 2001.4.24. 2001다5654).

⑤ [O] "재판상의 자백에 대하여 상대방의 동의가 없는 경우에는 자백을 한 당사자가 그 자백이 진실에 부합되지 않는다는 것과 자백이 착오에 기인한다는 사실을 증명한 경우에 한하여 이를 취소할 수 있으나, 이때 진실에 부합하지 않는다는 사실에 대한 증명은 그 반대되는 사실을 직접증거에 의하여 증명함으로써 할 수 있지만 자백사실이 진실에 부합하지 않음을 추인할 수 있는 간접사실의 증명에 의하여도 가능하다"(대판 2004.6.11. 2004다13533).

[정답] ④

문 48 재판상 자백에 관한 설명 중 옳지 않은 것은? (다툼이 있는 경우 판례에 의함) [변시 6회]

① 당사자가 변론에서 상대방이 주장하기도 전에 스스로 자신에게 불이익한 사실을 진술하였더라도, 상대방이 이를 명시적으로 원용하거나 그 진술과 일치되는 진술을 하게 되면 재판상 자백이 성립된다.

② 문서에 찍힌 인영의 진정함을 인정하였더라도 당사자는 자유롭게 이를 철회할 수 있다.

③ 부동산의 시효취득에서 점유기간의 산정기준이 되는 점유개시의 시기에 관한 자백은 법원이나 당사자를 구속하지 않는다.

④ 상대방에게 송달된 준비서면에 자백에 해당하는 내용이 기재되어 있는 경우, 그것이 변론기일에서 진술 또는 진술간주되어야 재판상 자백이 성립한다.

⑤ 재판상 자백이 성립하면 법원이 증거조사의 결과 반대의 심증을 얻었다 하여도 자백과 배치되는 사실을 인정할 수 없다.

해설 ① [O] 당사자 일방이 먼저 불리한 진술을 하는 경우를 선행자백이라 하고, 상대방이 이를 원용하면 재판상 자백이 된다. 判例도 "당사자 일방이 상대방의 주장에 앞서서 자기에게 불이익한 사실을 진술한 선행자백의 경우에, 상대방이 이를 원용하거나 그에 상응하는 주장을 한 때에는 자백의 효력이 있으나, 상대방이 원용하기 전까지는 그 진술을 철회하고 이와 모순되는 진술을 자유로이 할 수 있으며 이때에는 소송자료에서 제거되므로 그 후에는 원용할 수 없다"(대판 1992.8.14. 92다14724)고 판시하였다(참고로 判例는 상대방의 원용이 있으면 선행자백이라 하고, 학설은 선행자백에 대하여 원용이 있으면 재판상 자백이 된다고 하여 용어 사용에 차이가 있다).

② [X] 문서의 성립에 관한 자백은 보조사실에 관한 자백이기는 하나 그 취소에 관하여는 다른 간접사실에 관한 자백취소와는 달리 주요사실의 자백취소와 동일하게 처리하여야 할 것이므로 문서의 진정성립을 인정한 당사자는 자유롭게 이를 철회할 수 없고, 문서에 찍힌 인영의 진정성립에 관하여도 자백의 효력이 생긴다(대판 2001.4.24. 2001다5654).

③ [O] 자백의 대상이 될 수 있는 것은 구체적 사실에 한한다. 간접사실이나 보조사실에 관하여는 구속력이 생기지 아니한다. "부동산의 시효취득에 있어서 점유기간의 산정기준이 되는 점유개시의 시기는 취득시효의 요건사실인 점유기간을 판단하는 데 간접적이고 수단적인 구실을 하는 간접사실에 불과하므로, 이에 대한 자백은 법원이나 당사자를 구속하지 않는다"(대판 2007.2.8. 2006다28065).

④ [O] "법원에 제출되어 상대방에게 송달된 답변서나 준비서면에 자백에 해당하는 내용이 기재되어 있는 경우라도 그것이 변론기일이나 변론준비기일에서 진술 또는 진술간주되어야 재판상 자백이 성립한다"(대판 2015.2.12. 2014다229870).

⑤ [O] "법원은 증거조사 및 변론 전체의 취지로부터 자백한 사실과 반대되는 심증을 얻었다 하더라도 자백사실에 반하는 사실을 인정할 수 없다. 다만 직권탐지주의가 적용되는 경우나 소송요건 등의 직권조사사항에 대하여는 자백의 효력이 인정되지 않는다"(대판 2002.5.14. 2000다42908).

[정답] ②

문 **49** 재판상 자백에 관한 설명 중 옳지 않은 것은? (다툼이 있는 경우 판례에 의함) [변시 11회]

① 법정변제충당의 순서를 정하는 기준이 되는 이행기나 변제이익에 관한 사항은 물론 법정변제충당의 순서 자체에 관한 사항도 자백의 대상이 될 수 있다.

② 당사자 일방이 한 진술에 잘못된 계산이나 기타 표현상의 잘못이 있고, 그 잘못이 분명한 경우에는 상대방이 이를 원용하더라도 자백이 성립하지 않는다.

③ 당사자 일방이 자진하여 자기에게 불리한 사실상 진술을 한 후 그 상대방이 이를 원용함으로써 그 사실에 관한 당사자 쌍방의 주장이 일치하기 전에는 위 당사자 일방의 불리한 진술은 자백으로서의 효력이 생기지 않는다.

④ 종중이 당사자인 사건에서 그 종중의 대표자에게 적법한 대표권이 있는지 여부는 자백의 대상이 될 수 없다.

⑤ 甲이 乙을 상대로 제기한 A 토지에 관한 소유권이전등기말소청구 소송에서 乙이 A 토지의 소유권이전등기가 아무런 원인 없이 이루어졌다는 甲의 주장사실을 인정함으로써 자백이 성립된 후, 甲이 새로이 명의신탁 사실을 주장하며 명의신탁해지를 원인으로 한 소유권이전등기를 구하는 것으로 청구취지 및 청구원인을 교환적으로 변경함으로써 원래의 주장사실을 철회하였다면, 乙은 위 등기가 원인 없이 이루어진 것이 아니라는 주장을 할 수 있다.

해설 ① [X] ※ **법률상 진술**(권리자백에 재판상자백의 효력을 인정할 수 있는지 여부)

법규의 존부·해석은 법원이 스스로 판단해야 할 전권사항이므로 법규의 존부·해석에 관한 진술은 재판상자백으로서 구속력이 없다. 자백의 대상은 법률적용의 전제가 되는 주요사실에 한정되고, 사실에 대한 법적 판단이나 평가 또는 적용할 법률이나 법적 효과는 자백의 대상이 되지 아니한다(대판 2016.3.24. 2013다81514).

따라서 "법정변제충당의 순서를 정함에 있어 기준이 되는 이행기나 변제이익에 관한 사항 등은 구체적 사실로서 자백의 대상이 될 수 있으나, **법정변제충당의 순서 자체는 법률 규정의 적용에 의하여 정하여지는 법률상의 효과여서 그에 관한 진술이 비록 그 진술자에게 불리하더라도 이를 자백이라고 볼 수는 없다**"(대판 1998.7.10. 98다6763)

② [○] ※ 선행자백

"당사자 일방이 한 진술에 잘못된 계산이나 기재, 기타 이와 비슷한 표현상의 잘못이 있고, 잘못이 분명한 경우에는 비록 상대방이 이를 원용하였다고 하더라도 당사자 쌍방의 주장이 일치한다고 할 수 없으므로 자백(선행자백)이 성립할 수 없다"(대판 2018.8.1. 2018다229564).

③ [○] ※ 선행자백

判例는 "재판상 자백의 일종인 이른바 선행자백은 당사자 일방이 자진하여 자기에게 불리한 사실상의 진술을 한 후 상대방이 이를 원용함으로써 사실에 관하여 당사자 쌍방의 주장이 일치함을 요하므로 일치가 있기 전에는 전자의 진술을 선행자백이라 할 수 없고, 따라서 일단 자기에게 불리한 사실을 진술한 당사자도 그 후 상대방의 원용이 있기 전에는 자인한 진술을 철회하고 이와 모순되는 진술을 자유로이 할 수 있으며 이 경우 앞의 자인사실은 소송자료에서 제거된다"(대판 2016.6.9. 2014다64752)고 한다(즉, 判例는 상대방의 원용이 있으면 '선행자백'이라고 하지만, 학설은 당사자 일방이 먼저 불리한 진술을 하는 경우를 '선행자백'이라 하고, 상대방이 이를 원용하면 '재판상 자백'이 된다고 한다).

④ [○] ※ 자백의 대상

"종중이 당사자인 사건에 있어서 그 종중의 대표자에게 적법한 대표권이 있는지의 여부는 소송요건에 관한 것으로서 법원의 직권조사사항이고, 이러한 직권조사사항이 자백의 대상이 될 수가 없으므로 받아들일 수 없다"(대판 2002.5.14. 2000다42908)

⑤ [○] ※ 재판상 자백의 성립 후 청구를 교환적으로 변경한 경우, 자백의 효력 유무(소멸)

"피고가 제1심에서 대상 토지의 소유권 일부 이전등기가 아무런 원인 없이 이루어졌다는 원고의 주장사실을 인정함으로써 자백이 성립된 후, 소변경신청서에 의하여 그 등기가 원인 없이 이루어졌다는 기존의 주장사실에 배치되는 명의신탁 사실을 주장하면서 청구취지 및 청구원인을 명의신탁 해지를 원인으로 하는 소유권이전등기를 구하는 것으로 교환적으로 변경함으로써 원래의 주장사실을 철회한 경우, 이미 성립되었던 피고의 자백도 그 대상이 없어짐으로써 소멸되었고, 나아가 그 후 그 피고가 위 자백내용과 배치되는 주장을 함으로써 그 진술을 묵시적으로 철회하였다고 보여지는 경우, 원고들이 이를 다시 원용할 수도 없게 되었고, 원고들이 원래의 원인무효 주장을 예비적 청구원인 사실로 다시 추가하였다 하여 자백의 효력이 되살아난다고 볼 수도 없다"(대판 1997.4.22. 95다10204)

[정답] ①

제4절 증거조사

문 50 증거에 관한 설명 중 옳지 않은 것은? (다툼이 있는 경우 판례에 의함) [변시 10회]

① 당사자신문에서 당사자가 정당한 사유 없이 출석하지 아니하거나 선서 또는 진술을 거부한 때에는 법원은 신문사항에 관한 상대방의 주장을 진실한 것으로 인정할 수 있다.

② 증인이나 당사자 본인에 대한 주신문에서는 원칙적으로 유도신문을 하여서는 안 되지만, 반대신문에서 필요한 때에는 유도신문을 할 수 있다.

③ 문서의 진정성립에 관한 자백의 취소는 주요사실에 관한 자백의 취소와 동일하게 처리되어야 하므로 문서의 진정성립을 인정한 당사자는 자유롭게 이를 철회할 수 없고, 이는 문서에 찍힌 인영의 진정함을 인정하였다가 나중에 이를 철회하는 경우에도 마찬가지이다.

④ 동일한 사실에 관하여 상반되는 수 개의 감정결과가 있을 때 법원이 그중 하나를 채용하여 사실을 인정하였다면 그것이 경험칙이나 논리법칙에 위배되지 않는 한 적법하지만, 어느 하나를 채용하고 그 나머지를 배척하는 이유를 판결서에 구체적으로 명시하지 않으면 위법하다.

⑤ 민사재판에서 이와 관련된 다른 민·형사사건 등의 확정판결에서 인정된 사실은 특별한 사정이 없는 한 유력한 증거자료가 되는 것이나, 당해 민사재판에서 제출된 다른 증거내용에 비추어 관련 민·형사사건의 확정판결에서의 사실판단을 그대로 채용하기 어렵다고 인정될 경우에는 이를 배척할 수 있다.

[해설] ① [O] **제367조(당사자신문)** 「법원은 직권으로 또는 당사자의 신청에 따라 당사자 본인을 신문할 수 있다. 이 경우 당사자에게 선서를 하게 하여야 한다.」

제369조(출석·선서·진술의 의무) 「당사자가 정당한 사유 없이 출석하지 아니하거나 선서 또는 진술을 거부한 때에는 법원은 신문사항에 관한 상대방의 주장을 진실한 것으로 인정할 수 있다.」

② [O] 유도신문은 허위증언 유도의 위험성 때문에 원칙적으로 주신문에서는 금지된다(규칙 제91조 2항). 그러나 증인은 반대신문자에게 호의를 갖지 않는 경우가 대부분이므로 반대신문에서 필요한 때에는 유도신문을 할 수 있다(규칙 제92조 2항). 다만 재판장은 유도신문의 방법이 상당하지 아니하다고 인정하는 때에는 제한할 수 있다(규칙 제92조 3항).

③ [O] "문서의 성립에 관한 자백은 보조사실에 관한 자백이기는 하나 그 취소에 관하여는 다른 간접사실에 관한 자백취소와는 달리 주요사실의 자백취소와 동일하게 처리하여야 할 것이므로 문서의 진정성립을 인정한 당사자는 자유롭게 이를 철회할 수 없고, 문서에 찍힌 인영의 진정성립에 관하여도 자백의 효력이 생긴다"(대판 2001.4.24. 2001다5654).

④ [X] "감정은 법원이 어떤 사항을 판단함에 있어 특별한 지식과 경험을 필요로 하는 경우 그 판단의 보조수단으로서 이를 이용하는데에 지나지 않으므로 동일한 사실에 관하여 상반되는 수개의 감정결과가 있을 때에 법원이 그 중 하나를 채용하여 사실을 인정하였다면 그것이 경

험칙이나 논리법칙에 위배되지 않는 한 적법하고 어느 하나를 채용하고 그 나머지를 배척하는 이유를 구체적으로 명시할 필요가 없다"(대판 1989.6.27. 88다카14076).

⑤ [○] "민사재판에 있어서 이와 관련된 다른 민·형사사건 등의 확정판결에서 인정된 사실은 특별한 사정이 없는 한 유력한 증거자료가 되는 것이나, 당해 민사재판에서 제출된 다른 증거내용에 비추어 관련 민·형사사건의 확정판결에서의 사실판단을 그대로 채용하기 어렵다고 인정될 경우에는 이를 배척할 수 있고, 이 경우에 그 배척하는 구체적인 이유를 일일이 설시할 필요는 없다"(대판 2000.2.25. 99다55472).

[정답] ④

문 51 증거조사에 관한 설명 중 옳지 않은 것은? (다툼이 있는 경우 판례에 의함) [변시 1회]

① 감정증인은 특별한 학식과 경험을 통하여 얻은 과거의 구체적 사실을 보고하는 사람을 말하는데, 경험을 보고하는 이상 증인이므로 법원은 증인과 마찬가지의 절차로 조사한다.

② 감정사항에 관한 진술이 있기 전부터 감정인이 성실하게 감정할 수 없는 사정이 있다는 것을 당사자가 알았다면, 그 당사자는 감정사항에 관한 진술이 이루어진 뒤에는 감정인을 기피할 수 없다.

③ 주신문에서는 특별한 경우가 아닌 한 유도신문이 금지되지만, 반대신문에서는 필요한 경우 유도신문이 허용된다.

④ 증인진술서가 제출되었으나 그 작성자가 증인으로 출석하지 않고, 당사자가 반대신문권을 포기하여 그 증인진술서의 진정성립을 다투지 않는 경우, 법원은 이를 서증으로 채택할 수 있으나, 그 증인진술서의 내용이 허위라고 하더라도 그 작성자에 대하여 위증죄의 책임을 물을 수 없다.

⑤ 법원은 다른 증거방법에 의하여 심증을 얻지 못한 경우에 한하여 직권 또는 당사자의 신청에 따라 당사자 본인을 신문할 수 있다.

해설 ① [○] 감정증인은 사실을 알게 되는 과정에서 특별한 학식과 경험을 이용하였다는 것일 뿐 어디까지나 경험한 사실에 관한 진술을 하는 자이므로 증인의 일종이며 감정인이 아니다. 따라서 증인신문에 관한 규정에 의하여야 한다(민소법 제340조).

② [○] 감정인이 성실하게 감정할 수 없는 사정이 있는 때에 당사자는 그를 기피할 수 있다. 다만, 당사자는 감정인이 감정사항에 관한 진술을 하기 전부터 기피할 이유가 있다는 것을 알고 있었던 때에는 감정사항에 관한 진술이 이루어진 뒤에 그를 기피하지 못한다(민소법 제336조).

③ [○] 주신문에서는 허위증언 유도의 위험성 때문에 원칙적으로 유도신문이 금지된다(민사소송규칙 제91조 2항). 그러나 증인은 반대신문자에게 호의를 갖지 않는 경우가 대부분이므로 반대신문에서 필요한 때에는 유도신문을 할 수 있다(민사소송규칙 제92조 2항). 다만 재판장은 유도신문의 방법이 상당하지 아니하다고 인정하는 때에는 제한할 수 있다(민사소송규칙 제92조 3항).

④ [O] "형법 제152조 제1항의 위증죄는 법률에 의하여 선서한 증인이 허위의 진술을 한 때에 성립하는 것이므로 위증의 경고를 수반하는 법률에 의한 선서절차를 거친 법정에서 구체적으로 이루어진 진술을 그 대상으로 하는바, 민사소송규칙 제79조 제1항은 '법원은 효율적인 증인신문을 위하여 필요하다고 인정하는 때에는 증인을 신청한 당사자에게 증인진술서를 제출하게 할 수 있다'라고 규정함으로써 증인진술서제도를 채택하고 있는데 이러한 증인진술서는 그 자체로는 서증에 불과하여 그 기재내용이 법정에서 진술되지 아니하는 한 여전히 서증으로 남게 되는 점, 민사소송법 제331조가 원칙적으로 증인으로 하여금 서류에 의하여 진술을 하지 못하도록 규정하고 있는 점, 민사소송규칙 제95조 제1항이 증인신문의 방법에 관하여 개별적이고 구체적으로 하여야 한다고 규정하고 있는 점 등의 사정에 비추어 볼 때, 증인이 법정에서 선서 후 증인진술서에 기재된 구체적인 내용에 관하여 진술함이 없이 단지 그 증인진술서에 기재된 내용이 사실대로라는 취지의 진술만을 한 경우에는 그것이 증인진술서에 기재된 내용 중 특정 사항을 구체적으로 진술한 것과 같이 볼 수 있는 등의 특별한 사정이 없는 한 증인이 그 증인진술서에 기재된 구체적인 내용을 기억하여 반복 진술한 것으로는 볼 수 없으므로, 가사 거기에 기재된 내용에 허위가 있다 하더라도 그 부분에 관하여 법정에서 증언한 것으로 보아 위증죄로 처벌할 수는 없다고 할 것이다"(대판 2010.5.13. 2007도1397)

⑤ [X] 구 민사소송법이 채택한 당사자신문의 보충성(당사자본인신문은 다른 증거방법에 의하여 법원이 승증을 얻지 못한 경우에 한해서 직권 또는 당사자의 신청에 의하여 허용된다)은 2002년 민사소송법 개정으로 폐지되었다(신법 제367조 본문에서는 법원은 직권 또는 당사자의 신청에 따라 당사자본인을 신문할 수 있다고 규정하고 있다).

[정답] ⑤

문52 증거조사에 관한 설명 중 옳은 것은? (다툼이 있는 경우에는 판례에 의함) [변시 2회]

① 문서의 일부를 제출하여 서증을 신청하고자 할 때에는 원칙적으로 그 일부의 원본, 정본 또는 인증이 있는 등본을 제출하여야 한다.

② 당사자 또는 제3자가 문서제출명령에 따르지 아니한 때에는 법원은 그 문서의 성질, 내용, 성립의 진정 등에 관한 상대방의 주장을 진실한 것으로 인정할 수 있다.

③ 증인의 신문은 증인신문신청을 한 당사자의 신문, 상대방의 신문, 증인신문신청을 한 당사자의 재신문, 상대방의 재신문의 순서로 하고, 그 신문이 끝난 후에는 당사자는 재판장의 허가를 받은 때에만 다시 신문할 수 있다.

④ 법인이 당사자인 소송에서 법인의 대표자에 대하여 당사자본인신문의 방식에 의하여 증거조사를 하여야 하나, 증인신문방식에 의하여 증거조사를 하였다고 하더라도 상대방이 이에 대하여 지체 없이 이의하지 아니하면 이의권 포기·상실로 인하여 그 하자가 치유된다.

⑤ 자백이 진실에 반하는 것임이 증명되면 그 자백은 착오로 인한 것이라고 추정된다.

해설 ① [×] 문서의 일부를 증거로 하는 때에도 문서의 전부를 제출하여야 한다. 다만, 그 사본은 재판장의 허가를 받아 증거로 원용할 부분의 초본만을 제출할 수 있다(민소규칙 제105조 4항).

② [×] 당사자가 문서제출명령에 따르지 아니하는 때에는 법원은 문서의 기재에 대한 상대방의 주장을 진실한 것으로 인정할 수 있다(민소법 제349조). 제3자가 제출명령을 받고 불응한 때에는 신청당사자의 주장사실이 진실한 것으로 인정할 수 없는 것이고, 다만 500만 원 이하의 과태료의 제재가 따른다(민소법 제351조). 즉, "문서의 기재에 대한 상대방의 주장을 진실한 것으로 인정할 수 있다"는 제재는 제3자가 문서제출명령에 따르지 아니한 때에는 적용되지 않는다.

③ [×] 증인의 신문은 원칙적으로 증인신문의 신청을 한 당사자의 신문(주신문), 상대방의 신문(반대신문), 증인신문을 한 당사자의 재신문(재주신문)의 순으로 진행되고, 그 이후의 신문(재반대신문, 재재주신문 등)은 재판장의 허가를 얻은 경우에 한하여 허용되며, 재판장은 원칙적으로 당사자에 의한 신문이 끝난 다음에 신문한다(민소법 제327조 제1·2항, 민소규칙 제89조). 따라서 상대방의 재신문(재반대신문)은 재판장의 허가를 얻어야 허용되므로 잘못된 지문이다.

④ [○] 당사자의 법정대리인이나 당사자가 법인 기타 단체인 경우 대표자나 관리인에 대하여는 당사자본인신문 방식에 의해 증거조사를 하여야 하나(민소법 제372조, 제64조), 증인신문방식에 의해 증거조사를 한 경우 判例는 "당사자본인으로 신문해야 함에도 증인으로 신문하였다 하더라도 상대방이 이를 지체 없이 이의하지 아니하면 이의권(책문권) 포기, 상실로 인하여 그 하자가 치유된다"(대판 1992.10.27. 92다32463)고 판시하고 있다.

⑤ [×] 진실에 어긋나는 자백은 그것이 착오로 말미암은 것임을 증명한 때에는 취소할 수 있다(민소법 제288조 단서). 취소하려면 반진실과 착오 두 가지를 아울러 증명하여야 하며, 반진실의 증명만으로 착오에 의한 자백으로 추정되지 않는다(대판 1994.6.14. 94다14797).

[정답] ④

문 C-3 서증에 관한 설명 중 옳지 않은 것은? (다툼이 있는 경우 판례에 의함)   [변시 12회]

① 한쪽 당사자가 위조서류라는 취지로 서류를 제출한 것이지 거기에 기재된 사상이나 내용을 증거로 하려는 것이 아니어서 서증으로 제출한 것이 아님이 분명함에도 상대방이 그 서류의 진정성립을 인정하면, 법원은 그 진정성립에 다툼이 없다고 판단하고 그 기재에 의하여 상대방의 주장사실을 인정할 수 있다.

② 처분문서는 그 진정성립이 인정되는 이상 반증이 없으면 그 기재내용대로 그 의사표시의 존재 및 내용을 인정하여야 하지만, 적절한 반증이 있으면 그 기재내용의 일부를 달리 인정할 수 있다.

③ 문서에 찍힌 인영이 그 명의인의 인장에 의하여 현출된 인영임이 인정되는 경우에는 특별한 사정이 없는 한 그 인영의 진정성립이 추정되고, 아울러 그 문서 전체의 진정성립까지 추정되는 것이므로, 문서가 위조된 것임을 주장하는 자는 적극적으로 위 인영이 명의인의 의사에 반하여 날인된 것임을 증명할 필요가 있다.

④ 당사자가 법원으로부터 문서제출명령을 받았음에도 그 명령에 따르지 아니한 때에
는 그 문서들에 의하여 증명하려고 하는 상대방의 주장사실이 바로 증명되었다고 볼
수는 없으며, 그 주장사실의 인정 여부는 법원의 자유심증에 의한다.

⑤ 당사자가 부지로 다투는 서증에 관하여 증거를 제출한 자가 진정성립을 증명하지 않
아도, 법원은 다른 증거에 의하지 아니하고 변론 전체의 취지를 참작하여 그 진정
성립을 인정할 수 있다.

해설 ① [X] '서증'이란 문서의 의미·내용이 증거자료가 되는 증거방법이다. 문서의 '기재내용'을 자료
로 하려는 것이 서증이므로, 문서의 '외형존재 자체'를 자료로 하려는 검증과 구별하여야 한
다. 예를 들어 위조문서라는 입증취지로 제출한 문서는 서증이 아니고 검증물로 된다(대판 1992.7.10. 92
다12919). 따라서 判例는 "일방 당사자가 위조서류라는 취지로 그 서류를 제출한 것이지 서증으
로 제출한 것이 아닌데도 상대방이 그 서류의 진정성립을 인정하였다는 이유로 그 진정성립에
다툼이 없다고 판단하고 그 기재에 의하여 상대방의 주장사실을 인정한 원심판결에 당사자의
주장을 오인하고 증거 없이 사실을 인정한 위법이 있다"(대판 1992.7.10. 92다12919) 하여 이를 파
기하였다.

② [O] "처분문서는 그 성립이 인정되는 이상 반증이 없으면 그 기재내용 대로 그 의사표시의 존
재 및 내용을 인정하여야 하지만, 적절한 반증이 있으면 그 기재내용의 일부를 달리 인정할
수도 있다"(대판 1983.3.22. 80다1576).

③ [O] "문서에 찍힌 인영이 그 명의인의 인장에 의하여 현출된 인영임이 인정되는 경우에는 특
별한 사정이 없는 한 그 인영의 성립, 즉 날인행위가 작성명의인의 의사에 기하여 이루어진
것으로 추정되고, 일단 인영의 진정성립이 추정되면 민사소송법 제329조의 규정에 의하여 그
문서 전체의 진정성립까지 추정되는 것이므로, 문서가 위조된 것임을 주장하는 자는 적극적으로 위
인영이 명의인의 의사에 반하여 날인된 것임을 입증할 필요가 있다"(대판 2002.2.5. 2001다72029)

④ [O] 判例는 "당사자가 문서제출명령에 따르지 아니한 경우에는 법원은 상대방의 그 문서에 관
한 주장 즉, 문서의 성질, 내용, 성립의 진정 등에 관한 주장을 진실한 것으로 인정하여야 한다는 것이지
그 문서에 의하여 입증하고자 하는 상대방의 주장사실까지 반드시 증명되었다고 인정하여야 한다는 취지가
아니며, 주장사실의 인정 여부는 법원의 자유심증에 의하는 것"(대판 1993.6.25. 93다15991 ; 대판
1993.11.23. 93다41938)이라고 하여 자유심증설의 입장이다.

⑤ [O] "상대방이 서증에 대한 위조 항변이나 부인, 또는 부지로 다툰 경우에도 서증의 진정성립
에 석연치 않은 점이 있을 경우가 아니면 진정성립의 근거를 판결이유에서 밝힘이 없이 그 서
증을 사실인정의 자료로 삼았다 하여 이유불비의 위법이 있다고 단정지을 수 없다"(대판
1993.4.13. 92다12070).
사문서는 그 진정성립이 증명되어야만 이를 증거로 할 수 있는 것이지만 그 증명의 방법에 관
하여 특별한 제한이 없고(대판 1986.12.9. 86누482) 당사자가 부지로서 다투는 서증에 관하여 거
증자가 특히 그 성립을 증명하지 아니한 경우라 할지라도 법원은 다른 증거에 의하지 아니하
고 변론의 전체취지를 참작하여 자유심증으로써 그 성립을 인정할 수도 있다(대판 1990.9.25. 90
누3904).

[정답] ①

문53 증인신문에 관한 설명 중 옳은 것을 모두 고른 것은? (다툼이 있는 경우 판례에 의함) [변시 7회]

> ㄱ. 법원은 효율적인 증인신문을 위하여 필요하다고 인정하는 때에는 증인에게 증인진술서를 제출하게 할 수 있다.
> ㄴ. 법원이 증언거부권이나 선서거부권을 고지하지 않았다고 하여도 위법은 아니다.
> ㄷ. 만 14세인 학생을 증인으로 신문할 때에는 선서를 시키지 못한다.
> ㄹ. 증인이 자신의 직업의 비밀에 속하는 사항에 대하여 신문을 받을 때에는 해당 사항에 대한 비밀을 지킬 의무가 면제된 경우에도 증언거부권을 가진다.
> ㅁ. 당사자나 법정대리인을 증인으로 신문하였다고 하더라도 지체 없이 이의권을 행사하지 않으면 그 흠이 치유된다.

① ㄱ, ㄹ ② ㄴ, ㅁ
③ ㄱ, ㄴ, ㄷ ④ ㄱ, ㄷ, ㄹ ⑤ ㄴ, ㄷ, ㅁ

해설 (ㄱ) [X] 법원은 효율적인 증인신문을 위하여 필요하다고 인정하는 때에는 증인을 신청한 당사자에게 증인진술서를 제출하게 할 수 있다(규칙 제79조 1항).

(ㄴ) [O] 민사소송절차에 있어 법원이 증언거부권이나 선서거부권을 고지하지 않았다고 하여도 위법은 아니다.

참고판례 "형사소송법은 증언거부권에 관한 규정(제148조, 제149조)과 함께 재판장의 증언거부권 고지의무에 관하여도 규정하고 있는 반면(제160조), 민사소송법은 증언거부권 제도를 두면서도(제314조 내지 제316조) 증언거부권 고지에 관한 규정을 따로 두고 있지 않다. 민사소송절차에서 재판장이 증인에게 증언거부권을 고지하지 아니하였다 하여 절차위반의 위법이 있다고 할 수 없고, 따라서 적법한 선서절차를 마쳤는데도 허위진술을 한 증인에 대해서는 달리 특별한 사정이 없는 한 위증죄가 성립한다고 보아야 한다"(대판 2011.7.28. 2009도14928).

참고판례 "선서를 거부할 수 있는 증인이 선서를 거부하지 아니하고 증언을 한 경우에 재판장이 선서거부권이 있음을 고지하지 아니하였다고 하여 위법이라고 할 수 없다"(대판 1971.4.30. 71다452)

(ㄷ) [O] **제322조(선서무능력)** 「다음 각호 가운데 어느 하나에 해당하는 사람을 증인으로 신문할 때에는 선서를 시키지 못한다.」
1. 16세 미만인 사람
2. 선서의 취지를 이해하지 못하는 사람

(ㄹ) [X] **제315조(증언거부권)** 「①항 증인은 다음 각 호 가운데 어느 하나에 해당하면 증언을 거부할 수 있다. ②항 증인이 비밀을 지킬 의무가 면제된 경우에는 제1항의 규정을 적용하지 아니한다.」

(ㅁ) [O] 증인능력 없는 사람(당사자·법정대리인 및 당사자인 법인 등의 대표자 등)을 증인신문한 경우라도 이는 이의권의 상실·포기에 의해 하자가 치유된다(대판 1977.10.11. 77다1316)

[정답] ⑤

문 54 문서의 증거력에 관한 설명 중 옳지 않은 것은? (다툼이 있는 경우 판례에 의함)   [변시 5회]

① 사문서는 그것이 진정한 것임을 증명하여야 한다.

② 원고가 증거로 제출한 사문서에 대하여 피고가 그 진정성립을 다투는 경우, 법원은 변론 전체의 취지만을 참작하여 그 문서가 진정하다고 인정할 수 없다.

③ 당사자 또는 그 대리인이 고의나 중대한 과실로 진실에 어긋나게 문서의 진정을 다툰 때에는 법원은 결정으로 과태료에 처한다.

④ 공증인이 작성한 사서증서인증서가 증거로 제출된 경우, 공증 부분의 진정성립이 인정되면 특별한 사정이 없는 한 공증인이 인증한 사문서 부분의 진정성립도 사실상 추정된다.

⑤ 매매계약서의 계약조항에 "매도인은 어떠한 경우에도 책임을 지지 않고 매수인에게만 모든 책임이 있다."라는 내용이 부동문자로 인쇄되어 있다고 할지라도, 법원은 그 조항에 대하여 구체적인 사안에 따라 계약당사자의 의사를 고려하여 예문에 지나지 않는 것인지 여부를 판단하여야 한다.

해설 ① [O] ※ 사문서의 진정성립

사문서는 진정성립이 추정되지 않으므로 제출자는 '사문서가 진정한 것임을 증명하여야 한다'(제357조)

② [X] ※ 사문서의 진정성립

判例는 "상대방이 부지로 답변하여 사문서의 형식적 증거력을 다툰 경우에 법원은 다른 증거에 의하지 아니하고 변론의 전 취지를 참작하여 자유심증으로 그 문서가 진정한 것임을 인정할 수 있다"(대판 1990.9.25. 90누3904)고 판시한 바 있다.

③ [O] ※ 문서성립의 부인에 대한 제재

고의나 중대한 과실로 진실에 어긋나게 문서의 진정을 다툰 때에는 법원은 결정으로 200만 원 이하의 과태료에 처한다(제363조 1항).

④ [O] ※ 공증인이 공증한 사서증서인증서

判例는 "공증인법에 규정된 사서증서에 대한 인증제도는 당사자로 하여금 공증인의 면전에서 사서증서에 서명 또는 날인하게 하거나 사서증서의 서명 또는 날인을 본인이나 그 대리인으로 하여금 확인하게 한 후 그 사실을 공증인이 증서에 기재하는 것이다.(공증인법 제57조 1항), 공증인이 사서증서의 인증을 함에 있어서는 공증인법에 따라 반드시 촉탁인의 확인(제27조)이나 대리촉탁인의 확인(제30조) 및 그 대리권의 증명(제31조) 등의 절차를 미리 거치도록 규정되어 있으므로, 공증인이 사서증서를 인증함에 있어서 그와 같은 절차를 제대로 거치지 않았다는 등의 사실이 주장·입증되는 등 특별한 사정이 없는 한, 공증인이 인증한 사서증서의 진정성립은 추정된다"(대결 2009.1.16. 2008스119)고 판시한 바 있다.

⑤ [O] ※ 예문(例文)의 판단

判例는 "처분문서의 기재 내용이 부동문자로 인쇄되어 있다면 인쇄된 예문에 지나지 아니하여 그 기재를 합의의 내용이라고 볼 수 없는 경우도 있으므로 처분문서라 하여 곧바로 당사자의 합의의 내용이라고 단정할 수는 없고 구체적 사안에 따라 당사자의 의사를 고려하여 그 계약 내용의 의미를 파악하고 그것이 예문에 불과한 것인지의 여부를 판단하여야 한다"(대판 1992.2.11. 91다21954)라고 판시한 바 있다.

[정답] ②

문55 서증에 관한 설명 중 옳지 않은 것은? (다툼이 있는 경우 판례에 의함) [변시 9회]

① 「민법」상 사단법인 총회 등의 결의에 관한 의사정족수나 의결정족수의 충족 여부가 다투어져 총회결의의 성립 여부가 문제되는 경우, 특별한 사정이 없는 한 의사정족수 등 절차적 요건의 충족 여부는 제출된 의사록 등의 기재에 의하여 판단하여야 하고, 그 의사록 등의 증명력을 부인할 만한 특별한 사정은 결의의 효력을 다투는 측에서 구체적으로 주장·증명하여야 한다.

② 서증을 신청한 당사자가 문서의 사본을 서증으로 제출한 경우 문서 원본의 제출이 불가능한 상황에서는 원본의 제출이 요구되는 것은 아니지만, 이러한 때에는 해당 서증의 신청 당사자가 원본 부제출을 정당화할 수 있는 구체적 사유를 주장·증명하여야 한다.

③ 甲과 乙 사이의 계약서에 乙의 인장을 날인한 사람이 乙이 아니라 丙이라는 점에 대해서는 甲과 乙 사이에 다툼이 없는데, 乙은 자신이 丙에게 위 계약을 체결할 권한을 수여한 사실이 없다고 주장할 경우 위 계약서를 서증으로 제출한 甲은 丙이 乙로부터 권한을 위임받아 그 정당한 권원에 의해 乙의 인장을 날인하였음을 증명하여야 한다.

④ 甲 명의의 날인만 되어 있고 그 내용이 백지로 되어 있는 문서를 교부받아 甲이 아닌 사람이 그 백지부분을 보충한 것으로 인정되는 경우, 그 문서를 서증으로 제출한 당사자는 그 보충 기재된 내용이 甲으로부터 위임받은 정당한 권원에 의한 것이라는 점을 증명하여야 한다.

⑤ 甲은 乙에게 1억 원을 빌려 주었고 丙이 위 대여금채무를 연대보증하였다고 주장하면서 乙과 丙을 상대로 1억 원의 지급을 구하는 소를 제기하고 법원에 차용금증서를 서증으로 제출하였는데, 위 차용금증서에는 채권자가 '丁'으로, 채무자가 '戊'로, 연대보증인이 '丙'으로 기재되어 있고, 증인 A에 대한 증인신문 결과 甲과 乙 사이에 1억 원의 금전소비대차계약이 체결된 사실이 인정된 경우, 법원의 심리 결과 丙이 위 차용금증서의 실제 채무자는 乙이라는 사실과 그 실제 채권자는 甲이라는 사실을 알고 있었다는 점이 인정되더라도, 법원은 丙이 乙의 甲에 대한 위 대여금채무를 연대보증한 사실을 인정하여 甲의 丙에 대한 청구를 인용할 수 없다.

해설 ① [○] ※ 민법상 사단법인 총회 의사록

"민법상 사단법인 총회 등의 결의와 관련하여 당사자 사이에 의사정족수나 의결정족수 충족 여부가 다투어져 결의의 성립 여부나 절차상 흠의 유무가 문제되는 경우로서 사단법인 측에서 의사의 경과, 요령 및 결과 등을 기재한 의사록을 제출하거나 이러한 의사의 경과 등을 담은 녹음·녹화자료 또는 녹취서 등을 제출한 때에는, 그러한 의사록 등이 사실과 다른 내용으로 작성되었다거나 부당하게 편집, 왜곡되어 증명력을 인정할 수 없다고 볼 만한 특별한 사정이 없는 한 의사정족수 등 절차적 요건의 충족 여부는 의사록 등의 기재에 의하여 판단하여야 한다. 그리고 위와 같은 의사록 등의 증명력을 부인할 만한 특별한 사정에 관하여는 결의의 효력을 다투는 측에서 구체적으로 주장·증명하여야 한다"(대판 2011.10.27. 2010다88682)

② [○] ※ 원본의 존재 및 성립의 진정에 관하여 다툼이 있는 경우 원본제출이 요구되지 않는 경우와 그 증명책임의 소재

문서는 원본·정본 또는 인증등본의 제출이 원칙이다(제355조 1항). 사본을 원본으로서 제출하는 경우에는 그 사본이 독립한 서증이 된다고 할 것이나 그 대신 이에 의하여 원본이 제출된 것으로 되지는 아니하고, 이때에는 증거(변론 전체의 취지에 의해서는 인정될 수 없다)에 의하여 사본과 같은 원본이 존재하고 또 그 원본이 진정하게 성립하였음이 인정되지 않는 한 그와 같은 내용의 사본이 존재한다는 것 이상의 증거가치는 없다(대결 2010.1.29. 2009마2050).

다만, "ⅰ) 서증사본의 신청 당사자가 문서 원본을 분실하였다든가, ⅱ) 선의로 이를 훼손한 경우, 또는 ⅲ) 문서제출명령에 응할 의무가 없는 제3자가 해당 문서의 원본을 소지하고 있는 경우, ⅳ) 원본이 방대한 양의 문서인 경우 등 원본 문서의 제출이 불가능하거나 비실제적인 상황에서는 원본의 제출이 요구되지 아니한다고 할 것이지만, 그와 같은 경우라면 해당 서증의 신청당사자가 원본 부제출에 대한 정당성이 되는 구체적 사유를 주장·입증하여야 할 것이다"(대판 2002.8.23. 2000다66133)

비교판례 사본을 원본에 갈음하여 제출하는 경우 判例는 "문서제출은 원본으로 하여야 하고, 원본이 아닌 사본만에 의한 증거제출은 정확성의 보증이 없어 원칙적으로 부적법하므로, 원본의 존재 및 원본의 성립의 진정에 관하여 다툼이 있고 사본을 원본의 대용으로 하는 데 대하여 상대방으로부터 이의가 있는 경우에는 사본으로써 원본을 대용할 수 없다"(대판 2004.11.12. 2002다73319)고 하였다. 즉, ⅰ) 상대방이 원본의 존재나 성립을 인정하고, ⅱ) 사본으로써 원본에 갈음하는 것에 대하여 이의가 없는 경우에는 사본의 실질적 증거력이 인정된다(대판 1992.4.28. 91다45608).

③ [○] ※ 작성명의인의 인장이 날인된 문서에 관하여 다른 사람이 날인한 사실이 밝혀진 경우, 문서의 진정성립이 인정되기 위하여 필요한 증명사실 및 증명책임자

"문서에 날인된 작성명의인의 인영이 그의 인장에 의하여 현출된 것이라면 특별한 사정이 없는 한 그 인영의 진정성립, 즉 날인행위가 작성명의인의 의사에 기한 것임이 사실상 추정되고, 일단 인영의 진정성립이 추정되면 그 문서 전체의 진정성립이 추정되나, 위와 같은 사실상 추정은 날인행위가 작성명의인 이외의 자에 의하여 이루어진 것임이 밝혀진 경우에는 깨어지는 것이므로, 문서제출자는 그 날인행위가 작성명의인으로부터 위임받은 정당한 권원에 의한 것이라는 사실까지 증명할 책임이 있다"(대판 2009.9.24. 2009다37831)

④ [○] ※ 백지문서에 날인한 경우 진정성립이 추정되는지 여부(소극 : 추정복멸설)

判例는 "작성명의인의 날인만 되어 있고 그 내용이 백지로 된 문서를 교부받아 후일 그 백지부분을 작성명의자가 아닌 자가 보충한 문서의 경우에 있어서는 문서제출자는 그 기재 내용이 작성명의인으로부터 위임받은 정당한 권원에 의한 것이라는 사실을 입증할 책임이 있다"(대판 2003.4.11. 2001다11406)고 하여 추정복멸설의 입장인데 작성명의인 보호측면에서 判例가 타당하다.

⑤ [X] ※ 채권자와 주채무자 사이에 처분문서의 기재 내용과 다른 약정이 체결된 경우, 연대보증인에 대하여도 그와 같은 약정이 체결된 것으로 볼 수 있는지 여부(소극)

"일반적으로 계약의 당사자가 누구인지는 그 계약에 관여한 당사자의 의사해석의 문제에 해당한다. 의사표시의 해석은 당사자가 그 표시행위에 부여한 객관적인 의미를 명백하게 확정하는 것으로서, 계약당사자 사이에 어떠한 계약 내용을 처분문서인 서면으로 작성한 경우에는 그 서면에 사용된 문구에 구애받는 것은 아니지만 어디까지나 당사자의 내심적 의사의 여하에 관계없이 그 서면의 기재 내용에 의하여 당사자가 그 표시행위에 부여한 객관적 의미를 합리적으로 해석하여야 하며, 이 경우 문언의 객관적인 의미가 명확하다면, 특별한 사정이 없는 한 문언대로의 의사표시의 존재와 내용을 인정하여야 한다. 다만 처분문서라 할지라도 그 기재 내용과 다른 명시적, 묵시적 약정이 있는 사실이 인정될 경우에는 그 기재 내용과 다른 사실을 인정할 수는 있으나, 그와 같은 경우에도 주채무에 관한 계약과 연대보증계약은 별개의 법률행위이므로 처분문서의 기재 내용과 다른 명시적, 묵시적 약정이 있는지 여부는 주채무자와 연대보증인에 대하여 개별적으로 판단하여야 한다"(대판 2011.1.27. 2010다81957).

[정답] ⑤

문 56 甲은 '乙이 丙의 甲에 대한 1억 원의 대여금 채무를 연대보증한다.'는 취지가 기재된 보증서를 증거로 제출하면서 乙에 대하여 위 1억 원의 보증금 지급을 구하는 소를 제기하였다. 이에 관한 설명 중 옳지 않은 것은? (다툼이 있는 경우 판례에 의함) [변시 11회]

① 甲이 보증서의 원본을 제출하지 않고 사본을 제출한 경우에는 원본의 존재 및 진정성립에 관하여 다툼이 있고 사본을 원본의 대용으로 하는 것에 대하여 乙로부터 이의가 있다면 사본으로써 원본을 대신할 수 없다.

② 보증서에 乙의 날인만 되어 있고 내용이 백지로 된 문서를 교부받아 제3자가 후일 그 백지 부분을 보충한 것임이 밝혀지더라도 乙의 날인이 진정한 이상 그 문서의 진정성립이 추정된다.

③ 보증서에 날인된 인영이 乙의 인장에 의하여 현출된 것이라면 그 문서 전체의 진정성립이 추정되고, 그 문서가 乙의 의사에 반하여 작성된 것이라는 점은 이를 주장하는 자가 적극적으로 증명하여야 한다.

④ 보증서에 乙이 아닌 자가 날인한 것이 밝혀진 경우에는, 甲이 그 날인 행위가 乙로부터 위임받은 정당한 권원에 의한 것이라는 사실까지 증명할 책임을 부담한다.

⑤ 乙이 보증서상의 인영이 자신의 인감도장에 의한 인영과 동일하다고 진술한 후에 스스로 그 진술을 철회하기 위해서는 재판상 자백의 취소요건을 갖추어야 한다.

해설 ① [○] ※ 사본을 원본에 갈음하여 제출하는 경우

判例는 "문서제출은 원본으로 하여야 하고, 원본이 아닌 사본만에 의한 증거제출은 정확성의 보증이 없어 원칙적으로 부적법하므로, 원본의 존재 및 원본의 성립의 진정에 관하여 다툼이 있고 사본을 원본의 대용으로 하는 데 대하여 상대방으로부터 이의가 있는 경우에는 사본으로써 원본을 대용할 수 없다"(대판 2004.11.12. 2002다73319)고 하였다. 즉, ⅰ) 상대방이 원본의 존재나 성립을 인정하고, ⅱ) 사본으로써 원본에 갈음하는 것에 대하여 이의가 없는 경우에는 사본의 실질적 증거력이 인정된다(대판 1992.4.28. 91다45608).

② [✕] ※ 작성명의인의 날인만 되어 있고 내용이 백지로 된 문서를 교부받아 내용을 보충한 문서의 증명력

判例는 "작성명의인의 날인만 되어 있고 그 내용이 백지로 된 문서를 교부받아 후일 그 백지부분을 작성명의자가 아닌 자가 보충한 문서의 경우에 있어서는 문서제출자는 그 기재 내용이 작성명의인으로부터 위임받은 정당한 권원에 의한 것이라는 사실을 입증할 책임이 있다"(대판 2003.4.11. 2001다11406)고 하여 추정복멸설의 입장인데 작성명의인 보호측면에서 判例가 타당하다(다수설은 백지로 날인된 문서를 준 것이라면 백지보충권도 준 것이라고 보아야 하므로 문서의 진정성립은 계속 추정된다고 본다).

③ [○] ④ [○] ※ 작성명의인의 인장이 날인된 문서에 관하여 다른 사람이 날인한 사실이 밝혀진 경우

判例는 ⅰ) '인영의 진정'(인영의 동일성. 자기 인장이란 점)이 인정되면 '날인의 진정'(인장 소유자의 의사에 의해 날인된 것)이 사실상 추정되고 ⅱ) 날인의 진정이 추정되면 제358조에 의해 그 문서전체의 진정성립이 추정된다고 하여 2단계의 추정으로 형식적 증거력을 추정하고 있다(대판 1986.2.11. 85다카1009)

따라서 인영의 진정성립, 즉 날인행위가 작성 명의인의 의사에 기한 것이라는 추정은 사실상의 추정이므로, 인영의 진정성립을 다투는 자가 반증을 들어 인영의 진정성립, 즉 날인행위가 작성명의인의 의사에 기한 것임에 관하여 법원으로 하여금 의심을 품게 할 수 있는 사정을 입증하면 그 진정성립의 추정은 깨어진다(③번 지문 해설 대판 1997.6.13. 96재다462).

그리고 "일단 인영의 진정성립이 추정되면 그 문서 전체의 진정성립이 추정되나, 위와 같은 사실상 추정은 날인행위가 작성명의인 이외의 자에 의하여 이루어진 것임이 밝혀진 경우에는 깨어지는 것이므로, 문서제출자는 그 날인행위가 작성명의인으로부터 위임받은 정당한 권원에 의한 것이라는 사실까지 증명할 책임이 있다"(④번 지문 해설 대판 2009.9.24. 2009다37831)

⑤ [○] ※ 문서에 찍힌 인영의 진정성립에 관한 자백의 취소

"문서의 성립에 관한 자백은 보조사실에 관한 자백이기는 하나 그 취소에 관하여는 다른 간접사실에 관한 자백취소와는 달리 주요사실의 자백취소와 동일하게 처리하여야 할 것이므로 문서의 진정성립을 인정한 당사자는 자유롭게 이를 철회할 수 없다고 할 것이고, 이는 문서에 찍힌 인영의 진정함을 인정하였다가 나중에 이를 철회하는 경우에도 마찬가지이다"(대판 2001.4.24. 2001다5654)

[정답] ②

문 57 甲은 乙에게 대여금반환청구의 소를 제기하면서 乙명의의 차용증서를 증거로 제출하였다. 다음 설명 중 옳지 않은 것은? (다툼이 있는 경우에는 판례에 의함) [변시 3회]

① 차용증서에 날인된 乙의 인영이 그의 인장에 의하여 현출된 것이라면 특단의 사정이 없는 한 그 인영의 진정성립, 즉 날인행위가 乙의 의사에 기한 것임이 추정되고, 일단 인영의 진정성립이 추정되면 민사소송법 제358조에 의하여 차용증서 전체의 진정성립이 추정된다.

② 위 ①의 경우, 乙이 반증을 들어 인영의 진정성립에 관하여 법원으로 하여금 의심을 품게 할 수 있는 사정을 증명하면 그 진정성립의 추정은 깨어진다.

③ 만약 乙이 백지로 된 문서에 날인만 하여 甲에게 교부하였다고 주장한다면, 문서를 백지에 날인만을 하여 교부하여 준다는 것은 이례에 속하는 것이므로 乙이 차용증서의 진정성립의 추정력을 뒤집으려면 그럴만한 합리적인 이유와 이를 뒷받침할 간접반증 등의 증거가 필요하다.

④ 甲이 제출한 차용증서가 乙이 백지로 된 문서에 날인한 후 乙이 아닌 자에 의하여 백지 부분이 보충되었음이 밝혀진 경우에는 그것이 권한 없는 자에 의하여 이루어진 것이라는 점에 관하여 乙에게 증명책임이 있다.

⑤ 만약 차용증서의 진정성립이 인정되면 법원은 그 기재내용을 부인할 만한 분명하고도 수긍할 수 있는 반증이 없는 한 그 차용증서에 기재되어 있는 문언대로의 의사표시의 존재와 내용을 인정하여야 한다.

──────────

해설 ① [O] "문서에 날인된 작성명의인의 인영이 작성 명의인의 인장에 의하여 현출된 인영임이 인정되는 경우에는 특단의 사정이 없는 한 그 인영의 성립 즉 날인행위가 작성명의인의 의사에 기하여 진정하게 이루어진 것으로 추정되고 일단 인영의 진정성립이 추정되면 민사소송법 제329조(현행 민사소송법 제358조)의 규정에 의하여 그 문서전체의 진정성립까지 추정된다"(대판 1986.2.11. 85다카1009).

② [O] "인영의 진정성립, 즉 날인행위가 작성 명의인의 의사에 기한 것이라는 추정은 사실상의 추정이므로, 인영의 진정성립을 다투는 자가 반증을 들어 인영의 진정성립, 즉 날인행위가 작성 명의인의 의사에 기한 것임에 관하여 법원으로 하여금 의심을 품게 할 수 있는 사정을 입증하면 그 진정성립의 추정은 깨어진다"(대결 1997.6.13. 96재다462).

③ [O] "문서를 백지에 서명만을 하여 교부하여 준다는 것은 이례에 속하는 것이므로 그 문서의 진정성립의 추정력을 뒤집으려면 그럴 만한 합리적인 이유와 이를 뒷받침할 증거가 필요하다" (대판 1988.9.27. 85다카1397).

④ [X] "문서에 날인된 작성명의인의 인영이 작성명의인의 인장에 의하여 현출된 것임이 인정되는 경우에는 특단의 사정이 없는 한 그 인영의 진정성립 및 그 문서 전체의 진정성립까지 추정되는 것이기는 하나, 이는 어디까지나 먼저 내용기재가 이루어진 뒤에 인영이 압날된 경우에만 그러한 것이며 작성명의인의 날인만 되어 있고 그 내용이 백지로 된 문서를 교부받아 후

일 그 백지 부분을 작성명의자가 아닌 자가 보충한 문서의 경우에 있어서는 문서제출자는 그 기재 내용이 작성명의인으로부터 위임받은 정당한 권원에 의한 것이라는 사실을 입증할 책임이 있으며, 이와 같은 법리는 그 문서가 처분문서라고 하여 달라질 것은 아니다"(대판 2000.6.9. 99다37009). ☞ 따라서 乙이 아니라, 甲에게 백지부분 보충이 권한 있는 자에 의한 것이라는 점에 관하여 증명책임이 있다.

⑤ [○] "처분문서의 진정성립이 인정되는 이상 법원은 그 문서의 기재 내용에 따른 의사표시의 존재 및 내용을 인정하여야 하나, 그 기재 내용을 부인할 만한 분명하고도 수긍할 수 있는 반증이 인정될 경우에는 그 기재 내용과 다른 사실을 인정할 수 있다"(대판 2010.11.11. 2010다56616).

[정답] ④

문 58 甲은 乙을 상대로 대여금반환청구의 소를 제기하고 乙 명의의 차용증을 증거로 제출하였다. 이에 관한 설명 중 옳지 않은 것은? (다툼이 있는 경우에는 판례에 의함) [변시 6회]

① 甲이 차용증 원본에 갈음하여 그 사본을 제출하였는데 차용증의 존재 및 원본의 성립의 진정에 관하여 다툼이 있고 사본을 원본에 갈음하는 데 대하여 乙로부터 이의가 있다면 사본으로써 원본에 갈음할 수 없다.

② 차용증의 진정성립은 제출자인 甲이 증명하여야 한다.

③ 乙의 날인만 되어 있고 내용이 백지로 된 차용증의 백지부분을 제3자인 丙이 후일 보충하였더라도 그 인영이 乙의 인장에 의한 것이라는 사실이 인정된다면 차용증의 진정성립은 추정된다.

④ 제3자인 丙이 乙의 인장으로 차용증에 날인하였는데 丙에게 乙을 대리할 권한이 있었는지에 관하여 다툼이 있는 경우, 甲은 丙의 날인행위가 정당한 권원에 의한 것이라는 사실을 증명할 책임이 있다.

⑤ 법원은 차용증의 기재내용과 다른 명시적, 묵시적 약정사실이 인정될 경우에 그 기재내용과 다른 사실을 인정할 수 있다.

해설 ① [○] 사본을 원본에 갈음하여 제출하는 경우 判例는 "문서제출은 원본으로 하여야 하고, 원본이 아닌 사본만에 의한 증거제출은 정확성의 보증이 없어 원칙적으로 부적법하므로, 원본의 존재 및 원본의 성립의 진정에 관하여 다툼이 있고 사본을 원본의 대용으로 하는 데 대하여 상대방으로부터 이의가 있는 경우에는 사본으로써 원본을 대용할 수 없다"(대판 2004.11.12. 2002다73319)고 하였다. 즉, ⅰ) 상대방이 원본의 존재나 성립을 인정하고, ⅱ) 사본으로써 원본에 갈음하는 것에 대하여 이의가 없는 경우에 사본의 실질적 증거력이 인정된다(대판 1992.4.28. 91다45608).

비교판례 반면에 사본 그 자체를 원본으로서 제출하는 경우에는 그 사본이 독립한 서증이 된다고 할 것이나 그 대신 이에 의하여 원본이 제출된 것으로 되지는 아니하고, 이때에는 증거(변론 전체의 취지에 의해서는 인정될 수 없다)에 의하여 사본과 같은 원본이 존재하고 또 그 원본이 진정하게 성립하였음이 인정되지 않는 한 그와 같은 내용의 사본이 존재한다는 것 이상의 증거가치는 없다(대결 2010.1.29. 2009마2050).

비교판례 다만, "ⅰ) 서증사본의 신청 당사자가 문서 원본을 분실하였다든가, ⅱ) 선의로 이를 훼손한 경우, 또는 ⅲ) 문서제출명령에 응할 의무가 없는 제3자가 해당 문서의 원본을 소지하고 있는 경우, ⅳ) 원본이 방대한 양의 문서인 경우 등 원본 문서의 제출이 불가능하거나 비실제적인 상황에서는 원본의 제출이 요구되지 아니한다고 할 것이지만, 그와 같은 경우라면 해당 서증의 신청당사자가 원본 부제출에 대한 정당성이 되는 구체적 사유를 주장·입증하여야 할 것이다"(대판 2002.8.23. 2000다66133)라고 판시한 경우도 있다.

② [○] 사문서는 그것이 진정한 것임을 증명하여야 하므로(제357조), 제출자가 성립의 진정을 증명하여야 한다.

③ [✕] "작성명의인의 날인만 되어 있고 그 내용이 백지로 된 문서를 교부받아 후일 그 백지 부분을 작성명의자가 아닌 자가 보충한 문서의 경우에 있어서는 문서 제출자는 그 기재 내용이 작성명의인으로부터 위임받은 정당한 권원에 의한 것이라는 사실까지 입증할 책임이 있다"(대판 1997.12.12. 97다38190).

④ [○] "문서에 날인된 작성명의인의 인영이 그의 인장에 의하여 현출된 것이라면 특별한 사정이 없는 한 그 인영의 진정성립, 즉 날인행위가 작성명의인의 의사에 기한 것임이 사실상 추정되고, 일단 인영의 진정성립이 추정되면 그 문서 전체의 진정성립이 추정되나, 위와 같은 사실상 추정은 날인행위가 작성명의인 이외의 자에 의하여 이루어진 것임이 밝혀진 경우에는 깨어지는 것이므로, 문서제출자는 그 날인행위가 작성명의인으로부터 위임받은 정당한 권원에 의한 것이라는 사실까지 증명할 책임이 있다"(대판 2009.9.24. 2009다37831).

⑤ [○] "처분문서라 할지라도 그 기재 내용과 다른 명시적, 묵시적 약정이 있는 사실이 인정될 경우에는 그 기재 내용과 다른 사실을 인정할 수 있다"(대판 2006.4.13. 2005다34643)

[정답] ③

제6절 증명책임

문 59 증명책임의 소재에 관한 설명 중 옳은 것을 모두 고른 것은? (다툼이 있는 경우에는 판례에 의함) [변시 2회]

ㄱ. 甲이 乙을 상대로 확정된 지급명령에 대한 청구이의의 소를 제기한 경우, 甲이 乙의 채권이 성립하지 아니하였음을 주장하면 乙은 채권의 발생원인 사실을 증명하여야 한다.

ㄴ. 甲이 채권자 乙로부터 채무자 丙에 대한 채권을 양수할 당시 그 채권에 관한 양도금지 특약의 존재를 알고 있거나 그 특약의 존재를 알지 못함에 중대한 과실이 있다면 丙은 甲에 대하여 그 특약으로써 대항할 수 있고, 甲의 악의 내지 중과실은 채권양도금지의 특약으로 甲에게 대항하려는 丙이 증명하여야 한다.

ㄷ. 甲이 乙을 상대로 피담보채권이 성립되지 아니하였음을 원인으로 하여 X 토지에 관하여 乙 명의로 마쳐진 근저당권설정등기의 말소를 구하는 경우, 근저당권의 성립 당시 근저당권의 피담보채권을 성립시키는 법률행위가 없었다는 사실은 근저당권설정등기의 말소를 구하는 甲이 증명하여야 한다.

ㄹ. 상대방과 통정한 허위의 의사표시는 무효이나, 그 의사표시의 무효는 선의의 제3자에게 대항하지 못하는데, 제3자가 선의라는 사실은 그 허위표시의 유효를 주장하는 자가 증명하여야 한다.

ㅁ. 임대인 甲이 임차인 乙을 상대로 임차건물이 화재로 소실되어 목적물 반환의무가 이행불능이 되었음을 원인으로 한 손해배상을 구하는 소를 제기한 경우, 甲은 乙의 귀책사유로 위 목적물 반환의무가 이행불능이 되었음을 증명하여야 한다.

① ㄱ
② ㄱ, ㄴ
③ ㄱ, ㄴ, ㄷ
④ ㄴ, ㄷ, ㄹ
⑤ ㄴ, ㄷ, ㄹ, ㅁ

해설 ㄱ. [○] "확정된 지급명령의 경우 그 지급명령의 청구원인이 된 청구권에 관하여 지급명령 발령 전에 생긴 불성립이나 무효 등의 사유를 그 지급명령에 관한 이의의 소에서 주장할 수 있고, 이러한 청구이의의 소에서 청구이의 사유에 관한 증명책임도 일반 민사소송에서의 증명책임 분배의 원칙에 따라야 한다. 따라서 확정된 지급명령에 대한 청구이의 소송에서 원고가 피고의 채권이 성립하지 아니하였음을 주장하는 경우에는 피고에게 채권의 발생원인 사실을 증명할 책임이 있고, 원고가 그 채권이 통정허위표시로서 무효라거나 변제에 의하여 소멸되었다는 등 권리 발생의 장애 또는 소멸 사유에 해당하는 사실을 주장하는 경우에는 원고에게 그 사실을 증명할 책임이 있다"(대판 2010.6.24. 2010다128520).

ㄴ. [○] "채무자는 제3자가 채권자로부터 채권을 양수한 경우 채권양도금지 특약의 존재를 알고 있는 양수인이나 그 특약의 존재를 알지 못함에 중대한 과실이 있는 양수인에게 그 특약으로써 대항할 수 있고, 여기서 말하는 '중과실'이란 통상인에게 요구되는 정도의 상당한 주의를

하지 않더라도 약간의 주의를 한다면 손쉽게 그 특약의 존재를 알 수 있음에도 불구하고 그러한 주의조차 기울이지 아니하여 특약의 존재를 알지 못한 것을 말하며, **제3자의 악의 내지 중과실은 채권양도금지의 특약으로 양수인에게 대항하려는 자가 이를 주장·증명하여야 한다**"(대판 2010.5.13. 2010다8310).

ㄷ. [×] "근저당권은 그 담보할 채무의 최고액만을 정하고, 채무의 확정을 장래에 보류하여 설정하는 저당권으로서(민법 제357조 1항), 계속적인 거래관계로부터 발생하는 다수의 불특정채권을 장래의 결산기에서 일정한 한도까지 담보하기 위한 목적으로 설정되는 담보권이므로, 근저당권설정행위와는 별도로 근저당권의 피담보채권을 성립시키는 법률행위가 있어야 하고, **근저당권의 성립 당시 근저당권의 피담보채권을 성립시키는 법률행위가 있었는지 여부에 대한 입증책임은 그 존재를 주장하는 측에 있다**"(대판 2009.12.24. 2009다72070 : 대판 2011.4.28. 2010다107408).

ㄹ. [×] "민법 제108조 제1항에서 상대방과 통정한 허위의 의사표시를 무효로 규정하고, 제2항에서 그 의사표시의 무효는 선의의 제3자에게 대항하지 못한다고 규정하고 있는데, 여기에서 제3자는 특별한 사정이 없는 한 선의로 추정할 것이므로, **제3자가 악의라는 사실에 관한 주장·입증책임은 그 허위표시의 무효를 주장하는 자에게 있다**"(대판 2003.12.26. 2003다50078,50085 등).

ㅁ. [×] "임차인은 임차건물의 보존에 관하여 선량한 관리자의 주의의무를 다하여야 하고, **임차인의 임차물반환채무가 이행불능이 된 경우, 임차인이 그 이행불능으로 인한 손해배상책임을 면하려면 그 이행불능이 임차인의 귀책사유로 말미암은 것이 아님을 입증할 책임이 있다**"(대판 2006.1.13. 2005다51013,51020). 따라서 "임차건물이 화재로 소훼된 경우에 있어서 그 **화재의 발생원인이 불명인 때에도 임차인이 그 책임을 면하려면 그 임차건물의 보존에 관하여 선량한 관리자의 주의의무를 다하였음을 입증하여야** 하며(대판 2001.1.19. 2000다57351), 이러한 법리는 임대차의 종료 당시 임차목적물 반환채무가 이행불능 상태는 아니지만 반환된 임차건물이 화재로 인하여 훼손되었음을 이유로 손해배상을 구하는 경우에도 동일하게 적용되고, 나아가 그 임대차계약이 임대인의 수선의무 지체로 해지된 경우라도 마찬가지다"(대판 2010.4.29. 2009다96984).

[비교판례] 그러나 "임차건물이 '임대인의 지배관리 영역 내'에 있는 부분의 화재로 소훼된 경우 임차인의 선관주의의무의 위반을 임대인이 입증하여야 임차인에게 손해배상책임을 지울 수 있다"(대판 2006.2.10. 2005다65623).

[정답] ②

문 60 증명책임에 관한 설명 중 옳지 않은 것은? (다툼이 있는 경우에는 판례에 의함) [변시 3회]

① 채무불이행으로 인한 손해배상액이 예정되어 있는 경우 채권자는 채무불이행 사실만 증명하면 손해의 발생 및 그 액수를 증명하지 아니하고 예정배상액을 청구할 수 있고, 채무자는 자신의 과실없음을 항변하지 못한다.

② 점유자가 점유취득시효를 주장하는 경우 스스로 소유의 의사를 증명할 책임은 없고, 점유자의 점유가 소유의 의사가 없는 점유임을 주장하여 취득시효 성립을 부정하는 자에게 증명책임이 있다.

③ 피해자가 가해자를 상대로 대기오염이나 수질오염에 의한 공해로 인한 손해배상을 청구하는 소송에 있어서 가해자가 어떠한 유해한 원인물질을 배출하고 그것이 피해물건에 도달하여 손해가 발생하였음을 피해자가 증명하였다면, 가해자가 그것이 무해하다는 것을 증명하여야 한다.

④ 채무부존재확인소송에서 채무자가 먼저 청구를 특정하여 채무발생원인사실을 부정하는 주장을 하면, 채권자는 권리관계의 요건사실에 관하여 주장·증명책임을 부담한다.

⑤ 사해행위취소소송에서 사해행위의 취소를 구하는 채권자가 채무자의 수익자에 대한 금원지급행위를 증여라고 주장함에 대하여, 수익자는 이를 기존 채무에 대한 변제로서 받은 것이라고 다투고 있는 경우 그 금원지급행위가 증여에 해당한다는 사실은 취소를 구하는 채권자가 증명하여야 한다.

[해설] ① [X] "채무불이행으로 인한 손해배상액이 예정되어 있는 경우에는 채권자는 채무불이행 사실만 증명하면 손해의 발생 및 그 액을 증명하지 아니하고 예정배상액을 청구할 수 있고, **채무자는 채권자와 채무불이행에 있어 채무자의 귀책사유를 묻지 아니한다는 약정을 하지 아니한 이상 자신의 귀책사유가 없음을 주장·입증함으로써 예정배상액의 지급책임을 면할 수 있다**"(대판 2007.12.27. 2006다9408). 따라서 채무자는 자신의 과실 없음을 항변할 수 있다.

② [O] "민법 제197조 제1항에 의하면, 물건의 점유자는 소유의 의사로 점유한 것으로 추정되므로, 점유자가 취득시효를 주장하는 경우 스스로 소유의 의사를 증명할 책임은 없고, 점유자의 점유가 소유의 의사가 없는 점유임을 주장하여 취득시효 성립을 부정하는 자에게 증명책임이 있다"(대판 2011.7.28. 2011다15094).

③ [O] "공해로 인한 손해배상청구소송에 있어서는 가해행위와 손해발생 사이의 인과관계의 고리를 모두 자연과학적으로 증명하는 것은 곤란 내지 불가능한 경우가 대부분이고, 가해기업은 기술적·경제적으로 피해자보다 원인조사가 용이할 뿐 아니라 자신이 배출하는 물질이 유해하지 않다는 것을 입증할 사회적 의무를 부담한다고 할 것이므로, 가해기업이 배출한 어떤 물질이 피해 물건에 도달하여 손해가 발생하였다면 가해자측에서 그 무해함을 입증하지 못하는 한 책임을 면할 수 없다고 봄이 사회 형평의 관념에 적합하다"(대판 2004.11.26. 2003다2123).

[관련판례] 判例는 김양식장 피해사건에서 "i) 피고공장에서 김의 생육에 악영향을 줄 수 있는 폐수가 배출되고 ii) 그 폐수중의 일부가 해류를 통하여 이 사건 어장에 도달되었으며, iii) 그 후 김에 피해가 있었다는 사실이 각 모순 없이 증명되는 이상 피고의 위 폐수의 배출과 원고가 양식하는 김에 병해가 발생하여 입은 손해와의 사이에 일응 인과관계의 증명이 있다고 보아야 할 것이고, 이러한 사정아래서 **폐수를 배출하고 있는 피고로서는 i) 피고공장 폐수 중에는 김의 생육에 악영향을 끼칠 수 있는 원인물질이 들어 있지 않으며 또는 ii) 원인물질이 들어 있다 하더라도 그 혼합율이 안전농도 범위 내에 속한다는 사실을 반증을 들어 인과관계를 부정하지 못하는 이상 그 불이익은 피고에게 돌려야 마땅할 것이다**"(대판 1981.9.22. 81다588)라고 판시하고 있다. 그 동안 하급심에서는 피해자가 위 세 가지 사유 이외에 '피해과정 및 오염물질의 분량의 존재'까지 입증할 것을 요구하였는데, 위 판결은 이를 입증의 대상에서 제외함으로써 피해자의 입증곤란에서 오는 어려움을 덜어준 것이다.

④ [O] "금전채무부존재확인소송에 있어서는, 채무자인 원고가 먼저 청구를 특정하여 채무발생원인사실을 부정하는 주장을 하면 채권자인 피고는 권리관계의 요건사실에 관하여 주장·입증책임을 부담한다"(대판 1998.3.13. 97다45259).

⑤ [O] "사해행위의 취소를 구하는 채권자가 채무자의 수익자에 대한 금원지급행위를 증여라고 주장함에 대하여, 수익자는 이를 기존 채무에 대한 변제로서 받은 것이라고 다투고 있는 경우, 이는 채권자의 주장사실에 대한 부인에 해당할 뿐 아니라, 위 법리에서 보는 바와 같이 채무자의 금원지급행위가 증여인지, 변제인지에 따라 채권자가 주장·입증하여야 할 내용이 크게 달라지게 되므로, 결국 위 금원지급행위가 사해행위로 인정되기 위하여는 그 금전지급행위가 증여에 해당한다는 사실이 입증되거나 변제에 해당하지만 채권자를 해할 의사 등 앞서 본 특별한 사정이 있음이 입증되어야 할 것이고, 그에 대한 입증책임은 사해행위를 주장하는 측에 있다고 할 것이다"(대판 2007.5.31. 2005다28686).

[정답] ①

문61 증거에 관한 설명 중 옳은 것은? (다툼이 있는 경우에는 판례에 의함)   [변시 8회]

① 「민법」 제30조에 의하면 2인 이상이 동일한 위난으로 사망한 경우에는 동시에 사망한 것으로 추정하도록 규정하고 있는바, 이 추정을 번복하기 위하여는 동시에 사망하였다는 점에 대하여 법원의 확신을 흔들리게 하는 반증을 제출해야 한다.

② 점유자가 스스로 매매 등과 같은 자주점유의 권원을 주장하였지만 그것이 인정되지 않는다면 자주점유의 추정이 번복된다.

③ 가압류의 집행 후에 집행채권자가 본안소송에서 패소 확정되었다고 하더라도, 그 가압류의 집행으로 인한 채무자의 손해에 대하여 집행채권자에게 고의 또는 과실이 있다고 사실상 추정되지 아니한다.

④ 소유권이전등기의 원인이 전 등기명의인의 직접적인 처분행위에 의한 것이 아니라 제3자가 그 처분행위에 개입되어 무효라는 이유로 전 등기명의인이 말소등기청구를 한 경우, 현 등기명의인은 그 제3자에게 전 등기명의인을 대리할 권한이 있었다는 등의 사실에 대한 증명책임을 진다.

⑤ 준거법으로서의 외국법은 법률이어서 법원이 직권으로 그 내용을 조사하여야 하고, 법원이 합리적이라고 판단하는 방법에 의하여 조사하면 충분하다.

해설 ① [X] 민법 제30조에 의하면, 2인 이상이 동일한 위난으로 사망한 경우에는 동시에 사망한 것으로 추정하도록 규정하고 있는바, 이 추정은 **법률상 추정**으로서 이를 번복하기 위하여는 동일한 위난으로 사망하였다는 전제사실에 대하여 법원의 확신을 흔들리게 하는 반증을 제출하거나 또는 각자 다른 시각에 사망하였다는 점에 대하여 법원에 확신을 줄 수 있는 본증을 제출하여야 하는데, 이 경우 사망의 선후에 의하여 관계인들의 법적 지위에 중대한 영향을 미치는 점을 감안할 때 충분하고도 명백한 입증이 없는 한 위 추정은 깨어지지 아니한다고 보아야 한다(대판 1998.8.21. 98다8974).

② [X] 물건의 점유자는 소유의 의사로 점유한 것으로 추정된다(민법 제197조 제1항). 따라서 점유자가 취득시효를 주장하는 경우 스스로 소유의 의사를 증명할 책임은 없고, 그 점유자의 점유가 소유의 의사가 없는 점유임을 주장하여 취득시효의 성립을 부정하는 자에게 그 증명책임이 있다.
"점유자의 점유가 자주점유인지 아니면 타주점유인지는 점유자의 마음속에 있는 의사에 따라 결정되는 것이 아니라 점유 취득의 원인이 된 권원의 성질이나 점유와 관련된 모든 사정에 따라 외형적·객관적으로 결정되어야 한다. 점유자가 성질상 소유의 의사가 없는 것으로 보이는 권원에 바탕을 두고 점유를 취득한 사실이 증명되었거나, 점유자가 타인의 소유권을 배제하여 자기의 소유물처럼 배타적 지배를 하려는 의사를 가지고 점유하는 것으로 볼 수 없는 객관적 사정, 즉 점유자가 진정한 소유자라면 통상 취하지 않았을 태도를 나타내거나 소유자라면 당연히 취했을 것으로 보이는 행동을 취하지 않은 경우 등 외형적·객관적으로 보아 점유자가 타인의 소유권을 배척하고 점유할 의사를 갖고 있지 않았던 것이라고 볼 만한 사정이 증명된 경우에 한하여 그 추정은 깨진다. 그러나 점유자가 스스로 매매나 증여와 같이 자주점유의 권원을 주장하였는데, 이것이 인정되지 않는다는 사유만으로는 자주점유의 추정이 깨진다고 볼 수 없다"(대판 2017.12.22. 2017다360,377).

③ [X] "가압류나 가처분 등 보전처분은 그 피보전권리가 실재하는지 여부의 확정은 본안소송에 맡기고 단지 소명에 의하여 채권자의 책임하에 하는 것이므로, 그 집행 후에 집행채권자가 본안소송에서 패소확정되면 그 보전처분의 집행으로 인하여 채무자가 입은 손해에 대하여 집행채권자에게 고의 또는 과실이 있다고 사실상 추정되지만, 특별한 반증이 있는 경우에는 위와 같은 고의·과실의 추정이 번복될 수 있다"(대판 2014.7.10. 2012다29373).

④ [X] "전등기명의인의 직접적인 처분행위에 의한 것이 아니라 제3자가 그 처분행위에 개입된 경우 현등기명의인이 그 제3자가 전등기명의인의 대리인이라고 주장하더라도 현등기명의인의 등기가 적법히 이루어진 것으로 추정되므로 그 등기가 원인무효임을 이유로 말소를 청구하는 전등기명의인으로서는 그 반대사실 즉, 그 제3자에게 전등기명의인을 대리할 권한이 없었다든지, 또는 그 제3자가 전등기명의인의 등기서류를 위조하였다는 등의 무효사실에 대한 입증책임을 진다"(대판 1993.10.12. 93다18914)

[참고판례] 등기가 있으면 등기권리(대판 2009.9.24. 2009다37831), 등기원인(대판 1994.9.13. 94다10160), 등기절차(대판 2002.2.5. 2001다72029)의 적법성이 법률상 추정된다.

⑤ [O] "우리나라 법률상으로는 준거법으로서의 외국법의 적용 및 조사에 관하여 특별한 규정을 두고 있지 아니하나 외국법은 법률이어서 법원이 직권으로 그 내용을 조사하여야 하고, 그 방법에 있어서 법원이 합리적이라고 판단하는 방법에 의하여 조사하면 충분하고, 반드시 감정인의 감정이나 전문가의 증언 또는 국내의 공무소, 학교등에 감정을 촉탁하거나 사실조회를 하는 등의 방법만에 의하여야 할 필요는 없는 것이다"(대판 1990.4.10. 89다카20252).

[정답] ⑤

문62 유치권에 관한 설명 중 옳지 않은 것은? (다툼이 있는 경우에는 판례에 의함) [변시 8회]

① 점유물에 대한 필요비와 유익비 상환청구권에 기초한 유치권 주장을 배척하는 경우 점유가 불법행위로 인하여 개시되었다는 사실에 대한 주장·증명은 유치권 주장의 배척을 구하는 상대방 당사자가 하여야 한다.

② 부동산에 가압류등기가 경료되어 있을 뿐 현실적인 매각절차가 이루어지지 않고 있는 상황에서 적법·유효한 법률행위에 따른 채무자의 점유 이전으로 인하여 제3자가 유치권을 취득하게 될 경우 이를 가압류 채권자에게 대항할 수 없는 처분행위로 볼 수 있다.

③ 유치권부존재확인소송에서 유치권의 요건사실인 유치권의 목적물과 견련관계에 있는 채권의 존재에 대해서는 피고가 주장·증명하여야 한다.

④ 근저당권자는 경매절차에서 유치권 신고를 한 사람을 상대로 그 사람이 경매절차에서 유치권을 내세워 대항할 수 있는 범위를 초과하는 유치권의 부존재확인을 구할 법률상 이익이 있다.

⑤ 채무자 소유의 부동산에 관하여 이미 선행저당권이 설정되어 있는 상태에서 채권자의 상사유치권이 성립한 경우, 상사유치권자는 선행저당권에 기한 임의경매절차에서 부동산을 취득한 매수인에 대한 관계에서는 그 상사유치권으로 대항할 수 없다.

[해설] ① [O] "물건의 점유자는 소유의 의사로 선의, 평온 및 공연하게 점유한 것으로 추정되고 점유자가 점유물에 대하여 행사하는 권리는 적법하게 보유하는 것으로 추정된다(민법 제197조 제1항, 제200조). 따라서 점유물에 대한 필요비와 유익비 상환청구권을 기초로 하는 유치권 주장을 배척하려면 적어도 점유가 불법행위로 인하여 개시되었거나 점유자가 필요비와 유익비를 지출할 당시 점유권원이 없음을 알았거나 중대한 과실로 알지 못하였다고 인정할만한 사유에 대한 상대방 당사자의 주장·증명이 있어야 한다"(대판 2011.12.13. 2009다5162).

② [X] 경매개시로 인한 '가압류'의 효력 발생 후에 그 목적물을 인도받아 유치권을 취득한 경우 判例는 "부동산에 가압류등기가 경료되어 있을 뿐 현실적인 매각절차가 이루어지지 않고 있는 상황 하에서는 채무자의 점유이전으로 인하여 제3자가 유치권을 취득하게 된다고 하더라도 이를 처분행위로 볼 수는 없다"(대판 2011.11.24. 2009다19246)라고 판시하여 이러한 유치권은 경매절차에서 매각으로 소멸하지 않고 매수인에게 인수된다고 판단하였다.

[비교판례] "채무자 소유의 건물 등 부동산에 강제경매개시결정의 기입등기가 경료되어 '압류'의 효력이 발생한 이후에 채무자가 위 부동산에 관한 공사대금 채권자에게 그 점유를 이전함으로써 그로 하여금 유치권을 취득하게 한 경우, 그와 같은 점유의 이전은 목적물의 교환가치를 감소시킬 우려가 있는 처분행위에 해당하여 민사집행법 제92조 제1항, 제83조 제4항에 따른 압류의 처분금지효에 저촉되므로 점유자로서는 위 유치권을 내세워 그 부동산에 관한 경매절차의 매수인에게 대항할 수 없다"(대판 2005.8.19. 2005다22688). 이 경우 위 부동산에 경매개시결정의 기입등기가 경료되어 있음을 채권자가 알았는지 여부 또는 이를 알지 못한 것에 관하여 과실이 있는지 여부 등은 채권자가 그 유치권을 매수인에게 대항할 수 없다는 결론에 아무런 영향을 미치지 못한다(대판 2006.8.25. 2006다22050).

③ [O] "소극적 확인소송에서는 원고가 먼저 청구를 특정하여 채무발생원인 사실을 부정하는 주장을 하면 채권자인 피고는 권리관계의 요건사실에 관하여 주장·증명책임을 부담하므로, 유치권 부존재 확인소송에서 유치권의 요건사실인 유치권의 목적물과 견련관계 있는 채권의 존재에 대해서는 피고가 주장·증명하여야 한다"(대판 2016.3.10. 2013다99409).

④ [O] "민사집행법 제268조에 의하여 담보권의 실행을 위한 경매절차에 준용되는 같은 법 제91조 제5항에 의하면 유치권자는 경락인에 대하여 피담보채권의 변제를 청구할 수는 없지만 자신의 피담보채권이 변제될 때까지 유치목적물인 부동산의 인도를 거절할 수 있어 경매절차의 입찰인들은 낙찰 후 유치권자로부터 경매목적물을 쉽게 인도받을 수 없다는 점을 고려하여 입찰하게 되고 그에 따라 경매목적 부동산이 그만큼 낮은 가격에 낙찰될 우려가 있다. 이와 같이 저가낙찰로 인해 경매를 신청한 근저당권자의 배당액이 줄어들거나 경매목적물 가액과 비교하여 거액의 유치권 신고로 매각 자체가 불가능하게 될 위험은 경매절차에서 근저당권자의 법률상 지위를 불안정하게 하는 것이므로 위 불안을 제거하는 근저당권자의 이익을 단순한 사실상·경제상의 이익이라고 볼 수는 없다. 따라서 근저당권자는 유치권 신고를 한 사람을 상대로 유치권 전부의 부존재뿐만 아니라 경매절차에서 유치권을 내세워 대항할 수 있는 범위를 초과하는 유치권의 부존재 확인을 구할 법률상 이익이 있고, 심리 결과 유치권 신고를 한 사람이 유치권의 피담보채권으로 주장하는 금액의 일부만이 경매절차에서 유치권으로 대항할 수 있는 것으로 인정되는 경우에는 법원은 특별한 사정이 없는 한 그 유치권 부분에 대하여 일부패소의 판결을 하여야 한다"(대판 2016.3.10. 2013다99409).

⑤ [O] "상사유치권은 민사유치권과 달리 피담보채권이 '목적물에 관하여' 생긴 것일 필요는 없지만 유치권의 대상이 되는 물건은 '채무자 소유'일 것으로 제한되어 있다(상법 제58조, 민법 제320조 제1항 참조). 이와 같이 상사유치권의 대상이 되는 목적물을 '채무자 소유의 물건'에 한정하는 취지는, 상사유치권의 경우에는 목적물과 피담보채권 사이의 견련관계가 완화됨으로써 피담보채권이 목적물에 대한 공익비용적 성질을 가지지 않아도 되므로 피담보채권이 유치권자와 채무자 사이에 발생하는 모든 상사채권으로 무한정 확장될 수 있고, 그로 인하여 이미 제3자가 목적물에 관하여 확보한 권리를 침해할 우려가 있어 상사유치권의 성립범위 또는 상사유치권으로 대항할 수 있는 범위를 제한한 것으로 볼 수 있다. 즉 상사유치권이 채무자 소유의 물건에 대해서만 성립한다는 것은, 상사유치권은 성립 당시 채무자가 목적물에 대하여 보유하고 있는 담보가치만을 대상으로 하는 제한물권이라는 의미를 담고 있다 할 것이고, 따라서 유치권 성립 당시에 이미 목적물에 대하여 제3자가 권리자인 제한물권이 설정되어 있다면, 상사유치권은 그와 같이 제한된 채무자의 소유권에 기초하여 성립할 뿐이고, 기존의 제한물권이 확보하고 있는 담보가치를 사후적으로 침탈하지는 못한다고 보아야 한다. 그러므로 채무자 소유의 부동산에 관하여 이미 선행(선행)저당권이 설정되어 있는 상태에서 채권자의 상사유치권이 성립한 경우, 상사유치권자는 채무자 및 그 이후 채무자로부터 부동산을 양수하거나 제한물권을 설정받는 자에 대해서는 대항할 수 있지만, 선행저당권자 또는 선행저당권에 기한 임의경매절차에서 부동산을 취득한 매수인에 대한 관계에서는 상사유치권으로 대항할 수 없다"(대판 2013.2.28. 2010다57350).

[정답] ②

문63 甲이 A법원에 乙을 상대로 제기한 대여금반환청구의 제1심 소송절차에 관한 설명 중 옳은 것을 모두 고른 것은? (다툼이 있는 경우 판례에 의함)　　　　　　　　　　　　　　　　　　　　　　　　[변시 6회]

> ㄱ. 乙이 이 사건에 관하여 B법원에서만 재판을 받기로 甲과 합의하였음에도 변론기일에 출석하여 이를 주장하지 않으면서 변제 주장을 하였다면 A법원은 관할권을 가진다.
> ㄴ. 甲과 乙 사이에 금원의 수수가 있다는 사실에 관하여 다툼이 없다고 하여도 대여 사실에 관한 증명책임은 甲에게 있다.
> ㄷ. 乙이 위 채무의 변제조로 금원을 지급한 사실을 주장함에 대하여 甲이 이를 수령한 사실을 인정하고서 다만 다른 채무의 변제에 충당하였다고 주장하는 경우, 甲은 다른 채권이 존재하는 사실과 다른 채권에 대한 변제충당의 합의가 있었다거나 다른 채권이 법정충당의 우선순위에 있다는 사실을 주장, 증명하여야 한다.
> ㄹ. 乙의 변제 주장이 인정되지 아니하는 경우, 법원이 판결 이유에서 변제 주장을 배척하는 판단을 하지 않는다면 그 판결은 판단누락의 위법이 있다.

① ㄱ, ㄷ　　　　　　　　　　　　　② ㄷ, ㄹ
③ ㄱ, ㄴ, ㄹ　　　　　　　　　　　　④ ㄴ, ㄷ, ㄹ
⑤ ㄱ, ㄴ, ㄷ, ㄹ

[해설] ㄱ. [O] 관할합의의 모습이 전속적이더라도 그 성질은 임의관할이므로, 원고가 합의를 무시하고 다른 법원에 제기해도 피고가 관할위반의 항변 없이 본안에 관한 변론을 한 때에는 피고의 거동에 의한 변론관할이 생길 수 있다(제30조).

ㄴ. [O] "당사자간에 금원의 수수가 있다는 사실에 관하여 다툼이 없다고 하여도 원고가 이를 수수한 원인은 소비임차라 하고 피고는 그 수수의 원인을 다툴 때에는 그것이 소비임차로 인하여 수수되었다는 것은 이를 주장하는 원고가 입증할 책임이 있다"(대판 1972.12.12. 72다221).

ㄷ. [O] "채무자가 특정한 채무의 변제조로 금원 등을 지급한 사실을 주장함에 대하여, 채권자가 이를 수령한 사실을 인정하고서 다만 타 채무의 변제에 충당하였다고 주장하는 경우에는, 채권자는 타 채권이 존재하는 사실과 타 채권에 대한 변제충당의 합의가 있었다거나 타 채권이 법정충당의 우선순위에 있다는 사실을 주장·입증하여야 한다"(대판 1999.12.10. 99다14433).

ㄹ. [O] 乙의 변제 주장은 항변이다. 판결이유의 설시에 있어서 원고의 청구가 인용될 때에는 피고의 항변을 배척하는 판단을 요하며 그렇지 않으면 판단누락의 위법을 면치 못한다(대판 1965.1.19. 64다1437).

[쟁점정리] ① 자기에게 증명책임이 있는 사실의 주장은 항변이 되고, 그렇지 않은 사실의 주장은 부인이 된다. ② 주장이 인정되지 않을 경우 부인은 판결 이유에서 판단하지 않아도 되나(대판 1967.12.19. 66다2291), 항변에 대해서는 따로 판단하여야 하며 이를 누락한 경우 판단누락의 위법이 있어 상고이유(제424조 1항 6호)·재심사유(제451조 1항 9호)가 된다.

[정답] ⑤

문 64 甲은 자신의 소유인 X 부동산에 관하여 乙 명의로 소유권이전등기가 되어 있는 것을 발견하고, 소유권에 기하여 乙을 상대로 소유권이전등기 말소등기청구의 소를 제기하였다. 다음 설명 중 옳지 않은 것은? (각 지문은 독립적이고, 다툼이 있는 경우에는 판례에 의함) [변시 1회]

① 乙이 甲의 대리인인 丙으로부터 X 부동산을 매수하여 그 이전등기를 마친 것이라고 주장하는 경우, 甲이 丙의 대리권 없음을 증명하여야 한다.

② 甲이 乙의 등기원인을 증명하는 서면인 매매계약서가 위조된 사실을 증명한 경우, 乙은 다른 적법한 등기원인의 존재를 주장·증명하여야 한다.

③ 甲이 변론을 통해 자신이 소유자라는 주장을 하자 乙이 이를 인정하는 진술을 한 경우, 그 진술을 甲의 소유권의 내용을 이루는 사실에 대한 것으로 보아 자백의 구속력을 인정할 수 있다.

④ 甲으로부터 丁을 거쳐 乙 명의로 순차 소유권이전등기가 경료되었다면 甲은 丁과 乙 전원을 피고로 삼아야 하고, 그렇지 않을 경우에는 소의 이익을 인정할 수 없어 부적법한 소송이 된다.

⑤ 甲이 말소등기청구소송에서 패소 확정판결을 받은 후, 乙을 상대로 진정명의회복을 원인으로 하는 소유권이전등기청구의 소를 제기하는 경우, 청구취지가 다르더라도 그 소송물은 실질상 동일하므로 기판력에 저촉된다.

해설 ① [○] 判例는 **등기의 추정력**을 넓게 인정하여 부동산을 매수하여 등기한 자는 전 소유자의 대리인으로부터 매수하였다고 주장하는 경우에 그 대리권의 존재도 추정된다고 한다(대판 1999.2.26. 98다56072).

관련판례 "소유권이전등기가 전 등기명의인의 직접적인 처분행위에 의한 것이 아니라 제3자가 그 처분행위에 개입된 경우 현 등기명의인이 그 제3자가 전 등기명의인의 대리인이라고 주장하더라도 현 소유명의인의 등기가 적법히 이루어진 것으로 추정되므로, 그 등기가 원인무효임을 이유로 그 말소를 청구하는 전 소유명의인으로서는 반대사실, 즉 그 제3자에게 전 소유명의인을 대리할 권한이 없었다든가 또는 제3자가 전 소유명의인의 등기서류를 위조하는 등 등기절차가 적법하게 진행되지 아니한 것으로 의심할 만한 사정이 있다는 등의 무효사실에 대한 증명책임을 진다"(대판 2009.9.24. 2009다37831)

② [○] "소유권이전등기의 원인으로 주장된 계약서가 진정하지 않은 것으로 증명된 이상 그 등기의 적법추정은 복멸되는 것이고 계속 다른 적법한 등기원인이 있을 것으로 추정할 수는 없다"(대판 1998.9.22. 98다29568).

③ [○] ※ 선결적 법률관계의 진술
判例는 "소송물의 전제문제가 되는 권리관계를 인정하는 진술은 권리자백으로서 법원을 기속하는 것도 아니며, 상대방의 동의 없이 자유로이 철회할 수 있다"(대판 2008.3.27. 2007다87061)고 하면서도, "소유권에 기한 이전등기말소청구소송에 있어서 피고가 원고 주장의 **소유권을 인정하는 진술은 그 소전제가 되는 소유권의 내용을 이루는 사실에 대한 진술로 볼 수 있으므로 이는 재판상 자백**이라 할 것이다"(대판 1989.5.9. 87다카749)고 판시하여 소유권을 인정하는 진술에 대하여 재판상 자백이 성립될 수 있다는 취지의 판결을 하고 있다.

④ [×] "원인없이 경료된 최초의 소유권이전등기와 이에 기하여 순차로 경료된 일련의 소유권이전등기의 각 말소를 구하는 소송은 필요적 공동소송이 아니므로 그 말소를 청구할 권리가 있는 사람은 각 등기의무자에 대하여 이를 각각 청구할 수 있는 것이어서 위 일련의 소유권이전등기 중 최후의 등기명의자만을 상대로 그 등기의 말소를 구하고 있다 하더라도 그 승소의 판결이 집행불능의 판결이 된다거나 종국적인 권리의 실현을 가져다 줄 수 없게 되어 소의 이익이 없는 것으로 된다고는 할 수 없다"(대판 1987.10.13. 87다카1093)

⑤ [○] 말소등기청구가 패소확정되어 말소등기청구를 할 수 없는 경우 이전등기청구를 할 수 있는지와 관련해서는 소송물이론과 기판력이론이 관련되는 문제이다. 이와 관련하여 최근 전원합의체판결은 양자 모두 청구권의 실체법상 근거가 민법 제214조임을 근거로 말소등기 소송의 기판력이 진정명의회복을 원인으로 하는 이전등기청구 소송에도 미친다(아래 전합99다37894)고 하였다.
"진정한 등기명의의 회복을 위한 소유권이전등기청구는 이미 자기 앞으로 소유권을 표상하는 등기가 되어 있었거나 법률에 의하여 소유권을 취득한 자가 진정한 등기명의를 회복하기 위한 방법으로 현재의 등기명의인을 상대로 그 등기의 말소를 구하는 것에 갈음하여 허용되는 것인데, 말소등기에 갈음하여 허용되는 진정명의회복을 원인으로 한 소유권이전등기청구권과 무효등기의 말소청구권은 어느 것이나 진정한 소유자의 등기명의를 회복하기 위한 것으로서 실질적으로 그 목적이 동일하고, 두 청구권 모두 소유권에 기한 방해배제청구권으로서 그 법적 근거와 성질이 동일하므로, 비록 전자는 이전등기, 후자는 말소등기의 형식을 취하고 있다고 하더라도 그 소송물은 실질상 동일한 것으로 보아야 하고, 따라서 소유권이전등기말소청구소송에서 패소확정판결을 받았다면 그 기판력은 그 후 제기된 진정명의회복을 원인으로 한 소유권이전등기청구소송에도 미친다"(대판 2001.9.20. 전합 99다37894).

[정답] ④

문 65 甲은 乙에 대한 대여금 채무를 담보하기 위하여 甲 소유의 X 토지에 관하여 근저당권설정등기를 마쳐주었다. 甲은 대여금 채무가 모두 변제되어 소멸되었다고 주장하며 근저당권설정등기 말소등기절차의 이행을 구하는 소를 제기하였다. 다음 설명 중 옳은 것은? (각 지문은 독립적이고, 다툼이 있는 경우에는 판례에 의함)   [변시 2회]

① 甲의 소제기에 앞서 위 대여금 채권이 양도되어 丙 앞으로 근저당권 이전의 부기등기가 마쳐진 경우에도, 위 소송에서 피고적격을 갖는 자는 근저당권설정등기의 전(前) 등기명의인이었던 乙이다.

② 乙의 신청으로 X 토지에 관하여 담보권 실행을 위한 경매절차가 개시된 경우, 甲이 공탁원인이 있어 공탁에 의하여 채무를 면하고자 한다면 특별한 사정이 없는 한 피담보채권액이 근저당권의 채권최고액을 초과하더라도 채권최고액과 집행비용을 공탁하면 된다.

③ 위 소송에서 변제액수에 관한 다툼이 있어 심리한 결과 대여금 채무가 남아 있는 것으로 밝혀지면, 법원은 특별한 사정이 없는 한 甲의 청구를 기각하여서는 아니 되고, 잔존채무의 변제를 조건으로 甲의 청구를 일부 인용하는 판결을 선고하여야 한다.

④ 위 소송 중에 위 근저당권설정등기가 경매절차에서의 매각을 원인으로 하여 말소된 경우에는 더 이상 근저당권설정등기의 말소를 구할 법률상 이익이 없게 되어 법원은 甲의 청구를 기각하여야 한다.

⑤ 甲이 乙을 상대로 한 위 소송에서 甲의 승소판결이 확정되었고, 이에 甲이 丁에게 근저당권설정등기를 마쳐주고 이어 乙 명의의 근저당권설정등기 말소등기를 마쳤는데, 乙이 甲을 상대로 위 판결에 대한 재심의 소를 제기하여 "재심대상판결을 취소한다."라는 취지의 조정이 성립한 경우, 丁은 乙에 대하여 乙 명의의 근저당권설정등기의 회복등기절차에 대하여 승낙할 의무를 부담한다.

[해설] ① [X] "근저당권의 양도에 의한 부기등기는 기존의 근저당권설정등기에 의한 권리의 승계를 등기부상 명시하는 것뿐으로, 그 등기에 의하여 새로운 권리가 생기는 것이 아닌 만큼 근저당권설정등기의 말소등기청구는 양수인만을 상대로 하면 족하고, 양도인은 그 말소등기청구에 있어서 피고적격이 없다"(대판 1995.5.26. 95다7550). ☞ 따라서 사안의 경우 양수인인 丙을 피고로 하여 근저당권설정등기말소청구의 소를 제기하여야 한다.

② [X] 근저당권의 물상보증인은 민법 제357조에서 말하는 채권의 최고액만을 변제하면 근저당권설정등기의 말소청구를 할 수 있고 채권최고액을 초과하는 부분의 채권액까지 변제할 의무가 있는 것이 아니나(대판 1974.12.10. 74다998), 원래 저당권은 원본, 이자, 위약금, 채무불이행으로 인한 손해배상 및 저당권의 실행비용을 담보하는 것이며, 채권최고액의 정함이 있는 근저당권에 있어서 이러한 채권의 총액이 그 채권최고액을 초과하는 경우, 적어도 **근저당권자와 채무자 겸 근저당권설정자와의 관계에 있어서는** 위 채권 전액의 변제가 있을 때까지 근저당권의 효력은 채권최고액과는 관계없이 잔존채무에 여전히 미친다(대판 2001.10.12. 2000다59081).
☞ 따라서 사안의 경우 甲은 채무자 겸 근저당권설정자로서 공탁에 의해 채무를 면하기 위해서는 피담보채권액 전액을 공탁하여야 한다.

③ [O] 피담보채무의 완제에 의한 소멸을 주장하면서 무조건의 등기말소청구를 한 경우에, 심리 결과 저당채무나 양도담보채무가 아직 일부 남아 있는 것이 판명된 경우, 判例는 설사 원고가 그 채무를 변제한다고 하더라도 피고가 수액 등을 다투면서 말소등기절차에 협력하지 않을 사정이 있을 때에는, 원고의 반대 의사표시가 없는 한 원고의 청구를 전부 기각할 것이 아니라 원고의 나머지 채무 지급을 조건으로 한 선이행판결(잔존 채무 변제를 조건으로 한 일부 인용 판결)을 하여야 한다는 입장이다(대판 1981.9.22. 80다2270 : 대판 1996.2.23. 95다9310). 이 경우 주문에 「원고의 나머지 청구를 기각」하는 취지의 표시를 하여야 한다.

④ [X] "근저당권설정등기의 말소등기절차의 이행을 구하는 소송 도중에 그 근저당권설정등기가 경락을 원인으로 하여 말소된 경우에는 더 이상 근저당권설정등기의 말소를 구할 법률상 이익이 없게 되므로 법원은 소를 각하하여야 한다"(대판 2003.1.10. 2002다57904).

⑤ [X] "'재심대상판결을 취소한다.'는 조정조항은 법원의 형성재판 대상으로서 甲과 乙이 자유롭게 처분할 수 있는 권리에 관한 것이 아니어서 당연무효이고, 확정된 재심대상판결이 당연무효인 위 조정조항에 의하여 취소되었다고 할 수 없으므로, 위 판결에 기한 근저당권설정등기의 말소등기는 원인무효인 등기가 아니고 따라서 丁은 근저당권설정등기의 말소회복에 승낙을 하여야 할 실체법상 의무를 부담하지 아니한다"(대판 2012.9.13. 2010다97846).

[정답] ③

문66 척추 이상으로 허리 통증이 있던 甲은 의료법인 A병원에서 2008. 4. 3. 입원진료계약을 체결하고, 같은 달 30.에 수술을 받았다. 척추수술 직후, 甲에게 하반신마비 장애가 발생하였다. 다음 설명 중 옳지 않은 것은? (각 지문은 독립적이고, 다툼이 있는 경우에는 판례에 의함) [변시 2회]

① A병원의 치료비 채권은 특약이 없는 한 개개의 진료가 종료될 때마다 각각의 진료에 필요한 비용의 이행기가 도래하여 그에 대한 소멸시효가 진행된다.

② 甲이 A병원을 상대로 제기한 손해배상청구소송에서 일실이익의 현가산정방식에 관한 甲의 주장은 기초사실에 관한 주장에 속하므로, 법원이 甲의 주장과 다른 산정방식을 채용하는 것은 변론주의에 반한다.

③ 甲이 A병원을 상대로 불법행위를 원인으로 한 손해배상청구의 소를 제기하였는데, 법원이 진료계약상의 의무불이행을 원인으로 한 손해배상금을 지급하도록 판결한 것은 처분권주의에 반한다.

④ A병원이 진료기록을 변조할 가능성이 있는 경우, 甲은 소 제기 전이나 후에 증거보전 절차를 신청할 수 있으며, 예외적으로 소송계속 중에는 법원이 증거보전을 직권으로도 결정할 수 있다.

⑤ A병원이 진료기록을 사후에 변조한 것으로 밝혀진 경우라고 하더라도 곧바로 A병원에 의료상의 과실이 있다는 甲의 주장사실이 증명된 것으로 볼 수는 없다.

[해설] ① [O] "민법 제163조 제2호 소정의 '의사의 치료에 관한 채권'에 있어서는 특약이 없는 한 그 개개의 진료가 종료될 때마다 각각의 당해 진료에 필요한 비용의 이행기가 도래하여 그에 대한 시효가 진행된다고 해석함이 상당하다"(대판 1998.2.13. 97다47675). 따라서 "환자가 수술 후 후유증으로 장기간 입원 치료를 받으면서 병원을 상대로 의료과오를 원인으로 한 손해배상청구 소송을 제기하였다 하더라도, 그러한 사정만으로는 환자를 상대로 치료비를 청구하는 데 법률상으로 아무런 장애가 되지 아니하므로 **치료비 채권의 소멸시효가 퇴원시부터 진행한다거나** 위 손해배상청구 소송이 종결된 날로부터 진행한다고 볼 수는 없다"(同 判例).

② [X] "불법행위로 인한 일실수익의 현가산정에 있어서 기초사실인 수입, 가동연한, 공제할 생활비 등은 사실상의 주장이지만 현가산정방식에 관한 주장(호프만식에 의할 것이냐 또는 라이프니쯔식에 의할 것이냐에 관한 주장)은 당사자의 평가에 지나지 않는 것이므로 당사자의 주장에 불구하고 법원은 자유로운 판단에 따라 채용할 수 있고 이를 변론주의에 반한 것이라 할 수 없다"(대판 1983.6.28. 83다191).

③ [O] 判例가 취하는 구소송물이론에 따르면 불법행위를 원인으로 한 손해배상청구권과 채무불이행을 원인으로 한 손해배상청구권은 서로 다른 소송물이므로 지문에 제시된 사실관계는 처분권주의에 반한다.
"기록을 보면 원고는 한결같이 피고가 정기검사를 받는다는 구실로 이 사건 선박을 원고로부터 인도받아간 후 되돌려 주지 아니하고 계속 점유한 것이 **불법행위**에 해당한다고 주장하면서 그로 인한 손해배상을 구하고 있을 뿐인데도 원심이 그에 대하여 판단하지 아니하고 위에서 본 바와 같이 **채무불이행을 원인으로 하여** 피고에게 그 배상을 명하고 있음이 명백하므로 이는 결국 당사자가 신청하지 아니한 사항을 판결한 것이 되어 위법하다고 하지 않을 수 없다"(대판 1989.11.28. 88다카9982)

④ [O] 법원은 미리 증거조사를 하지 아니하면 그 증거를 사용하기 곤란할 사정이 있다고 인정한 때에는 당사자의 신청에 따라 이 장의 규정에 따라 증거조사를 할 수 있다(민소법 제375조), 법원은 필요하다고 인정한 때에는 소송이 계속된 중에 직권으로 증거보전을 결정할 수 있다(민소법 제379조)

⑤ [O] "당사자 일방이 입증을 방해하는 행위를 하였더라도 법원으로서는 이를 하나의 자료로 삼아 자유로운 심증에 따라 방해자측에게 불리한 평가를 할 수 있음에 그칠 뿐 입증책임이 전환되거나 곧바로 상대방의 주장 사실이 증명된 것으로 보아야 하는 것은 아니다"(대판 1999.4.13. 98다9915)

[정답] ②

❷ 민사소송법
소송의 종료

제1장 총 설

문 1　소송의 종료에 관한 설명 중 옳지 않은 것은?(다툼이 있는 경우에는 판례에 의함)　[변시 3회]

① 변론기일에 불출석하고 원고 또는 피고가 진술한 것으로 보는 답변서, 그 밖의 준비서면에 청구의 포기 또는 인낙의 의사표시가 적혀 있고 공증사무소의 인증을 받은 경우, 상대방 당사자가 변론기일에 출석하여 그 청구의 포기 또는 인낙의 의사표시를 받아들여야만 그 취지에 따라 청구의 포기 또는 인낙이 성립한 것으로 본다.

② 소송이 종료되었음에도 이를 간과하고 심리를 계속 진행한 사실이 발견된 경우 법원은 직권으로 소송종료선언을 하여야 한다.

③ 당사자는 법원의 화해권고결정에 대하여 그 조서 또는 결정서의 정본을 송달 받은 날부터 2주 이내에 이의를 신청할 수 있고, 그 정본이 송달되기 전에도 이의를 신청할 수 있다.

④ 상고인이 상고장에 상고이유를 적지 아니하였음에도 소송기록 접수통지를 받은 날부터 20일이내에 상고이유서를 제출하지 아니한 경우, 상고법원은 직권으로 조사하여야 할 사유가 있는 때를 제외하고는 변론 없이 판결로 상고를 기각하여야 한다.

⑤ 제1심에서 피고가 주위적으로 소각하판결을, 예비적으로 청구기각판결을 구하는 경우 원고가 소를 취하함에 있어 피고의 동의가 필요없다.

해 설　① [X] 민사소송법 제148조 2항에 따라 답변서 그 밖의 준비서면에 청구의 포기 또는 인낙의 의사표시가 적혀 있고 공증사무소의 인증을 받았다면 그 취지에 따라 청구의 포기 또는 인낙이 성립된 것으로 보는 것이지, 당사자가 변론기일에 출석하여 그 의사표시를 받아들여야만 하는 것은 아니다.

② [O] "소송이 종료되었음에도 이를 간과하고 심리를 계속 진행한 사실이 발견된 경우 법원은 직권으로 소송종료선언을 하여야 한다"(대판 2011.4.28. 2010다103048).

③ [O] 당사자는 제225조의 결정(결정에 의한 화해권고)에 대하여 그 조서 또는 결정서의 정본을 송달받은 날부터 2주 이내에 이의를 신청할 수 있다. 다만, 그 정본이 송달되기 전에도 이의를 신청할 수 있다(민사소송법 제226조 1항).

④ [O] 상고인이 제427조의 규정(상고장에 상고이유를 적지 아니한 때에 상고인은 제426조의 통지(소송기록 접수통지)를 받은 날부터 20일 이내에 상고이유서를 제출하여야 한다)을 어기어 상고이유서를 제출하지 아니한 때에는 상고법원은 변론 없이 판결로 상고를 기각하여야 한다. 다만, 직권으로 조사하여야 할 사유가 있는 때에는 그러하지 아니하다(민사소송법 제429조)

⑤ [O] 상대방이 본안에 관하여 준비서면을 제출하거나 변론준비기일에서 진술하거나 변론을 한 뒤에는 상대방의 동의를 받아야 소를 취하할 수 있는데(민사소송법 제266조 2항), 피고가 주위적으로 소각하판결을 구했다면 아직 본안에 관하여 변론 등을 한 것으로 볼 수 없으므로 피고의 동의가 필요 없다.

[관련판례] "피고가 본안전 항변으로 소각하를, 본안에 관하여 청구기각을 각 구한 경우에는 본안에 관한 것은 예비적으로 청구한 것이므로 원고는 피고의 동의 없이 소취하를 할 수 있다" (대판 1968.4.23. 68다217,68다218).

[정답] ①

제2장 당사자의 행위에 의한 종료
제1절 소의 취하와 재소금지

문 2 판결의 확정에 관한 설명 중 옳지 않은 것은? (다툼이 있는 경우 판례에 의함) [변시 10회]

① 구체적인 사건의 판결선고 전에 당사자 쌍방이 서면에 의하여 미리 상소하지 않기로 하는 합의가 유효하게 성립하였다면, 그 판결은 선고와 동시에 확정된다.

② 원고의 대여금청구와 매매대금청구를 모두 인용한 제1심 판결 중 일부에 대해서만 피고가 항소한 경우, 항소하지 않은 나머지 부분도 확정이 차단되고 항소심으로 이심은 되지만, 피고가 변론종결 시까지 항소취지를 확장하지 않는 한 그 나머지 부분은 항소심의 심판대상이 되지 않는다.

③ 항소가 부적법하다는 이유로 항소각하 판결이 선고되면 그 항소각하 판결이 확정된 시점에 제1심 판결이 확정된다.

④ 항소기간 경과 후에 항소취하가 있는 경우에는 항소기간 만료 시로 소급하여 제1심 판결이 확정되고, 항소기간 경과 전에 항소취하가 있는 경우에는 항소를 취하한 당사자라도 항소기간 내에 다시 항소할 수 있다.

⑤ 원고의 주위적 청구를 기각하면서 예비적 청구를 일부 인용한 항소심 판결에 대하여 피고만 상고하고 원고는 상고도 부대상고도 하지 않은 경우, 피고의 상고가 이유 있는 때에는 상고법원은 위 예비적 청구에 관한 피고 패소 부분만 파기하는 판결을 선고하여야 하고, 위 주위적 청구 부분은 위 상고법원 판결선고와 동시에 확정된다.

해설 ① [○] "구체적인 어느 특정 법률관계에 관하여 당사자 쌍방이 제1심판결선고 전에 미리 항소하지 아니하기로 합의하였다면, 제1심판결은 선고와 동시에 확정되는 것이므로 그 판결선고 후에는 당사자의 합의에 의하더라도 그 불항소합의를 해제하고 소송계속을 부활시킬 수 없다"(대판 1987.6.23. 86다카2728)

② [○] "수개의 청구를 기각(또는 각하)한 제1심판결 중 일부의 청구에 대하여만 항소가 제기된 경우, 항소되지 아니한 나머지 부분도 확정이 차단되고 항소심에 이심은 되나, 항소심 변론종결 시까지 항소취지가 확장되지 않은 이상 그 나머지 부분은 항소심의 심판대상이 되지 않고 항소심의 판결선고와 동시에 확정되어 소송이 종료된다고 한다"(대판 2014.12.24. 2012다11684).

☞ '단순병합'이란 관련성 없는 수개의 청구를 병렬적으로 병합하여 전부의 심판을 구하는 형태를 말하므로 사안의 경우 대여금청구와 매매대금청구는 단순병합에 해당한다. 한편, '전부판결'의 일부에 대하여 상소하면 모든 청구에 대하여 이심 및 확정차단의 효력이 발생하고(상소불가분의 원칙), 불복한 청구만이 상소심의 심판대상이 되므로(불이익변경금지의 원칙), 피고가 변론종결 시까지 항소취지를 확장하지 않는 한 그 나머지 부분은 항소심의 심판대상이 되지 않는다.

③ [✕] "판결은 상소를 제기할 수 있는 기간 또는 그 기간 이내에 적법한 상소제기가 있을 때에는 확정되지 아니하며(민사소송법 제498조), 부적법한 상소가 제기된 경우에는 그 부적법한 상소를 각하하는 재판이 확정되면 상소기간이 지난 때에 소급하여 확정된다"(대판 2014.10.15. 2013다25781)

④ [○] ※ 항소취하의 효과
"항소의 취하가 있으면 소송은 처음부터 항소심에 계속되지 아니한 것으로 보게 되나(민사소송법 제393조 제2항, 제267조 제1항), 항소취하는 소의 취하나 항소권의 포기와 달리 제1심 종국판결이 유효하게 존재하므로, 항소기간 경과 후에 항소취하가 있는 경우에는 항소기간 만료 시로 소급하여 제1심판결이 확정되나, 항소기간 경과 전에 항소취하가 있는 경우에는 판결은 확정되지 아니하고 항소기간 내라면 항소인은 다시 항소의 제기가 가능하다"(대판 2016.1.14. 2015므3455). 제393조 2항에서 제267조 2항을 준용하지 않기 때문이다.

⑤ [○] "원고의 주위적 청구를 기각하면서 예비적 청구를 일부 인용한 환송 전 항소심판결에 대하여 피고만이 상고하고 원고는 상고도 부대상고도 하지 않은 경우에, 주위적 청구에 대한 항소심판단의 적부는 상고심의 조사대상으로 되지 아니하고 환송 전 항소심판결의 예비적 청구 중 피고 패소 부분만이 상고심의 심판대상이 되는 것이므로, 피고의 상고에 이유가 있는 때에는 상고심은 환송 전 항소심판결 중 예비적 청구에 관한 피고 패소 부분만 파기하여야 하고, 파기환송의 대상이 되지 아니한 주위적 청구부분은 예비적 청구에 관한 파기환송판결의 선고와 동시에 확정되며 그 결과 환송 후 원심에서의 심판범위는 예비적 청구 중 피고 패소 부분에 한정된다"(대판 2001.12.24. 2001다62213)

[정답] ③

문3 다음 설명 중 옳은 것은? (다툼이 있는 경우 판례에 의함) [변시 4회]

① 소송 외에서 소송당사자가 소 취하 합의를 한 경우 바로 소 취하의 효력이 발생한다.

② 소송 진행 중에 원고가 청구금액을 감축하였으나 그 의사가 분명하지 않은 경우 법원은 이를 청구의 일부포기로 보아야 한다.

③ 소 취하의 특별수권이 있는 원고의 소송대리인인 변호사로부터 소송대리인 사임신고서 제출을 지시받은 사무원이 착오로 소취하서를 법원에 제출한 후 원고가 소 취하의 효력을 다투면서 기일지정신청을 한 경우, 법원은 변론기일을 열어 소송종료선언을 하여야 한다.

④ 변론준비기일에서의 소취하는 변론기일이 아니므로 말로 할 수 없다.

⑤ 본안에 대한 종국판결 후 소를 취하한 경우 다시 전소의 원고가 동일한 소를 제기하였다 하더라도 전소의 피고가 재소금지항변을 하지 않으면 법원이 직권으로 재소 여부를 조사하여 소를 각하할 수는 없다.

[해설] ① [X] 判例는 "소송당사자가 소송 외에서 그 소송을 취하하기로 합의한 경우에는 그 합의는 유효하여 원고에게 권리보호의 이익이 없다"(대판 1982.3.9. 81다312)고 하여, 소송 외에서의 소 취하 합의에 소 취하의 효력을 인정하지 않고 소송상 항변권 발생만을 인정한다.

② [X] 원고가 청구 금액을 감축하여 청구취지를 감축하는 경우 청구의 일부 포기인지, 일부 취하인지 문제된다. 判例는 당사자의 의사가 분명하지 않은 경우 일부 취하로 보는 바(대판 1983.8.34. 83다카450), 기판력이 미치지 않으므로 청구의 일부 포기로 보는 것보다 원고에게 유리한 해석이다.

③ [O] "소의 취하는 원고가 제기한 소를 철회하여 소송계속을 소멸시키는 원고의 법원에 대한 소송행위이고 소송행위는 일반 사법상의 행위와는 달리 내심의 의사보다 그 표시를 기준으로 하여 그 효력 유무를 판정할 수밖에 없는 것인바, 원고 소송대리인으로부터 소송대리인 사임신고서 제출을 지시받은 사무원은 원고 소송대리인의 표시기관에 해당되어 그의 착오는 원고 소송대리인의 착오라고 보아야 하므로, 그 사무원의 착오로 원고 소송대리인의 의사에 반하여 이 사건 소를 취하하였다고 하여도 이를 무효라고 볼 수는 없다"(대판 1997.10.24. 95다11740). 이 때, 소의 취하가 부존재 또는 무효라는 것을 주장하는 당사자는 기일지정신청을 할 수 있고(민사소송규칙 제67조 1항), 법원은 신청이 이유 없으면 소송종료선언을 해야 한다.

④ [X] 소의 취하는 서면으로 하여야 한다. 다만, 변론 또는 변론준비기일에서 말로 할 수 있다(민사소송법 제266조 3항 단서).

⑤ [X] 재소금지 위반 여부는 소송요건이므로 당사자의 주장을 불문하고 직권으로 심리·조사해야 하는 직권조사사항이다.
"직권으로 보건대 원고는 본건을 갑 법원에 제소한 후 을 법원에 동일한 청구원인으로 이중으로 소송을 제기하고 을 법원에서 원고 일부 승소판결이 선고되자 피고의 항소로 병 법원에 계속중 원고는 소를 취하하여 사건이 종결된 것으로 처리되었음을 알 수 있는 바 이 사실에 대한 탐지없이 본건에 관하여 다시 원고승소판결을 하였음은 위법하다"(대판 1967.10.31. 67다1848).

[정답] ③

문 4 소취하에 관한 설명 중 옳은 것은? (다툼이 있는 경우 판례에 의함) [변시 9회]

① 본안에 대한 변론이 진행된 후 원고 甲이 법원에 소취하서를 제출하자 피고 乙은 甲의 소취하에 대한 동의를 거절하였다가 소취하 동의 거절의사를 철회하고 다시 동의를 한 경우, 甲의 소취하의 효력은 乙이 다시 동의한 때에 발생한다.

② 甲이 乙을 상대로 매매를 원인으로 A 건물의 인도를 청구하였으나 패소한 후 항소심에서 이미 지급한 매매대금반환을 구하는 것으로 청구를 교환적으로 변경하였다가 다시 위 매매를 원인으로 A 건물의 인도를 구하는 것으로 청구를 변경하는 것은 적법하다.

③ 甲으로부터 대여금채권을 상속한 乙과 丙은 변호사 B를 소송대리인으로 선임하여 채무자 丁을 상대로 대여금청구의 소를 제기하였는데, 소송대리권을 수여할 당시 B에게 소취하에 대한 권한도 수여하였다. 소송계속 중에 丙은 B에게 자신의 소를 취하할 것을 의뢰하였고, B는 그의 사무원 C에게 丙의 소취하서만을 제출할 것을 지시하였는데, C의 착오로 B의 의사에 반하여 乙과 丙의 소를 모두 취하하는 내용의 소취하서를 법원에 제출한 경우 乙은 자신의 소취하를 철회할 수 있다.

④ 甲이 乙을 상대로 제기한 청구이의 소송에서 甲의 청구를 기각한 판결이 확정된 후 丙이 공동소송적 보조참가의 요건을 구비하여 甲 측에 대한 참가신청을 하면서 재심의 소를 제기한 경우, 甲이 丙의 동의 없이 재심의 소를 취하하더라도 그 효력이 없다.

⑤ 甲은 乙이 사망한 사실을 모르고 乙을 피고로 표시하여 매매를 원인으로 한 소유권이전등기청구의 소를 제기하여 승소하였는데, 乙의 단독상속인 丙이 이러한 사실을 알고 항소를 제기하였고 甲이 항소심에서 丙의 동의를 얻어 소를 취하한 경우에는, 甲은 丙을 상대로 위 매매를 원인으로 한 소유권이전등기청구의 소를 제기할 수 없다.

해설 ① [×] ※ 피고의 동의가 필요한 경우

피고가 응소한 뒤에는 피고에게 원고청구기각 판결을 받을 이익이 발생했기 때문에 피고의 동의를 받아야 취하의 효력이 생긴다(제266조 2항). 그리고 일단 피고가 동의를 거절하였으면 소취하의 효력이 생기지 아니하므로, 후에 다시 동의하더라도 소취하의 효력이 생기지 않는다 (대판 1969.5.27. 69다130)

쟁점정리 ※ 피고의 동의가 필요하지 않은 경우

피고가 주위적으로 소각하판결, 예비적으로 청구기각판결을 구한 경우에는 청구기각의 본안판결을 구하는 것은 예비적인 것에 그치므로 피고의 동의가 필요 없다(대판 1968.4.23. 68다217). 본소의 취하 후에 반소를 취하함에는 원고의 동의가 필요 없다(제271조).

② [×] ※ 청구변경 후 다시 구청구로 변경하는 경우(재소금지에 해당)

"소의 교환적 변경은 신청구의 추가적 병합과 구청구의 취하의 결합형태로 볼 것이므로 본안에 대한 종국판결이 있은 후 구청구를 신청구로 교환적 변경을 한 다음 다시 본래의 구청구로 교환적 변경을 한 경우에는 종국판결이 있은 후 소를 취하하였다가 동일한 소를 다시 제기한 경우에 해당하여 **부적법하다**"(대판 1987.11.10. 87다카1405)

③ [X] ※ 소송행위에 의사표시의 하자에 관한 민법규정 적용(소극)

"소의 취하는 원고가 제기한 소를 철회하여 소송계속을 소멸시키는 원고의 법원에 대한 소송행위이고 소송행위는 일반 사법상의 행위와는 달리 내심의 의사보다 그 표시를 기준으로 하여 그 효력 유무를 판정할 수밖에 없는 것인바, 원고들 소송대리인으로부터 원고 중 1인에 대한 소 취하를 지시받은 사무원은 원고들 소송대리인의 표시기관에 해당되어 그의 착오는 원고들 소송대리인의 착오로 보아야 하므로, 그 사무원의 착오로 원고들 소송대리인의 의사에 반하여 원고들 전원의 소를 취하하였다 하더라도 이를 무효라 볼 수는 없고, 적법한 소 취하의 서면이 제출된 이상 그 서면이 상대방에게 송달되기 전·후를 묻지 않고 원고는 이를 임의로 철회할 수 없다"(대판 1997.6.27. 97다6124).

④ [O] ※ 피참가인이 할 수 없는 공동소송적 보조참가인에 불이익한 행위(재심의 소 취하 : 적극)

"재심의 소를 취하하는 것은 통상의 소를 취하하는 것과는 달리 확정된 종국판결에 대한 불복의 기회를 상실하게 하여 더 이상 확정판결의 효력을 배제할 수 없게 하는 행위이므로, 이는 재판의 효력과 직접적인 관련이 있는 소송행위로서 그 확정판결의 효력이 미치는 공동소송적 보조참가인에 대하여는 불리한 행위라고 할 것이다. 따라서 ⅰ) 재심의 소에 공동소송적 보조참가인이 참가한 후에는 피참가인이 재심의 소를 취하하더라도 공동소송적 보조참가인의 동의가 없는 한 효력이 없다. ⅱ) 이는 재심의 소를 피참가인이 제기한 경우나 통상의 보조참가인이 제기한 경우에도 마찬가지이다. ⅲ) 특히 통상의 보조참가인이 재심의 소를 제기한 경우에는 피참가인이 통상의 보조참가인에 대한 관계에서 재심의 소를 취하할 권능이 있더라도 이를 통하여 공동소송적 보조참가인에게 불리한 영향을 미칠 수는 없으므로 피참가인의 재심의 소 취하로 인하여 재심의 소 제기가 무효로 된다거나 부적법하게 된다고 볼 것도 아니다"(대판 2015.10.29. 2014다13044)

[비교판례] ※ 피참가인이 할 수 없는 공동소송적 보조참가인에 불이익한 행위(소의 취하 : 소극)

"공동소송적 보조참가는 그 성질상 필수적 공동소송 중에서는 이른바 유사필수적 공동소송에 준한다 할 것인데 유사필수적 공동소송의 경우에는 원고들 중 일부가 소를 취하하는 데 다른 공동소송인의 동의를 받을 필요가 없다. 또한 소취하는 판결이 확정될 때까지 할 수 있고 취하된 부분에 대해서는 소가 처음부터 계속되지 아니한 것으로 간주되며(민사소송법 제267조) 본안에 관한 종국판결이 선고된 경우에도 그 판결 역시 처음부터 존재하지 아니한 것으로 간주되므로, 이는 재판의 효력과는 직접적인 관련이 없는 소송행위로서 공동소송적 보조참가인에게 불이익이 된다고 할 것도 아니다. 따라서 피참가인이 공동소송적 보조참가인의 동의 없이 소를 취하하였다 하더라도 이는 유효하다"(대판 2013.3.28. 2012다43).

⑤ [X] ※ 재소금지의 요건

본안에 관하여 종국판결이 있은 뒤에는 이미 취하한 소와 같은 소를 제기할 수 없는데(제267조 2항), 재소가 금지되기 위해서는 ⅰ) 당사자가 동일해야 하고, ⅱ) 소송물이 동일해야 하며, ⅲ) 권리보호이익도 동일해야 하고, ⅳ) 본안에 관한 종국판결 이후에 소를 취하한 경우이어야 한다(당, 소, 리, 본).

ⅳ)요건에서서 말하는 종국판결에는 당연 무효인 판결은 포함되지 않는다. 判例도 "사망자를 상대로 한 판결에 대하여 그 망인의 상속인인 피고가 항소를 제기하여 원고가 항소심변론에서 그 소를 취하하였다 하더라도 위 판결은 당연무효의 판결이므로 원고는 재소금지의 제한을 받지 않는다"(대판 1968.1.23. 67다2494)고 판시하였다.

[정답] ④

문5   甲은 乙에게 1억 원을 대여하면서 그 담보로 약속어음을 받았다. 乙이 변제기에 대여금을 반환하지 않자 甲은 乙을 상대로 1억 원의 대여금청구의 소를 제기하였는데, 제1심 법원이 乙에게 5,000만 원의 지급을 명하는 판결을 하자 甲이 이 판결에 대하여 항소하였다. 甲과 乙은 항소심 계속 중 소송 외에서 '乙이 甲에게 3개월 내에 8,000만 원을 지급하면 甲은 소를 취하하기로 한다'는 내용의 화해를 하였다. 이에 관한 설명 중 옳지 않은 것은? (다툼이 있는 경우 판례에 의함)   [변시 7회]

① 위 화해만으로는 위 소가 당연히 종료되지 않는다.

② 甲이 乙로부터 3개월 내에 8,000만 원을 지급받았음에도 소를 취하하지 않은 경우, 乙이 변론기일에 출석하여 위 화해사실 및 이에 따른 8,000만 원 지급사실을 주장·증명하면 법원은 甲의 청구를 기각하여야 한다.

③ 乙이 甲에게 3개월 내에 8,000만 원을 지급하지 않은 경우, 위 소송을 계속 유지할 甲의 법률상의 이익을 부정할 수 없다.

④ 위 화해는 甲과 乙 사이의 묵시적 합의로 해제될 수 있다.

⑤ 위 화해에 따른 소 취하 후 甲이 다시 乙을 상대로 위 어음금의 지급을 구하는 소를 제기하더라도 재소금지의 원칙에 위배되지 않는다.

[해설]   甲과 乙은 항소심 계속 중 소송 외에서 '乙이 甲에게 3개월 내에 8,000만 원을 지급하면 甲은 소를 취하하기로 한다'는 내용의 조건부 소취하계약을 하였는바, 이러한 명문의 규정이 없는 소송상합의의 법적성질과 관련하여 견해가 대립한다. 判例는 소취하계약의 법적 성질을 사법계약으로 보고 있으며, ㉠ "소취하계약을 위반하여 소를 유지하는 경우 그 취하이행의 소구는 허용되지 않는다"(대판 1966.5.31. 66다564)고 하여 사법계약설 중 의무이행소구설을 배척하였고, ㉡ "소취하계약을 어긴 경우에 권리보호이익이 없다고 하여 소각하를 구하는 본안 전 항변권이 발생한다"(대판 1997.9.5. 96후1743 등)고 하여 **항변권발생설**의 입장이다. 이러한 입장은 재판상 화해에 대해서도 마찬가지이다.

① [O] 判例의 입장인 사법계약설에 따르면 소취하계약에 의해 사법상 권리·의무가 발생할 뿐이고 소송법상 효력이 발생하지 않는다고 본다. 따라서 이 사건 화해만으로는 이 사건 소가 당연히 종료되지 않는다.

② [X] 判例의 입장인 항변권발생설에 따르면 甲이 乙로부터 3개월 내에 8,000만원을 지급받았음에도 소를 취하하지 않은 경우, 乙이 변론기일에 출석하여 위 화해사실 및 이에 따른 8,000만 원 지급사실을 주장·증명한다면 법원은 권리보호이익이 없다고 하여 소각하판결을 하여야 한다.

③ [O] 당사자 사이에 그 소를 취하하기로 하는 합의가 이루어졌다면 특별한 사정이 없는 한 소송을 계속 유지할 법률상의 이익이 없어 그 소는 각하되어야 하는 것이지만, 조건부 소취하의 합의를 한 경우에는 조건의 성취사실이 인정되지 않는 한 그 소송을 계속 유지할 법률상의 이익을 부정할 수 없다(대판 2013.7.12. 2013다19571). 따라서 乙이 甲에게 3개월 내에 8,000만 원을 지급하지 않은 경우 이 사건 소송을 계속 유지할 甲의 법률상의 이익을 부정할 수 없다.

④ [O] 判例의 입장인 사법계약설에 의하면 위 화해는 민법규정에 따라 甲과 乙 사이의 묵시적 합의로 해제될 수 있다.

⑤ [O] 본안에 대한 종국판결이 있은 뒤에 소를 취하하면 재소금지의 제재가 따른다(제267조 2항). 재소가 금지되기 위해서는 ⅰ) 당사자가 동일해야 하고, ⅱ) 소송물이 동일해야 하며, ⅲ) 권리보호이익도 동일해야 하고, ⅳ) 본안에 관한 종국판결 이후에 소를 취하한 경우이어야 하는데(제267조 2항), 사안에서 위 화해에 따른 소 취하 후 甲이 다시 乙을 상대로 위 어음금의 지급을 구하는 소를 제기한 경우, 원인채권과 어음채권은 별개의 소송물(대판 1976.11.23. 76다1391)이므로 재소금지의 원칙에 위배되지 않는다.

[정답] ②

문 6 甲 주식회사는 법령에 위반한 이사 乙의 행위로 甲 회사가 손해를 입었음을 이유로 乙을 상대로 손해배상청구의 소를 제기하였다. 이에 관한 설명 중 옳지 않은 것은? (다툼이 있는 경우 판례에 의함)

[변시 9회]

① 乙이 甲 회사의 업무를 집행하면서 회사 자금으로 뇌물을 공여한 경우, 이는 「상법」 제399조에서 정한 법령에 위반한 행위에 해당한다.

② 위 소송에서 甲 회사의 청구를 인용한 판결에 대하여 乙이 항소하였으나 이후 변심하여 바로 법원에 항소취하서를 제출한 경우, 아직 항소기간이 지나지 아니하였더라도 乙은 다시 항소할 수 없다.

③ 위 소송에서 법원은 사건의 공평한 해결을 위하여 당사자의 신청이 없어도 직권으로 화해권고결정을 할 수 있다.

④ 위 소송이 화해권고결정으로 종료된 경우, 화해권고결정의 기판력은 그 결정의 확정시를 기준으로 발생한다.

⑤ 위 사건에서 甲 회사의 항소에 의한 항소심 소송계속 중 甲 회사와 乙 사이에 항소취하의 합의가 있었음에도 甲 회사가 항소취하서를 제출하지 아니한 경우, 乙은 이를 항변으로 주장할 수 있다.

해설 ① [O] ※ 상법 제399조에 정한 '법령에 위반한 행위'의 의미

"상법 제399조는 이사가 법령에 위반한 행위를 한 경우에 회사에 대하여 손해배상책임을 지도록 규정하고 있는바, 이사가 회사에 대하여 손해배상책임을 지는 사유가 되는 법령에 위반한 행위는 이사로서 임무를 수행함에 있어서 준수하여야 할 의무를 개별적으로 규정하고 있는 상법 등의 제 규정과 회사가 기업활동을 함에 있어서 준수하여야 할 제 규정을 위반한 경우가 이에 해당된다고 할 것이고, 이사가 임무를 수행함에 있어서 위와 같은 법령에 위반한 행위를 한 때에는 그 행위 자체가 회사에 대하여 채무불이행에 해당되므로 이로 인하여 회사에 손해가 발생한 이상, 특별한 사정이 없는 한 손해배상책임을 면할 수는 없다 할 것이며, 위와 같은 법령에 위반한 행위에 대하여는 이사가 임무를 수행함에 있어서 선관주의의무를 위반하여 임무해태로 인한 손해배상책임이 문제되는 경우에 고려될 수 있는 경영판단의 원칙은 적용될 여지가 없다"(대판 2005.10.28. 2003다69638).

② [×] ※ 항소취하의 효과

"항소의 취하가 있으면 소송은 처음부터 항소심에 계속되지 아니한 것으로 보게 되나(민사소송법 제393조 제2항, 제267조 제1항), 항소취하는 소의 취하나 항소권의 포기와 달리 제1심 종국판결이 유효하게 존재하므로, 항소기간 경과 후에 항소취하가 있는 경우에는 항소기간 만료 시로 소급하여 제1심판결이 확정되나, 항소기간 경과 전에 항소취하가 있는 경우에는 판결은 확정되지 아니하고 항소기간 내라면 항소인은 다시 항소의 제기가 가능하다"(대판 2016.1.14. 2015므3455). 제393조 2항에서 제267조 2항을 준용하지 않기 때문이다.

[쟁점정리] ※ 항소취하와 소취하의 비교

	항소취하	소취하
행사기간	항소심판결선고 시까지(제393조 1항)	판결확정시까지(제266조 1항)
동의여부	피항소인의 동의 불요(제393조 2항)	상대방의 동의 필요(제266조 2항).
원심판결에의 영향	항소심이 소급적으로 소멸되므로 제1심판결이 확정(원심판결에 영향 없음 : 항소만을 철회)	소송이 소급적으로 소멸(원심판결의 효력 상실 : 소 그 자체의 철회) (제267조 1항)
효력발생 시기	항소취하서를 제출한 때 효력발생	동의를 요하는 경우에는 소취하서가 상대방에게 도달한 때, 동의를 요하지 않는 경우에는 제출한 때 효력 발생
일부취하	항소불가분의 원칙과 상대방의 부대항소권의 보장을 이유로 불허	당사자처분권주의의 원칙상 당연히 허용

③ [○] ※ 화해권고결정(직권주의)

법원 · 수명법관 또는 수탁판사는 소송에 계속 중인 사건에 대하여 **직권으로**(당사자 신청이 아님) 당사자의 이익, 그 밖의 모든 사정을 참작하여 청구의 취지에 어긋나지 아니하는 범위 안에서 사건의 공평한 해결을 위한 화해권고결정을 할 수 있다(제225조 1항).

④ [○] ※ 화해권고결정의 기판력

"화해권고결정에 대한 이의신청이 적법한 때에는 소송은 화해권고결정 이전의 상태로 돌아가므로, 당사자는 화해권고결정이 송달된 후에 생긴 사유에 대하여도 이의신청을 하여 새로운 주장을 할 수 있고, 화해권고결정이 송달된 후의 승계인도 이의신청과 동시에 승계참가신청을 할 수 있다고 할 것이다. 이러한 점 등에 비추어 보면, 화해권고결정의 기판력은 그 확정시를 기준으로 하여 발생한다고 해석함이 상당하다"(대판 2012.5.10. 2010다2558)

⑤ [○] ※ 항소취하합의

당사자 사이에 항소취하의 합의가 있는데도 항소취하서가 제출되지 않는 경우 상대방은 이를 항변으로 주장할 수 있고, 이 경우 항소심 법원은 항소의 이익이 없다고 보아 그 항소를 각하함이 원칙이나, 항소심에서 청구의 교환적 변경 신청이 있는 경우 그 시점에 항소취하서가 법원에 제출되지 않은 이상 법원은 특별한 사정이 없는 한 제262조에서 정한 청구변경의 요건을 갖추었는지에 따라 허가 여부를 결정하면 된다(대판 2018.5.30. 2017다21411).

[정답] ②

문7 재판의 누락 및 판단 누락에 관한 설명 중 옳지 않은 것을 모두 고른 것은? (다툼이 있는 경우 판례에 의함)

[변시 11회]

ㄱ. 甲이 乙을 상대로 제기한 1억 원의 부당이득반환청구 소송에서 甲이 청구취지를 7,000만 원으로 감축한다고 진술하였는데 제1심 법원이 이 청구취지를 5,000만 원으로 감축한 것으로 보아 판결한 경우, 甲이 그가 감축한 금액을 제외한 나머지 2,000만 원의 청구 부분에 대하여 한 항소는 부적법하다.

ㄴ. 甲이 乙을 상대로 소유권에 기하여 제기한 A 토지의 인도청구 소송에서 제1심 법원이 甲의 청구를 기각하자 甲은 항소심에서 임료 상당의 부당이득반환청구를 추가하였는데, 항소심 법원이 판결이유에서 甲의 A 토지 인도청구와 부당이득반환청구가 모두 이유 없다고 판단하면서도 "甲의 항소를 기각한다."라는 것만 판결주문에 표시한 경우, 甲이 부당이득반환청구 부분에 대하여 한 상고는 적법하다.

ㄷ. 甲이 乙을 상대로 제1심 판결을 대상으로 제기한 재심소송 계속 중에 甲이 乙을 상대로 중간확인의 소를 제기하였는데, 법원이 재심사유가 인정되지 않는다는 이유로 甲의 재심청구를 기각하는 판결을 하면서 중간확인의 소에 대한 판단을 하지 아니한 경우, 甲이 위 중간확인의 소에 대하여 한 항소는 적법하다.

ㄹ. 甲이 乙을 주위적 피고로, 丙을 예비적 피고로 하여 제기한 예비적 공동소송에서, 법원이 甲의 乙에 대한 청구를 인용하면서도 甲의 丙에 대한 청구에 대해서는 판단하지 않아 丙이 항소한 경우, 항소심 법원이 甲의 乙에 대한 청구를 인용하기 위해서는 제1심 판결을 취소하고 甲의 乙에 대한 청구를 인용하면서 甲의 丙에 대한 청구를 기각하는 판결을 하여야 한다.

① ㄷ

② ㄴ, ㄷ

③ ㄱ, ㄴ, ㄷ

④ ㄱ, ㄴ, ㄹ

⑤ ㄴ, ㄷ, ㄹ

해설 ㄱ. [○] ※ 원고가 실제로 청구감축한다고 진술한 것보다 더 많은 부분을 감축한 것으로 보아 판결을 선고한 경우, 그 시정을 구하는 방법(=재판누락으로 보아 추가판결)

"원고가 실제로 감축한다고 진술한 것보다 더 많은 부분을 감축한 것으로 보아 판결을 선고한 경우, 원고가 감축한 금액을 제외한 나머지 부분에 관한 청구에 관하여는 아무런 판결을 하지 아니한 셈이고, 이는 결국 재판의 탈루에 해당하여 이 부분 청구는 여전히 원심에 계속중이라 할 것이므로, 원고로서는 원심법원에 그 부분에 관한 추가판결을 신청할 수 있음은 별론으로 하고, 그 부분에 관한 아무런 판결도 없는 상태에서 제기한 상고는 상고의 대상이 없어 부적법하다"(대판 1997.10.10. 97다22843)

ㄴ. [×] ※ 판결이유 속에 판단이 있어도 판결주문에 아무 표시가 없는 경우 : 재판누락으로 인정

"판결에는 법원의 판단을 분명하게 하기 위하여 결론을 주문에 기재하도록 되어 있어 재판의 누락이 있는지 여부는 주문의 기재에 의하여 판정하여야 하므로, 판결 이유에 청구가 이유 없다고

설시되어 있더라도 주문에 그 설시가 없으면 특별한 사정이 없는 한 재판의 누락이 있다고 보아야 하며, 재판의 누락이 있으면 그 부분 소송은 아직 원심에 계속 중이어서 상고의 대상이 되지 아니하므로, 그 부분에 대한 상고는 불복의 대상이 존재하지 아니하여 부적법하다"(대판 2017.12.5. 2017다237339).

[비교판례] ※ 판결이유에 아무 표시가 없어도 판결주문에 기재가 있는 경우 : 재판누락 부정
"재판의 탈루가 있는지 여부는 우선 주문의 기재에 의하여 판정하여야 하고, 주문에 청구의 전부에 대한 판단이 기재되어 있으나 이유 중에 청구의 일부에 대한 판단이 빠져 있는 경우에는 이유를 붙이지 아니한 위법이 있다고 볼 수 있을지언정 재판의 탈루가 있다고 볼 수는 없는바, 청구를 기각하는 판결의 경우 주문에 청구 전부에 대한 판단이 기재되어 있는지 여부는 청구취지와 판결이유의 기재를 참작하여 판단하여야 한다"(대판 2003.5.30. 2003다13604).

ㄷ. [×] ※ 재심 절차에서 중간확인의 소를 제기하였으나 재심사유가 인정되지 않아서 재심청구를 기각하는 경우, 중간확인의 소에 관하여 법원이 취하여야 할 조치(=판결 주문으로 소각하)
"재심의 소송절차에서 중간확인의 소를 제기하는 것은 재심청구가 인용될 것을 전제로 하여 재심대상소송의 본안청구에 대하여 선결관계에 있는 법률관계의 존부의 확인을 구하는 것이므로, 재심사유가 인정되지 않아서 재심청구를 기각하는 경우에는 중간확인의 소의 심판대상인 선결적 법률관계의 존부에 관하여 나아가 심리할 필요가 없으나, 한편 중간확인의 소는 단순한 공격방어방법이 아니라 독립된 소이므로 이에 대한 판단은 판결의 이유에 기재할 것이 아니라 종국판결의 주문에 기재하여야 할 것이므로 재심사유가 인정되지 않아서 재심청구를 기각하는 경우에는 중간확인의 소를 각하하고 이를 판결 주문에 기재하여야 한다.
판결에는 법원의 판단을 분명하게 하기 위하여 결론을 주문에 기재하도록 하고 있으므로 주문에 설시가 없으면 그에 대한 재판은 누락된 것으로 보아야 한다. 재판이 누락된 부분의 소송은 여전히 그 심급에 계속중이어서 적법한 상소의 대상이 되지 아니하므로 그 부분에 대한 상소는 부적법하다"(대판 2008.11.27. 2007다69834,69841).

ㄹ. [○] ※ 예비적·선택적 공동소송에서 일부 공동소송인에 대한 청구에 관하여만 이루어진 판결의 소송상 성격(=흠 있는 전부판결, 즉 판단누락) 및 이때 누락된 공동소송인이 상소를 제기할 이익을 가지는지 여부(적극)
주관적·예비적 공동소송은 동일한 법률관계에 관하여 모든 공동소송인이 서로간의 다툼을 하나의 소송절차로 한꺼번에 모순 없이 해결하는 소송형태로서 모든 공동소송인에 관한 청구에 관하여 판결을 하여야 한다(제70조 2항). 判例도 "예비적·선택적 공동소송에서 일부 공동소송인에 대한 청구에 관하여만 이루어진 판결의 소송상 성격은 흠 있는 전부판결이며, 이때 누락된 공동소송인은 상소를 제기할 이익을 가진다"(대판 2008.3.27. 2005다49430)고 하였고, "일부공동소송인에 대하여만 일부판결하거나 남겨진 자를 위한 추가판결을 하는 것은 허용되지 않는다"(대결 2007.6.26. 2007마515)고도 판시하였다.
따라서 주위적 피고에 대한 청구를 인용하면 예비적 피고에 대한 청구를 기각해야 하고(이 점이 예비적 병합과 다름), 주위적 청구를 기각하면 예비적 청구를 인용 또는 기각(양립불가능한 청구라도 증명의 책임을 다하지 못하면 모든 당사자에 대한 청구가 기각될 수 있으므로)해야 한다.

[정답] ②

제3장 종국판결에 의한 종료
제2절 기판력
제3절 기판력의 범위와 작용

문8 기판력에 관한 설명 중 옳지 않은 것은? (다툼이 있는 경우 판례에 의함) [변시 9회]

① 제소전화해의 내용이 채권자는 대여금채권의 원본 및 이자의 지급과 상환으로 채무자에게 부동산에 관한 가등기의 말소등기절차를 이행하고, 채무자는 그가 채권자에게 변제기까지 위 대여원리금을 지급하지 않을 경우 「가등기담보 등에 관한 법률」 소정의 청산금 지급과 상환으로 채권자에게 가등기에 기한 소유권이전의 본등기절차를 이행함과 아울러 부동산을 인도하기로 되어 있는 경우, 상환이행의 대상인 반대채권의 존부나 그 수액에 대하여는 기판력이 미치지 아니한다.

② 甲의 乙에 대한 1억 원의 대여금청구 소송에서 乙이 甲에 대한 5,000만 원의 손해배상채권으로 상계항변을 하였고, 乙의 항변이 받아들여져 甲의 청구 중 5,000만 원 부분이 인용되어 그 판결이 확정된 후에 乙이 甲을 상대로 위 상계항변에 제공된 손해배상금의 지급을 구하는 소를 제기한 경우 법원은 乙의 소를 각하하여야 한다.

③ 甲이 乙로부터 토지거래허가구역 내에 있는 A 토지를 매수하는 계약을 체결한 후에 乙을 상대로 토지거래허가신청절차의 이행(제1청구)과 매매를 원인으로 한 소유권이전등기절차의 이행(제2청구)을 구하는 소(전소)를 제기하였고, 법원은 제1청구를 인용하고 제2청구를 기각하는 판결을 선고하여 그대로 확정되었는데, 위 소송의 변론종결 전에 A 토지가 토지거래허가구역에서 해제되었음에도 甲이 이를 알지 못해 주장하지 아니한 경우, 甲이 A 토지가 토지거래허가구역에서 해제되었음을 이유로 乙을 상대로 위 매매를 원인으로 한 소유권이전등기청구의 소(후소)를 제기한 때에는 제2청구에 관한 전소 판결의 기판력이 후소에 미친다.

④ 甲이 乙을 상대로 제기한 어음금청구 소송의 제1심 변론종결 전에 백지보충권을 행사할 수 있었음에도 행사하지 아니하여 이를 이유로 패소하였고, 그 판결이 확정된 후에 백지보충권을 행사한 다음 어음이 완성되었음을 이유로 乙을 상대로 위 어음금의 지급을 구하는 소를 제기한 때에는 특별한 사정이 없는 한 전소 판결의 기판력이 후소에 미친다.

⑤ 甲이 乙을 상대로 피담보채무인 대여금채무가 허위의 채무로서 존재하지 아니함을 이유로 양도담보계약의 해지를 원인으로 한 소유권이전등기의 회복을 구하는 소를 제기하였는데, 법원이 甲의 청구를 기각하는 판결을 하였고 그 판결이 확정된 후에 甲이 乙을 상대로 위 대여금채무 중 잔존채무의 변제를 조건으로 위 소유권이전등기의 회복을 구하는 소를 제기한 때에는 전소 판결의 기판력이 후소에 미친다.

해설 ① [○] ※ **제소전화해에서 상환이행을 명한 반대채권의 존부나 그 수액에 대하여 기판력이 미치는지 여부**
"제소전화해의 내용이 채권자 등은 대여금 채권의 원본 및 이자의 지급과 상환으로 채무자에게 부동산에 관한 가등기의 말소등기절차를 이행할 것을 명하고, 채무자는 가등기담보등에관한법률 소정의 청산금 지급과 상환으로 채권자 등에게 가등기에 기한 소유권이전의 본등기절차를 이행할 것과 그 부동산의 인도를 명하고 있는 경우, 그 제소전화해는 가등기말소절차 이행이나 소유권이전의 본등기절차 이행을 대여금 또는 청산금의 지급을 그 조건으로 하고 있는 데 불과하여 그 기판력은 가등기말소나 소유권이전의 본등기절차 이행을 명한 화해내용이 대여금 또는 청산금 지급의 상환이 조건으로 붙어 있다는 점에 미치는 데 불과하고, 상환이행을 명한 반대채권의 존부나 그 수액에 기판력이 미치는 것이 아니다"(대판 1996.7.12. 96다19017).

쟁점정리 ※ **기판력의 객관적 범위(일반적인 항변의 경우)**
판결이유 중에 판단되는 법정지상권 항변, 동시이행의 항변 등에는 기판력이 생기지 않는다. 항변은 소송물이 아니기 때문이다. 다만 상환이행을 명하는 확정판결의 기판력은, 소송물에 대여금 또는 청산금 지급의 상환이 조건으로 붙어 있다는 점에는 미치고, 상환이행을 명한 반대채권의 존부나 그 수액에는 미치지 않는다(대판 1996.7.12. 96다19017 참고)

② [○] ※ **상계항변의 기판력**
피고가 상계항변을 제출한 경우 비록 판결이유 중의 판단임에도 자동채권의 존부에 대하여 상계로써 대항한 액수의 한도 내에서 기판력이 발생한다(제216조 2항). 그리고 기판력은 후소의 소송물이 전소의 소송물과 동일, 선결, 모순관계에 있을 경우에 작용하는바, 기판력이 발생한 자동채권과 동일한 채권을 후소의 소송물로 하는 경우 기판력이 후소에 작용한다.
따라서 사안에서 전소에서 乙의 상계항변이 받아들여졌으므로(승소확정판결), 전소에서 승소하여 소멸한 자동채권을 다시 후소에서 제기하는 것은 기판력에 반하므로 '각하'하여야 한다.

③ [○] ※ **기판력의 객관적 범위와 시적 범위**
"확정판결의 기판력은 소송물로 주장된 법률관계의 존부에 관한 판단에 미치는 것이므로 동일한 당사자 사이에서 전소와 동일한 소송물에 대한 후소에서 전소 변론종결 이전에 존재하고 있던 공격방어방법을 주장하여 전소 확정판결에서 판단된 법률관계의 존부와 모순되는 판단을 구하는 것은 확정판결의 기판력에 반하는 것이고, 전소에서 당사자가 그 공격방어방법을 알고서 주장하지 못하였는지 또는 알지 못한 데에 과실이 있는지 여부는 묻지 아니한다. 앞에서 본 소송진행경과를 이러한 법리에 비추어 보면, 비록 이 사건 전소는 이 사건 토지가 토지거래허가구역 내에 위치하고 있음을 전제로 하는 장래이행 청구인 반면 이 사건 소는 이 사건 토지에 대한 토지거래허가구역 지정이 해제되었음을 전제로 하는 청구라고 하더라도 이 사건 소의 소송물과 이 사건 전소 중 소유권이전등기청구의 소송물은 모두 이 사건 매매계약을 원인으로 하는 소유권이전등기청구권으로서 동일하다고 할 것이다(객관적 범위 : 저자주). 또한 이 사건 토지가 토지거래허가구역에서 해제되어 이 사건 매매계약이 확정적으로 유효하게 되었다는 사정은 이 사건 전소의 변론종결 전에 존재하던 사유이므로, 원고가 그러한 사정을 알지 못하여 이 사건 전소에서 주장하지 못하였다고 하더라도 이를 이 사건 소에서 새로이 주장하여 이 사건 전소에서의 법률관계의 존부에 관한 판단, 즉 이 사건 매매계약에 기한 원고의 피고에 대한 소유권이전등기청구권의 존부에 대한 판단과 모순되는 판단을 구하는 것은 이 사건 전소 확정판결의 기판력에 반하는 것이다(시적 범위 : 저자주)"(대판 2014.3.27. 2011다79968).

④ [○] ※ **표준시 이후의 형성권 행사(취소권, 해제권 등 형성권 일반의 경우 실권 긍정)**
"약속어음의 소지인이 전소의 사실심 변론종결일까지 백지보충권을 행사하여 어음금의 지급을 청구할 수 있었음에도 위 변론종결일까지 백지 부분을 보충하지 않아 이를 이유로 패소판결을

받고 그 판결이 확정된 후에 백지보충권을 행사하여 어음이 완성된 것을 이유로 전소 피고를 상대로 다시 동일한 어음금을 청구(소송물 동일 : 저자주)하는 경우에는, 위 백지보충권 행사의 주장은 특별한 사정이 없는 한 전소판결의 기판력에 의하여 차단되어 허용되지 않는다"(대판 2008.11.27. 2008다59230)

⑤ [×] ※ 변론 종결 후 변제를 조건으로 한 등기말소청구(표준시 이후에 발생한 사유)
"전소에서 피담보채무의 변제로 양도담보권이 소멸하였음을 원인으로 한 소유권이전등기의 회복 청구가 기각되었다고 하더라도, 장래 잔존 피담보채무의 변제를 조건으로 소유권이전등기의 회복을 청구하는 것은 전소의 확정판결의 기판력에 저촉되지 아니한다"(대판 2014.1.23. 2013다64793)

[쟁점정리] 표준시 이후에 발생한 사유에는 실권효가 미치지 않으므로 그 새로운 사정에 기하여 후소를 제기할 수 있다. 변론종결 이후의 변제, 조건성취, 소멸시효 완성 등이 여기에 해당한다.

[정답] ⑤

문 9 기판력의 범위에 관한 설명 중 옳은 것을 모두 고른 것은? (다툼이 있는 경우 판례에 의함) [변시 10회]

ㄱ. 계약해제의 원인은 판결이 확정된 전소의 사실심 변론종결 전에 존재하였고 위 원인에 따른 계약해제의 의사표시는 전소의 변론종결 후에 이루어진 경우, 후소에서 계약해제에 따른 효과를 주장하는 것은 위 확정판결의 기판력에 저촉된다.

ㄴ. 채권자가 채무자를 상대로 제기한 소송에서 채무자가 사실심 변론종결 전에 채권자에 대하여 상계적상에 있는 채권을 가지고 있었음에도 상계의 의사표시를 하지 않아 채권자 승소판결이 확정된 경우, 그 후 채무자가 채권자에 대하여 상계의 의사표시를 한 사실은 위 확정판결에 대한 청구이의 사유에 해당한다.

ㄷ. 건물의 소유를 목적으로 하는 토지 임대차에서 임대인이 임차인을 상대로 토지인도 및 건물철거의 소를 제기하였는데 임차인이 임대인에 대하여 건물매수청구권을 행사할 수 있었음에도 행사하지 아니하여 건물철거를 명하는 내용의 판결이 확정된 경우, 임차인은 그 확정판결에 의하여 건물철거가 집행되지 않았다 하더라도 임대인에 대하여 건물매수청구권을 행사하여 별소로써 건물 매매대금의 지급을 청구할 수 없다.

ㄹ. 백지어음의 소지인이 어음금청구소송의 사실심 변론종결일까지 그 백지 부분을 보충하지 아니하여 소지인의 패소판결이 확정된 경우, 그 후 소지인이 그 백지 부분을 보충하여 위 소송의 피고를 상대로 다시 동일한 어음금청구의 소를 제기하는 것은 특별한 사정이 없는 한 위 확정판결의 기판력에 저촉된다.

ㅁ. 채권자가 상속인을 상대로 제기한 상속채무의 이행을 구하는 소에서 상속인이 위 소의 사실심 변론종결 전에 상속의 한정승인을 하였음에도 이를 주장하지 아니하여 상속인의 책임 범위에 대한 제한이 없는 판결이 선고되어 확정된 경우, 상속인이 위 한정승인을 하였다는 사실은 위 확정판결에 대한 청구이의 사유에 해당하지 않는다.

   ① ㄱ, ㄴ, ㄷ　　　　　　　　　② ㄱ, ㄴ, ㄹ

   ③ ㄱ, ㄷ, ㅁ　　　　　　　　　④ ㄴ, ㄹ, ㅁ

   ⑤ ㄷ, ㄹ, ㅁ

해 설　전소 변론종결 **전**에 발생한 형성권(취소권, 해제권, 상계권, 건물매수청구권)을 변론종결 **이후**에 행사하여 청구이의의 소나 채무부존재확인의 소로써 다툴 수 있는지 문제된다.

ㄱ. [○] ㄴ. [○] ㄷ. [X] ㄹ. [○]　※ 취소권, 해제권 등 형성권 일반의 경우(실권 긍정)

대법원은 표준시 전에 행사할 수 있었던 취소권(대판 1959.9.24. 4291민상830), 해제권(대판 1979.8.14. 79다1105), 백지보충권(아래 관련판례 참조)에 대하여는 표준시 후에 이를 행사하면 차단된다고 한다. 즉 확정된 법률관계에 있어 동 확정판결의 변론종결 전에 이미 발생하였던 취소권(또는 해제권)을 그 당시에 행사하지 않음으로 인하여 취소권자(또는 해제권자)에게 불리하게 확정되었다 할지라도 확정 후 취소권(또는 해제권)을 뒤늦게 행사함으로써 동 확정의 효력을 부인할 수는 없게 되는 것이다(대판 1979.8.14. 79다1105).

관련판례　"무릇 권리 또는 법률관계의 존부에 관한 판결이 확정한 때에는 당사자 또는 일반승계인 간에 있어서는 동일한 권리 또는 법률관계에 관하여 구두변론종결전의 사유를 원인으로 하여 확정판결의 취지에 반하는 주장을 할 수 없고 법원 또한 당사자 간의 별개소송에 있어서 확정판결의 취지에 반하는 판단을 할 수 없는 소위 기판력이 발생하는 것이고 따라서 확정된 법률관계에 있어 동 확정판결의 구두변론종결전에 이미 발생하였던 취소권(또는 해제권)을 그 당시에 행사하지 않음으로 인하여 취소권자(또는 해제권자)에게 불리하게 확정되었다 할지라도 확정후 취소권(또는 해제권)을 뒤늦게 행사함으로써 동 확정의 효력을 부인할 수는 없게 되는 것이다"(대판 1979.8.14. 79다1105)(ㄱ.지문)

관련판례　"약속어음의 소지인이 전소의 사실심 변론종결일까지 백지보충권을 행사하여 어음금의 지급을 청구할 수 있었음에도 위 변론종결일까지 백지 부분을 보충하지 않아 이를 이유로 패소판결을 받고 그 판결이 확정된 후에 백지보충권을 행사하여 어음이 완성된 것을 이유로 전소 피고를 상대로 다시 동일한 어음금을 청구(소송물 동일)하는 경우에는, 위 백지보충권 행사의 주장은 특별한 사정이 없는 한 전소판결의 기판력에 의하여 차단되어 허용되지 않는다"(대판 2008.11.27. 2008다59230)(ㄹ.지문)

비교쟁점　※ 상계권(실권 부정)(ㄴ.지문)

그러나 대법원은 상계권에 관하여는 "집행권원인 확정판결의 변론종결 전에 상대방에 대하여 상계적상에 있는 채권을 가지고 있었다 하여도 변론종결 이후에 비로소 상계의 의사표시를 한 때에는 그 청구이의의 원인이 변론종결 이후에 생긴 때에 해당하는 것으로서 당사자들이 그 변론종결 전에 상계적상에 있은 여부를 알았던 몰랐던 간에 적법한 이의의 사유(민사집행법 제44조 2항)가 된다"고 판시하여 상계권비실권설의 입장이다.

※ 임대차에서의 건물매수청구권(실권 부정)(ㄷ.지문)

判例는 "토지의 임차인이 임대인에 대하여 건물매수청구권을 행사할 수 있음에도 불구하고 이를 행사하지 아니한 채, 토지의 임대인이 임차인에 대하여 제기한 토지인도 및 건물철거 청구소송에서 패소하여 그 패소판결이 확정되었다고 하더라도, 그 확정판결에 의하여 건물철거가 집행되지 아니한 이상, 토지의 임차인으로서는 건물매수청구권을 행사하여 별소로써 임대인에 대하여 건물 매매대금의 지급을 구할 수 있다고 할 것이고, 전소인 토지인도 및 건물철거 청구소송과 후소인 매매대금 청구소송은 서로 그 소송물을 달리하는 것이므로, 종전 소송의 확정판결의 기판력에 의하여 건물매수청구권의 행사가 차단된다고 할 수도 없다"(대판 1995.12.26. 95다42195)고 하여 건물매수청구권 비실권설의 입장이다.

☞ 전소 확정판결의 변론종결 전에 발생한 사유는 후소에서 제출할 수 없다. 이를 '차단효'라고 한다. 전소 변론종결 전에 발생한 취소권, 해제권, 백지보충권과 같은 형성권도 차단된다. 그러나 형성권 중에서 상계권과 건물매수청구권은 차단되지 않는다는 것이 判例의 태도이다.

ㅁ. [X] 상속채무 이행의 소에서 채무자(상속인)가 '한정승인' 사실을 주장하지 않은 경우

채권자가 채무자를 상대로 그 상속채무의 이행을 구하여 제기한 소송에서 채무자가 한정승인 사실을 주장하지 않아 '책임재산의 유보 없는 판결'이 확정된 경우, 채무자가 자기 '고유재산에 대한 집행'에 대하여 위 한정승인의 사실을 내세워 청구이의의 소를 제기할 수 있는지가 문제된다. 이에 대해 判例는 "채무자가 한정승인 사실을 주장하지 않으면 책임의 범위는 현실적인 심판대상으로 등장하지 아니하여 주문에서는 물론 이유에서도 판단되지 않으므로 그에 관하여 기판력이 미치지 않는다. 그러므로 채무자가 한정승인을 하고도 채권자가 제기한 소송의 사실심 변론종결시까지 그 사실을 주장하지 아니하여 책임의 범위에 관한 유보가 없는 판결이 선고되어 확정되었다고 하더라도, 채무자는 그 후 위 한정승인 사실을 내세워 청구에 관한 이의의 소를 제기할 수 있다"(대판 2006.10.13. 2006다23138)고 판시하였다.

[비교쟁점] ※ 상속채무 이행의 소에서 채무자(상속인)가 '상속포기'사실을 주장하지 않은 경우

채권자가 채무자를 상대로 제기한 상속채무 이행의 소에서 채무자가 상속포기의 주장을 하지 않은 경우에도 한정승인에서와 같이 채무자가 위 상속포기의 사실을 적법한 청구이의사유로서 주장할 수 있는 지가 문제된다.

이에 대해 判例는 "한정승인 사안에서 판시한 기판력에 의한 실권효 제한의 법리는 채무의 상속에 따른 책임의 제한 여부만이 문제되는 한정승인과 달리 상속에 의한 채무의 존재 자체가 문제되어 그에 관한 확정판결의 주문에 당연히 기판력이 미치게 되는 상속포기의 경우에는 적용될 수 없다"(대판 2009.5.28. 2008다79876)고 판시하였는데, 이에 따르면 채무자는 위 상속포기의 사실을 내세워 청구이의의 소를 제기할 수 없다.

상속채무 이행의 소에서 채무자의 주장	법원의 판결	확정판결(집행권원)의 집행력의 범위	(채무자 고유재산에 대해 집행하는 경우) 채무자의 청구이의의 소
채무자의 한정승인 주장 O	책임범위를 유보한 청구인용판결	상속재산에 한정	청구이의의 소 X (단, 제3자이의의 소는 O)
채무자의 한정승인 주장 X	책임범위의 유보없는 청구인용판결	상속재산 및 채무자의 고유재산	청구이의의 소 O
채무자의 상속포기 주장 O	청구기각판결[1]	-	-
채무자의 상속포기 주장 X	책임범위의 유보 없는 청구인용판결	상속재산 및 채무자의 고유재산	청구이의의 소 X

[정답] ②

---

1) 이 경우 집행권원 자체가 성립하지 않아 ③, ④는 문제되지 않는다.

문 10 甲은 乙을 상대로 1억 원의 매매대금청구의 소를 제기하였는데, 乙은 매매계약이 무효임을 이유로 매매대금채권의 부존재를 주장하는 한편, 甲에 대한 1억 5,000만 원의 대여금채권을 반대채권으로 하여 상계항변을 하였다. 이에 관한 설명 중 옳지 않은 것은? (다툼이 있는 경우 판례에 의함)   [변시 9회]

① 위 소송에서 법원이 甲의 주장 및 乙의 상계항변을 모두 받아들여 甲의 청구를 기각한 경우, 위 판결에 대하여 乙은 항소이익이 있다.

② 위 소송에서 법원이 甲의 주장 및 乙의 상계항변을 모두 받아들여 甲의 청구를 기각하였다. 위 판결에 대하여 甲만이 항소하고 乙은 부대항소도 하지 아니한 경우, 항소심 법원이 甲의 매매대금채권이 부존재한다고 판단하였다면, 乙의 대여금채권 존부와 관계없이 항소심 법원은 위 판결을 취소하고 원고의 청구를 기각하여야 한다.

③ 위 소송에서 법원이 甲의 소를 각하하였고 위 판결에 대하여 甲만이 항소한 경우, 항소심 법원이 甲의 매매대금청구의 소는 적법하나 매매계약이 무효여서 매매대금채권이 존재하지 아니한다고 판단하였다면, 항소심 법원은 甲의 항소를 기각하여야 한다.

④ 위 소송에서 법원이 甲의 주장 및 乙의 상계항변을 모두 받아들여 甲의 청구를 기각하였고 위 판결이 그대로 확정된 경우, 위 확정판결의 기판력은 乙의 甲에 대한 5,000만 원(상계로 대등액에서 소멸되고 남은 금액)의 대여금 지급을 구하는 후소에 미치지 아니한다.

⑤ 위 소송에서 법원이 甲의 주장은 받아들였으나 乙의 상계항변은 대여금채권 전액 부존재를 이유로 배척하여 甲의 청구를 전부 인용하였고 위 판결이 그대로 확정된 경우, 위 확정판결의 기판력은 乙의 甲에 대한 5,000만 원(대여금채권의 존재가 인정되었다면 상계로 대등액에서 소멸되고 남았을 금액)의 대여금 지급을 구하는 후소에 미치지 아니한다.

[해설] ① [O] ※ 상계의 항변을 받아들여 청구를 기각한 제1심판결에 대하여 피고가 항소한 경우
원고의 청구를 전부 기각한 판결에 대하여는 피고가 판결이유 중의 판단에 불복이 있더라도 상소를 할 이익이 없는 것이 원칙이다. 그러나 상계를 주장한 청구가 성립되어 원고의 청구가 기각된 때와 같이 예외적으로 판결이유에 대한 기판력이 인정되는 경우에는, 상소를 할 이익이 인정된다(대판 1993.12.28. 93다47189).

② [X] ※ 상계의 항변을 받아들여 청구를 기각한 제1심판결에 대하여 원고만 항소한 경우(소구채권이 부존재하는 경우 : 제1심 판결과 똑같은 이유로 항소기각판결)
"항소심은 당사자의 불복신청범위 내에서 제1심판결의 당부를 판단할 수 있을 뿐이므로, 설사 제1심판결이 부당하다고 인정되는 경우라 하더라도 그 판결을 불복당사자의 불이익으로 변경하는 것은 당사자가 신청한 불복의 한도를 넘어 제1심판결의 당부를 판단하는 것이 되어 허용될 수 없는바, 제1심판결이 원고가 청구한 채권의 발생을 인정한 후 피고가 한 상계항변을 받아들여 원고의 청구를 기각하고 이에 대하여 원고만이 항소한 경우에 항소심이 제1심과는 다르게 원고가 청구한 채권의 발생이 인정되지 않는다는 이유로 원고의 청구를 기각하는 것은 항소인인 원고에게 불이익하게 제1심판결을 변경하는 것이 되어 허용되지 아니한다"(대판 2010.12.23. 2010다67258). 왜냐하면 원고로서는 상계에 제공된 반대채권 소멸의 이익을 잃게 되어 제1심 판결보다 불리해지기 때

문이다. 따라서 항소심 법원은 ⅰ) 원고의 항소를 인용하여 원판결을 취소하고 청구기각의 자판을 할 수 없고, ⅱ) 소구채권의 부존재를 이유로 항소기각을 할 수도 없으며, ⅲ) 제1심 판결과 똑같은 이유로 항소기각판결을 하여야 한다. 즉, 항소심은 소구채권이 인정되지 않는 것으로 판단되더라도 판결이유에서 제1심 판결과 마찬가지로 소구채권이 인정됨을 전제로 상계의 항변을 받아들여 청구가 기각되어야 하는 것으로 기재한 후 항소기각 판결을 선고하여야 한다.

> [비 교] ※ 상계의 항변을 받아들여 청구를 기각한 제1심판결에 대하여 원고만 항소한 경우(반대채권이 부존재하는 경우 : 원고의 항소를 인용)
> 반대채권이 부존재하는 경우 원고의 항소를 인용하더라도 원고에게 불이익이 없으므로 항소심 법원은 원판결을 취소하고 청구인용의 자판을 하여야 한다.

③ [○] ※ 소각하의 제1심판결에 대하여 원고만 항소한 경우

判例는 "확정판결의 기판력을 이유로 하여 원고의 청구를 기각하여야 할 것인데도 원고의 소가 부적법하다고 각하한 원심판결에 대하여 원고만이 상고한 경우 불이익변경금지의 원칙상 원고에게 더 불리한 청구기각의 판결을 선고 할 수는 없으므로 원고의 상고를 기각(항소심판결을 그대로 유지하지함 : 저자주)할 수밖에 없다"(대판 1987.7.7. 86다카2675)고 하여 항소기각설의 입장이다.

④ [○] ※ 상계항변을 인용한 경우의 기판력

원고의 소구채권과 피고의 반대채권이 모두 존재하고 그것이 상계에 의해 소멸하였다고 한 판단에 기판력이 미친다는 입장과, 현재의 법률관계로서 자동채권이 존재하지 않는다는 점에 기판력이 생기는 것으로 보는 입장이 대립한다. 생각건대 제216조 2항의 '청구가 성립되는지 아닌지'의 판단에 기판력이 있다는 조문에 충실한 전자의 견해가 타당하다.

민사소송법 제216조(기판력의 객관적 범위) 「②항 상계를 주장한 청구가 성립되는지 아닌지의 판단은 상계하자고 대항한 액수에 한하여 기판력을 가진다.」

☞ 사안의 경우 甲의 乙에 대한 1억 원의 매매대금(소구채권=수동채권)청구에 대해, 乙이 1억 5,000만 원의 대여금채권(반대채권=자동채권)으로 상계의 항변을 한 경우, 1억 5,000만 원의 반대채권이 존재하는 것으로 판단된 결과 상계항변이 인용되어 甲의 청구가 기각되더라도, 기판력은 상계로써 대항한 1억 원의 존재에 대해서만 미치고, 乙의 남은 5,000만 원의 대여금채권에 대해서는 미치지 않게 된다. 다만 이 경우 전소의 판단은 乙이 甲을 상대로 5,000만 원의 지급을 구하는 별소제기시 유력한 증거가 되므로 乙이 승소할 가능성은 높아진다.

⑤ [○] ※ 상계항변을 배척한 경우의 기판력

반대채권의 부존재에 대하여 기판력이 발생한다. 이와 같이 "반대채권이 부존재한다는 판결이유 중의 판단의 기판력은 특별한 사정이 없는 한 '법원이 반대채권의 존재를 인정하였더라면 상계에 관한 실질적 판단으로 나아가 수동채권의 상계적상일까지의 원리금과 대등액에서 소멸하는 것으로 판단할 수 있었던 반대채권의 원리금 액수'의 범위에서 발생한다고 보아야 한다. 그리고 이러한 법리는 피고가 상계항변으로 주장하는 반대채권의 액수가 소송물로서 심판되는 소구채권의 액수보다 더 큰 경우에도 마찬가지로 적용된다"(대판 2018.8.30. 2016다46338,46345).

☞ 사안의 경우 甲의 乙에 대한 1억 원의 매매대금(소구채권=수동채권)청구에 대해, 乙이 1억 5,000만 원의 대여금채권(반대채권=자동채권)으로 상계의 항변을 한 경우, 1억 5,000만 원의 반대채권이 부존재하는 것으로 판단된 결과 상계항변이 배척되어 甲의 청구가 인용되더라도, 기판력은 상계로써 대항한 1억 원의 부존재에 대해서만 미치고, 乙의 남은 5,000만 원의 대여금채권에 대해서는 미치지 않게 된다. 다만 이 경우 전소의 판단은 乙이 甲을 상대로 한 5,000만 원의 지급을 구하는 별소제기시 유력한 증거가 되므로 乙이 패소할 가능성이 높아진다.

[정답] ②

문 11 기판력에 관한 설명 중 옳지 않은 것은? (다툼이 있는 경우 판례에 의함)   [변시 4회]

① 소송에서 다투어지고 있는 권리 또는 법률관계의 존부에 관하여 동일한 당사자 사이에 전소에서 확정된 화해권고결정이 있는 경우, 그 당사자는 이에 반하는 주장을 할 수 없고 법원도 이에 저촉되는 판단을 할 수 없다.

② 채권자가 채권자대위권을 행사하는 방법으로 제3채무자를 상대로 소송을 제기하였다가 채무자를 대위할 피보전채권이 인정되지 않는다는 이유로 소각하 판결을 받아 확정된 경우, 그 판결의 기판력이 채권자가 채무자를 상대로 위 피보전채권의 이행을 구하는 소송에 미치지 않는다.

③ 원인무효의 소유권이전등기에 대한 말소청구소송의 확정판결의 기판력은 동일한 당사자 사이의 후소인 진정명의회복을 원인으로 한 소유권이전등기청구소송에 미친다.

④ 소송판결의 기판력은 그 판결에서 확정한 소송요건의 흠결에 관하여 미치는 것이므로, 비록 당사자가 그러한 소송요건의 흠결을 보완하여 다시 소를 제기한 경우에도 그 기판력에 의한 제한을 받게 된다.

⑤ 소유권이전등기말소를 구하는 전소에서 한 사기에 의한 매매의 취소 주장과, 동일한 당사자를 상대로 동일한 후소에서 한 매매의 부존재 또는 불성립의 주장은 다 같이 청구원인인 등기원인의 무효를 뒷받침하는 독립된 공격방어방법에 불과하므로 전소 확정판결의 기판력은 후소에 미친다.

해설 ① [O] 법원은 소송 계속 중인 사건에 대해 직권으로 사건의 공평한 해결을 위한 화해권고결정을 할 수 있고(민사소송법 제225조 1항), 이에 대한 이의 신청이 없는 경우 등에 확정되어 기판력을 포함한 재판상 화해와 같은 효력을 갖는다(민사소송법 제231조, 제220조). 따라서 화해권고결정이 확정된 경우 당사자는 이에 반하는 주장을 할 수 없고 법원도 이에 저촉되는 결정을 할 수 없다.

관련판례 소송에서 다투어지고 있는 권리 또는 법률관계의 존부에 관하여 동일한 당사자 사이의 전소에서 확정된 화해권고결정이 있는 경우 당사자는 이에 반하는 주장을 할 수 없고 법원도 이에 저촉되는 판단을 할 수 없다(대판 2014.4.10. 2012다29557). 甲이 乙을 상대로 제기한 상속회복청구소송 중 상속재산인 부동산이 수용되어 乙이 수용보상금을 수령하자 甲이 대상청구로서 금전지급을 구하는 청구로 변경하였고 그 후 甲과 乙 사이에 화해권고결정이 확정되었는데, 甲이 乙이 수령한 보상금 중 甲의 상속분 해당 금원에서 화해권고결정에 따라 받은 금원 등을 공제한 나머지 금원의 지급 등을 구하자 甲의 청구를 기각한 사례이다.

② [O] ※ 대위소송의 소각하판결의 효력이 채권자가 채무자를 상대로 한 소송에 미치는지(소극)
"채권자가 채권자대위권을 행사하는 방법으로 제3채무자를 상대로 소송을 제기하고 판결을 받은 경우, 어떠한 사유로 인하였든 적어도 채권자대위권에 의한 소송이 제기된 사실을 채무자가 알았을 때에는 그 판결의 효력이 채무자에게 미친다고 보아야 한다. 이때 **채무자에게도 기판력이 미친다는 의미는** 채권자대위소송의 소송물인 피대위채권의 존부에 관하여 채무자에게도 기판력이 인정된다는 것이고, 채권자대위소송의 소송요건인 피보전채권의 존부에 관하여 당해 소송의 당사자가 아닌 채무자에게 기판력이 인정된다는 것은 아니다. 따라서 채권자가 채권자대위권을 행사하는 방법으로 제3채무자를 상대로 소송을 제기하였다가 채무자를 대위할 피보전채권이 인정되지 않는다는 이

유로 소각하 판결을 받아 확정된 경우 그 판결의 기판력이 채권자가 채무자를 상대로 피보전 채권의 이행을 구하는 소송에 미치는 것은 아니다"(대판 2014.1.23. 2011다108095).

③ [O] "진정한 등기명의의 회복을 위한 소유권이전등기청구는 이미 자기 앞으로 소유권을 표상 하는 등기가 되어 있었거나 법률에 의하여 소유권을 취득한 자가 진정한 등기명의를 회복하기 위한 방법으로 현재의 등기명의인을 상대로 그 등기의 말소를 구하는 것에 갈음하여 허용되는 것인데, 말소등기에 갈음하여 허용되는 진정명의회복을 원인으로 한 소유권이전등기청구권과 무효등기의 말소청구권은 어느 것이나 진정한 소유자의 등기명의를 회복하기 위한 것으로서 실질적으로 그 목적이 동일하고 두 청구권 모두 소유권에 기한 방해배제청구권으로서 그 법적 근거와 성질이 동일하므로 그 소송물은 실질상 동일한 것으로 보아야 하는바"(대판 2003.3.28. 2000다24856) 기판력이 미친다.

④ [X] "소송판결의 기판력은 그 판결에서 확정한 소송요건의 흠결에 관하여 미친다"(대판 1997.12.9. 97다25521). 그러나 기판력은 사실심 변론 종결시를 기준으로 발생하므로 그 이후에 발 생한 사정에는 기판력 미치지 않는다. 따라서 소송요건 흠결을 보완하여 다시 소를 제기한 경 우에는 기판력의 제한을 받지 않는다(대판 2003.4.8. 2002다70181).

⑤ [O] "말소등기청구사건의 소송물은 당해 등기의 말소등기청구권이고, 그 동일성 식별의 표준 이 되는 청구원인, 즉 말소등기청구권의 발생원인은 당해 '등기원인의 무효'에 국한되므로, 전 소에서 한 사기에 의한 매매의 취소 주장과 후소에서 한 매매의 부존재 또는 불성립의 주장은 다 같이 청구원인인 등기원인의 무효를 뒷받침하는, 독립된 공격방어방법에 불과하고, 후소에 서의 주장사실은 전소의 변론종결 이전에 발생한 사유이므로 전소와 후소의 소송물은 동일하 다"(대판 1981.12.22. 80다1548). 따라서 기판력은 후소에 미친다.

[정답] ④

문 12 기판력에 관한 설명 중 옳지 않은 것은? (다툼이 있는 경우 판례에 의함)　　[변시 11회]

① 소유권이전등기말소청구 소송에서 청구기각의 판결을 선고받아 확정되었다면 그 기판 력은 그 후 동일한 부동산에 관하여 동일한 당사자 간에 제기된 진정명의회복을 원인 으로 한 소유권이전등기청구 소송에도 미친다.

② 채권자가 먼저 부당이득반환청구의 소를 제기하였다면 특별한 사정이 없는 한 손해 전 부에 대하여 승소판결을 얻을 수 있었을 것임에도 손해배상청구의 소를 먼저 제기하는 바람에 과실상계 등의 법리에 따라 그 승소액이 당초 청구 금액의 일부로 제한된 판결 이 확정된 경우, 위 손해배상청구의 소에서 일부 청구기각된 부분에 대한 부당이득반 환청구는 인용될 수 있다.

③ A 부동산에 관한 피고 명의의 소유권이전등기가 원인무효라는 이유로 원고가 피고를 상대로 그 등기의 말소를 구하는 소를 제기하였다가 청구기각의 판결을 선고받아 확정 된 경우, 원고로서는 그의 소유권을 부인하는 피고에 대하여 A 부동산이 원고의 소유 라는 확인을 구할 법률상 이익이 없다.

④ 가등기에 기한 소유권이전등기절차의 이행을 명한 전소 확정판결의 기판력은 위 가등
기만의 말소를 구하는 후소에 미치지 아니한다.

⑤ 기판력 있는 전소 판결과 저촉되는 후소 판결이 그대로 확정된 경우에도 재심의 소에
의하여 후소 판결이 취소될 때까지 전소 판결과 후소 판결은 저촉되는 상태 그대로 기
판력을 갖는다.

[해설] ① [O] ※ 진정명의회복을 원인으로 한 소유권이전등기청구권과 무효등기의 말소청구권

判例는 소유권이전등기'말소'청구와 진정명의회복을 원인으로 한 소유권'이전'등기청구는 소송
물이 다르다는 입장이었으나, 전원합의체 판결로 견해를 변경하여 "말소등기에 갈음하여 허용되
는 진정명의회복을 원인으로 한 소유권이전등기청구권과 무효등기의 말소청구권은 어느 것이나 진정한
소유자의 등기명의를 회복하기 위한 것으로서 실질적으로 그 목적이 동일하고, 두 청구권 모
두 소유권에 기한 방해배제청구권으로서 그 법적 근거와 성질이 동일하므로, 비록 전자는 이
전등기, 후자는 말소등기의 형식을 취하고 있다고 하더라도 그 소송물은 실질상 동일한 것으로
보아야 하고, 따라서 소유권이전등기말소청구소송에서 패소확정판결을 받았다면 그 기판력은
그 후 제기된 진정명의회복을 원인으로 한 소유권이전등기청구소송에도 미친다"(대판 2001.9.20.
99다37894)고 하였다.

② [O] ※ 부당이득반환청구권과 불법행위로 인한 손해배상청구권

"부당이득반환청구권과 불법행위로 인한 손해배상청구권은 서로 실체법상 별개의 청구권으로 존재하고
그 각 청구권에 기초하여 이행을 구하는 소는 소송법적으로도 소송물을 달리하므로, 채권자로
서는 어느 하나의 청구권에 관한 소를 제기하여 승소 확정판결을 받았다고 하더라도 아직 채
권의 만족을 얻지 못한 경우에는 다른 나머지 청구권에 관한 이행판결을 얻기 위하여 그에 관
한 이행의 소를 제기할 수 있다. 그리고 채권자가 먼저 부당이득반환청구의 소를 제기하였을 경우 특
별한 사정이 없는 한 손해 전부에 대하여 승소판결을 얻을 수 있었을 것임에도 우연히 손해배상청구의 소를
먼저 제기하는 바람에 과실상계 또는 공평의 원칙에 기한 책임제한 등의 법리에 따라 그 승소액이 제한되었
다고 하여 그로써 제한된 금액에 대한 부당이득반환청구권의 행사가 허용되지 않는 것도 아니다"(대판
2013.9.13. 2013다45457)

③ [X] ※ 소유권이전등기가 원인무효라는 이유로 그 등기의 말소를 구하는 소송을 제기하였다가 청구기각의
판결을 선고받아 확정된 경우, 소유권의 확인을 구할 법률상 이익이 있는지 여부(적극)

"확정판결의 기판력은 소송물로 주장된 법률관계의 존부에 관한 판단의 결론에만 미치고 그 전제가 되는 법
률관계의 존부에까지 미치는 것은 아니므로, 계쟁 부동산에 관한 피고 명의의 소유권이전등기가 원
인무효라는 이유로 원고가 피고를 상대로 그 등기의 말소를 구하는 소송을 제기하였다가 청구
기각의 판결을 선고받아 확정되었다고 하더라도, 그 확정판결의 기판력은 소송물로 주장된 말소등기
청구권이나 이전등기청구권의 존부에만 미치는 것이지 그 기본이 된 소유권 자체의 존부에는 미치지 아니하
고, 따라서 원고가 비록 위 확정판결의 기판력으로 인하여 계쟁 부동산에 관한 등기부상의 소유 명의를 회
복할 방법은 없게 되었다고 하더라도 그 소유권이 원고에게 없음이 확정된 것은 아닐 뿐만 아니라, 등기부상
소유자로 등기되어 있지 않다고 하여 소유권을 행사하는 것이 전혀 불가능한 것도 아닌 이상, 원고로서는 그
의 소유권을 부인하는 피고에 대하여 계쟁 부동산이 원고의 소유라는 확인을 구할 법률상 이익이 있으며,
이러한 법률상의 이익이 있는 이상에는 특별한 사정이 없는 한 소유권확인 청구의 소제기 자
체가 신의칙에 반하는 것이라고 단정할 수 없는 것이다"(대판 2002.9.24. 2002다11847).

④ [○] ※ 가등기에 기한 본등기절차의 이행을 명하는 전소판결이 확정된 후 후소로써 위 가등기만의 말소를 청구하는 것이 전소판결의 기판력에 저촉되는지 여부(소극)

"확정판결의 기판력은 소송물로 주장된 법률관계의 존부에 관한 판단의 결론 자체에만 미치고 그 전제가 되는 법률관계의 존부에까지 미치는 것은 아니어서, 가등기에 기한 소유권이전등기절차의 이행을 명한 전소 판결의 기판력은 소송물인 소유권이전등기청구권의 존부에만 미치고 그 등기청구권의 원인이 되는 채권계약의 존부나 판결이유 중에 설시되었을 뿐인 가등기의 효력 유무에 관한 판단에는 미치지 아니하고, 따라서 만일 후소로써 위 가등기에 기한 소유권이전등기의 말소를 청구한다면 이는 1물1권주의의 원칙에 비추어 볼 때 전소에서 확정된 소유권이전등기청구권을 부인하고 그와 모순되는 정 반대의 사항을 소송물로 삼은 경우에 해당하여 전소 판결의 기판력에 저촉된다고 할 것이지만, 이와 달리 위 가등기만의 말소를 청구하는 것은, 전소에서 판단의 전제가 되었을 뿐이고 그로써 아직 확정되지는 아니한 법률관계를 다투는 것에 불과하여 전소 판결의 기판력에 저촉된다고 볼 수 없다"(대판 1995.3.24. 93다 52488)

⑤ [○] ※ 기판력 있는 전소판결의 변론종결 후 그와 저촉되는 후소판결이 확정된 경우, 전소판결의 기판력이 차단되는지 여부(소극)

"기판력 있는 전소판결과 저촉되는 후소판결이 그대로 확정된 경우에도 전소판결의 기판력이 실효되는 것이 아니고 재심의 소에 의하여 후소판결이 취소될 때까지 전소판결과 후소판결은 저촉되는 상태 그대로 기판력을 갖는 것이고 또한 후소판결의 기판력이 전소판결의 기판력을 복멸시킬 수 있는 것도 아니어서, 기판력 있는 전소판결의 변론종결 후에 이와 저촉되는 후소판결이 확정되었다는 사정은 변론종결 후에 발생한 새로운 사유에 해당되지 않으므로, 그와 같은 사유를 들어 전소판결의 기판력이 미치는 자 사이에서 전소판결의 기판력이 미치지 않게 되었다고 할 수 없다"(대판 1997.1.24. 96다32706)

[정답] ③

문 13 **소송물과 기판력에 관한 설명 중 옳지 않은 것은?** (다툼이 있는 경우 판례에 의함)   [변시 6회]

① 원인무효를 이유로 소유권이전등기의 말소를 구하는 전소에서 패소확정판결을 받은 원고는 전소의 사실심 변론종결 전에 주장할 수 있었던 등기원인의 무효사유를 당사자와 청구취지가 동일한 후소에서 주장할 수 없다.

② 소유권확인을 구하는 전소에서 패소확정판결을 받은 원고는 전소의 사실심 변론종결 전에 주장할 수 있었던 소유권 귀속의 원인이 되는 다른 사유를 당사자와 청구취지가 동일한 후소에서 주장할 수 없다.

③ 채권자가 채무자를 대위하여 제3채무자를 상대로 소를 제기하였으나 피보전채권이 존재하지 않는다는 이유로 소각하 판결을 받아 확정된 경우, 그 판결의 기판력은 채권자가 채무자를 상대로 피보전채권의 이행을 구하는 후소에 미친다.

④ 매매를 원인으로 한 소유권이전등기를 구하는 전소에서 원고가 패소확정판결을 받았더라도 동일한 당사자 사이에 후소로 취득시효 완성을 원인으로 한 소유권이전등기청구를 할 수 있다.

⑤ 원인무효를 이유로 소유권이전등기의 말소를 구하는 전소에서 원고가 패소확정판결을 받았더라도 동일한 당사자 사이에 후소로 소유권확인청구를 할 수 있다.

해설 ① [○] "말소등기청구의 소에서 말소등기청구권이 소송물이며 소송물의 동일성 식별표준이 되는 청구원인, 즉 말소등기청구권의 발생원인은 당해 '등기원인의 무효'에 국한되는 것이고, 등기원인의 무효를 뒷받침하는 개개의 사유(예를 들어 무권대리, 불공정한 법률행위 등)는 독립된 공격방어방법에 불과하여 별개의 청구원인을 구성하는 것이 아니다. 따라서 그러한 주장들이 자체로서 별개의 청구원인을 구성한다고 볼 수 없고 모두 전소의 변론종결 전에 발생한 사유라면 전소와 후소는 그 소송물이 동일하여 후소에서의 주장사유들은 전소의 확정판결의 기판력에 저촉되어 허용될 수 없다"(대판 1993.6.29. 93다11050).

② [○] "소유권확인소송의 소송물은 소유권의 귀속 자체이므로 소유권의 귀속을 뒷받침하는 개개의 사유는 단지 하나의 독립된 공격방어방법에 불과하고 별개의 청구원인을 구성하지 않는 것이어서 전소에서 패소한 원고는 전소판결의 차단효에 의하여 전소의 사실심 변론종결 전에 주장할 수 있었던 소유권 귀속의 원인이 되는 다른 사유를 후소에서 다시 주장할 수 없다"(대판 1987.3.10. 84다카2132).

비교판례 확인의 소의 재소금지 범위에 관하여는 "부동산을 증여받았음을 원인으로 한 소유권확인청구를 했다가 소취하 뒤에, 지분소유권을 상속받았음을 원인으로 지분소유권확인청구를 한 것은 '동일한 소'라고 볼 수 없다"(대판 1991.5.28. 91다5730)고 보아 청구원인사실에 의해 소송물이 특정된다는 입장이 있다.

③ [×] "채권자가 채권자대위권을 행사하는 방법으로 제3채무자를 상대로 소송을 제기하였다가 채무자를 대위할 피보전채권이 인정되지 않는다는 이유로 소각하 판결을 받아 확정된 경우 그 판결의 기판력이 채권자가 채무자를 상대로 피보전권의 이행을 구하는 소송에 미치는 것은 아니다"(대판 2014.1.23. 2011다108095).

④ [○] "매매를 원인으로 한 소유권이전등기청구소송과(민법 제568조) 취득시효완성을 원인으로 한 소유권이전등기 청구소송은(민법 제245조) 이전등기청구권의 발생원인을 달리하는 별개의 소송물이므로 전소의 기판력은 후소에 미치지 아니한다"(대판 1981.1.13. 80다204). 구소송물이론에 의해 실체법적 근거(민법 제568조와 민법 제245조 2개의 청구)에 따라 소송물이 특정되기 때문이다.

⑤ [○] ※ 전소의 선결관계가 후소의 소송물이 되는 경우
대법원은 "확정판결의 기판력은 소송물로 주장된 법률관계의 존부에 관한 판단의 결론에만 미치고 그 전제가 되는 법률관계의 존부에까지 미치는 것은 아니므로, 계쟁 부동산에 관한 피고 명의의 소유권이전등기가 원인무효라는 이유로 원고가 피고를 상대로 그 등기의 말소를 구하는 소송을 제기하였다가 청구기각의 판결을 선고받아 확정되었다고 하더라도, 그 확정판결의 기판력은 소송물로 주장된 말소등기청구권이나 이전등기청구권의 존부(전소의 소송물 : 저자주)에만 미치는 것이지 그 기본이 된 소유권 자체의 존부(전소의 선결적 법률관계=후소의 소송물 : 저자주)에는 미치지 아니한다"(대판 2002.9.24. 2002다11847)고 하여 이유 중 판단에 기판력 또는 쟁점효를 부정한다.

비교판례 ※ 전소의 소송물이 후소의 선결문제인 경우
"확정된 전소의 기판력 있는 법률관계(전소의 소송물 : 저자주)가 후소의 소송물 자체가 되지 아니하여도 후소의 선결문제(후소의 판결이유 : 저자주)가 되는 때에는 전소의 확정판결의 판단은 후소의 선결문제로서 기판력이 작용한다고 할 것이므로, 소유권확인청구에 대한 판결이 확정된 후 다시 동일 피고를 상대로 소유권에 기한 물권적 청구권을 청구원인으로 하는 소송을 제기한 경우에는 전소의 확정판결에서의 소유권의 존부에 관한 판단에 구속되어 당사자로서는 이와 다른 주장을 할 수 없을 뿐만 아니라 법원으로서도 다른 판단은 할 수 없다"(대판 2000.6.9. 98다18155).

[정답] ③

문 14 기판력에 관한 설명 중 옳지 않은 것을 모두 고른 것은? (다툼이 있는 경우에는 판례에 의함) [변시 2회]

ㄱ. 甲이 乙을 상대로 X 토지의 소유권에 기한 방해배제로써 X 토지에 관하여 乙 명의로 마쳐진 소유권이전등기의 말소를 구하는 소송 중에 甲과 乙 사이에 "乙은 甲에게 X 토지에 관하여 진정명의회복을 원인으로 한 소유권이전등기절차를 이행한다."라는 내용의 화해권고결정이 확정되었다. 그 후 乙이 丙에게 X 토지에 관한 소유권이전등기를 마쳐준 경우, 위 화해권고결정의 기판력은 丙에 대하여 미치지 아니한다.

ㄴ. 甲이 乙을 상대로 X 토지에 관한 매매계약의 무효를 원인으로 하여 매매대금의 반환을 구하는 소송에서 乙이 甲의 청구를 인낙하는 내용의 인낙조서가 작성된 경우, 위 인낙조서의 기판력은 乙이 甲을 상대로 위 매매계약을 원인으로 한 소유권이전등기절차의 이행을 구하는 소에 미친다.

ㄷ. 甲이 乙에게 X 토지에 관하여 신탁해지를 원인으로 한 소유권이전등기절차를 이행하기로 한 제소전 화해에 기하여 X 토지에 관하여 乙 명의의 소유권이전등기가 마쳐진 경우, 위 제소전 화해의 기판력은 甲이 乙을 상대로 위 소유권이전등기가 원인무효라고 주장하며 그 말소등기절차의 이행을 구하는 소에 미친다.

ㄹ. 甲이 乙을 대위하여 丙을 상대로 제기한 취득시효 완성을 원인으로 한 소유권이전등기절차의 이행을 구하는 소송에서 乙을 대위할 피보전채권의 부존재를 이유로 한 소각하판결이 확정된 후, 丙이 甲을 상대로 제기한 토지인도청구소송에서 甲이 다시 乙에 대한 위 피보전채권의 존재를 항변사유로 주장하는 것은 위 확정판결의 기판력에 저촉되어 허용될 수 없다.

ㅁ. 甲이 乙을 상대로 X 토지에 관한 임대차계약이 기간만료로 종료되었음을 원인으로 하여 제기한 임대차보증금반환청구소송에서 임대차보증금의 지급을 명하는 판결이 확정된 경우, 위 확정판결의 기판력은 乙이 甲을 상대로 위 임대차계약에 기한 차임의 지급을 구하는 소에 미친다.

① ㄱ, ㄷ, ㄹ
② ㄴ, ㄷ, ㄹ
③ ㄱ, ㄹ, ㅁ
④ ㄱ, ㄴ, ㅁ
⑤ ㄴ, ㄷ, ㅁ

해설 ㄱ. [X] "소유권에 기한 물권적 방해배제청구로서 소유권등기의 말소를 구하는 소송이나 진정명의 회복을 원인으로 한 소유권이전등기절차의 이행을 구하는 소송 중에 그 소송물에 대하여 화해권고결정이 확정되면 상대방은 여전히 물권적인 방해배제의무를 지는 것이고, 화해권고결정에 창설적 효력이 있다고 하여 그 청구권의 법적 성질이 채권적 청구권으로 바뀌지 아니한다"(대판 2012.5.10. 2010다2558).

判例는 진정명의회복을 위한 소유권이전등기청구권의 법적성질을 소유권에 기한 방해배제청구권으로 보는 바, 사안의 경우 甲은 乙을 상대로 물권적 청구권을 행사한 것이고, 따라서 丙은 변론종결 뒤의 승계인에 해당하여 화해권고결정의 기판력을 받는다(判例는 소송물인 청구가 대세적 효력을 갖는 물권적 청구권일 때에는 피고의 지위를 승계한 자가 변론종결 뒤의 승계인으로 기판력을 받는다는 입장이다).

[쟁점정리] ※ 계쟁물승계의 범위

제218조 (기판력의 주관적 범위) 「①항 확정판결은 당사자, 변론을 종결한 뒤의 승계인(변론 없이 한 판결의 경우에는 판결을 선고한 뒤의 승계인) 또는 그를 위하여 청구의 목적물을 소지한 사람에 대하여 효력이 미친다.」

계쟁물승계의 범위에 대하여는 소송물이론에 따라 견해가 대립한다. 判例는 구실체법설의 입장에서 ① 청구가 소유권에 기한 이전등기말소청구권인 경우 피고로부터 소유권이전등기를 경료받은 자는 승계인으로 보지만(대판 1979.2.13. 78다2290), ② 청구가 매매에 기한 소유권이전등기청구권인 경우 피고로부터 소유권이전등기를 경료받은 자는 승계인에 해당하지 않는다고 한다 (대판 2003.5.13. 2002다64148).

ㄴ. [×] "ⅰ) 전에 제기된 소와 후에 제기된 소의 소송물이 동일하지 않다고 하더라도, 후에 제기된 소의 소송물이「전에 제기된 소에서 확정된 법률관계」와 모순되는 정반대의 사항을 소송물로 삼았다면 이러한 경우에는 전번 판결의 기판력이 후에 제기된 소에 미치는 것이지만, 확정판결의 기판력은 소송물로 주장된 법률관계의 존부에 관한 판단의 결론에만 미치고 그 전제가 되는 법률관계의 존부에까지 미치는 것이 아니므로, 「전의 소송에서 확정된 법률관계」란 확정판결의 기판력이 미치는 법률관계를 의미하는 것이지 그 전제가 되는 법률관계까지 의미하는 것은 아니다. ⅱ) 매매계약의 무효 또는 해제를 원인으로 한 매매대금반환청구에 대한 인낙조서의 기판력은 그 매매대금반환청구권의 존부에 관하여만 발생할 뿐, 그 전제가 되는 선결적 법률관계인 매매계약의 무효 또는 해제에까지 발생하는 것은 아니므로 소유권이전등기청구권의 존부를 소송물로 하는 후소는 전소에서 확정된 법률관계와 정반대의 모순되는 사항을 소송물로 하는 것이라 할 수 없으며, 기판력이 발생하지 않는 전소와 후소의 소송물의 각 전제가 되는 법률관계가 매매계약의 유효 또는 무효로 서로 모순된다고 하여 전소에서의 인낙조서의 기판력이 후소에 미친다고 할 수 없다"(대판 2005.12.23. 2004다55698).

[쟁점정리] ※ 전·후소의 소송물의 각 전제가 되는 법률관계가 모순되는 경우

전소(매매계약의 무효 또는 해제를 원인으로 한 매매대금반환청구)와 후소(매매계약에 기한 소유권이전등기청구)의 판결이유 중 판단(매매계약의 효력 여부)이 모순되더라도 판결이유에는 기판력이 미치지 않으므로 모순관계가 아니다.

ㄷ. [○] "전·후 양소의 소송물이 동일하지 않다고 하더라도, 후소의 소송물이 전소에서 확정된 법률관계와 모순되는 정반대의 사항을 소송물로 삼았다면 이러한 경우에는 전소 판결의 기판력이 후소에 미치는 것이고, 제소전 화해조서는 확정판결과 같은 효력이 있어 당사자 사이에 기판력이 생기는 것이므로, 원고가 피고에게 이 사건 각 토지에 관하여 신탁해지를 원인으로 한 소유권이전등기절차를 이행하기로 한 이 사건 제소전 화해가 준재심에 의하여 취소되지 않은 이상, 그 제소전 화해에 기하여 마쳐진 소유권이전등기가 원인무효라고 주장하며 말소등기절차의 이행을 청구하는 것은 제소전 화해에 의하여 확정된 소유권이전등기청구권을 부인하는 것이어서 그 기판력에 저촉된다"(대판 2002.12.6. 2002다44014).

ㄹ. [○] "甲이 乙을 대위하여 丙을 상대로 취득시효 완성을 원인으로 한 소유권이전등기 소송을 제기하였다가 乙을 대위할 피보전채권의 부존재를 이유로 소각하 판결을 선고받고 확정된 후, 丙이 제기한 토지인도 소송에서 甲이 다시 위와 같은 권리가 있음을 항변사유로서 주장하는 것을 허용한다면 甲에게 피보전채권의 존재를 인정하는 것이 되어 전소판결의 판단과 서로 모순관계에 있다고 하지 않을 수 없으므로 기판력에 저촉되어 허용될 수 없다"(대판 2001.1.16. 2000다41349)

ㅁ. [X] 전소의 소송물은 甲의 乙에 대한 임대차보증금반환청구권이고 후소의 소송물은 乙의 甲에 대한 차임지급청구권으로서, 소송물이 다르고 선결관계나 모순관계에 있는 것이 아니므로 기판력이 작용하지 아니한다.

[정답] ④

문 15 다음 중 변론종결 후의 승계인에 해당하는 것을 모두 고른 것은? (다툼이 있는 경우에는 판례에 의함)

[변시 2회]

> ㄱ. 확정판결의 변론종결 후 그 확정판결상의 채무자로부터 채무인수 여부에 관한 약정 없이 영업을 양수하여 양도인의 상호를 계속 사용하는 영업양수인
> ㄴ. 확정판결의 변론종결 후 그 확정판결상의 채무자인 회사를 흡수합병한 존속회사
> ㄷ. 확정판결의 변론종결 후 그 확정판결상의 채무자인 회사가 신설합병되어 설립된 회사
> ㄹ. 확정판결의 변론종결 후 그 확정판결상의 채무자로서 금전지급채무만을 부담하고 있는 회사가 그 채무를 면탈할 목적으로 기업의 형태·내용을 실질적으로 동일하게 하여 설립한 신설회사

① ㄷ
② ㄱ, ㄴ
③ ㄴ, ㄷ
④ ㄴ, ㄹ
⑤ ㄷ, ㄹ

[해설] ㄱ. [X] "확정판결의 변론종결 후 동 확정판결 상의 채무자로부터 영업을 양수하여 양도인의 상호를 계속 사용하는 영업양수인은 상법 제42조 제1항에 의하여 그 양도인의 영업으로 인한 채무를 변제할 책임이 있다 하여도, 그 확정판결 상의 채무에 관하여 이를 면책적으로 인수하는 등 특별사정이 없는 한, 그 영업양수인을 곧 민사소송법상의 변론종결후의 승계인에 해당된다고 할 수 없다"(대판 1979.3.13. 78다2330).

ㄴ. [O] ㄷ. [O] 변론을 종결한 뒤에 소송물인 권리관계에 관한 지위를 당사자로부터 승계한 제3자는 당사자 사이의 확정판결의 기판력을 받는데, 그 승계의 모습은 일반승계(상속, 합병 등), 특정승계를 가리지 아니한다.

[관련판례] "구 민사소송법 (2002. 1. 26. 법률 제6626호로 전문 개정되기 전의 것) 제74조에서 규정하고 있는 소송의 목적물인 권리관계의 승계라 함은 소송물인 권리관계의 양도뿐만 아니라 당사자적격 이전의 원인이 되는 실체법상의 권리 이전을 널리 포함하는 것이므로, 신주발행무효의 소 계속중 그 원고 적격의 근거가 되는 주식이 양도된 경우에 그 양수인은 제소기간 등의 요건이 충족된다면 새로운 주주의 지위에서 신소를 제기할 수 있을 뿐만 아니라, 양도인이 이미 제기한 기존의 위 소송을 적법하게 승계할 수도 있다"(대판 2003.2.26. 2000다42786).

ㄹ. [X] "기존회사가 채무를 면탈할 목적으로 기업의 형태·내용이 실질적으로 동일한 신설회사를 설립하였다면, 신설회사의 설립은 기존회사의 채무면탈이라는 위법한 목적달성을 위하여 회사제도를 남용한 것이므로, 기존회사의 채권자에 대하여 위 두 회사가 별개의 법인격을 갖고 있

음을 주장하는 것은 신의성실의 원칙상 허용될 수 없다 할 것이어서 기존회사의 채권자는 위 두 회사 어느 쪽에 대하여서도 채무의 이행을 청구할 수 있으나(대판 2004.11.12. 2002다66892), 甲 회사와 乙 회사가 기업의 형태·내용이 실질적으로 동일하고, 甲 회사는 乙 회사의 채무를 면탈할 목적으로 설립된 것으로서 甲 회사가 乙 회사의 채권자에 대하여 乙 회사와는 별개의 법인격을 가지는 회사라는 주장을 하는 것이 신의성실의 원칙에 반하거나 법인격을 남용하는 것으로 인정되는 경우에도, 권리관계의 공권적인 확정 및 그 신속·확실한 실현을 도모하기 위하여 절차의 명확·안정을 중시하는 소송절차 및 강제집행절차에 있어서는 그 절차의 성격상 을 회사에 대한 판결의 기판력 및 집행력의 범위를 갑 회사에까지 확장하는 것은 허용되지 아니한다"(대판 1995.5.12. 93다44531).

[정답] ③

문 16 甲은 乙로부터 그 소유의 X 토지를 임차한 후 그 토지상에 Y 건물을 신축하였다. 다음 설명 중 옳지 않은 것은? (각 지문은 독립적이고, 다툼이 있는 경우에는 판례에 의함) [변시 3회]

① 乙이 甲을 상대로 X 토지의 인도 및 Y 건물의 철거를 청구할 수 있는 경우에, 丙이 Y 건물에 대한 대항력 있는 임차인이라도 乙은 소유권에 기한 방해배제로서 丙에 대하여 Y 건물로부터의 퇴거를 청구할 수 있다.

② 乙이 甲을 상대로 X 토지의 인도 및 Y 건물의 철거를 청구한데 대하여 甲이 적법하게 건물매수청구권을 행사한 경우, 법원은 乙이 종전 청구를 유지할 것인지 아니면 대금지급과 상환으로 건물인도를 청구할 의사가 있는지를 석명하여야 한다.

③ 乙이 甲을 상대로 X 토지의 인도 및 Y 건물의 철거를 청구한데 대하여 甲이 건물매수청구권을 제1심에서 행사하였다가 철회한 후에도 항소심에서 다시 행사할 수 있다.

④ 乙이 甲을 상대로 먼저 X 토지의 인도를 구하는 소를 제기하여 승소판결이 확정되었다. 이후 다시 乙이 甲을 상대로 Y 건물의 철거를 구하는 소를 제기하였는데, 이때 甲이 'Y 건물의 소유를 위하여 X 토지를 임차하였으므로 Y 건물에 관하여 건물매수청구권을 행사한다'고 주장하는 경우, 甲 주장의 임차권은 위 토지인도청구소송의 변론종결일 전부터 존재하던 사유로서 위 확정판결의 기판력에 저촉되는 것이다.

⑤ 乙이 甲을 상대로 제기한 X 토지의 인도 및 Y 건물의 철거청구소송에 승소하여 그 승소판결이 확정되었다고 하더라도, 그 확정판결에 의하여 건물철거가 집행되지 아니한 이상 甲은 건물매수청구권을 행사하여 별소로써 乙에 대하여 건물매매대금의 지급을 구할 수 있다.

해설 ① [O] "건물이 그 존립을 위한 토지사용권을 갖추지 못하여 토지의 소유자가 건물의 소유자에 대하여 당해 건물의 철거 및 그 대지의 인도를 청구할 수 있는 경우에라도 건물소유자가 아닌 사람이 건물을 점유하고 있다면 토지소유자는 그 건물 점유를 제거하지 아니하는 한 위의 건물 철거 등을 실행할 수 없다. 따라서 그때 토지소유권은 위와 같은 점유에 의하여 그 원만한 실현을 방해당하고 있다고 할 것이므로, **토지소유자는 자신의 소유권에 기한 방해배제로서 건물점유자에 대하여 건물로부터의 퇴출을 청구할 수 있다.** 그리고 이는 건물점유자가 건물소유자로부터의 임차인으로서 그 건물임차권이 이른바 대항력을 가진다고 해서 달라지지 아니한다. 건물임차권의 대항력은 기본적으로 건물에 관한 것이고 토지를 목적으로 하는 것이 아니므로 이로써 토지소유권을 제약할 수 없고, 토지에 있는 건물에 대하여 대항력 있는 임차권이 존재한다고 하여도 이를 토지소유자에 대하여 대항할 수 있는 토지사용권이라고 할 수는 없다"(대판 2010.8.19. 2010다43801).

관련쟁점 토지를 점유하는 자는 지상물의 점유자가 아니라 지상물의 소유자이다. 따라서 토지소유자는 '지상물을 점유'하고 있는 건물임차인 등이 아닌, '토지를 (불법)점유'하고 있는 건물소유자에게 토지의 인도를 청구할 수 있다(민법 제213조). 다만 **토지소유자는 토지의 소유권에 기한 방해배제청구권**(민법 제214조)으로서 건물임차인 등에게 위 건물에서 '퇴거'할 것을 청구할 수 있다.

② [O] 토지임대차 종료시 임대인의 건물철거와 그 부지인도 청구에는 건물매수대금 지급과 동시에 건물명도를 구하는 청구가 포함되어 있다고 볼 수 없다. 따라서 임차인의 지상물매수청구권 행사의 항변이 받아들여지면 청구취지의 변경이 없는 한 임대인의 지상물철거 및 토지인도청구는 기각하여야 할 것이나, 법원으로서는 '석명권'을 적절히 행사하여 임대인으로 하여금 건물철거청구를 건물소유권이전등기·건물인도청구(대지와 건물부지가 일치할 경우 건물인도청구 이외에 별도의 대지인도청구는 불필요하다)로 변경하게 한 후 매매대금과의 상환이행을 명하는 판결을 하여야 하며, 이와 같은 **석명권 행사 없이 그냥 기각하면 위법하다**(아래 전합94다34265).

관련판례 "토지임대인이 그 임차인에 대하여 지상물철거 및 그 부지의 인도를 청구한 데 대하여 임차인이 적법한 지상물매수청구권을 행사하게 되면 임대인과 임차인 사이에는 그 지상물에 관한 매매가 성립하게 되므로 임대인의 청구는 이를 그대로 받아들일 수 없게 된다. 이 경우에 법원으로서는 임대인이 종전의 청구를 계속 유지할 것인지, 아니면 **대금지급과 상환으로 지상물의 명도를 청구할 의사가 있는 것인지**(예비적으로라도)를 석명하고 임대인이 그 석명에 응하여 소를 변경한 때에는 지상물명도 판결을 함으로써 분쟁의 1회적 해결을 꾀하여야 한다"(대판 1995.7.11. 전합94다34265).

③ [O] 甲의 건물매수청구권 행사의 주장은 **취효적 소송행위로서, 변론주의가 적용되므로** 사실심 변론종결시까지 주장을 자유롭게 철회할 수 있다. 또한 주장에 대해서는 철회의 제한사유도 없다. 따라서 甲은 건물매수청구권을 제1심에서 행사하였다가 철회할 수 있고, 철회한 후에도 항소심에서 다시 행사할 수 있다.

관련판례 "건물의 소유를 목적으로 한 토지 임대차가 종료한 경우에 임차인이 그 지상의 현존하는 건물에 대하여 가지는 매수청구권은 그 행사에 특정의 방식을 요하지 않는 것으로서 재판상으로 뿐만 아니라 재판 외에서도 행사할 수 있는 것이고 그 행사의 시기에 대하여도 제한이 없는 것이므로 임차인이 자신의 건물매수청구권을 제1심에서 행사하였다가 철회한 후 항소심에서 다시 행사하였다고 하여 그 매수청구권의 행사가 허용되지 아니할 이유는 없다"(대판 2002.5.31. 2001다42080).

④ [X] 判例는 "토지인도청구소송의 승소판결이 확정된 후 그 지상건물에 관한 철거청구소송이 제기된 경우 후소에서 전소의 변론종결일 전부터 존재하던 건물소유 목적의 토지임차권에 기하여 건물매수청구권을 행사하는 것이 전소 확정판결의 기판력에 저촉되는 것인지 여부"에 관하여 "전소 확정판결의 기판력은 전소에서의 소송물인 토지인도청구권의 존부에 대한 판단에 대하여만 발생하는 것이고 토지의 임차권의 존부에 대하여까지 미친다고 할 수는 없으므로"(대판 1994.9.23. 93다37267) 전소 확정판결의 기판력에 저촉되지 않는다고 보았다. ☞ 따라서 Y 건물의 철거를 구하는 소에서의 甲의 주장은 기판력에 저촉되지 않는다.

⑤ [O] 소의 사실심 변론종결 전에 발생한 형성권을 전소에서 행사할 수 있었음에도 불구하고 후소에서 행사

할 수 있는지 여부와 관하여 비실권설, 상계권·건물매수청구권 비실권설, 제한적 상계실권설, 실권설이 대립하며, 判例는 건물매수청구권에 관하여 "건물의 소유를 목적으로 하는 토지 임대차에 있어서, 임대차가 종료함에 따라 토지의 임차인이 임대인에 대하여 건물매수청구권을 행사할 수 있음에도 불구하고 이를 행사하지 아니한 채, 토지의 임대인이 임차인에 대하여 제기한 토지인도 및 건물철거청구 소송에서 패소하여 그 패소판결이 확정되었다고 하더라도, 그 확정판결에 의하여 건물철거가 집행되지 아니한 이상 토지의 임차인으로서는 건물매수청구권을 행사하여 별소로써 임대인에 대하여 건물매매대금의 지급을 구할 수 있다(대판 1995.12.26. 95다42195)고 판시하여 실권되지 않는다는 입장이다.

참고판례 상계권의 경우에도 判例는 "채무명의인 확정판결의 변론종결전에 상대방에 대하여 상계적상에 있는 채권을 가지고 있었다 하여도 변론종결 이후에 비로소 상계의의사표시를 한 때에는 그 청구이의의 원인이 변론종결 이후에 생긴 때에 해당하는 것으로서 당사자들이 그 변론종결전에 상계적상에 있은 여부를 알았던 몰랐던 간에 적법한 이의의 사유가 된다"(대판 1966.6.28. 66다780)고 판시하여 실권되지 않는다는 입장이다.

[정답] ④

문 17 매수인 甲과 매도인 乙이 2015. 10. 10. X 부동산에 대해 매매계약을 체결한 후, 甲은 乙을 상대로 위 매매계약에 기하여 X 부동산에 관한 소유권이전등기청구의 소를 제기하였다. 이 소송에서 乙은 동시이행 항변으로 甲으로부터 5,000만 원의 지급을 받으면 이전등기를 하겠다고 주장하였지만, 법원은 "乙은 甲으로부터 3,000만 원을 지급받음과 동시에 甲에게 X 부동산에 관하여 2015. 10. 10. 매매를 원인으로 한 소유권이전등기절차를 이행하라."는 판결을 선고하였다. 이에 관한 설명 중 옳은 것은? (다툼이 있는 경우 판례에 의함)   [변시 5회]

① 위 판결 확정 후 乙이 丙에게 X 부동산을 매도하고 丙 앞으로 소유권이전등기를 마쳐주었다면, 위 판결의 기판력은 丙에게도 미친다.

② 위 판결 확정 후 기판력이 발생하는 부분은 위 동시이행의 조건이 붙은 소유권이전등기절차의 이행을 명한 부분이고, 甲이 乙에게 3,000만 원을 지급하는 부분에 대해서는 기판력이 발생하지 않는다.

③ 위 판결 확정 후 甲이 다시 乙을 상대로 X 부동산에 관하여 2015. 5. 10. 대물변제약정을 원인으로 한 소유권이전등기청구의 소를 제기하였다면, 그 청구는 위 판결의 기판력에 저촉된다.

④ 위 소송에서 甲은 乙에 대한 2,000만 원의 대여금채권을 자동채권으로 하여 乙이 동시이행 항변으로 주장한 채권에 대해 상계 재항변을 하였고, 법원이 판결이유 중에 상계재항변을 받아들여 동시이행 항변을 배척하는 판단을 하였다면, 2,000만 원의 대여금채권이 존재한다는 판단에도 기판력이 발생한다.

⑤ 위 판결 선고 후 甲만이 항소를 제기한 경우, 항소심 법원은 乙의 동시이행 항변을 모두 받아들여 "乙은 甲으로부터 5,000만 원을 지급받음과 동시에 甲에게 X 부동산에 관하여 2015. 10. 10. 매매를 원인으로 한 소유권이전등기절차를 이행하라."는 판결을 할 수 있다.

해설 ① [X] ※ 기판력의 주관적 범위

判例는 "소유권에 기한 이전등기말소청구의 원고승소확정판결 후에 피고로부터 이전등기를 경료한 자는 원고에게 등기말소의무를 부담하므로 변론종결 뒤의 승계인이지만, 매매에 기한 소유권이전 등기청구의 원고승소확정판결 후에 피고로부터 이전등기를 경료한 자는 원고에게 말소할 의무를 부담하지 않으므로 승계인이 아니다"(대판 1993.2.12. 92다25151)라고 판시하여 소송물이 물권적 청구권인 경우에만 변론종결 뒤 승계인이 된다는 입장이다.

☞ 사안에서 甲의 乙에 대한 소의 소송물이 매매에 기한 소유권이전등기청구권이므로(채권적 청구권) 丙은 변론종결 뒤 승계인에 해당하지 않아, 결국 丙에게 기판력이 미치지 않는다.

② [O] ※ 동시이행항변과 기판력

判例는 "상환이행을 명한 반대 채권의 존부나 그 수액에 기판력이 미치는 것이 아니다"(대판 1975.5.27. 74다2074)라고 판시한 바 있다.

☞ 사안에서 甲이 乙에게 '3,000만 원을 지급하라'는 부분에 대해서는 기판력이 발생하지 않는다.

③ [X] ※ 기판력의 객관적 범위

전소의 소송물은 2015. 10. 10 매매(민법 제568조)를 원인으로 하는 소유권이전등기청구이고, 후소의 소송물은 2015. 5. 10. 대물변제약정(민법 제466조)을 원인으로 한 소유권이전등기청구이므로, 소송물 이론에 관한 구실체법설(判例)에 따르면 양 자는 서로 다른 소송물에 해당한다. 判例도 "대물변제예약에 기한 소유권이전등기청구권과 매매계약에 기한 소유권이전등기청구권은 그 소송물이 서로 다르므로 동일한 계약관계에 대하여 그 계약의 법적 성질을 대물변제의 예약이라고 하면서도 새로운 매매계약이 성립되었음을 인정하여 매매를 원인으로 한 소유권이전등기 절차를 이행할 의무가 있다고 하는 것은 위법하다"(대판 1997.4.25. 96다32133)고 판시하였다.

☞ 사안에서 전소의 확정판결의 기판력은 후소에 미칠 여지가 없다.

④ [X] ※ 동시이행항변에 대한 상계 재항변과 기판력

判例는 "상계 주장의 대상이 된 수동채권이 동시이행항변에 행사된 채권일 때는 상계에 대한 판단에는 기판력이 발생하지 않는다고 보아야 할 것인바, 위와 같이 해석하지 않을 경우 동시이행항변이 상대방의 상계의 재항변에 의하여 배척된 경우에 그 동시이행항변으로 행사된 채권을 나중에 행사할 수 없게 되어 제216조가 예정하고 있는 것과 달리 동시이행항변에 행사된 채권의 존부나 범위에 관한 판결 이유 중의 판단에 기판력이 미치는 결과에 이르기 때문이다"(대판 2005.7.22. 2004다17207)라고 판시한 바 있다.

☞ 사안에서 2,000만 원의 대여금채권이 존재한다는 판단에는 기판력이 발생하지 않는다.

⑤ [X] ※ 상환이행판결과 불이익변경금지원칙

判例는 불이익하게 변경된 것인지 여부는 기판력의 범위를 기준으로 하나, 동시이행의 판결에 있어서는 원고가 그 반대급부를 제공하지 아니하고는 판결에 따른 집행을 할 수 없어[2] 비록 피고의 반대급부 이행청구에 관하여 기판력이 생기지 아니하더라도 반대급부의 내용이 원고에게 불리하게 변경된 경우에는 불이익금지 원칙에 반하게 된다는 입장이다(대판 2005.8.19. 2004다8197).

[정답] ②

---

2) 민사집행법 제41조(집행개시의 요건) ① 반대의무의 이행과 동시에 집행할 수 있다는 것을 내용으로 하는 집행권원의 집행은 채권자가 반대의무의 이행 또는 이행의 제공을 하였다는 것을 증명하여야만 개시할 수 있다.

문 18 채권자취소소송에 관한 설명 중 옳지 않은 것은? (다툼이 있는 경우에는 판례에 의함) [변시 1회]

① 채권자취소권은 법원에 소를 제기하는 방법으로 행사하여야 하고, 피고가 소송에서 항변으로 행사할 수는 없다.

② 채권자취소소송은 사해행위로 인하여 이익을 받은 자나 그로부터 전득한 자를 피고로 하여야 하고, 채무자는 피고적격이 없다.

③ 사해행위취소판결의 기판력은 그 취소권을 행사한 채권자와 그 상대방인 수익자 또는 전득자에게 미치고, 채무자에게는 그가 소송계속 사실을 알았을 경우라도 미치지 않는다.

④ 채권자가 사해행위의 취소 및 원상회복을 구함에 대하여 법원이 원상회복으로 원물반환이 아닌 가액배상을 명하고자 할 경우, 청구취지의 변경 없이 곧바로 가액배상을 명하는 것은 처분권주의에 반한다.

⑤ 채무자 乙의 사해행위에 대하여 채권자 甲이 제기한 채권자취소소송의 계속 중, 다른 채권자 丙이 제기한 채권자취소소송은 중복소송에 해당하거나 권리보호의 이익이 없는 것으로 볼 수 없다.

[해설] ① [O] "채무자가 채권자를 해함을 알고 재산권을 목적으로 한 법률행위를 한 경우, 채권자는 사해행위의 취소를 법원에 소를 제기하는 방법으로 청구할 수 있을 뿐 소송상의 공격방어방법으로 주장할 수 없다"(대판 1995.7.25. 95다8393)

② [O] "채권자가 채권자취소권을 행사하려면 사해행위로 인하여 이익을 받은 자나 전득한 자를 상대로 그 법률행위의 취소를 청구하는 소송을 제기하여야 되는 것으로서, **채무자를 상대로 그 소송을 제기할 수는 없다**"(대판 1991.8.13. 91다13717)

③ [O] "사해행위취소판결의 기판력은 그 취소권을 행사한 채권자와 그 상대방인 수익자 또는 전득자와의 상대적인 관계에서만 미칠 뿐 그 **소송에 참가하지 아니한 채무자 또는 채무자와 수익자 사이의 법률관계에는 미치지 아니한다**"(대판 1988.2.23. 87다카1989)

④ [X] "저당권이 설정되어 있는 부동산이 사해행위로 이전된 경우에 그 사해행위는 부동산의 가액에서 저당권의 피담보채권액을 공제한 잔액의 범위 내에서만 성립한다고 보아야 하므로, 사해행위 후 변제 등에 의하여 저당권설정등기가 말소된 경우 그 부동산의 가액에서 저당권의 피담보채무액을 공제한 잔액의 한도에서 사해행위를 취소하고 그 가액의 배상을 구할 수 있을 뿐이고, 특별한 사정이 없는 한 변제자가 누구인지에 따라 그 방법을 달리한다고 볼 수는 없는 것이며, 사해행위인 계약 전부의 취소와 부동산 자체의 반환을 구하는 청구취지 속에는 위와 같이 일부취소를 하여야 할 경우 그 일부취소와 가액배상을 구하는 취지도 포함되어 있다고 볼 수 있으므로 청구취지의 변경이 없더라도 바로 가액반환을 명할 수 있다"(대판 2001.6.12. 99다20612).

⑤ [O] "채권자취소권의 요건을 갖춘 각 채권자는 고유의 권리로서 채무자의 재산처분 행위를 취소하고 그 원상회복을 구할 수 있는 것이므로 각 채권자가 동시 또는 이시에 채권자취소 및 원상회복소송을 제기한 경우 이들 소송이 **중복제소에 해당하는 것이 아니다.** 어느 한 채권자가 동일한 사해행위에 관하여 채권자취소 및 원상회복청구를 하여 승소판결을 받아 그 판결이 확정되었다는 것만으로 그 후에 제기된 다른 채권자의 동일한 청구가 **권리보호의 이익이 없어지게 되**

는 것은 아니고, 그에 기하여 재산이나 가액의 회복을 마친 경우에 비로소 다른 채권자의 채권
자취소 및 원상회복청구는 그와 중첩되는 범위 내에서 권리보호의 이익이 없게 된다"(대판
2003.7.11. 2003다19558)

[정답] ④

문 19 사해행위취소소송에 관한 설명 중 옳지 않은 것은? (다툼이 있는 경우 판례에 의함) [변시 10회]

① 사해행위의 수익자 소유의 부동산에 대한 경매절차에서 취소채권자가 수익자에 대한
가액배상판결에 기하여 받은 배당액은 배당요구를 한 취소채권자에게 그대로 귀속되
는 것이 아니라 채무자의 책임재산으로 회복되는 것이다.

② 수익자가 채무자의 채권자인 경우 수익자가 가액배상을 할 때에 수익자 자신도 사해행
위취소의 효력을 받는 채권자 중 1인이라는 이유로 취소채권자에 대하여 총채권액 중
자기의 채권에 대한 안분액의 분배를 청구할 수 있다.

③ 가액배상의무는 그 가액배상금의 지급을 명하는 판결이 확정된 때에 비로소 발생하므
로 그 판결이 확정된 다음 날부터 이행지체의 책임이 있다.

④ 사해행위 취소판결에 의하여 수익자 또는 전득자가 사해행위의 취소로 인한 원상회복
또는 이에 갈음하는 가액배상을 하여야 할 의무를 부담한다고 하더라도, 이는 채권자
에 대한 관계에서 생기는 법률효과에 불과하고 채무자에 대한 관계에서 그 취소로 인
한 법률관계가 형성되는 것은 아니다.

⑤ 사해행위인 매매예약에 기하여 수익자 앞으로 가등기를 마친 후 전득자 앞으로 그 가
등기 이전의 부기등기를 마치고 그 가등기에 기한 본등기까지 마친 경우라도 채권자는
수익자를 상대로 그 사해행위인 매매예약의 취소를 청구할 수 있다.

해설 ① [○] "사해행위의 수익자 소유의 부동산에 대한 경매절차에서 취소채권자가 수익자에 대한 가
액배상판결에 기하여 배당을 요구하여 배당을 받은 경우, 그 배당액은 배당요구를 한 취소채권자에
게 그대로 귀속되는 것이 아니라 채무자의 책임재산으로 회복되는 것이며, 이에 대하여 채무자에 대한
채권자들은 채권만족에 관한 일반원칙에 따라 채권 내용을 실현할 수 있는 것이다"(대판 2005.8.25.
2005다14595)

② [×] "채권자취소권은 채권의 공동담보인 채무자의 책임재산을 보전하기 위하여 채무자와 수
익자 사이의 사해행위를 취소하고 채무자의 일반재산으로부터 일탈된 재산을 모든 채권자를
위하여 수익자 또는 전득자로부터 환원시키는 제도이므로, 수익자인 채권자로 하여금 안분액
의 반환을 거절하도록 하는 것은 자신의 채권에 대하여 변제를 받은 수익자를 보호하고 다른
채권자의 이익을 무시하는 결과가 되어 제도의 취지에 반하게 되므로, 수익자가 채무자의 채권자
인 경우 수익자가 가액배상을 할 때에 수익자 자신도 사해행위취소의 효력을 받는 채권자 중의 1인

이라는 이유로 취소채권자에 대하여 총채권액 중 자기의 채권에 대한 안분액의 분배를 청구거나, 수익자가 취소채권자의 원상회복에 대하여 총채권액 중 자기의 채권에 해당하는 안분액의 배당요구권으로써 원상회복청구와의 상계를 주장하여 그 안분액의 지급을 거절할 수는 없다"(대판 2001.2.27. 2000다44348).

③ [○] "가액배상의무는 사해행위의 취소를 명하는 판결이 확정된 때에 비로소 발생하므로 그 판결이 확정된 다음날부터 이행지체 책임을 지게 되고, 따라서 소송촉진 등에 관한 특례법 소정의 이율은 적용되지 않고 민법 소정의 법정이율이 적용된다"(대판 2009.1.15. 2007다61618).

④ [○] "채권자가 사해행위의 취소와 함께 수익자 또는 전득자로부터 책임재산의 회복을 구하는 사해행위취소의 소를 제기한 경우 그 취소의 효과는 채권자와 수익자 또는 전득자 사이의 관계에서만 생기는 것이므로, 수익자 또는 전득자가 사해행위의 취소로 인한 원상회복 또는 이에 갈음하는 가액배상을 하여야 할 의무를 부담한다고 하더라도 이는 채권자에 대한 관계에서 생기는 법률효과에 불과하고 채무자와 사이에서 그 취소로 인한 법률관계가 형성되는 것은 아닐 뿐만 아니라, 이 경우 채권자의 주된 목적은 사해행위의 취소 그 자체보다는 일탈한 책임재산의 회복에 있는 것이므로, 사해행위취소의 소에 있어서의 의무이행지는 '취소의 대상인 법률행위의 의무이행지'가 아니라 '취소로 인하여 형성되는 법률관계에 있어서의 의무이행지'라고 보아야 한다"(대결 2002.5.10. 2002마1156)

⑤ [○] ※ 채권자취소권 – 원상회복의 방법
원상회복은 원칙적으로 그 목적물의 반환을 청구하여야 한다. 다만, ⅰ) 원물반환이 불가능하거나, ⅱ) 현저히 곤란한 경우에는 예외적으로 원물반환에 갈음하여 가액반환이 허용된다.
사해행위인 매매예약에 기하여 수익자 앞으로 가등기를 마친 후 전득자 앞으로 가등기 이전의 부기등기를 마치고 가등기에 기한 본등기까지 마친 경우 判例는 "채권자는 수익자를 상대로 사해행위인 매매예약의 취소를 청구할 수 있고, 부기등기의 결과 가등기 및 본등기에 대한 말소청구소송에서 수익자의 피고적격이 부정되더라도, 위 부기등기는 사해행위인 매매예약에 기초한 수익자의 권리의 이전을 나타내는 것으로서 부기등기에 의하여 수익자로서의 지위가 소멸하지는 아니하므로 수익자는 부기등기로 인한 가등기말소의무의 불능에 대한 원상회복으로서 가액배상을 할 의무를 진다"(대판 2015.5.21. 전합2012다952 : 가등기에 의한 권리의 양도인(수익자)은 가등기 말소등기청구 소송의 상대방이 될 수 없고 본등기의 명의인도 아니므로 가액배상의무를 부담하지 않는다는 종전판결을 변경)고 한다.

[비교판례] 부기등기가 없는 사안에서는 수익자에게 가등기 및 본등기에 대한 말소청구소송의 피고적격이 인정되므로 가액배상이 이루어져야 하는 것이 아니다. 즉, "소유권이전등기청구권보전을 위한 가등기가 사해행위로서 이루어진 경우 그 매매예약을 취소하고 원상회복으로서 가등기를 말소하면 족한 것이고, 가등기 후에 저당권이 말소되었다거나 그 피담보채무가 일부 변제된 점 또는 그 가등기가 사실상 담보가등기라는 점 등은 그와 같은 원상회복의 방법에 아무런 영향을 주지 않는다"(대판 2003.7.11. 2003다19435).

[정답] ②

문 D-1 채권자취소권에 관한 설명 중 각 괄호 안에 들어갈 말을 올바르게 나열한 것은? (다툼이 있는 경우 판례에 의함) [변시 12회]

> ㄱ. 채권자취소소송에서 수익자가 취소채권자에게 원상회복으로서 가액배상의무를 부담하는 경우, 수익자가 취소채권자에게 가지는 별개의 다른 채권에 대한 집행권원을 가지고 취소채권자의 수익자에 대한 가액배상채권을 압류하고 전부명령을 받는 것은 (A).
>
> ㄴ. 채권자취소소송을 제기한 채권자의 채권이 사해행위 이전에 성립되어 있으나 그 액수나 범위가 구체적으로 확정되지 않은 경우, 그 채권은 채권자취소권의 피보전채권이 될 수 (B).
>
> ㄷ. 채권자가 채권자취소권을 행사할 때에는 원칙적으로 자신의 채권액을 초과하여 취소권을 행사할 수 없고, 이때 채권자의 채권액에는 사해행위 이후 (C)까지 발생한 이자나 지연손해금이 포함된다.
>
> ㄹ. 주채무자 또는 제3자 소유의 부동산에 대하여 채권자 앞으로 근저당권이 설정되어 있고, 그 부동산의 가액 및 채권최고액이 당해 채무액을 초과하여 채권자에게 채무 전액에 대한 우선변제권이 확보되어 있는 경우, 주채무자의 연대보증인이 유일한 재산을 처분하는 법률행위를 하면 채권자에 대하여 사해행위가 (D).

	A	B	C	D
①	허용되지 않는다	있다	제1심판결 선고시	성립하지 않는다
②	허용된다	없다	사실심 변론종결시	성립한다
③	허용된다	있다	사실심 변론종결시	성립한다
④	허용되지 않는다	없다	제1심판결 선고시	성립하지 않는다
⑤	허용된다	있다	사실심 변론종결시	성립하지 않는다

해설 A. "사해행위취소의 소에서 수익자가 원상회복으로서 채권자취소권을 행사하는 채권자에게 가액배상을 할 경우, 수익자 자신이 사해행위취소소송의 채무자에 대한 채권자라는 이유로 채무자에 대하여 가지는 자기의 채권과 상계하거나 채무자에게 가액배상금 명목의 돈을 지급하였다는 점을 들어 채권자취소권을 행사하는 채권자에 대해 이를 가액배상에서 공제할 것을 주장할 수 없다. 그러나 수익자가 채권자취소권을 행사하는 채권자에 대해 가지는 별개의 다른 채권을 집행하기 위하여 그에 대한 집행권원을 가지고 채권자의 수익자에 대한 가액배상채권을 압류하고 전부명령을 받는 것은 허용된다. 이는 수익자의 채무자에 대한 채권을 기초로 한 상계나 임의적인 공제와는 내용과 성질이 다르다. 또한 채권자가 채무자의 제3채무자에 대한 채권을 압류하는 경우 제3채무자가 채권자 자신인 경우에도 이를 압류하는 것이 금지되지 않으므로 단지 채권자와 제3채무자가 같다고 하여 채권압류 및 전부명령이 위법하다고 볼 수 없다"(대결 2017.8.21. 2017마499).

B. "채권자취소권 행사는 채무 이행을 구하는 것이 아니라 총채권자를 위하여 채무자의 자력 감소를 방지하고, 일탈된 채무자의 책임재산을 회수하여 채권의 실효성을 확보하는 데 목적이 있으므로, 피보전채권이 사해행위 이전에 성립되어 있는 이상 그 액수나 범위가 구체적으로 확정되지 않은 경우라고 하더라도 채권자취소권의 피보전채권이 된다"(대판 2018.6.28. 2016다1045).

C. "채권자가 채권자취소권을 행사할 때에는 원칙적으로 자신의 채권액을 초과하여 취소권을 행사할 수 없고, 이 때 채권자의 채권액에는 사해행위 이후 사실심 변론종결시까지 발생한 이자나 지연손해금이 포함된다"(대판 2003.7.11. 2003다19572).

D. "주채무자 또는 제3자 소유의 부동산에 대하여 채권자 앞으로 근저당권이 설정되어 있고, 그 부동산의 가액 및 채권최고액이 당해 채무액을 초과하여 채무 전액에 대하여 채권자에게 우선변제권이 확보되어 있다면, 그 범위 내에서는 채무자의 재산처분행위는 채권자를 해하지 아니하므로 연대보증인이 비록 유일한 재산을 처분하는 법률행위를 하더라도 채권자에 대하여 사해행위가 성립되지 않는다고 보아야 할 것이고, 당해 채무액이 그 부동산의 가액 및 채권최고액을 초과하는 경우에는 그 담보물로부터 우선변제받을 액을 공제한 나머지 채권액에 대하여만 채권자취소권이 인정된다고 할 것이며, 피보전채권의 존재와 그 범위는 채권자취소권 행사의 한 요건에 해당된다고 할 것이므로 이 경우 채권자취소권을 행사하는 채권자로서는 그 담보권의 존재에도 불구하고 자신이 주장하는 피보전채권이 그 우선변제권 범위 밖에 있다는 점을 주장·입증하여야 한다"(대판 2002.11.8. 2002다41589)

[정답] ⑤

문 20 채권자대위권에 관한 설명 중 옳지 않은 것은? (다툼이 있는 경우 판례에 의함) [변시 10회]

① 가처분결정에 대한 본안제소명령의 신청권이나 제소기간의 도과에 의한 가처분의 취소신청권은 채권자대위권의 목적이 될 수 있다.

② 채무자와 제3채무자 사이에 있었던 소송의 재심대상판결에 대하여 재심의 소를 제기하는 것은 채권자대위권의 목적이 될 수 없다.

③ 채권자대위소송의 제기로 인한 피대위권리의 소멸시효중단 효과는 채무자에게 발생한다.

④ 채권자가 채권자대위권을 행사하여 제3채무자에 대하여 그 명의의 소유권보존등기나 소유권이전등기의 말소등기절차를 직접 자기에게 이행할 것을 청구하는 소송에서 제3채무자의 말소등기의무가 인정된다고 하더라도, 법원은 제3채무자에 대하여 채권자에게 직접 말소등기절차를 이행할 것을 명할 수 없다.

⑤ 채권자가 채무자를 상대로 하여 그 보전되는 청구권에 기한 이행청구의 소를 제기하여 승소판결을 선고받고 그 판결이 확정되면, 채권자가 제기한 대위소송의 피고인 제3채무자는 그 청구권의 존재를 다툴 수 없다.

해설 ① [○] "민사소송법 제715조에 의하여 가처분절차에도 준용되는 같은 법 제705조 제1항에 따라 가압류·가처분결정에 대한 본안의 제소명령을 신청할 수 있는 권리나 같은 조 제2항에 따라 제소기간의 도과에 의한 가압류·가처분의 취소를 신청할 수 있는 권리는 가압류·가처분신청에 기한 소송을 수행하기 위한 소송절차상의 개개의 권리가 아니라, 제소기간의 도과에 의한 가압류·가처분의 취소신청권은 가압류·가처분신청에 기한 소송절차와는 별개의 독립된

소송절차를 개시하게 하는 권리이고, 본안제소명령의 신청권은 제소기간의 도과에 의한 가압류·가처분의 취소신청권을 행사하기 위한 전제요건으로 인정된 독립된 권리이므로, 본안제소명령의 신청권이나 제소기간의 도과에 의한 가압류·가처분의 취소신청권은 채권자대위권의 목적이 될 수 있는 권리라고 봄이 상당하다"(대결 1993.12.27. 93마1655).

② [○] "채권을 보전하기 위하여 대위행사가 필요한 경우는 실체법상 권리뿐만 아니라 소송법상 권리에 대하여서도 대위가 허용되나, 채무자와 제3채무자 사이의 소송이 계속된 이후의 소송수행과 관련한 개개의 소송상 행위는 그 권리의 행사를 소송당사자인 채무자의 의사에 맡기는 것이 타당하므로 채권자대위가 허용될 수 없다. 같은 취지에서 볼 때 상소의 제기와 마찬가지로 종전 재심대상판결에 대하여 불복하여 종전 소송절차의 재개, 속행 및 재 심판을 구하는 재심의 소 제기는 채권자대위권의 목적이 될 수 없다"(대판 2012.12.27. 2012다75239).

③ [○] 권자가 채무자를 대위하여 **피대위채권을 대위행사한 경우**(제404조), 채권자대위권 행사의 효과는 채무자에게 귀속되는 것이므로 채권자대위소송의 제기로 인한 소멸시효의 중단의 효과 역시 채무자에게 생긴다(대판 2011.10.13. 2010다80930), 즉 **피대위채권이 시효중단됨은 물론이다.**

④ [×] ※ **피대위채권이 '등기청구권'인 경우**
ㄱ 채무자의 '**이전등기청구권'을 대위행사하는 경우**에는 채무자 앞으로의 이행만을 청구할 수 있다(대판 1966.7.26. 66다8892). ㄴ 그러나 '**등기말소청구권'을 대위행사하는 경우**와 같이 이행의 상대방이 별다른 의미를 갖지 못하는 경우에는 채권자에게 이행할 것을 청구할 수도 있다(대판 1962.1.11. 4294민상195 등)(청구취지에서 '제3채무자는 채권자에게 이행하라'라고 기재한다).

⑤ [○] "민법 제404조에서 규정하고 있는 채권자대위권은 채권자가 채무자에 대한 자기의 채권을 보전하기 위하여 필요한 경우에 채무자의 제3자에 대한 권리를 대위행사할 수 있는 권리를 말하는 것으로서, 이 때 보전되는 채권은 보전의 필요성이 인정되고 이행기가 도래한 것이면 족하고, 그 채권의 발생원인이 어떠하든 대위권을 행사함에는 아무런 방해가 되지 아니하며, 또한 채무자에 대한 채권이 제3채무자에게까지 대항할 수 있는 것임을 요하는 것도 아니라고 할 것이므로, 채권자대위권을 재판상 행사하는 경우에 있어서도 채권자인 원고는 그 채권의 존재사실 및 보전의 필요성, 기한의 도래 등을 입증하면 족한 것이지, 채권의 발생원인사실 또는 그 채권이 제3채무자인 피고에게 대항할 수 있는 채권이라는 사실까지 입증할 필요는 없으며, 따라서 채권자가 채무자를 상대로 하여 그 보전되는 청구권에 기한 이행청구의 소를 제기하여 승소판결이 확정되면 **제3채무자는 그 청구권의 존재를 다툴 수 없다**"(대판 2000.6.9. 98다18155).

[정답] ④

문21 소송상 상계에 관한 설명 중 옳지 않은 것은? (다툼이 있는 경우 판례에 의함) [변시 10회]

① 제1심 법원이 원고가 청구한 채권의 발생을 인정한 후 피고의 상계항변을 받아들여 원고의 청구를 전부 기각하였는데 원고만 항소한 경우, 항소법원이 원고가 청구한 채권의 발생이 인정되지 않는다는 이유로 원고의 청구를 기각하는 것은 허용되지 않는다.

② 피고가 상계항변을 하면서 2개 이상의 반대채권을 주장하였는데 법원이 그중 어느 하나의 반대채권의 존재를 인정하여 소구채권의 일부와 대등액에서 상계하는 판단을 하고 나머지 반대채권들은 모두 부존재한다고 판단하여 그 부분 상계항변은 배척한 경우, 반대채권들이 부존재한다는 판단에 대하여 기판력이 발생하는 전체 범위는 위와 같이 상계를 마친 후의 소구채권의 잔액을 초과할 수 없다.

③ 피고의 상계항변을 인용한 제1심 판결에 대하여 피고만 항소한 경우, 항소법원이 피고의 상계항변을 판단함에 있어 제1심 법원이 자동채권으로 인정하였던 부분을 인정하지 아니하고 그 부분에 관하여 피고의 상계항변을 배척하는 것은 허용되지 않는다.

④ 원고의 상계 주장의 대상이 된 수동채권이 피고가 동시이행항변으로 행사한 채권일 경우, 그러한 상계 주장에 대한 판단에는 기판력이 발생하지 않는다.

⑤ 피고가 상계항변을 철회한다고 진술하였는데 법원이 그 상계항변의 자동채권이 성립하지 않는다고 판단하여 그 항변을 배척하면서 원고의 청구를 전부 인용하는 것은 처분권주의에 위배되지 않는다.

해설 ① [O] ※ 상계의 항변을 받아들여 청구를 기각한 제1심판결에 대하여 원고만 항소한 경우(소구채권이 부존재하는 경우 : 제1심 판결과 똑같은 이유로 항소기각판결)

"항소심은 당사자의 불복신청범위 내에서 제1심판결의 당부를 판단할 수 있을 뿐이므로, 설사 제1심판결이 부당하다고 인정되는 경우라 하더라도 그 판결을 불복당사자의 불이익으로 변경하는 것은 당사자가 신청한 불복의 한도를 넘어 제1심판결의 당부를 판단하는 것이 되어 허용될 수 없는바, 제1심판결이 원고가 청구한 채권의 발생을 인정한 후 피고가 한 상계항변을 받아들여 원고의 청구를 기각하고 이에 대하여 원고만이 항소한 경우에 항소심이 제1심과는 다르게 **원고가 청구한 채권의 발생이 인정되지 않는다는 이유로 원고의 청구를 기각하는 것은 항소인인 원고에게 불이익하게 제1심판결을 변경하는 것이 되어 허용되지 아니한다**"(대판 2010.12.23. 2010다67258). 왜냐하면 원고로서는 상계에 제공된 반대채권 소멸의 이익을 잃게 되어 제1심 판결보다 불리해지기 때문이다. 따라서 항소심 법원은 ⅰ) 원고의 항소를 인용하여 원판결을 취소하고 청구기각의 자판을 할 수 없고, ⅱ) 소구채권의 부존재를 이유로 항소기각을 할 수도 없으며, ⅲ) 제1심 판결과 똑같은 이유로 항소기각판결을 하여야 한다. 즉, 항소심은 소구채권이 인정되지 않는 것으로 판단되더라도 판결이유에서 제1심 판결과 마찬가지로 소구채권이 인정됨을 전제로 상계의 항변을 받아들여 청구가 기각되어야 하는 것으로 기재한 후 항소기각 판결을 선고하여야 한다.

비교 ※ 상계의 항변을 받아들여 청구를 기각한 제1심판결에 대하여 원고만 항소한 경우(반대채권이 부존재하는 경우 : 원고의 항소를 인용)

반대채권이 부존재하는 경우 원고의 항소를 인용하더라도 원고에게 불이익이 없으므로 항소심 법원은 원판결을 취소하고 청구인용의 자판을 하여야 한다.

② [○] ※ 수개의 반대채권 중 일부는 인용, 나머지는 배척한 경우의 기판력

피고가 상계항변으로 2개 이상의 반대채권을 주장하였는데 법원이 그중 어느 하나의 반대채권의 존재를 인정하여 수동채권의 일부와 대등액에서 상계하는 판단을 하고 나머지 반대채권들은 모두 부존재한다고 판단하여 그 부분 상계항변을 배척한 경우, 나머지 반대채권들이 부존재한다는 판단에 관하여 기판력이 발생하는 전체 범위가 '상계를 마친 후의 수동채권의 잔액'을 초과할 수는 없고 이러한 법리는 피고가 주장하는 2개 이상의 반대채권의 원리금 액수 합계가 법원이 인정하는 수동채권의 원리금 액수를 초과하는 경우에도 마찬가지이다(대판 2018.8.30. 2016다46338,46345).

③ [○] ※ 반대채권이 부존재하는 경우 – 제1심 판결과 똑같은 이유로 항소기각판결

반대채권이 부존재하는 경우 항소심법원은 ⅰ) 제1심 판결을 취소하여 청구인용판결을 할 수 없고, ⅱ) 반대채권의 부존재를 이유로 항소기각을 할 수도 없고, ⅲ) 제1심 판결과 똑같은 이유로 항소기각판결을 해야 한다. 즉, 상계에 의한 청구기각의 원판결을 유지하여야 한다. 判例도 "피고의 상계항변을 인용한 제1심 판결에 대하여 피고만이 항소하고 원고는 항소를 제기하지 아니하였는데, 항소심이 피고의 상계항변을 판단함에 있어 제1심이 자동채권으로 인정하였던 부분을 인정하지 아니하고 그 부분에 관하여 피고의 상계항변을 배척하였다면, 그와 같이 항소심이 제1심과는 다르게 그 자동채권에 관하여 피고의 상계항변을 배척한 것은 항소인인 피고에게 불이익하게 제1심 판결을 변경한 것에 해당한다"(대판 1995.9.29. 94다18911)고 판시하였다. 따라서 소구채권은 인정되지만 반대채권(자동채권)이 인정되지 않는다고 판단되더라도, 항소심 법원은 불이익변경금지의 원칙상 제1심판결과 마찬가지로 소구채권 및 반대채권의 존재를 전제로 상계항변을 받아들여 항소기각 판결을 선고하여야 한다.

④ [○] ※ 동시이행항변에 대한 상계 재항변과 기판력

判例는 "상계 주장의 대상이 된 수동채권이 동시이행항변에 행사된 채권일 때는 상계에 대한 판단에는 기판력이 발생하지 않는다고 보아야 할 것인바, 위와 같이 해석하지 않을 경우 동시이행항변이 상대방의 상계의 재항변에 의하여 배척된 경우에 그 동시이행항변으로 행사된 채권을 나중에 행사할 수 없게 되어 제216조가 예정하고 있는 것과 달리 동시이행항변에 행사된 채권의 존부나 범위에 관한 판결 이유 중의 판단에 기판력이 미치는 결과에 이르기 때문이다"(대판 2005.7.22. 2004다17207)라고 판시한 바 있다.

⑤ [×] "제1심법원에서 피고가 원고에 대한 불법행위 손해배상채권과 원고가 소로써 구하고 있는 채권을 상계한다고 주장하였다가 원심 제1변론기일에 피고 소송대리인이 그 상계 항변을 철회한다고 진술하였는데, 원심법원이 피고의 원고에 대한 손해배상채권은 성립하지 않는다고 판단하여 상계 항변을 배척한 사안에서, 상계 항변이 철회되었음에도 이에 관하여 판단한 것은 당사자가 주장하지 않은 사항에 관하여 심판한 것으로 처분권주의에 위배된다"(대판 2011.7.14. 2011다23323)

[정답] ⑤

문 22 甲은 乙에게 과실로 인한 손해배상으로 3,000만 원을 청구하는 이 사건 소를 제기하였고, 이에 대해 乙은 甲에 대하여 가지는 5,000만 원의 대여금채권으로 상계한다는 항변을 하였다. 다음 설명 중 옳지 않은 것은? (다툼이 있는 경우에는 판례에 의함) [변시 1회]

① 乙이 이 사건에서 위 상계항변을 제출할 당시 이미 甲을 상대로 위 대여금 5,000만 원
의 지급을 구하는 별소를 제기한 경우, 위 상계항변은 중복제소에 해당한다는 이유로
는 배척되지 않는다.

② 이 사건 소송에서 乙의 상계항변이 인정되어 甲의 전부패소판결이 선고된 경우, 乙은 甲
의 3,000만 원의 손해배상채권이 원래부터 부존재함을 이유로 항소할 수 있다.

③ 만약 乙의 위 대여금채권 성립 전에 甲의 채권자 丙에 의하여 甲의 위 손해배상채권이
가압류되고 그 가압류결정이 乙에게 송달되었다면, 乙은 丙에게 위와 같은 상계로 대
항할 수 없다.

④ 만약 이 사건 소송에서 乙의 상계항변 없이 甲의 승소판결이 확정된 경우, 그 후 乙의
상계권 행사를 허용한다면 甲이 위 확정판결에 기하여 강제집행할 수 있는 지위가 무너
지게 되어 부당하므로, 乙은 상계권을 행사하여 甲의 집행을 저지할 수 없다.

⑤ 만약 법원이 이 사건 소송의 심리결과 수동채권인 甲의 손해배상채권액은 5,000만 원,
자동채권인 乙의 대여금채권액은 1,000만 원이라는 심증을 형성하였다면, 이 사건 청
구에 대하여 3,000만 원 전부를 인용하는 판결을 하게 된다.

해설 ① [○] ※ 상계의 항변과 중복소제기금지

소송물의 동일요건과 관련하여 소송계속은 소송물에 한하여 발생하고, 공격방어방법의 주장에
는 발생하지 않으므로, 원칙적으로 동시이행항변이나 유치권항변 등의 항변에 대해서는 중복
소제기가 문제되지 않는다. 그러나 상계항변은 소송물이 아닌 주장이지만 판결확정시 원칙적
으로 기판력이 인정된다는 특이성이 있으므로(민소법 제216조 2항), 소송 중 상계항변으로 주
장한 반대채권을 가지고 별소를 제기하는 경우(상계선행형) 상계항변을 중복소제기에 준해서
각하할지 문제된다.

判例는 별소로 청구한 반대채권을 가지고 상계항변을 한 사건에서(별소선행형) "사실심 재판부로서는
전소와 후소를 같은 기회에 심리·판단하기 위하여 이부, 이송 또는 변론병합 등을 시도함으
로써 기판력의 저촉·모순을 방지함과 아울러 소송경제를 도모함이 바람직하였다고 할 것이
나, 그렇다고 하여 특별한 사정이 없는 한 별소로 계속 중인 채권을 자동채권으로 하는 소송
상 상계의 주장이 허용되지 않는다고 볼 수는 없다"(대판 2001.4.27. 2000다4050)고 하여, 중복소
제기가 아니라는 입장이다. 상계항변으로 제출한 자동채권과 동일한 채권으로 별소를 제기(상계항변선행
형)한 경우에도 "먼저 제기된 소송에서 상계 항변을 제출한 다음 그 소송계속 중에 자동채권과
동일한 채권에 기한 소송을 별도의 소나 반소로 제기하는 것도 가능하다"(대판 2022.2.17. 2021다
275741) 판시하여 중복소제기에 해당하지 않는다고 보고 있다.

② [○] 상계는 대가적 출혈인 점에서 예비적 상계항변이 있는 경우 승소한 자도 소구채권의 부
존재를 다툴 이익이 인정된다. 즉, 예비적 상계의 항변이 이유 있다고 하여 승소한 피고는 원
고의 소구채권 부존재를 이유로 승소한 것보다도 결과적으로 불이익이 되기 때문에(민소법 제
216조 2항 참조), 상소이익이 있다.

관련판례 "원심은 원고의 청구원인사실을 모두 인정한 다음 피고의 상계항변을 받아들여 상계 후
잔존하는 원고의 나머지 청구부분만을 일부 인용하였는데, 이 경우 피고들로서는 원심판결 이유 중 원고
의 소구채권을 인정하는 전제에서 피고의 상계항변이 받아들여진 부분에 관하여도 상고를 제기할 수 있고,

상고심에서 원고의 소구채권 자체가 인정되지 아니하는 경우 더 나아가 피고의 상계항변의 당부를 따져볼 필요도 없이 원고 청구가 배척될 것이므로, 결국 원심판결은 그 전부에 대하여 파기를 면치 못한다"(대판 2002.9.6. 2002다34666).

비교판례 "원고의 청구를 전부 기각한 판결에 대하여는 피고가 판결이유 중의 판단에 불복이 있더라도, 상계를 주장한 청구가 성립되어 원고의 청구가 기각된 때와 같이 예외적으로 기판력이 있는 경우를 제외하고는, 상소를 할 이익이 없다"(대판 1993.12.28. 93다47189).

③ [○] 채권가압류(지급금지채권) 이후 성립한 채권으로 상계를 주장할 수는 없다(민법 제498조).

참고판례 "채권가압류명령을 받은 제3채무자는 그 후에 취득한 채권에 의한 상계로 그 가압류채권자에게 대항하지 못하지만 수동채권이 가압류될 당시 자동채권과 수동채권이 상계적상에 있거나 자동채권의 변제기가 수동채권의 그것과 동시 또는 그보다 먼저 도래하는 경우에는 제3채무자는 자동채권에 의한 상계로 가압류채권자에게 대항할 수 있다"(대판 1989.9.12. 88다카25120)

④ [×] ※ 변론종결 후의 상계권의 행사
대법원은 "확정된 법률관계에 있어 동 확정판결의 구두변론종결전에 이미 발생하였던 취소권(또는 해제권)을 그 당시에 행사하지 않음으로 인하여 취소자(또는 해제권자)에게 불리하게 확정되었다 할지라도 확정후 취소권(또는 해제권)을 뒤늦게 행사함으로써 동 확정의 효력을 부인할 수는 없게 되는 것이다"(대판 1979.8.14. 79다1105)라고 하여 표준시 이후의 취소권 또는 해제권의 행사가 기판력의 차단효에 의하여 차단된다는 입장이다.
그러나 전소 변론종결 전에 상계권이 상계적상에 있었으나, 전소 변론종결 후에 상계 의사표시를 하면서 청구이의의 소(후소)를 제기한 사건에서, "변론종결 이후에 비로소 상계의의사표시를 한 때에는 그 청구이의의 원인이 변론종결 이후에 생긴 때에 해당하는 것으로서 당사자들이 그 변론종결전에 상계적상에 있은 여부를 알았던 몰랐던 간에 적법한 이의의 사유가 된다"(대판 1966.6.28. 66다780; 대판 1998.11.24. 98다25344)고 하여 상계권 비실권설의 입장이다. 생각건대, ⅰ) 법적 안정성을 추구하는 기판력제도의 취지, ⅱ) 상계의 항변을 실권시키면 상계의 항변을 강제하는 결과가 되어 부당하다는 점, ⅲ) 상계의 항변은 출혈적 방어방법이며, 소구채권의 하자문제가 아닌 점을 고려할 때, 상계권 비실권설이 타당하다.

관련판례 "건물의 소유를 목적으로 하는 토지 임대차에 있어서, 임대차가 종료함에 따라 토지의 임차인이 임대인에 대하여 건물매수청구권을 행사할 수 있음에도 불구하고 이를 행사하지 아니한 채, 토지의 임대인이 임차인에 대하여 제기한 토지인도 및 건물철거청구 소송에서 패소하여 그 패소판결이 확정되었다고 하더라도, 그 확정판결에 의하여 건물철거가 집행되지 아니한 이상 토지의 임차인으로서는 건물매수청구권을 행사하여 별소로써 임대인에 대하여 건물매매대금의 지급을 구할 수 있다"(대판 1995.12.26. 95다42195). [판례정리] 전소 확정판결의 변론종결 전에 발생한 사유는 후소에서 제출할 수 없다. 이를 '차단효'라고 한다. 전소 변론종결 전에 발생한 취소권, 해제권, 백지보충권과 같은 형성권도 차단된다. 그러나 형성권 중에서 상계권과 건물매수청구권은 차단되지 않는다는 것이 判例의 태도이다.

⑤ [○] 원고의 일부청구에 대하여 피고가 반대채권으로 상계를 하는 경우에 判例는 외측설의 입장이다. 즉 判例는 "원고가 피고에게 합계금 5,151,900원의 금전채권중 그 일부인 금 3,500,000원을 소송상 청구하는 경우에 이를 피고의 반대채권으로써 상계함에 있어서는 위 금전채권 전액에서 상계를 하고 그 잔액이 청구액을 초과하지 아니할 경우에는 그 잔액을 인용할 것이고 그 잔액이 청구액을 초과할 경우에는 청구의 전액을 인용하는 것으로 해석하는 것이 일부 청구를 하는 당사자의 통상적인 의사"(대판 1984.3.27. 83다323)라고 판시한 바 있다.

☞ 설문의 경우 외측설에 따르면 수동채권(=소구채권)의 전액 5천만 원에서 자동채권 1천만 원을 상계하면 잔액이 4천만 원이 되므로, 이는 청구액 3천만 원을 초과하는 금액이므로 청구 전액인 3천만 원을 인용하는 판결을 하면 된다.

[정답] ④

문 23 일부청구에 관한 설명 중 옳지 않은 것은? (다툼이 있는 경우 판례에 의함) [변시 6회]

① 특정채권 중 일부만을 청구한 경우에도 그 취지로 보아 채권 전부에 관하여 판결을 구하는 것으로 해석되는 경우에는 그 채권의 동일성의 범위 내에서 전부에 관하여 시효중단의 효력이 발생한다.

② 불법행위의 피해자가 일부청구임을 명시하여 그 손해의 일부만을 청구한 전소가 상고심에 계속 중인 경우, 나머지 치료비를 구하는 손해배상청구의 소는 중복제소에 해당하지 않는다.

③ 불법행위의 피해자가 일부청구임을 명시하여 그 손해의 일부만을 청구한 경우, 그 일부청구에 대한 판결의 기판력은 청구의 인용 여부에 관계없이 그 청구의 범위에 한하여 미친다.

④ 일부청구임을 명시하는 방법으로는 일부청구하는 채권의 범위를 잔부청구와 구별하여 심리의 범위를 특정할 수 있는 정도의 표시를 하여 전체 채권의 일부로서 우선 청구하고 있는 것임을 밝히는 것으로 충분하다.

⑤ 가분채권에 대한 이행의 소를 제기하면서 그것이 나머지 부분을 유보하고 일부만 청구하는 것이라는 취지를 명시하지 아니한 경우, 일부 청구에 관하여 전부승소한 채권자는 나머지 부분에 관하여 청구를 확장하기 위한 항소를 제기할 수 없다.

[해설] ① [○] "청구의 대상으로 삼은 채권 중 일부만을 청구한 경우에도 그 취지로 보아 채권 전부에 관하여 판결을 구하는 것으로 해석되는 경우에는 그 동일성의 범위 내에서 그 전부에 관하여 시효중단의 효력이 발생한다"(대판 2001.9.28. 99다72521).

② [○] "전 소송에서 불법행위를 원인으로 치료비청구를 하면서 일부만을 특정하여 청구하고 그 이외의 부분은 별도소송으로 청구하겠다는 취지를 명시적으로 유보한 때에는 그 전소송의 소송물은 그 청구한 일부의 치료비에 한정되는 것이고 전 소송에서 한 판결의 기판력은 유보한 나머지 부분의 치료비에까지는 미치지 아니한다 할 것이므로 전 소송의 계속 중에 동일한 불법행위를 원인으로 유보한 나머지 치료비청구를 별도소송으로 제기하였다 하더라도 중복제소에 해당하지 아니한다"(대판 1985.4.9. 84다552).

③ [○] "불법행위의 피해자가 **일부청구임을 명시**하여 그 손해의 일부만을 청구한 경우 그에 대한 판결의 기판력은 청구의 인용여부에 관계없이 청구의 범위에 한하여 미치고 잔부청구에는 미치지 않는다"(대판 1989.6.27. 87다카2478).

④ [O] "일부청구임을 명시하는 방법으로는 반드시 전체 손해액을 특정하여 그중 일부만을 청구하고 나머지 손해액에 대한 청구를 유보하는 취지임을 밝혀야 할 필요는 없고 일부청구하는 손해의 범위를 잔부청구와 구별하여 그 심리의 범위를 특정할 수 있는 정도의 표시를 하여 전체손해의 일부로서 우선 청구하고 있는 것임을 밝히는 것으로 족하다"(대판 1986.12.23. 86다카536).

⑤ [X] "가분채권에 대한 이행청구의 소를 제기하면서 그것이 나머지 부분을 유보하고 일부만 청구하는 것이라는 취지를 명시하지 아니한 경우에는 그 확정판결의 기판력은 나머지 부분에까지 미치는 것이어서 별소로써 나머지 부분에 관하여 다시 청구할 수는 없는 것이므로, 일부 청구에 관하여 전부 승소한 채권자는 나머지 부분에 관하여 청구를 확장하기 위한 항소가 허용되지 아니한다면 나머지 부분을 소구할 기회를 상실하는 불이익을 입게 된다 할 것이고, 따라서 이러한 경우에는 예외적으로 전부 승소한 판결에 대해서도 나머지 부분에 관하여 청구를 확장하기 위한 항소의 이익을 인정함이 상당하다고 할 것이다"(대판 2010.11.11. 2010두14534).

[정답] ⑤

문 D-2 일부청구에 관한 설명 중 옳지 않은 것은? (다툼이 있는 경우 판례에 의함)   [변시 12회]

① 가분채권의 일부에 관한 이행의 소를 제기하면서 나머지를 유보하고 일부만을 청구한다는 취지를 명시하지 아니하면 그 확정판결의 기판력은 청구하고 남은 잔부청구에까지 미친다.

② 불법행위의 피해자가 손해의 일부만을 청구할 때에는, 그 손해의 범위를 잔부청구와 구별하여 그 심리의 범위를 특정할 수 있는 정도의 표시를 하여 전체손해의 일부로서 우선 청구하고 있는 것임을 밝히는 것으로 충분하다.

③ 신체의 훼손으로 인한 손해의 배상을 청구하면서 신체감정절차를 거친 후 그 결과에 따라 청구금액을 확장하겠다는 뜻을 소장에 명백히 표시하였더라도 그 소제기에 따른 시효중단의 효력은 소장에 기재된 일부청구액에만 미친다.

④ 일부청구임을 명시한 소송계속 중에 유보한 나머지 청구를 별도의 소로 제기하여도 중복된 소제기에 해당되지 않는다.

⑤ 일부청구에서 상대방이 자동채권으로 상계하는 경우에는 수동채권의 전액에서 상계를 하고, 그 잔액이 청구액을 초과하지 않는 경우에는 그 잔액을 인용하고, 그 잔액이 청구액을 초과할 경우에는 청구액을 인용하여야 한다.

[해설] ① [O] ※ 일부청구와 기판력의 객관적 범위
"가분채권의 일부에 대한 이행청구의 소를 제기하면서 나머지를 유보하고 일부만을 청구한다는 취지를 명시하지 아니한 이상 확정판결의 기판력은 청구하고 남은 잔부청구에까지 미치는 것이므로, 나머지 부분을 별도로 다시 청구할 수는 없다"(대판 2016.7.27. 2013다96165).

② [○] ※ 일부청구임을 명시하는 방법

"불법행위의 피해자가 일부청구임을 명시하여 그 손해의 일부만을 청구한 경우 그 일부청구에 대한 판결의 기판력은 잔부청구에 미치지 아니하는 것이고, 그 경우 일부청구임을 명시하는 방법으로는 반드시 전체 손해액을 특정하여 그중 일부만을 청구하고 나머지 손해액에 대한 청구를 유보하는 취지임을 밝혀야 할 필요는 없고 일부청구하는 손해의 범위를 잔부청구와 구별하여 그 심리의 범위를 특정할 수 있는 정도의 표시를 하여 전체손해의 일부로서 우선 청구하고 있는 것임을 밝히는 것으로 족하다"(대판 1986.12.23. 86다카536)

③ [×] ※ 한 개의 채권 중 일부만을 청구한 경우 시효중단의 효력발생범위

"신체의 훼손으로 인한 손해의 배상을 청구하는 사건에서는 그 손해액을 확정하기 위하여 통상 법원의 신체감정을 필요로 하기 때문에, 앞으로 그러한 절차를 거친 후 그 결과에 따라 청구금액을 확장하겠다는 뜻을 소장에 객관적으로 명백히 표시한 경우에는, 그 소제기에 따른 시효중단의 효력은 소장에 기재된 일부 청구액뿐만 아니라 그 손해배상청구권 전부에 대하여 미친다"(대판 1992.4.10. 91다43695)

④ [○] ※ 일부청구와 중복제소

"전 소송에서 불법행위를 원인으로 치료비청구를 하면서 일부만을 특정하여 청구하고 그 이외의 부분은 별도소송으로 청구하겠다는 취지를 명시적으로 유보한 때에는 그 전소송의 소송물은 그 청구한 일부의 치료비에 한정되는 것이고 전 소송에서 한 판결의 기판력은 유보한 나머지 부분의 치료비에까지는 미치지 아니한다 할 것이므로 전 소송의 계속 중에 동일한 불법행위를 원인으로 유보한 나머지 치료비청구를 별도소송으로 제기하였다 하더라도 중복제소에 해당하지 아니한다"(대판 1985.4.9. 84다552)

⑤ [○] ※ 금전채권 전액중의 일부청구에 대한 피고의 상계항변과 청구인용 범위

判例는 "일개의 손해배상청구권중 일부가 소송상 청구되어 있는 경우에 과실상계를 함에 있어서는 손해의 전액에서 과실비율에 의한 감액을 하고 그 잔액이 청구액을 초과하지 않을 경우에는 그 잔액을 인용할 것이고 잔액이 청구액을 초과할 경우에는 청구의 전액을 인용하는 것으로 풀이하는 것이 일부청구를 하는 당사자의 통상적 의사라고 할 것이다"(대판 1976.6.22. 75다819)고 하여 외측설의 입장이며, 과실상계(원고의 과실참작)의 경우뿐만 아니라 피고의 반대채권으로 상계를 하는 경우에도 외측설을 취한다(대판 1984.3.27. 83다323).

[정답] ③

문 24 소송비용에 관한 설명 중 옳지 않은 것은? (다툼이 있는 경우에는 판례에 의함) [변시 3회]

① 소송비용에 대한 담보제공이 필요하다고 판단되는 경우에 법원은 피고의 신청이 있으면 원고에게 소송비용에 대한 담보를 제공하도록 명하여야 하고, 직권으로 담보제공을 명할 수도 있다.

② 법원은 사정에 따라 승소한 당사자로 하여금 그 권리를 늘리거나 지키는 데 필요하지 아니한 행위로 말미암은 소송비용 또는 상대방의 권리를 늘리거나 지키는 데 필요한 행위로 말미암은 소송비용의 전부나 일부를 부담하게 할 수 있다.

③ 일부패소의 경우에 당사자들이 부담할 소송비용은 법원이 정하며, 사정에 따라 한 쪽 당사자에게 소송비용의 전부를 부담하게 할 수 있다.

④ 소가 취하되면 소송이 재판에 의하지 아니하고 끝난 경우로서 소가 처음부터 계속되지 아니한 것으로 보므로 소송비용의 부담과 수액을 정하는 문제는 발생하지 않는다.

⑤ 공동소송인은 소송비용을 균등하게 부담하는 것이 원칙이나, 법원은 사정에 따라 공동소송인에게 소송비용을 연대하여 부담하게 하거나 다른 방법으로 부담하게 할 수 있다.

해설 ① [O] 원고가 대한민국에 주소·사무소와 영업소를 두지 아니한 때 또는 소장·준비서면, 그 밖의 소송기록에 의하여 청구가 이유 없음이 명백한 때 등 소송비용에 대한 담보제공이 필요하다고 판단되는 경우에 피고의 신청이 있으면 법원은 원고에게 소송비용에 대한 담보를 제공하도록 명하여야 한다. 담보가 부족한 경우에도 또한 같다(민사소송법 제117조 1항). 제1항의 경우에 법원은 직권으로 원고에게 소송비용에 대한 담보를 제공하도록 명할 수 있다(민사소송법 제117조 2항)

② [O] 법원은 사정에 따라 승소한 당사자로 하여금 그 권리를 늘리거나 지키는 데 필요하지 아니한 행위로 말미암은 소송비용 또는 상대방의 권리를 늘리거나 지키는 데 필요한 행위로 말미암은 소송비용의 전부나 일부를 부담하게 할 수 있다(민사소송법 제99조).

③ [O] 일부패소의 경우에 당사자들이 부담할 소송비용은 법원이 정한다. 다만, 사정에 따라 한 쪽 당사자에게 소송비용의 전부를 부담하게 할 수 있다(민사소송법 제101조).

④ [X] 민사소송법 제114조 1항에 의하면 소송이 재판에 의하지 아니하고 끝난 경우에는 법원은 당사자의 신청에 따라 결정으로 소송비용의 액수를 정하고 이를 부담하도록 명하여야 하는 바, 소가 취하되어 소송이 끝난 경우에도 소송비용의 부담과 수액을 정하는 문제가 발생한다.

⑤ [O] 공동소송인은 소송비용을 균등하게 부담한다. 다만, 법원은 사정에 따라 공동소송인에게 소송비용을 연대하여 부담하게 하거나 다른 방법으로 부담하게 할 수 있다(민사소송법 제102조 1항).

[정답] ④

❷ 민사소송법
병합소송

제1장 병합청구소송(청구의 복수)
제1절 청구의 원시적 병합

문 1 매수인인 甲은 매도인인 乙을 상대로 하여 주위적으로 매매계약이 유효하다고 주장하면서 매매를 원인으로 한 소유권이전등기절차의 이행을, 예비적으로 위 매매계약이 무효인 경우 이미 지급한 매매대금의 반환을 구하는 소를 제기하였다. 이에 관한 설명 중 옳지 않은 것은? (다툼이 있는 경우 판례에 의함)

[변시 5회]

① 甲의 매매대금반환청구는 예비적 청구이므로, 제1심 법원은 소유권이전등기청구의 인용을 해제조건으로 하여 이를 심판하여야 한다.

② 제1심 법원이 甲의 소유권이전등기청구를 인용하였고, 乙이 그 패소 부분에 대하여 항소하자 항소심 법원이 乙의 항소를 받아들여 위 소유권이전등기청구를 전부 배척하는 경우, 항소심 법원은 제1심 법원이 판단하지 않았던 매매대금반환청구에 관하여 반드시 심판을 하여야 한다.

③ 제1심 법원이 소유권이전등기청구를 기각하면서 매매대금반환청구에 대하여 판단하지 아니하는 판결을 한 경우, 甲이 그 판결에 대하여 항소하더라도 매매대금반환청구는 항소심으로 이심(移審)되지 않고 제1심 법원에 계속된다.

④ 제1심 법원이 소유권이전등기청구를 기각하고 매매대금반환청구를 인용하자 乙만이 그 패소 부분에 대하여 항소한 경우, 항소심 법원의 심판범위는 매매대금반환청구를 인용한 제1심 판결의 당부에 그치고 甲의 부대항소가 없는 한 소유권이전등기청구는 심판대상이 될 수 없다.

⑤ 제1심 법원이 소유권이전등기청구를 기각하고 매매대금반환청구를 인용하자 乙만이 그 패소 부분에 대하여 항소한 후 乙이 항소심에서 소유권이전등기청구를 인낙한 경우, 매매대금반환청구는 심판 없이 종결된다.

해 설 ① [○] ※ 예비적 병합의 의의

예비적 병합은 양립할 수 없는 여러 개의 청구에 순차적으로 순서를 붙여 병합해 주위적 청구의 인용을 해제조건으로 예비적 청구에 관해 심판을 구하는 형태의 병합이다.

☞ 사안에서, 제1심 법원은 주위적 청구인 소유권이전등기청구의 인용을 해제조건으로 하여 예비적 청구인 매매대금반환청구에 대해 심판하여야 한다.

② [○] ※ 주위적 청구에 대해 피고만 항소한 경우 예비적 청구 인용 가부

예비적 청구는 제1심 법원에서 판단된 바가 없지만 전부판결이므로 상소불가분의 원칙에 의하여 예비적 청구도 항소심으로 이심된다. 나아가 항소심의 심판대상도 된다. 判例도 "이는 전부판결로서 이 판결에 대하여 피고가 항소하면 제1심에서 심판을 받지 않은 예비적 청구도 모두 이심되고 항소심이 제1심에서 인용되었던 주위적 청구를 배척할 때에는 다음 순위의 예비적 청구에 관하여 심판을 하여야 한다"(대판 2000.11.16. 전합 98다22253)라고 판시하였다.

☞ 사안에서 항소심 법원이 乙의 항소를 받아들여 위 소유권이전등기청구를 전부 배척하는 경우, 항소심 법원은 제1심 법원이 판단하지 않았던 매매대금반환청구에 관하여 반드시 심판하여야 한다.

③ [×] ※ 예비적 병합의 일부판결 가부

예비적 병합에서 주위적 청구를 기각하면서 예비적 청구에 대한 판단을 하지 않은 경우에 이를 적법한 일부판결로 보고 일부판결한 원심법원이 추가판결을 할 수 있는지에 대해 判例는 "주위적 청구를 배척하면서 예비적 청구에 대해 판단하지 않은 판결에 대한 상소가 제기되면 판단이 누락된 예비적 청구도 상소심으로 이심이 되고 판단되지 않은 청구 부분이 재판의 탈루에 해당하여 원심에 계속 중이라고 볼 것은 아니다"(대판 2000.11.16. 전합 98다22253)라고 판시하여 원심이 추가판결을 할 것이 아니라 상소, 재심으로 구제되어야 한다는 입장이다. 나아가 判例는 선택적 병합과 부진정 예비적 병합에서도 동일한 입장이다.

☞ 사안에서 제1심 법원이 소유권이전등기청구를 기각하면서 매매대금반환청구에 대하여 판단하지 아니하는 판결을 한 경우, 甲이 그 판결에 대하여 항소를 제기하면 매매대금반환청구 역시 항소심으로 이심된다.

④ [○] ※ 진정 예비적 병합에서 예비적 청구인용판결에 대해 피고만 상소시 주위적 청구의 인용 가부

判例는 본 사건에서 "이심의 효력은 사건 전체에 미치더라고 원고로부터 부대항소가 없는 한 항소심의 심판대상으로 되는 것은 예비적 청구에 국한 된다"(대판 1995.1.24. 94다29065)고 하여 예비적 청구만 심판하여 청구를 기각하여 불이익금지원칙에 충실하고 있다.

☞ 사안에서 항소심 법원의 심판범위는 매매대금반환청구를 인용한 제1심 판결(예비적 청구)의 당부에 그친다.

⑤ [○] ※ 원고의 주위적 청구를 기각하고 예비적 청구만을 인용하는 판결을 선고한 데 대하여 피고만 항소를 제기한 뒤 피고가 항소심 변론에서 주위적 청구를 인낙한 경우 예비적 청구에 관한 심판의 필요성 유무

判例는 "제1심 법원이 원고의 주위적 청구와 예비적 청구를 병합심리한 끝에 주위적 청구는 기각하고 예비적 청구만을 인용하는 판결을 선고한 데 대하여 피고만 항소를 하더라도, 항소의 제기에 의한 이심의 효력은 피고의 불복신청의 범위와는 관계없이 사건 전부에 미쳐 주위적 청구에 관한 부분도 항소심에 이심되는 것이므로, 피고가 항소심의 변론에서 원고의 주위적 청구를 인낙하여 그 인낙이 조서에 기재되면 그 조서는 확정판결과 동일한 효력이 있는 것이고, 따라서 그 인낙으로 인하여 주위적 청구의 인용을 해제조건으로 병합심판을 구한 예비적 청구에 관하여는 심판할 필요가 없어 사건이 그대로 종결되는 것이다."(대판 1992.6.9. 92다12032)라고 판시하여 예비적 청구에 관한 심판이 필요치 않다고 한다.

☞ 사안에서 乙만이 그 패소 부분(예비적 청구)에 대하여 항소한 후 乙이 항소심에서 소유권이전등기청구(주위적 청구)를 인낙한 경우, 매매대금반환청구(예비적 청구)는 심판 없이 종결된다.

[정답] ③

문2 청구의 객관적 병합에 관한 설명 중 옳지 않은 것은? (다툼이 있는 경우에는 판례에 의함)   [변시 2회]

① 소송목적의 값의 산정은 단순병합의 경우에는 원칙적으로 병합된 청구의 값을 합산하나, 선택적·예비적 병합의 경우에는 병합된 청구의 값 중 다액을 기준으로 한다.

② 甲이 乙에 대한 확정판결에 기하여 X 토지에 관한 소유권이전등기를 마친 경우, 乙이 甲을 상대로 위 확정판결에 대한 재심의 소를 제기하면서 위 소유권이전등기의 말소청구를 병합하는 것은 허용되지 아니한다.

③ 수 개의 청구가 제1심에서 선택적으로 병합되고 그중 어느 하나의 청구에 대한 인용판결이 선고되어 피고가 항소를 제기한 경우, 항소심에서는 선택적으로 병합된 위 수 개의 청구 중 어느 하나를 임의로 선택하여 인용할 수 있다.

④ 제1심에서 이미 충분히 심리된 쟁점과 관련한 반소를 항소심에서 제기하는 것은 상대방의 심급의 이익을 해할 우려가 없는 경우에 해당되므로 허용된다.

⑤ 선택적 병합에서 원고 패소판결을 하면서 병합된 청구 중 어느 하나를 판단하지 않은 경우, 판단되지 않은 청구부분은 재판의 누락으로서 제1심 법원에 그대로 계속되어 있다고 볼 것이다.

해설 ① [O] 소송목적의 값(소가)의 산정은 단순병합의 경우 원칙적으로 병합된 청구의 값을 합산한다(민소법 제27조 1항). 그러나 하나의 소로써 여러 개의 청구를 한 경우라도 경제적 이익이 동일하거나 중복되는 때에는 합산하지 않으며, 중복이 되는 범위 내에서 흡수되고 그 중 다액인 청구가액을 소가로 한다. 따라서 청구의 선택적·예비적 병합, 선택적·예비적 공동소송 등의 경우 병합된 청구의 값 중 다액을 기준으로 소가를 산정한다.

② [O] 여러 개의 청구는 같은 종류의 소송절차에 따르는 경우에만 하나의 소로 제기할 수 있는 바(민소법 제253조), 判例는 "피고들이 재심대상판결의 취소와 그 본소청구의 기각을 구하는 외에, 원고와 승계인을 상대로 재심대상판결에 의하여 경료된 원고 명의의 소유권이전등기와 그 후 승계인의 명의로 경료된 소유권이전등기의 각 말소를 구하는 청구를 병합하여 제기하고 있으나, 그와 같은 청구들은 별소로 제기하여야 할 것이고 재심의 소에 병합하여 제기할 수 없다"(대판 1997.5.28. 96다41649)고 본다.

③ [O] "수개의 청구가 제1심에서 처음부터 선택적으로 병합되고 그중 어느 한 개의 청구에 대한 인용판결이 선고되어 피고가 항소를 제기한 경우는 물론, 원고의 청구를 인용한 판결에 대하여 피고가 항소를 제기하여 항소심에 이심된 후 청구가 선택적으로 병합된 경우에 있어서도 항소심은 제1심에서 인용된 청구를 먼저 심리하여 판단할 필요는 없고, 선택적으로 병합된 수 개의 청구 중 제1심에서 심판되지 아니한 청구를 임의로 선택하여 심판할 수 있다고 할 것이나, 심리한 결과 그 청구가 이유 있다고 인정되고 그 결론이 제1심판결의 주문과 동일한 경우에도 피고의 항소를 기각하여서는 안 되며 제1심판결을 취소한 다음 새로이 청구를 인용하는 주문을 선고하여야 할 것이다"(대판 1992.9.14. 92다7023 ; 대판 2006.4.27. 2006다7587,7594).

④ [O] 判例는 "반소청구의 기초를 이루는 실질적인 쟁점에 관하여 제1심에서 본소의 청구원인 또는 방어방법과 관련하여 충분히 심리되었다면, 항소심에서의 반소제기를 상대방의 동의 없이 허용하더라도 상대방에게 제1심에서의 심급의 이익을 잃게 하거나 소송절차를 현저하게 지연시킬 염려

가 있다고 할 수 없으므로, 이러한 경우에는 상대방의 동의 여부와 관계없이 항소심에서의 반소 제기를 허용하여야 한다"(대판 1996.3.26. 95다45545)고 판시하였다.

☞ 2002년 개정법도 항소심에서의 반소는 상대방의 심급의 이익을 해할 우려가 없는 경우 또는 상대방의 동의를 받은 경우에 제기할 수 있다(민소법 제412조 1항)고 규정하였다.

⑤ [X] 선택적 병합에서 원고패소 판결을 하면서 병합된 청구 중 어느 하나를 판단하지 아니한 경우 누락시킨 청구부분이 판단누락인지 재판누락인지 문제되는바, 判例는 선택적 병합의 경우 판단누락을 전제로 원고가 이와 같은 판결에 항소한 이상 누락된 부분까지 선택적 청구 전부가 항소심으로 이심하는 것이고 재판누락이 아니라고 본다(대판 2010.5.13. 2010다8365 : 재판누락이라면 판단되지 않는 청구부분이 제1심 법원에 그대로 계속되어 있어 추가판결의 대상이 되나, 판단누락으로 보는 경우 판단되지 않은 청구부분까지 항소심으로 이심되어 항소심의 심판대상이 된다).

[정답] ⑤

문 E-1 청구의 병합에 관한 설명 중 옳지 않은 것은? (다툼이 있는 경우 판례에 의함) [변시 12회]

① 실질적으로 선택적 병합 관계에 있는 두 청구에 관하여 당사자가 주위적·예비적으로 순위를 붙여 청구하였고, 그에 대하여 제1심 법원이 주위적 청구를 기각하고 예비적 청구만을 인용하는 판결을 선고하여 피고만이 항소를 제기한 경우, 항소심 법원은 위 예비적 청구 부분만을 심판의 대상으로 하여야 한다.

② 논리적으로 전혀 관계없는 수개의 청구를 선택적 또는 예비적으로 병합하여 청구하였는데 법원이 어떠한 보정도 명하지 않고 본안판결을 하면서 그중 하나의 청구에 대해서만 판단하여 인용하고 나머지 청구를 판단하지 아니하였다면, 피고의 항소에 따라 이심되는 청구는 제1심에서 심리·판단하여 인용된 청구에 국한된다.

③ 주위적 청구가 전부 인용되지 않을 경우에는 주위적 청구에서 인용되지 아니한 금액 범위 내에서의 예비적 청구에 대해서도 판단하여 주기를 바라는 취지로 성질상 선택적 관계에 있는 양 청구를 불가분적으로 결합하여 제소할 수 있다.

④ 채권자가 본래적 급부청구에 이를 대신할 전보배상을 부가하여 대상청구를 병합하여 소구한 경우, 이는 본래적 급부청구권이 현존함을 전제로 하여 이것이 판결확정 전에 이행불능되거나 또는 판결확정 후에 집행불능이 되는 경우에 대비하여 전보배상을 미리 청구하는 것이므로 양자의 병합은 현재의 급부청구와 장래의 급부청구의 단순병합에 속하는 것으로 허용된다.

⑤ 항소심 법원은 선택적으로 병합된 수개의 청구 중 제1심에서 심판되지 아니한 청구를 임의로 선택하여 심판할 수 있으며 심리 결과 그 청구가 이유 있다고 인정하는 경우, 그 결론이 제1심판결의 주문과 동일하여도 제1심판결을 취소한 다음 새로이 청구를 인용하는 주문을 선고하여야 한다.

해설 ① [×] ※ 부진정예비적병합에서 주위적 청구 기각, 예비적 청구 인용판결에 피고만 항소한 경우 심판범위(전부)
"병합의 형태가 선택적 병합인지 예비적 병합인지는 당사자의 의사가 아닌 병합청구의 성질을 기준으로 판단하여야 하고, 항소심에서의 심판 범위도 그러한 병합청구의 성질을 기준으로 결정하여야 한다. 따라서 실질적으로 선택적 병합 관계에 있는 두 청구에 관하여 당사자가 주위적·예비적으로 순위를 붙여 청구하였고, 그에 대하여 제1심법원이 주위적 청구를 기각하고 예비적 청구만을 인용하는 판결을 선고하여 피고만이 항소를 제기한 경우에도, 항소심으로서는 두 청구 모두를 심판의 대상으로 삼아 판단하여야 한다"(대판 2014.5.29. 2013다96868)

② [○] "논리적으로 전혀 관계가 없어 순수하게 단순병합으로 구하여야 할 수개의 청구를 선택적 또는 예비적 청구로 병합하여 청구하는 것은 부적법하여 허용되지 않는다. 따라서 원고가 그와 같은 형태로 소를 제기한 경우 제1심법원이 본안에 관하여 심리·판단하기 위해서는 소송지휘권을 적절히 행사하여 이를 단순병합 청구로 보정하게 하는 등의 조치를 취하여야 하는바, 법원이 이러한 조치를 취함이 없이 본안판결을 하면서 그 중 하나의 청구에 대하여만 심리·판단하여 이를 인용하고 나머지 청구에 대한 심리·판단을 모두 생략하는 내용의 판결을 하였다 하더라도 그로 인하여 청구의 병합 형태가 선택적 또는 예비적 병합 관계로 바뀔 수는 없으므로, 이러한 판결에 대하여 피고만이 항소한 경우 제1심법원이 심리·판단하여 인용한 청구만이 항소심으로 이심될 뿐, 나머지 심리·판단하지 않은 청구는 여전히 제1심에 남아 있게 된다"(대판 2008.12.11. 2005다51495).

③ [○] "성질상 선택적 관계에 있는 양 청구를 당사자가 주위적, 예비적 청구 병합의 형태로 제소함에 의하여 그 소송심판의 순위와 범위를 한정하여 청구하는 이른바, 부진정 예비적 병합 청구의 소도 허용되는 것이며, 아울러 주위적 청구가 전부 인용되지 않을 경우에는 주위적 청구에서 인용되지 아니한 수액 범위 내에서의 예비적 청구에 대해서도 판단하여 주기를 바라는 취지로 불가분적으로 결합시켜 제소할 수도 있는 것인바, 사실심에서 원고가 그러한 내용의 예비적 청구를 병합 제소하였음에도, 법원이 주위적 청구를 일부만 인용하고서도 예비적 청구에 관하여 전혀 판단하지 아니한 경우, 앞서 본 법리에 따라 그 판단은 그 예비적 병합 청구의 성격에 반하여 위법한 것으로 되어 그 사건이 상소되면 그 예비적 청구부분도 재판의 탈루가 됨이 없이 이심되어 당사자는 상소심에서 그 위법사유에 대한 시정판단을 받는 등 진정한 예비적 청구 병합 소송에서와 마찬가지로 규율될 것이다"(대판 2002.9.4. 98다17145)

④ [○] "채권자가 본래적 급부청구에 이를 대신할 전보배상을 부가하여 대상청구를 병합하여 소구한 경우 대상청구는 본래적 급부청구권이 현존함을 전제로 하여 이것이 판결확정 전에 이행불능되거나 또는 판결확정 후에 집행불능이 되는 경우에 대비하여 전보배상을 미리 청구하는 경우로서 양자의 병합은 현재 급부청구와 장래 급부청구의 단순병합에 속하는 것으로 허용된다. 이러한 대상청구를 본래의 급부청구에 예비적으로 병합한 경우에도 본래의 급부청구가 인용된다는 이유만으로 예비적 청구에 대한 판단을 생략할 수는 없다"(대판 2011.8.18. 2011다30666,30673).

⑤ [○] "수개의 청구가 제1심에서 처음부터 선택적으로 병합되고 그중 어느 한 개의 청구에 대한 인용판결이 선고되어 피고가 항소를 제기한 경우는 물론, 원고의 청구를 인용한 판결에 대하여 피고가 항소를 제기하여 항소심에 이심된 후 청구가 선택적으로 병합된 경우에 있어서도 항소심은 제1심에서 인용된 청구를 먼저 심리하여 판단할 필요는 없고, 선택적으로 병합된 수개의 청구 중 제1심에서 심판되지 아니한 청구를 임의로 선택하여 심판할 수 있다고 할 것이나, 심리한 결과 그 청구가 이유 있다고 인정되고 그 결론이 제1심판결의 주문과 동일한 경우에도 피고의 항소를 기각하여서는 안되며 제1심판결을 취소한 다음 새로이 청구를 인용하는 주문을 선고하여야 할 것이다"(대판 1992.9.14. 92다7023)

[정답] ①

문3 재판의 누락 또는 판단의 누락에 관한 설명 중 옳지 않은 것은? (다툼이 있는 경우 판례에 의함) [변시 7회]

① 예비적·선택적 공동소송에서는 모든 공동소송인에 관한 청구에 대하여 판결을 하여야 하지만, 일부 공동소송인에 관한 청구에 대하여만 판결을 한 경우라도 누락된 공동소송인에게 그 판결이 불리하다고 할 수 없으므로 누락된 공동소송인의 상소는 허용되지 않는다.

② 판결이유에 청구가 이유 없다고 설시되어 있더라도 판결주문에 그 설시가 없으면 특별한 사정이 없는 한 재판이 누락되었다고 보아야 한다.

③ X 토지의 인도청구에 소유권이전등기말소청구가 단순병합된 소에서 X 토지의 인도청구에 대하여만 판단하고 소유권이전등기말소청구에 대한 재판을 누락한 판결이 확정된 경우, 소유권이전등기말소청구 부분에 대한 상소는 허용되지 않는다.

④ 소송비용의 재판을 누락한 경우에 법원은 직권으로 또는 당사자의 신청에 따라 그 소송비용에 대한 재판을 한다.

⑤ 당사자가 주장한 사항에 대한 구체적·직접적인 판단이 판결에 표시되어 있지 않더라도 판결이유의 전반적인 취지에 비추어 그 주장을 인용하였거나 배척하였음을 알 수 있는 정도라면 판단누락이라고 할 수 없다.

해설 ① [X] "민사소송법 제70조 제2항은 같은 조 제1항의 예비적·선택적 공동소송에서는 모든 공동소송인에 관한 청구에 대하여 판결을 하도록 규정하고 있으므로, 이러한 공동소송에서 일부 공동소송인에 관한 청구에 대하여만 판결을 하는 경우 이는 일부판결이 아닌 흠이 있는 전부판결에 해당하여 상소로써 이를 다투어야 하고, 그 판결에서 누락된 공동소송인은 이러한 판단유탈을 시정하기 위하여 **상소를 제기할 이익이 있다**"(대판 2008.3.27. 2005다49430).

② [O] ③ [O] "판결에는 법원의 판단을 분명하게 하기 위하여 결론을 주문에 기재하도록 되어 있으므로 재판의 누락이 있는지 여부는 우선 주문의 기재에 의하여 판정하여야 하고, 판결이유에서 청구가 이유 없다고 설시하고 있더라도 주문에서 설시가 없으면 특별한 사정이 없는 한 재판의 누락이 있다고 보아야 하며(②번 관련 해설), 재판의 누락이 있는 경우 그 부분 소송은 아직 원심에 계속 중이라고 보아야 할 것이어서 적법한 상고의 대상이 되지 아니하므로 그 부분에 대한 상고는 부적법하다(③번 관련 해설)"(대판 2004.8.30. 2004다24083, 2009.11.26. 2009다58692)

④ [O] **제212조 (재판의 누락)** 「①항 법원이 청구의 일부에 대하여 재판을 누락한 경우에 그 청구부분에 대하여는 그 법원이 계속하여 재판한다. ②항 소송비용의 재판을 누락한 경우에는 법원은 직권으로 또는 당사자의 신청에 따라 그 소송비용에 대한 재판을 한다. 이 경우 제114조의 규정을 준용한다. ③항 제2항의 규정에 따른 소송비용의 재판은 본안판결에 대하여 적법한 항소가 있는 때에는 그 효력을 잃는다. 이 경우 항소법원은 소송의 총비용에 대하여 재판을 한다.」

⑤ [O] "판결서의 이유에는 주문이 정당하다는 것을 인정할 수 있을 정도로 당사자의 주장, 그 밖의 공격·방어방법에 관한 판단을 표시하면 되므로(민사소송법 제208조 제2항) 당사자의 모든 주장이나 공격·방어방법을 판단할 필요는 없다. 당사자가 주장한 사항에 대한 구체적·직접적인 판단이 판결 이유에 표시되어 있지 아니하더라도 판결 이유의 전반적인 취지에 비추어 그 주장을 인용하거나 배척하였음을 알 수 있는 정도라면 판단누락이라고 할 수 없고, 설령 실제로 판단을 하지 아니하였

더라도 판결 결과에 영향이 없다면 판단누락의 위법이 있다고 할 수 없다"(대판 2016.1.14. 2015 다231894).

[정답] ①

제2절 청구의 후발적 병합

문4 소의 변경에 관한 설명 중 옳은 것을 모두 고른 것은? (다툼이 있는 경우 판례에 의함)   [변시 6회]

> ㄱ. 사해행위의 취소를 구하면서 피보전채권을 추가하거나 교환하는 것은 소의 변경에 해당한다.
> ㄴ. 청구취지변경을 불허한 결정에 대하여는 독립하여 항고할 수 없고 종국판결에 대한 상소로써만 다툴 수 있다.
> ㄷ. 항소심에서 청구가 교환적으로 변경된 경우, 항소심 법원은 구청구가 취하된 것으로 보아 교환된 신청구에 대하여만 사실상 제1심으로 재판한다.
> ㄹ. 제1심에서 원고가 전부승소하고 피고만 항소한 경우, 피항소인인 원고는 항소심에서 청구취지를 확장할 수 없다.
> ㅁ. 소장에서 심판을 구하는 대상이 불분명한 경우 이를 명확하게 하기 위하여 청구취지를 보충, 정정하는 것은 청구의 변경에 해당하지 않는다.

① ㄱ, ㄹ   ② ㄱ, ㄷ, ㅁ
③ ㄴ, ㄷ, ㄹ   ④ ㄴ, ㄷ, ㅁ
⑤ ㄴ, ㄹ, ㅁ

해설 ㄱ. [X] "채권자가 사해행위의 취소를 청구하면서 그 보전하고자 하는 채권을 추가하거나 교환하는 것은 그 사해행위취소권을 이유 있게 하는 공격방법에 관한 주장을 변경하는 것일 뿐이지 소송물 또는 청구 자체를 변경하는 것이 아니므로 소의 변경이라 할 수 없다"(대판 2003.5.27. 2001다13532).

ㄴ. [O] "청구취지변경을 불허한 결정에 대해서 원고는 독립하여 항고할 수 없고 다만 종국판결에 대한 상소로서만 이를 다툴 수 있는 것이다"(대판 1992.9.25. 92누5096).

ㄷ. [O] 항소심에서 청구가 교환적으로 변경된 경우 구 청구의 취하의 효력이 발생할 때에 그 소송계속은 소멸되는 것이므로 항소심에서는 구 청구에 대한 제1심 판결을 취소할 필요 없이 신청구에 대하여만 제1심으로서 판결을 하게 된다(대판 1989.3.28. 87다카2372).

ㄹ. [X] 항소심에서는 청구의 기초에 변경이 없는 한 청구의 확장이 가능하다(대판 1969.12.26. 69다406). 判例는 "피고만이 항소한 사건에서 원고는 항소심에서 청구취지를 확장할 수 있고, 이 경우 부대항소를 한 것으로 의제된다"(대판 2008.7.24. 2008다18376)고 판시하였다.

ㅁ. [O] "소장에서 심판을 구하는 대상이 불분명한 경우 이를 명확하게 하기 위하여 청구취지를

보충·정정하는 것은 민사소송법 제262조가 정하는 청구의 변경에 해당하지 아니한다"(대판 2008.2.1. 2005다74863).

[정답] ④

문5 반소에 관한 설명 중 옳지 않은 것은? (다툼이 있는 경우 판례에 의함) [변시 11회]

① 본권자가 허용되지 않는 자력구제로 점유를 회복하자 점유자가 점유 회수의 본소를 제기하였으며 이에 대하여 본권자가 소유권에 기한 인도를 구하는 예비적 반소를 제기하여 본소 청구와 예비적 반소 청구가 모두 인용되어 확정되었다면, 특별한 사정이 없는 한 점유자가 본소 확정판결에 의하여 집행문을 부여받아 강제집행으로 물건의 점유를 회복할 수 있고 본권자는 반소 확정판결에 의하여 집행문을 부여받아 위 본소 집행 후 비로소 강제집행으로 물건의 점유를 회복할 수 있다.

② 본소가 부적법하다 하여 각하됨으로써 종료된 경우 피고의 반소 취하는 원고의 동의 없이 효력이 발생한다.

③ 가지급물 반환신청의 성질은 본안판결의 취소 또는 변경을 조건으로 하는 예비적 반소에 해당한다.

④ 피고가 원고의 본소 청구가 인용될 것을 조건으로 예비적 반소를 제기하였는데, 제1심 법원이 소의 이익이 없음을 이유로 원고의 본소와 피고의 예비적 반소를 모두 각하하자, 이에 대하여 원고만이 본소 각하 부분에 대하여 항소한 경우, 항소심 법원이 원고의 항소를 받아들여 원고의 본소 청구를 인용하는 이상 피고의 예비적 반소 청구도 심판 대상으로 삼아 이를 판단하여야 한다.

⑤ 원고가 본소의 이혼청구에 병합하여 재산분할청구를 한 후 피고가 반소로 이혼청구를 한 경우, 원고가 반대의 의사를 표시하였다는 등의 특별한 사정이 없는 한 원고의 재산분할청구 중에는 본소의 이혼청구가 받아들여지지 않고 피고의 반소청구에 의하여 이혼이 명하여지는 경우에도 재산을 분할해 달라는 취지의 청구가 포함된 것으로 봄이 상당하다.

해설 ① [○] ※ 점유권에 기인한 소에서 본권에 기인한 반소의 가능 여부

"점유회수의 본소에 대하여 본권자가 소유권에 기한 인도를 구하는 반소를 제기하여 본소청구와 예비적 반소청구가 모두 인용되어 확정되면, 점유자가 본소 확정판결에 의하여 집행문을 부여받아 강제집행으로 물건의 점유를 회복할 수 있다. 본권자의 소유권에 기한 반소청구는 본소의 의무 실현을 정지조건으로 하므로, 본권자는 위 본소 집행 후 집행문을 부여받아 비로소 반소 확정판결에 따른 강제집행으로 물건의 점유를 회복할 수 있다. 이러한 과정은 애당초 본권자가 허용되지 않는 자력구제로 점유를 회복한 데 따른 것으로 그 과정에서 본권자가 점유 침탈 중 설치한 장애물 등이 제거될 수 있다. 다만 점유자의 점유회수의 집행이 무의미한 점유상태의 변경을 반복하는 것에 불과할 뿐 아무런 실익이 없거나 본권자로 하여금 점유회수의 집행을 수인하도록 하는 것이 명백히 정의에 반하여 사회생활상 용인할 수 없다고 인정되는 경우, 또는 점유자가 점유권에 기한 본소 승소 확정판결을

장기간 강제집행하지 않음으로써 본권자의 예비적 반소 승소 확정판결까지 조건불성취로 강제집행에 나아갈 수 없게 되는 등 특별한 사정이 있다면 본권자는 점유자가 제기하여 승소한 본소 확정판결에 대한 청구이의의 소를 통해서 점유권에 기한 강제집행을 저지할 수 있다"(대판 2021.2.4. 2019다202795,202801).

② [×] ※ 본소가 각하된 경우 피고가 반소 취하시 원고의 동의를 요하는지 여부(동의 필요)
判例는 "제271조의 규정은 원고가 반소의 제기를 유발한 본소는 스스로 취하해 놓고 그로 인하여 유발된 반소만의 유지를 상대방에게 강요한다는 것은 공평치 못하다는 이유에서 원고가 본소를 취하한 때에는 피고도 원고의 동의 없이 반소를 취하할 수 있도록 한 규정이므로 본소가 원고의 의사와 관계없이 부적법하다 하여 각하됨으로써 종료된 경우에까지 유추적용할 수 없고, 원고의 동의가 있어야만 반소취하의 효력이 발생한다 할 것이다"(대판 1984.7.10. 84다카298)고 하여 동의가 필요하다는 입장이다.

[비교판례] ※ 본소가 취하된 경우 피고가 반소 취하시 원고의 동의를 요하는지 여부(동의 불요)
반소의 취하도 상대방의 동의가 필요하지만(제266조 2항) 본소가 취하되면 피고는 원고의 응소 후라도 원고의 동의 없이 반소를 취하할 수 있다(제271조).

③ [○] ※ 가지급물반환 신청의 법적 성질(=예비적 반소)
"가지급물반환 신청은 소송중의 소의 일종으로서 그 성질은 예비적 반소라 할 것이므로, 가집행의 선고가 붙은 제1심판결에 대하여 피고가 항소를 하였지만 피고의 항소가 기각된 이 사건에서 원심이 따로 가지급물반환 신청에 대한 판단을 하지 아니한 것은 적법하다고 할 것이므로, 이와 다른 견해인 상고이유의 주장도 받아들일 수 없다"(대판 2005.1.13. 2004다19647).

④ [○] ※ 본소와 예비적 반소가 모두 각하판결을 받았는데 원고만 항소한 경우
判例는 "피고의 예비적 반소는 본소청구가 인용될 것을 조건으로 심판을 구하는 것으로서 제1심이 원고의 본소청구를 배척한 이상 피고의 예비적 반소는 제1심의 심판대상이 될 수 없는 것이고, 이와 같이 심판대상이 될 수 없는 소에 대하여 제1심이 판단하였다고 하더라도 그 효력이 없다고 할 것이므로, 피고가 제1심에서 각하된 반소에 대하여 항소를 하지 아니하였다는 사유만으로 이 사건 예비적 반소가 원심의 심판대상으로 될 수 없는 것은 아니라고 할 것이고, 따라서 원심(주 : 항소심을 의미함)으로서는 원고의 항소를 받아들여 원고의 본소청구를 인용한 이상 피고의 예비적 반소청구를 심판대상으로 삼아 이를 판단하였어야 한다"(대판 2006.6.29. 2006다19061)고 판시하여 예비적 반소도 항소심의 심판의 대상이 된다고 본다. 즉, 불이익변경금지원칙에 반하지 않는다고 보았다.

⑤ [○] ※ 본소 이혼청구를 기각하고 반소 이혼청구를 인용하는 경우, 본소 이혼청구에 병합된 재산분할청구에 대하여 심리·판단하여야 하는지 여부(한정 적극)
"원고가 본소의 이혼청구에 병합하여 재산분할청구를 제기한 후 피고가 반소로서 이혼청구를 한 경우, 원고가 반대의 의사를 표시하였다는 등의 특별한 사정이 없는 한, 원고의 재산분할청구 중에는 본소의 이혼청구가 받아들여지지 않고 피고의 반소청구에 의하여 이혼이 명하여지는 경우에도 재산을 분할해 달라는 취지의 청구가 포함된 것으로 봄이 상당하다고 할 것이므로(이때 원고의 재산분할청구는 피고의 반소청구에 대한 재반소로서의 실질을 가지게 된다), 이러한 경우 사실심으로서는 원고의 본소 이혼청구를 기각하고 피고의 반소청구를 받아들여 원·피고의 이혼을 명하게 되었다고 하더라도, 마땅히 원고의 재산분할청구에 대한 심리에 들어가 원·피고가 협력하여 이룩한 재산의 액수와 당사자 쌍방이 그 재산의 형성에 기여한 정도 등 일체의 사정을 참작하여 원고에게 재산분할을 할 액수와 방법을 정하여야 한다"(대판 2001.6.15. 2001므626).

[정답] ②

제2장 다수당사자소송
제1절 공동소송

문 6 통상공동소송에 관한 설명 중 옳지 않은 것은? (다툼이 있는 경우 판례에 의함) [변시 6회]

① 소유권이전등기가 차례로 경료된 경우 최종 명의인을 상대로 그 말소를 구하는 소송과 그 직전 명의인을 상대로 소유권이전등기를 구하는 소송은 통상공동소송이다.

② 통상공동소송에서 이른바 주장공통의 원칙은 적용되지 아니한다.

③ 통상공동소송에서 상소로 인한 확정차단의 효력은 상소인과 그 상대방에 대하여만 생기고, 다른 공동소송인에게는 영향을 미치지 아니한다.

④ 예비적 공동소송에서 주위적 피고에 대한 예비적 청구와 예비적 피고에 대한 청구가 서로 법률상 양립할 수 있는 관계에 있으면 양 청구를 병합하여 통상공동소송으로 보아 심리, 판단할 수 있다.

⑤ 통상공동소송에서 공동당사자 일부만이 항소를 제기한 경우, 피항소인은 항소인인 공동소송인 이외의 다른 공동소송인을 상대로 부대항소를 제기할 수 있다.

해설 ① [O] "소유권이전등기가 차례로 경료된 경우 최종 명의인을 상대로 그 말소를 구하는 소송과 그 직전 명의인을 상대로 소유권이전등기를 구하는 소송은 권리관계의 합일적인 확정을 필요로 하는 필수적 공동소송이 아니라 통상 공동소송이다"(대판 2011.9.29. 2009다7076).

② [O] 判例는 "민사소송법 제66조의 명문의 규정과 우리 민사소송법이 취하고 있는 변론주의 소송구조 등에 비추어 볼 때, 통상의 공동소송에 있어서 이른바 주장공통의 원칙은 적용되지 아니한다"(대판 1994.5.10. 93다47196)고 하여 **주장공통의 원칙을 부정**한다.

③ [O] "통상 공동소송에서는 공동당사자들 상호간의 공격방어방법의 차이에 따라 모순되는 결론이 발생할 수 있으므로, 통상 공동소송에서 상소로 인한 확정차단의 효력은 상소인과 그 상대방에 대해서만 생기고, 다른 공동소송인에 대한 청구에 대하여는 미치지 아니한다"(대판 2011.9.29. 2009다7076).

④ [O] "민사소송법 제70조 제1항 본문이 규정하는 '공동소송인 가운데 일부에 대한 청구'를 반드시 '공동소송인 가운데 일부에 대한 모든 청구'라고 해석할 근거는 없으므로, 주위적 피고에 대한 주위적·예비적 청구 중 주위적 청구 부분이 인용되지 아니할 경우 그와 법률상 양립할 수 없는 관계에 있는 예비적 피고에 대한 청구를 인용하여 달라는 취지로 결합하여 소를 제기하는 것도 가능하고, 이 경우 주위적 피고에 대한 예비적 청구와 예비적 피고에 대한 청구가 서로 법률상 양립할 수 있는 관계에 있으면 양 청구를 병합하여 통상의 공동소송으로 보아 심리·판단할 수 있다"(대판 2009.3.26. 2006다47677).

⑤ [X] 부대항소는 피항소인이 항소인을 상대로 제기한 것이어야 한다. 判例는 "통상의 공동소송에 있어 공동당사자 일부만이 항소를 제기한 때에는 피항소인은 항소인인 공동소송인 이외의 다른 공동소송인을 상대방으로 하거나 상대방으로 보태어 부대항소를 제기할 수는 없다"(대판 2015.4.23. 2014다89287,89294)고 보고 있다. 상고를 제기하지 않은 공동소송인은 분리확정되기 때문이다.

[정답] ⑤

문7 공동소송에 관한 설명 중 옳지 않은 것을 모두 고른 것은? (각 지문은 독립적이며, 다툼이 있는 경우 판례에 의함)

[변시 4회]

ㄱ. 통상공동소송에서 피고 공동소송인 乙, 丙 사이의 주장이 일치하지 아니하면 법원은 석명의무가 있다.
ㄴ. 유사필수적 공동소송관계에 있는 공동소송인 甲, 乙의 청구를 모두 기각하는 판결이 선고되었고, 이에 대해 乙만이 항소를 제기하였더라도 甲, 乙 모두에 대해 사건이 항소심에 이심된다.
ㄷ. 통상공동소송에서 공동소송인 乙, 丙, 丁 중 乙이 자백을 하였다면 법원은 원칙상 乙에 대해서는 증거에 의한 심증이 자백한 내용과 다르더라도 자백한 대로 사실을 인정하여야 하며, 丙과 丁에 대해서는 이를 변론 전체의 취지로 참작할 수 있다.
ㄹ. 통상공동소송의 피고 乙, 丙, 丁 중 乙, 丙만이 상고를 제기하고 상고기간이 경과한 상태라면 원고 甲은 丁을 상대로 부대상고를 제기할 수 있다.

① ㄱ, ㄴ   ② ㄱ, ㄷ   ③ ㄱ, ㄹ
④ ㄴ, ㄷ   ⑤ ㄴ, ㄹ

[해설] ㄱ. [X] 공동소송인 가운데 한 사람의 소송행위 또는 이에 대한 상대방의 소송행위와 공동소송인 가운데 한 사람에 관한 사항은 다른 공동소송인에게 영향을 미치지 아니한다(민소법 제66조). 통상공동소송에서 일부 피고는 불출석으로 의제 자백되고, 일부 피고는 그 사실에 대해 다툰 사안에서 判例는 "의제자백이 된 피고들과 원고의 주장을 다툰 피고들 사이에서 동일한 실체관계에 대하여 서로 배치되는 내용의 판단이 내려진다고 하더라도 이를 위법하다고 할 수 없다"(대판 1997.2.28. 96다53789)고 판단하는 바, 통상공동소송은 소송 자료의 독립을 기초로 하므로 공동소송인 간에 주장이 일치하지 않아도 법원은 석명 의무 없다.

ㄴ. [O] 判例는 "민사소송법 제63조 1항(현행 민사소송법 제67조 1항)은 필요적 공동소송에 있어서 공동소송인 중 1인의 소송행위는 공동소송인 전원의 이익을 위하여서만 효력이 있다고 규정하고 있으므로 공동소송인 중 일부의 상소제기는 전원의 이익에 해당된다고 할 것이어서 다른 공동소송인에 대하여도 그 효력이 미칠 것이며, 사건은 필요적 공동소송인 전원에 대하여 확정이 차단되고 상소심에 이심된다고 할 것이다"(대판 1991.12.27. 91다23486)고 하여 **필수적 공동소송에서의 상소 불가분 원칙을 인정**한다.

ㄷ. [O] 법원은 변론주의 원칙상 자백에 구속된다. 다만, 통상 공동 소송에서 공동소송인 가운데 한 사람의 소송행위 또는 이에 대한 상대방의 소송 행위와 공동소송인 가운데 한 사람에 관한 사항은 다른 공동소송인에게 영향을 미치지 아니한다(민사소송법 제66조).

☞ 따라서 법원은 乙에 대해서는 乙의 자백에 기초하여 사실 인정해야 하나, 丙과 丁에 대해서는 이에 구속되지 않고 변론 전체 취지로 참작할 수 있을 뿐이다(아래 75다2152판결).

[관련판례] "필요적 공동소송이 아닌 경우 공동피고가 한 자백은 다른 피고의 소송관계에 직접적으로 무슨 효력을 발생할 수 없고 다만 변론취지로서의 증거자료가 된다고 할 것이다"(대판 1976.8.24. 75다2152).

ㄹ. [X] 부대상고를 제기할 수 있는 시한은 항소심에서의 변론종결시에 대응하는 상고이유서 제출기간 만료시까지이다(대판 2007.4.12. 2006다10439). 한편 부대항소가 허용되기 위해서는 주된 상소가 적법하게 제기되었어야 하는바, 공동소송인 독립 원칙(민사소송법 제66조)에 의해 통상공동소송인의 상소는 개별적으로 진행된다. 따라서 상소를 제기하지 않은 통상공동소송인 甲에 대해서는 부대상소를 제기할 수 없다.

> 관련판례 "통상의 공동소송에 있어 공동당사자 일부만이 상고를 제기한 때에는 피상고인은 상고인인 공동소송인 이외의 다른 공동소송인을 상대방으로 하거나 상대방으로 보태어 부대상고를 제기할 수는 없다"(대판 1994.12.23. 94다40734).

[정답] ③

문8 **필수적 공동소송에 관한 설명 중 옳지 않은 것은?** (다툼이 있는 경우 판례에 의함) [변시 10회]

① 고유필수적 공동소송인인 피고 甲, 乙, 丙 중 甲이 소송계속 중 사망하였으나 甲에게 소송대리인 A가 있어 소송절차 중단의 효과가 발생하지 아니하였다고 하더라도, 그 소송에 관한 판결이 A에게 송달되면 A에게 상소제기에 관한 특별한 권한이 없는 한 그 송달과 동시에 甲, 乙, 丙 전원에 대하여 중단 효과가 발생한다.

② 법인 아닌 사단이 총유재산에 관한 소를 제기하는 경우 사원총회의 결의를 거쳐 그 이름으로 하거나 그 구성원 전원이 당사자가 되어 필수적 공동소송의 형태로 할 수 있다.

③ 공유물분할청구의 소는 분할을 청구하는 공유자가 원고가 되어 다른 공유자 전원을 공동피고로 하여야 하는 고유필수적 공동소송이다.

④ 토지를 수인이 공유하는 경우 그 공유토지의 일부에 대하여 취득시효완성을 원인으로 공유자들을 상대로 그 시효완성 부분에 대한 소유권이전등기절차의 이행을 청구하는 소송은 필수적 공동소송이다.

⑤ 수인의 합유로 소유권이전등기가 마쳐진 부동산에 대하여 원고의 명의신탁해지로 인한 소유권이전등기청구소송은 고유필수적 공동소송에 해당한다.

해설 ① [O] 변론·증거조사·판결은 같은 기일에 함께 해야 하므로 변론의 분리·일부판결을 할 수 없고, 공동소송인 중 한사람에 대하여 중단의 원인이 발생하면 다른 공동소송인 전원에 대하여 중단의 효과가 생겨 전 소송절차의 진행이 정지된다(제67조 3항). 한편, 민사소송법 제95조 제1호, 제238조에 따라 소송대리인이 있는 경우에는 당사자가 사망하더라도 소송절차가 중단되지 않고 소송대리인의 소송대리권도 소멸하지 아니한다(대판 2010.12.23. 2007다22859). 그리고 당사자가 사망하였으나 그를 위한 소송대리인이 있는 경우에는 소송절차가 중단되지 아니하고, 그 소송대리인은 상속인들 전원을 위하여 소송을 수행하게 되어 그 사건의 판결은 상속인들 전원에 대하여 효력이 있다고 할 것이며, 다만 심급대리의 원칙상 그 판결정본이 소송대리인에게 송달된 때에는 소송절차가 중단된다"(대판 1996.2.9. 94다61649).

☞ 사안의 경우, 고유필수적 공동소송인인 피고 甲, 乙, 丙 중 甲이 소송계속 중 사망하더라도 소송대리인 A가 있으므로 소송절차가 중단되지는 않으나 심급대리의 원칙상 판결정본이 소송대리인 A에게 송달된 때에 민소법 제67조 3항에 따라 甲, 乙, 丙 전원에 대하여 중단 효과가 발생한다.

② [○] 判例는 "민법 제276조 1항은 '총유물의 관리 및 처분은 사원총회의 결의에 의한다.', 같은 조 2항은 '각 사원은 정관 기타의 규약에 좇아 총유물을 사용·수익할 수 있다.'라고 규정하고 있을 뿐 공유나 합유의 경우처럼 보존행위는 그 구성원 각자가 할 수 있다는 민법 제265조 단서 또는 제272조 단서와 같은 규정을 두고 있지 아니한바, 이는 법인 아닌 사단의 소유형태인 총유가 공유나 합유에 비하여 단체성이 강하고 구성원 개인들의 총유재산에 대한 지분권이 인정되지 아니하는 데에서 나온 당연한 귀결이라고 할 것이므로 총유재산에 관한 소송은 법인 아닌 사단이 그 명의로 사원총회의 결의를 거쳐 하거나 또는 그 구성원 전원이 당사자가 되어 필수적 공동소송의 형태로 할 수 있을 뿐 그 사단의 구성원은 설령 그가 사단의 대표자라거나 사원총회의 결의를 거쳤다 하더라도 그 소송의 당사자가 될 수 없고, 이러한 법리는 총유재산의 보존행위로서 소를 제기하는 경우에도 마찬가지라 할 것이다"(대판 2005.9.15. 전합 2004다44971)라고 판시하였다.

③ [○] "공유물분할청구의 소는 고유필수적 공동소송이고, 고유필수적 공동소송에서는 공동소송인 중 일부가 제기한 상소는 다른 공동소송인에게도 효력이 미치므로 공동소송인 전원에 대한 관계에서 판결의 확정이 차단되고 소송은 전체로서 상소심에 이심된다. 따라서 **공유물분할 판결은 공유자 전원에 대하여 상소기간이 만료되기 전에는 확정되지 않고, 일부 공유자에 대하여 상소기간이 만료되었다고 하더라도 그 공유자에 대한 판결 부분이 분리·확정되는 것은 아니다**"(대판 2017.9.21. 2017다233931).

④ [✕] "토지를 수인이 공유하는 경우에 공유자들의 소유권이 지분의 형식으로 공존하는 것뿐이고, 그 처분권이 공동에 속하는 것은 아니므로 공유토지의 일부에 대하여 취득시효완성을 원인으로 공유자들을 상대로 그 시효취득 부분에 대한 소유권이전등기절차의 이행을 청구하는 소송은 필수적 공동소송이라고 할 수 없다"(대판 1994.12.27. 93다32880).

⑤ [○] 피고 등의 합유로 소유권이전등기가 마쳐진 부동산에 대하여 원고의 명의신탁해지로 인한 소유권이전등기이행청구소송은 합유 재산에 관한 소송으로서 고유필수적 공동소송에 해당하고(대판 1983.10.25. 83다카850), **고유필수적 공동소송의 경우 소송자료의 통일·소송진행의 통일의 원칙**이 적용되므로, 사안의 경우 甲만이 변론기일에 출석하더라도 乙과 丙은 기일해태의 불이익을 받지 아니한다(민소법 제67조 1항).

[정답] ④

문9 甲, 乙, 丙, 丁은 X 토지에 관하여 각 지분별로 등기를 마친 공유자이다. 다음 설명 중 옳은 것은? (다툼이 있는 경우에는 판례에 의함) [변시 1회]

① 甲이 乙, 丙만을 상대로 공유물분할청구의 소를 제기한 경우, 甲은 丁을 상대로 별도의 공유물분할청구의 소를 제기하여 乙, 丙을 상대로 이미 제기한 공유물분할청구소송에 변론병합을 신청할 수 있으나, 乙, 丙을 상대로 이미 제기한 위 소송에 丁을 피고로 추가할 수는 없다.

② 제3자는 X 토지에 대한 소유권확인 청구의 소를 제기함에 있어 甲, 乙, 丙, 丁 전원을 피고로 하지 않으면 그 소는 부적법하다.

③ 제3자가 X 토지를 불법으로 점유하는 경우, 甲은 단독으로 제3자를 상대로 X 토지에 대한 인도청구의 소를 제기할 수 없다.

④ 甲, 乙, 丙, 丁이 X 토지를 戊에게 매도하고 소유권이전등기를 마쳐준 후에도 여전히 X 토지를 공동점유하고 있는 경우, 공동점유자 각자는 그 점유물의 일부분씩만을 반환할 수 없기 때문에 戊는 甲, 乙, 丙, 丁 전원을 피고로 하여 토지인도청구의 소를 제기하여야 한다.

⑤ X토지에 대해서 甲, 乙, 丙, 丁으로부터 제3자 앞으로 원인무효의 등기가 마쳐진 경우, 甲은 그 제3자에 대하여 원인무효인 등기 전부의 말소를 구할 수 있을 뿐만 아니라, 각 공유자 앞으로 해당 지분별로 진정명의회복을 원인으로 한 소유권이전등기절차이행을 단독으로 청구할 수 있다.

해설 ① [X] 공유물분할청구는 고유필수적 공동소송으로서 공동소송인의 추가가 가능하다(민사소송법 제68조). "공유물분할청구의 소는 분할을 청구하는 공유자가 원고가 되어 다른 공유자 전부를 공동피고로 하여야 하는 고유필수적 공동소송이고, 공동소송인과 상대방 사이에 판결의 합일확정을 필요로 하는 고유필수적 공동소송에 있어서는 공동소송 중 일부가 제기한 상소는 다른 공동소송인에게도 그 효력이 미치는 것이므로 공동소송인 전원에 대한 관계에서 판결의 확정이 차단되고 그 소송은 전체로서 상소심에 이심되며, 상소심판결의 효력은 상소를 하지 아니한 공동소송인에게 미치므로 상소심으로서는 공동소송인 전원에 대하여 심리 · 판단하여야 한다"(대판 2003.12.12. 2003다44615,44622).
또한 변론병합은 '법원'에 의해 이루어지는 것이므로(제141조 : 법원이 주도권을 가짐. 즉 당사자 신청권이 없다) 甲이 할 수 있는 방법은 아니다.

② [X] ④ [X] 공유는 각 지분별 처분이 가능하므로 공유등기자들을 대상으로 하는 소유권확인의 소 내지 소유권이전등기청구의 소는 필수적 공동소송이 아니다.
"부동산의 공유자인 공동상속인들을 상대로 한 소유권보존등기말소 및 소유권확정청구소송은 권리관계가 합일 확정되어야 할 필수적 공동소송이 아니다"(대판 1972.6.27. 72다555).
"공동점유물의 인도를 청구하는 경우 상반된 판결이 나는 때에는 사실상 인도청구의 목적을 달성할 수 없을 때가 있을 수 있으나 그와 같은 사실상 필요가 있다는 것만으로 그것을 필요적 공동소송이라고는 할 수 없는 것이다"(대판 1966.3.15. 65다2455)

③ [X] 공유지분은 공유물의 전체에 미치므로 공유의 대외적 효력으로서 보존행위는 각자 가능하다(민법 제265조 단서). 따라서 甲은 단독으로 제3자를 상대로 X토지에 대한 인도청구의 소를 제기할 수 있다. "건물의 공유지분권자는 동 건물 전부에 대하여 보존행위로서 방해배제청구를 할 수 있다"(대판 1968.9.17. 68다1142,68다1143)

⑤ [O] 제3자 앞으로 원인 무효의 등기가 마쳐져 있는 경우, 지분권자는 공유물에 관한 보존행위로서 '자기의 지분에 관하여서는 물론 그 등기 전부'의 말소를 청구할 수 있다(대판 1993.5.11. 92다52870). 이 경우 공유자 중 한 사람이 '공유물에 관하여 마쳐진 원인무효의 등기'에 각 공유자에게 해당 지분별로 진정명의회복을 원인으로 한 소유권이전등기를 이행할 것을 단독으로 청구하는 것도 가능하다(대판 2005.9.29. 2003다40651).

[비교판례] 그러나 判例는 부동산 공유자의 1인이 자신의 공유지분이 아닌 '다른 공유자'의 공유지분을 침해하는 원인 무효의 등기가 이루어졌다는 이유로 공유물에 관한 보존행위로서 그 부분 등기의 말소를 구할 수는 없다고 한다(대판 2009.2.26. 2006다71802 ; 대판 2010.1.14. 2009다67429).

[정답] ⑤

문 10 X 토지의 공유자인 甲·乙·丙 사이에 X 토지의 분할에 관한 협의가 이루어지지 않자, 甲이 乙과 丙을 상대로 법원에 X 토지의 분할을 청구하였다. 다음 설명 중 옳은 것을 모두 고른 것은? (다툼이 있는 경우에는 판례에 의함) [변시 3회]

ㄱ. 甲이 현물분할을 청구하였으나 현물로 분할할 수 없는 때에는, 법원은 청구취지의 변경 없이도 경매에 의한 분할을 명할 수 있다.

ㄴ. 법원은 甲 지분의 일부에 대하여만 공유물분할을 명하고 일부 지분에 대해서는 이를 분할하지 아니한 채 공유관계를 유지하도록 할 수 있다.

ㄷ. 제1심 판결에 대하여 乙만 항소하였더라도 丙에 대한 제1심 판결은 확정되지 않는다.

ㄹ. 위 소송계속 중 丁도 X 토지의 공유자임이 밝혀졌을 경우, 甲은 丁을 추가하기 위해 소의 주관적 추가적 병합을 할 수 있다.

ㅁ. 위 ㄹ의 경우, 丁은 甲이 제기한 소송에서 乙과 丙 측에 공동소송참가할 수 있으며, 이는 상고심에서도 할 수 있다.

① ㄱ, ㄴ, ㅁ　　　② ㄱ, ㄷ, ㄹ
③ ㄱ, ㄷ, ㅁ　　　④ ㄴ, ㄷ, ㄹ
⑤ ㄴ, ㄹ, ㅁ

해설 ㄱ. [O] "재판에 의하여 공유물을 분할하는 경우에는 법원은 현물로 분할하는 것이 원칙이고, 현물로 분할할 수 없거나 현물로 분할을 하게 되면 현저히 그 가액이 감손될 염려가 있는 때에 비로소 물건의 경매를 명하여 대금분할을 할 수 있는 것이므로, 위와 같은 사정이 없는 한 법원은 각 공유자의 지분비율에 따라 공유물을 현물 그대로 수개의 물건으로 분할하고 분할된 물건에 대하여 각 공유자의 단독소유권을 인정하는 판결을 하여야 하는 것이고, 그 분할의 방법은 당사자가 구하는 방법에 구애받지 아니하고 법원의 재량에 따라 공유관계나 그 객체인 물건의 제반 상황에 따라 공유자의 지분비율에 따른 합리적인 분할을 하면 되는 것이고, 여기에서 공유지분비율에 따른다 함은 지분에 따른 가액비율에 따름을 의미한다"(대판 1993.12.7. 93다27819). 따라서 법원은 현물로 분할할 수 없는 때에는 청구취지의 변경 없이도 경매에 의한 분할을 명할 수 있다.

ㄴ. [X] "공유물분할청구의 소는 형성의 소로서 법원은 공유물분할을 청구하는 원고가 구하는 방법에 구애받지 않고 재량에 따라 합리적 방법으로 분할을 명할 수 있으므로, 여러 사람이 공유하는 물건을 현물분할하는 경우에는 분할청구자의 지분 한도 안에서 현물분할을 하고 분할을 원하지 않는 나머지 공유자는 공유로 남게 하는 방법도 허용된다고 할 것이나, 그렇다고 하더라도 공유물분할을 청구한 공유자의 지분한도 안에서는 공유물을 현물 또는 경매·분할함으로써 공유관계를 해소하고 단독소유권을 인정하여야지, 그 분할청구자 지분의 일부에 대하여만 공유물 분할을 명하고 일부 지분에 대하여는 이를 분할하지 아니한 채 공유관계를 유지하도록 하는 것은 허용될 수 없다"(대판 2010.2.25. 2009다79811).

비교판례 "토지의 형상이나 위치, 그 이용 상황이나 경제적 가치가 균등하지 아니할 때에는 이와 같은 제반 사정을 고려하여 경제적 가치가 지분비율에 상응하도록 분할하는 것도 허용된다"(대판 1991.11.12. 91다27228).

ㄷ. [O] "공유물분할청구의 소는 분할을 청구하는 공유자가 원고가 되어 다른 공유자 전부를 공동피고로 하여야 하는 고유필수적 공동소송이고, 공동소송인과 상대방 사이에 판결의 합일확정을 필요로 하는 고유필수적 공동소송에 있어서는 공동소송인 중 일부가 제기한 상소는 다른 공동소송인에게도 그 효력이 미치는 것이므로 공동소송인 전원에 대한 관계에서 판결의 확정이 차단되고 그 소송은 전체로서 상소심에 이심되며, 상소심판결의 효력은 상소를 하지 아니한 공동소송인에게 미치므로 상소심으로서는 공동소송인 전원에 대하여 심리·판단하여야 한다"(대판 2003.12.12. 2003다44615,44622).

ㄹ. [O] "공유물분할청구의 소는 분할을 청구하는 공유자가 원고가 되어 다른 공유자 전부를 공동피고로 하여야 하는 고유필수적 공동소송"(대판 2003.12.12. 2003다44615)이므로, 공유자 丁이 피고에서 누락되었다면 피고로 추가되도록 필수적 공동소송인의 추가를 할 수 있다(민사소송법 제68조 1항).

ㅁ. [X] 고유필수적 공동소송의 경우에도 공동소송참가가 허용되는지 견해가 대립하지만 서울고등법원은 "원고가 제기한 소송이 원고의 당사자적격결차로 부적격하다고 하더라도 그 소송계속이 종료되지 않은 이상 그 소송에 관하여 원고와 합일적으로 확정되어야 할 관계에 있는 자는 민사소송법 제83조에 따라 공동소송참가를 할 수 있다"(서울고법 1987.12.9. 85나2783)고 판결한 바 있다. 다만, 상고심에 계속 중인 경우 공동소송참가는 신소제기의 실질을 갖기 때문에 허용되지 않는다(대판 1961.5.4. 4292민상583).

쟁점정리 ※ 누락된 공동소송인의 보정방법
공동소송인으로 되어야 할 자 중 일부가 누락된 경우에는 원칙적으로 당사자적격의 흠결로 소는 부적법 각하된다. 다만, 소송요건은 변론종결시까지 구비하면 되므로 누락당사자의 보정을 인정할 여지가 있는 바, 그 보정방법으로 ① 별소 제기와 법원의 변론의 병합(제141조 : 법원이 주도권을 가짐. 즉 당사자 신청권이 없다)과 ② **원고의 필수적 공동소송인의 추가**(제68조 : 원고가 주도권을 가짐. 그러나 제1심에 한한다), ③ **누락자의 공동소송참가**(제83조 : 누락된 자가 주도권을 가짐. 제1심에 제한되지 않음. 따라서 항소심에서도 가능)가 논의되고 있다.

[정답] ②

문11 다음 설명 중 옳지 않은 것을 모두 고른 것은? (다툼이 있는 경우에는 판례에 의함)   [변시 2회]

ㄱ. A아파트 입주자대표회의의 대표자를 피고로 삼아 제기한 대표자 지위부존재확인의 제1심 소송 중에 위 아파트 입주자대표회의에 대하여 같은 내용의 확인을 구하기 위하여 위 아파트 입주자대표회의를 예비적 피고로 추가하는 신청은 적법하다.

ㄴ. 甲이 주위적으로 B보험회사가 한 공탁이 무효임을 전제로 B보험회사에 대하여 보험금의 지급을 구하고, 예비적으로 위 공탁이 유효임을 전제로 乙에 대하여 공탁금의 출급청구에 관한 승낙의 의사표시와 대한민국에 대한 통지를 구하는 소를 제기한 경우, B보험회사에 대한 판결을 먼저 한 다음 나중에 乙에 대하여 추가판결을 할 수 있다.

ㄷ. 甲, 乙, 丙의 합유로 소유권이전등기가 된 X 토지에 관하여 丁이 甲, 乙, 丙을 피고로 명의신탁해지를 원인으로 한 소유권이전등기절차의 이행을 구하는 소를 제기한 경우, 甲만이 변론기일에 출석하더라도 乙과 丙은 기일해태의 불이익을 받지 않는다.

ㄹ. 공동상속인 甲, 乙, 丙 중 甲과 乙 사이에 X 토지가 상속재산에 속하는지 여부에 관하여 다툼이 있어, 甲이 乙을 피고로 하여 X 토지가 상속재산임의 확인을 구하는 제1심 소송 중에 丙을 피고로 추가하는 신청은 부적법하다.

ㅁ. 甲, 乙, 丙의 공유인 X 토지에 관하여 甲이 乙, 丙을 피고로 삼아 제기한 공유물분할청구의 소송 중에 丙에 대한 소를 취하하는 것은 허용되지 아니한다.

① ㄱ, ㄴ   ② ㄴ, ㄹ

③ ㄴ, ㄷ, ㄹ   ④ ㄱ, ㅁ

⑤ ㄴ, ㄹ, ㅁ

해설 ㄱ. [○] **제70조 (예비적·선택적 공동소송에 대한 특별규정)** 「①항 공동소송인 가운데 일부의 청구가 다른 공동소송인의 청구와 **법률상 양립할 수 없거나** 공동소송인 가운데 일부에 대한 청구가 다른 공동소송인에 대한 청구와 법률상 양립할 수 없는 경우에는 제67조 내지 제69조를 준용한다.」 "법인 또는 비법인 등 당사자능력이 있는 단체의 대표자 또는 구성원의 지위에 관한 확인소송에서 그 대표자 또는 구성원 개인뿐 아니라 그가 소속된 단체를 공동피고로 하여 소가 제기된 경우에 있어서는, 누가 피고적격을 가지는지에 관한 법률적 평가에 따라 어느 한 쪽에 대한 청구는 부적법하고 다른 쪽의 청구만이 적법하게 될 수 있으므로 이는 민사소송법 제70조 제1항 소정의 예비적·선택적 공동소송의 요건인 각 청구가 서로 법률상 양립할 수 없는 관계에 해당한다. 따라서 아파트 입주자대표회의 구성원 개인을 피고로 삼아 제기한 동 대표 지위 부존재확인의 소의 계속 중에 아파트 입주자대표회의를 피고로 추가하는 주관적·예비적 추가가 허용된다"(대결 2007.6.26. 2007마515).

[쟁점정리] ※ 제70조의 '법률상 양립할 수 없다'는 의미

실체법적으로 서로 양립할 수 없는 경우뿐 아니라 위 사안과 같이 소송법상으로 서로 양립할 수 없는 경우를 포함한다(위 2007마515판결).

ㄴ. [X] ⅰ) 주관적·예비적 공동소송은 동일한 법률관계에 관하여 모든 공동소송인이 서로간의 다툼을 하나의 소송절차로 한꺼번에 모순 없이 해결하는 소송형태로서 모든 공동소송인에 대한 청구에 관하여 판결을 하여야 하고(민사소송법 제70조 2항), 그 중 일부 공동소송인에 대하여만 판결을 하거나 남겨진 자를 위하여 추가판결을 하는 것은 허용되지 않는다. 그리고 주관적·예비적 공동소송에서 주위적 공동소송인과 예비적 공동소송인 중 어느 한 사람이 상소를 제기하면 다른 공동소송인에 관한 청구 부분도 확정이 차단되고 상소심에 이심되어 심판대상이 되고, 이러한 경우 상소심의 심판대상은 주위적·예비적 공동소송인들 및 상대방 당사자 간 결론의 합일확정 필요성을 고려하여 판단하여야 한다. ⅱ) 공탁이 무효임을 전제로 한 피고 갑에 대한 주위적 청구와 공탁이 유효임을 전제로 한 피고 을 및 제1심 공동피고들에 대한 예비적 청구가 공탁의 효력 유무에 따라 두 청구가 모두 인용될 수 없는 관계에 있거나 한쪽 청구에 대한 판단 이유가 다른 쪽 청구에 대한 판단 이유에 영향을 주어 각 청구에 대한 판단 과정이 필연적으로 상호 결합되어 있는 주관적·예비적 공동소송의 관계에서 모든 당사자들 사이에 결론의 합일확정을 기할 필요가 인정되므로, 피고 을만이 제1심판결에 대하여 적법한 항소를 제기하였다고 하더라도 피고 갑에 대한 주위적 청구 부분과 제1심 공동피고들에 대한 예비적 청구 부분도 함께 확정이 차단되고 원심에 이심되어 심판대상이 되었다고 보아야 함에도, 그 심판대상을 위 예비적 청구 중 제1심이 인용한 부분에 한정된다고 전제하여 그 부분에 관하여만 판단한 원심판결을 직권으로 전부 파기한 사례(대판 2011.2.24. 2009다43355).

ㄷ. [O] 피고 등의 합유로 소유권이전등기가 마쳐진 부동산에 대하여 원고의 명의신탁해지로 인한 소유권이전등기이행청구소송은 합유 재산에 관한 소송으로서 고유필수적 공동소송에 해당하고(대판 1983.10.25. 83다카850), **고유필수적 공동소송의 경우 소송자료의 통일·소송진행의 통일의 원칙이 적용되므로**, 사안의 경우 甲만이 변론기일에 출석하더라도 乙과 丙은 기일해태의 불이익을 받지 아니한다(민소법 제67조 1항).

ㄹ. [X] 능동적 공유관계소송 중 공유물 전체에 대한 소유권확인청구나 공동상속인의 다른 공동상속인 상대의 상속재산확인의 소는 고유필수적 공동소송에 해당한다(대판 1994.11.11. 94다35008). 따라서 사안의 경우 丙을 피고로 추가 신청할 수 있다(민소법 제68조 1항. 필수적 공동소송인의 추가).

ㅁ. [O] 수동적 공유관계소송 중 공유물 분할청구소송이나 공유토지경계확정소송은 고유필수적 공동소송이고 고유필수적 공동소송의 경우 자백, 청구포기·인낙 또는 재판상화해는 전원이 함께 하지 않으면 효력이 없고(민소법 제67조 1항), 소의 일부취하도 허용되지 아니한다(대판 1996.12.10. 96다23238).

[정답] ②

문**E-2** 공유관계 소송에 관한 설명 중 옳지 않은 것은? (다툼이 있는 경우 판례에 의함)   [변시 12회]

① 공유물의 소수지분권자인 피고가 다른 공유자와 협의하지 않고 공유물의 전부 또는 일부를 독점적으로 점유하는 경우, 다른 소수지분권자인 원고는 피고를 상대로 공유물의 인도를 청구할 수 없다.

② 공유물분할청구의 소는 분할을 청구하는 공유자가 원고가 되어 다른 공유자 전부를 공동피고로 하여야 하는 고유필수적 공동소송이다.

③ 타인 소유의 토지 위에 설치되어 있는 공유건물을 철거할 의무가 있는 공유자들을 상대로 그 건물의 철거를 구하는 소는 고유필수적 공동소송이다.

④ 공유자 중 1인은 공유물에 대한 보존행위로서 그 공유물에 경료된 원인무효의 등기에 관하여 각 공유자에게 해당 지분별로 진정명의회복을 원인으로 한 소유권이전등기를 이행할 것을 단독으로 청구할 수 있다.

⑤ 공유물분할의 소송절차에서 공유자 사이에 공유토지에 관한 현물분할 협의가 성립하여 그 합의사항을 조서에 기재함으로써 조정이 성립하였더라도 그 즉시 공유관계가 소멸하고 각 공유자에게 그 협의에 따른 새로운 법률관계가 창설되는 것은 아니다.

해설 ① [○] "공유물의 소수지분권자인 피고가 다른 공유자와 협의하지 않고 공유물의 전부 또는 일부를 독점적으로 점유하는 경우 다른 소수지분권자인 원고가 피고를 상대로 공유물의 인도를 청구할 수는 없다고 보아야 한다"(대판 2020.5.21. 전합2018다287522).

② [○] "**공유물분할청구의 소**는 분할을 청구하는 공유자가 원고가 되어 다른 공유자 전부를 공동피고로 하여야 하는 **고유필수적 공동소송**"(대판 2003.12.12. 2003다44615)이다.

③ [✕] "공유물의 반환 또는 철거에 관한 소송은 필요적 공동소송이 아니다"(대판 1969.7.22. 69다609)

④ [○] "부동산의 공유자 중 한 사람은 공유물에 대한 보존행위로서 그 공유물에 관한 원인무효의 등기 전부의 말소를 구할 수 있고, 진정명의회복을 원인으로 한 소유권이전등기청구권과 무효등기의 말소청구권은 어느 것이나 진정한 소유자의 등기명의를 회복하기 위한 것으로서 실질적으로 그 목적이 동일하고 두 청구권 모두 소유권에 기한 방해배제청구권으로서 그 법적 근거와 성질이 동일하므로, 공유자 중 한 사람은 공유물에 경료된 원인무효의 등기에 관하여 각 공유자에게 해당 지분별로 진정명의회복을 원인으로 한 소유권이전등기를 이행할 것을 단독으로 청구할 수 있다"(대판 2005.9.29. 2003다40651)

⑤ [○] "공유물분할의 소송절차 또는 조정절차에서 공유자 사이에 공유토지에 관한 현물분할의 협의가 성립하여 그 합의사항을 조서에 기재함으로써 조정이 성립하였다고 하더라도, 그와 같은 사정만으로 재판에 의한 공유물분할의 경우와 마찬가지로 그 즉시 공유관계가 소멸하고 각 공유자에게 그 협의에 따른 새로운 법률관계가 창설되는 것은 아니라고 할 것이고, 공유자들이 협의한 바에 따라 토지의 분필절차를 마친 후 각 단독소유로 하기로 한 부분에 관하여 다른 공유자의 공유지분을 이전받아 등기를 마침으로써 비로소 그 부분에 대한 대세적 권리로서의 소유권을 취득하게 된다"(대판 2013.11.21. 전합2011두1917)

[정답] ③

문 E-3 「민법」상 조합에 관한 설명 중 옳지 않은 것은? (다툼이 있는 경우 판례에 의함) [변시 12회]

① 조합관계가 종료된 경우 당사자 사이에 별도의 약정이 없는 이상 청산절차를 밟는 것이 통례이나, 조합의 잔무로서 처리할 일이 없고 잔여재산의 분배만이 남아 있을 때에는 청산절차를 밟을 필요가 없다.

② 조합인 공동수급체의 구성원이 출자의무를 이행하지 않더라도 공동수급체는 원칙적으로 출자의무의 불이행을 이유로 이익분배 자체를 거부할 수 없고, 그 구성원에게 지급할 이익분배금에서 출자금이나 그 연체이자를 당연히 공제할 수도 없다.

③ 조합인 공동수급체가 경쟁입찰에 참가하였다가 다른 경쟁업체가 낙찰자로 선정되자 그 공동수급체의 구성원 중 1인이 합유재산의 보존행위를 근거로 제기한 낙찰자선정 무효확인의 소는 부적법하다.

④ 조합재산에 속하는 채권에 관한 소송은 합유물에 관한 소송으로서 특별한 사정이 없는 한 고유필수적 공동소송에 해당한다.

⑤ 조합 업무를 집행할 권한을 수여받은 업무집행조합원은 조합재산에 관하여 조합원으로부터 임의적 소송신탁을 받아 자기 이름으로 소송을 수행하는 것이 허용된다.

해설 ① [○] "조합의 목적 달성으로 인하여 조합이 해산되었으나 조합의 잔무로서 처리할 일이 없고 다만 잔여재산의 분배만이 남아 있을 때에는 따로 청산절차를 밟을 필요가 없이 각 조합원은 자신의 잔여재산의 분배비율의 범위 내에서 그 분배비율을 초과하여 잔여재산을 보유하고 있는 조합원에 대하여 바로 잔여재산의 분배를 청구할 수 있고, 이 경우의 잔여재산 분배청구권은 조합원 상호간의 내부관계에서 발생하는 것으로서 각 조합원이 분배비율을 초과하여 잔여재산을 보유하고 있는 조합원을 상대로 개별적으로 행사하면 족한 것이지 반드시 조합원들이 공동으로 행사하거나 조합원 전원을 상대로 행사하여야 하는 것은 아니다"(대판 2000.4.21. 99다35713).

② [○] "당사자들이 공동이행방식의 공동수급체를 구성하여 도급인으로부터 공사를 수급받는 경우 공동수급체는 원칙적으로 민법상 조합에 해당한다. 건설공동수급체 구성원은 공동수급체에 출자의무를 지는 반면 공동수급체에 대한 이익분배청구권을 가지는데, 이익분배청구권과 출자의무는 별개의 권리·의무이다. 따라서 공동수급체의 구성원이 출자의무를 이행하지 않더라도, 공동수급체가 출자의무의 불이행을 이유로 이익분배 자체를 거부할 수도 없고, 그 구성원에게 지급할 이익분배금에서 출자금이나 그 연체이자를 당연히 공제할 수도 없다. 다만 구성원에 대한 공동수급체의 출자금 채권과 공동수급체에 대한 구성원의 이익분배청구권이 상계적상에 있으면 상계에 관한 민법 규정에 따라 두 채권을 대등액에서 상계할 수 있을 따름이다"(대판 2018.1.24. 2015다69990).

비교쟁점 "공동수급체(민법상 조합 : 저자주)의 구성원들 사이에 '출자의무와 이익분배를 직접 연계시키는 특약'을 하는 것도 계약자유의 원칙상 허용된다. 따라서 구성원들이 출자의무를 먼저 이행한 경우에 한하여 이익분배를 받을 수 있다고 약정하거나 출자의무의 불이행 정도에 따라 이익분배금을 전부 또는 일부 삭감하기로 약정할 수도 있다. 나아가 금전을 출자하기로 한 구성원이 출자를 지연하는 경우 그 구성원이 지급받을 이익분배금에서 출자금과 그 연체이자를 '공제'하기로 하는 약정을 할 수도 있다. 이러한 약정이 있으면 공동수급체는 그 특약에 따라 출자의무를 불이행한 구성원에 대한 이익분배를 거부하거나 구성원에게 지급할 이익분배금에서 출자금과 그 연체이자를 공제할 수 있다. 이러한 '공제'는 특별한 약정이 없는 한 당사자 쌍방의 채권이 서로 상계적상에 있는지 여부와 관계없이 가능하고 별도의 의사표시도 필요하지 않다"(대판 2018.1.24. 2015다69990).

③ [×] "민법상 조합인 공동수급체가 경쟁입찰에 참가하였다가 다른 경쟁업체가 낙찰자로 선정된 경우, 그 공동수급체의 구성원 중 1인이 그 낙찰자 선정이 무효임을 주장하며 무효확인의 소를 제기하는 것은 그 공동수급체가 경쟁입찰과 관련하여 갖는 법적 지위 내지 법률상 보호받는 이익이 침해될 우려가 있어 그 현상을 유지하기 위하여 하는 소송행위이므로 이는 합유재산의 보존행위에 해당한다"(대판 2013.11.28. 2011다80449).

④ [○] 조합의 합유물에 관한 소송은 조합원인 피고들 전부를 공동피고로 하여야 하는 **고유필수적 공동소송에 해당한다**(대판 2010.4.29. 2008다50691)

⑤ [○] "민법상 조합의 채권은 조합원 전원에게 합유적으로 귀속하는 것이어서 특별한 사정이 없는 한 조합원 중 1인에 대한 채권으로써 그 조합원 개인을 집행채무자로 하여 조합의 채권에 대하여 강제집행을 할 수 없고, 조합 업무를 집행할 권한을 수여받은 업무집행 조합원은 조합재산에 관하여 조합원으로부터 임의적 소송신탁을 받아 자기 이름으로 소송을 수행할 수 있다"(대판 2001.2.23. 2000다68924)

[정답] ③

문 E-4 예비적 공동소송에 관한 설명으로 옳지 않은 것은? (다툼이 있는 경우 판례에 의함) [변시 12회]

① 예비적 공동소송에서 법원은 모든 공동소송인에 관한 청구에 대하여 판결을 하여야 하고, 그중 일부 공동소송인에 대하여만 판결을 하거나, 남겨진 자를 위하여 추가판결을 하는 것은 허용되지 않는다.

② 예비적 공동소송에서 패소한 주위적 공동소송인과 예비적 공동소송인 중 어느 한 사람이 상소를 제기하면 다른 공동소송인에 관한 청구 부분도 확정이 차단되고, 상소심은 주위적·예비적 공동소송인들 및 그 상대방 당사자 사이의 결론의 합일확정의 필요성을 고려하여 그 심판의 범위를 판단하여야 한다.

③ 예비적 공동소송에서 공동소송인 중 일부가 소를 취하하거나 일부 공동소송인에 대한 소를 취하할 수 있고, 이 경우 소를 취하하지 않은 나머지 공동소송인에 관한 청구 부분도 심판대상이 되지 아니한다.

④ 예비적 공동소송에서 화해권고결정에 대하여 일부 공동소송인이 이의하지 않았다면, 원칙적으로 그 공동소송인에 대한 관계에서는 위 결정이 분리확정될 수 있다.

⑤ 아파트 입주자대표회의 구성원 개인을 피고로 삼아 제기한 동대표지위 부존재확인의 소에서 위 구성원 개인과 아파트 입주자대표회의 중에 누가 피고적격을 가지는지에 관한 법률적 평가에 따라 어느 한쪽에 대한 청구는 부적법하고 다른 쪽에 대한 청구만이 적법하게 될 수 있는 경우, 원고는 아파트 입주자대표회의를 예비적 피고로 추가할 수 있다.

해설 ① [O] ※ 본안재판의 통일

주관적·예비적 공동소송은 동일한 법률관계에 관하여 모든 공동소송인이 서로간의 다툼을 하나의 소송절차로 한꺼번에 모순 없이 해결하는 소송형태로서 **모든 공동소송인에 관한 청구에 관하여 판결을 하여야 한다**(제70조 2항). 判例도 "예비적·선택적 공동소송에서 일부 공동소송인에 대한 청구에 관하여만 이루어진 판결의 소송상 성격은 흠 있는 전부판결이며, 이때 누락된 공동소송인은 상소를 제기할 이익을 가진다"(대판 2008.3.27. 2005다49430)고 하였고, "일부공동소송인에 대하여만 일부판결하거나 남겨진 자를 위한 추가판결을 하는 것은 허용되지 않는다"(대결 2007.6.26. 2007마515)고도 판시하였다.

② [O] ※ 이심의 범위 및 상소심의 심판대상

주식회사의 이사나 감사를 피신청인으로 하여 그 직무집행을 정지하고 직무대행자를 선임하는 가처분이 있는 경우 가처분결정은 이사 등의 직무집행을 정지시킬 뿐 이사 등의 지위나 자격을 박탈하는 것이 아니므로, 특별한 사정이 없는 한 가처분결정으로 인하여 이사 등의 임기가 당연히 정지되거나 가처분결정이 존속하는 기간만큼 연장된다고 할 수 없다(대판 2020.8.20. 2018다249148).

주관적·예비적 공동소송에서 공동소송인 가운데 한 사람에 대한 상대방의 소송행위는 공동소송인 모두에게 효력이 미치므로, 주위적 공동소송인과 예비적 공동소송인 중 어느 한 사람에 대하여 상소가 제기되면 다른 공동소송인에 대한 청구 부분도 상소심에 이심되어 상소심의 심판대상이 되고, 이러한 경우 상소심의 심판대상은 주위적·예비적 공동소송인들 및 그 상대방 당사자 사이의 결론의 합일 확정의 필요성을 고려하여 그 심판의 범위를 판단하여야 한다(대판 2018.11.9. 2018다251851).

③ [X] ※ 소송진행의 통일

제70조에서 정한 주관적·예비적 공동소송에는 제67조 내지 제69조가 준용되어 소송자료 및 소송진행의 통일이 요구되지만, 청구의 포기·인낙, 화해 및 소의 취하는 공동소송인 각자가 할 수 있다(제70조 1항 단서). 이 경우 변론이 분리될 수 있다. 따라서 "공동소송인 중 일부가 소를 취하하거나 일부 공동소송인에 대한 소를 취하할 수 있고, 이 경우 소를 취하하지 않은 나머지 공동소송인에 관한 청구 부분은 여전히 심판의 대상이 된다"(대판 2018.2.13. 2015다242429).

④ [O] ※ 소송진행의 통일

"민사소송법 제70조에서 정한 주관적·예비적 공동소송에는 민사소송법 제67조 내지 제69조가 준용되어 소송자료 및 소송진행의 통일이 요구되지만, 청구의 포기·인낙, 화해 및 소의 취하는 공동소송인 각자가 할 수 있는데, 이에 비추어 보면, 조정을 갈음하는 결정이 확정된 경우에는 재판상 화해와 동일한 효력이 있으므로 그 결정에 대하여 일부 공동소송인이 이의하지 않았다면 원칙적으로 그 공동소송인에 대한 관계에서는 조정을 갈음하는 결정이 확정될 수 있다. 다만, 조정을 갈음하는 결정에서 분리 확정을 불허하고 있거나, 그렇지 않더라도 그 결정에서 정한 사항이 공동소송인들에게 공통되는 법률관계를 형성함을 전제로 하여 이해관계를 조절하는 경우 등과 같이 결정 사항의 취지에 비추어 볼 때 분리 확정을 허용할 경우 형평에 반하고 또한 이해관계가 상반된 공동소송인들 사이에서의 소송진행 통일을 목적으로 하는 민사소송법 제70조 제1항 본문의 입법 취지에 반하는 결과가 초래되는 경우에는 분리 확정이 허용되지 않는다(대판 2008.7.10. 2006다57872 참조). 이러한 법리는 이의신청 기간 내에 이의신청이 없으면 재판상 화해와 동일한 효력을 가지는 화해권고결정의 경우에도 마찬가지로 적용된다"(대판 2015.3.20. 2014다75202).

비교쟁점 "분리 확정을 허용할 경우 형평에 반하고 또한 이해관계가 상반된 공동소송인들 사이에서의 소송 진행 통일을 목적으로 하는 민사소송법 제70조 제1항 본문의 입법 취지에 반하는 결과가 초래되는 경우에는 분리 확정이 허용되지 않는다. 이는 주관적·예비적 공동소송에서 화해권고결정에 대하여 일부 공동소송인만이 이의신청을 한 후 그 공동소송인 전원이 분리 확정에 대하여는 이의가 없다는 취지로 진술하였더라도 마찬가지이다"(대판 2022.4.14. 2020다 224975).

⑤ [ㅇ] 判例는 "법인 또는 비법인 등 당사자능력이 있는 단체의 대표자 또는 구성원의 지위에 관한 확인소송에서 그 대표자 또는 구성원 개인뿐 아니라 그가 소속된 단체를 공동피고로 하여 소가 제기된 경우에 있어서는, 누가 피고적격을 가지는지에 관한 법률적 평가에 따라 어느 한 쪽에 대한 청구는 부적법하고 다른 쪽의 청구만이 적법하게 될 수 있으므로 이는 민사소송법 제70조 제1항 소정의 예비적·선택적 공동소송의 요건인 각 청구가 서로 법률상 양립할 수 없 는 관계에 해당한다"(대결 2007.6.26. 2007마515)고 판시하여, 아파트 입주자대표회의 구성원 개인을 피고로 삼아 제기한 동대표지위 부존재확인의 소의 계속중에 아파트 입주자대표회의를 피고로 추가하는 주관적·예비적 추가가 허용된다고 하였다.

[정답] ③

문12 원고 측의 선정당사자에 관한 아래 설명 중 옳은 것을 모두 고른 것은? (다툼이 있는 경우에는 판례에 의함)

[변시 1회]

ㄱ. 선정당사자에 대하여는 소송대리인에 관한 규정이 준용되므로, 선정당사자가 소를 취하하려면 선정자들로부터 특별수권을 받아야 한다.

ㄴ. 선정당사자와 선정자들 사이에는 공동의 이해관계가 있어야 하는바, 선정자가 공동의 이해관계가 없는 자를 선정당사자로 선정한 경우, 이는 재심사유에 해당한다.

ㄷ. 선정당사자가 변경된 때 그 변경사실을 상대방에게 통지하지 않았더라도 그 사실이 법원에 알려진 경우, 종전의 선정당사자는 상대방의 동의를 얻었더라도 소를 취하하지 못한다.

ㄹ. 심급을 한정하여 선정을 할 수 없는 것은 아니나, 선정당사자의 지위는 제1심에 한하지 않고 소송이 종결될 때까지 유지되는 것이 원칙이다.

ㅁ. 선정은 소송계속 전·후를 불문하고 할 수 있고, 소송계속 후 선정을 하면 선정자는 당연히 소송에서 탈퇴한 것으로 본다.

① ㄴ, ㄷ　　　　　　　　　② ㄹ, ㅁ
③ ㄱ, ㄷ, ㅁ　　　　　　　④ ㄱ, ㄹ, ㅁ
⑤ ㄷ, ㄹ, ㅁ

해설 ㄱ. [X] 선정자는 대리인이 아닌 당사자이므로 소송소행에 있어 소송대리인에 관한 제90조 2항과 같은 제한은 받지 않는다.
"선정당사자는 선정자들로부터 소송수행을 위한 포괄적인 수권을 받은 것으로서 일체의 소송행위는 물론 소송수행에 필요한 사법상의 행위도 할 수 있는 것이고 개개의 소송행위를 함에 있어서 선정자의 개별적인 동의가 필요한 것은 아니다"(대판 2003.5.30. 2001다10748)

ㄴ. [X] "다수자 사이에 공동소송인이 될 관계에 있기는 하지만 주요한 공격방어방법을 공통으로 하는 것이 아니어서 공동의 이해관계가 없는 자가 선정당사자로 선정되었음에도 법원이 그러한 선정당사자 자격의 흠을 간과하여 그를 당사자로 한 판결이 확정된 경우, 선정자가 스스로 당해 소송의 공동소송인 중 1인인 선정당사자에게 소송수행권을 수여하는 선정행위를 하였다면 그 선정자로서는 실질적인 소송행위를 할 기회 또는 적법하게 당해 소송에 관여할 기회를 박탈당한 것이 아니므로, 비록 그 선정당사자와의 사이에 공동의 이해관계가 없었다고 하더라도 그러한 사정은 민사소송법 제451조 제1항 제3호가 정하는 재심사유에 해당하지 않는 것으로 봄이 상당하고, 이러한 법리는 그 선정당사자에 대한 판결이 확정된 경우뿐만 아니라 그 선정당사자가 청구를 인낙하여 인낙조서가 확정된 경우에도 마찬가지라 할 것이다"(대판 2007.7.12. 2005다10470).

ㄷ. [O] 선정당사자자격의 상실은 대리권 소멸처럼 상대방에게 통지가 요구되며 그렇지 않으면 효력이 발생하지 않는다(민사소송법 제63조 2항, 1항 본문). 다만 법원에 법정대리권이 소멸사실이 알려진 뒤에는 종전의 선정당사자는 소의 취하, 청구의 포기·인낙 등의 소송행위를 하지 못한다(민사소송법 제63조 2항, 1항 단서).

ㄹ. [O] 선정취소가 자유롭게 인정되는 점(민소법 제 53조 1항)에서 심급한정도 가능하다는 것이 判例의 태도이다. 다만 구체적 적용에서 '사건명과 함께 심급에 대한 기술'이 있어도 심급한정으로 볼 수 없다고 본 사안도 있다.
"ⅰ) 공동의 이해관계가 있는 다수자가 당사자를 선정한 경우에는 선정된 당사자는 당해 소송의 종결에 이르기까지 총원을 위하여 소송을 수행할 수 있고, 상소와 같은 것도 역시 이러한 당사자로부터 제기되어야 하는 것이지만, 당사자 선정은 총원의 합의로써 장래를 향하여 이를 취소, 변경할 수 있는 만큼 당초부터 특히 어떠한 심급을 한정하여 당사자인 자격을 보유하게끔 할 목적으로 선정을 하는 것도 역시 허용된다. ⅱ) 선정당사자의 제도가 당사자 다수의 소송에 있어서 소송절차를 간소화, 단순화하여 소송의 효율적인 진행을 도모하는 것을 목적으로 하고, 선정된 자가 당사자로서 소송의 종료에 이르기까지 소송을 수행하는 것이 그 본래의 취지임에 비추어 보면, 제1심에서 제출된 선정서에 사건명을 기재한 다음에 '제1심 소송절차에 관하여' 또는 '제1심 소송절차를 수행하게 한다'라는 문언이 기재되어 있는 경우라 하더라도, 특단의 사정이 없는 한, 그 기재는 사건명 등과 더불어 선정당사자를 선정하는 사건을 특정하기 위한 것으로 보아야 하고, 따라서 그 선정의 효력은 제1심의 소송에 한정하는 것이 아니라 소송의 종료에 이르기까지 계속하는 것으로 해석함이 상당하다"(대결 1995.10.5. 94마2452).

ㅁ. [O] 선정은 시기 제한이 없고, 선정이 있으면 선정자는 당연히 소송에서 탈퇴한 것으로 본다. 민사소송법 제53조(선정당사자) 2항 「소송이 법원에 계속된 뒤 제1항의 규정에 따라 당사자를 바꾼 때에는 그 전의 당사자는 당연히 소송에서 탈퇴한 것으로 본다.」

[정답] ⑤

문 13 甲, 乙, 丙, 丁은 甲이 운전하는 자동차를 함께 타고 가다가 A가 중앙선을 침범하여 자동차를 운행한 과실에 의해 발생한 사고로 인하여 A에 대하여 각 1억 원의 손해배상채권을 가지게 되었다. 이에 甲, 乙, 丙, 丁은 A를 상대로 손해배상청구의 소를 제기하면서 甲과 乙을 선정당사자로 선정하였다. 이에 관한 설명 중 옳지 않은 것은? (다툼이 있는 경우 판례에 의함)   [변시 5회]

① 甲과 乙은 丙과 丁으로부터 특별한 권한을 받을 필요 없이 청구를 포기할 수 있다.
② 甲과 乙이 선정당사자로 선정되었다는 것은 서면으로 증명하여야 하고, 이를 소송기록에 붙여야 한다.
③ 별도의 소송대리인이 없으면, 甲이 사망한 경우 선정자들이 다시 새로운 선정당사자를 선정할 때까지 소송절차는 중단된다.
④ 별도의 약정 등이 없는 한 선정의 효력은 소송의 종료 시까지 유지되므로 甲과 乙의 소송수행권은 제1심에 한정되지 않는다.
⑤ 甲과 乙이 자신들의 청구 부분에 대하여 소를 전부 취하하고 A가 이에 동의한 경우, 甲과 乙은 선정당사자 자격을 상실한다.

[해 설] ① [○] ※ 선정당사자의 당사자 본인으로서의 소송상 지위
선정당사자는 선정자의 대리인이 아니고 당사자 본인이므로(제53조 1항) 소송수행에 있어서 소송대리인에 관한 제90조 2항의 제한을 받지 않는다. 判例도 "선정당사자는 선정자들로부터 소송수행을 위한 포괄적인 수권을 받은 것으로서 일체의 소송행위(취하, 포기, 인낙, 화해, 상소 등)는 물론 소송수행에 필요한 사법상의 행위도 할 수 있는 것이고 개개의 소송행위를 함에 있어서 선정자의 개별적인 동의가 필요한 것은 아니다"(대판 2010.5.13. 2009다105246)라고 판시한 바 있다.
☞ 사안에서 甲과 乙은 丙과 丁으로부터 특별한 권한을 받을 필요 없이 청구를 포기할 수 있다.

② [○] ※ 선정의 방법
선정당사자를 선정하고 바꾸는 경우, '소송행위를 위한 권한을 받은 사실은 서면으로 증명하여야 하므로(제58조 1항), 선정서를 법원에 제출하여 '서면은 소송기록에 붙여야 한다'(동조 2항)

③ [×] ※ 선정당사자의 자격 상실
'선정당사자 가운데 일부가 죽거나 그 자격을 잃은 사람이 있는 경우에는 다른 선정당사자가 모두를 위하여 소송행위를 한다'(제54조) ☞ 사안에서 선정당사자 중 甲이 사망한 경우, 나머지 선정당사자 乙이 소송절차의 중단 없이 계속해서 소송을 수행할 수 있다.

④ [○] ※ 선정의 효력
判例는 "당사자 선정은 총원의 합의로써 장래를 향하여 변경할 수 있는 만큼 당초부터 어떠한 심급을 한정해 선정하는 것도 허용된다"(대결 1995.10.5. 94마2452)고 판시한 바 있다. 즉 반대해석하면 별도의 약정 등이 없는 한 선정당사자의 소송수행권은 소송의 종료 시까지 유지된다. 따라서 判例는 "선정당사자의 선정행위시 심급의 제한에 관한 약정 등이 없는 한 선정의 효력은 소송이 종료에 이르기까지 계속되는 것이다"(대판 2003.11.14. 2003다34038)고 판시하기도 하였다.

⑤ [○] ※ 선정당사자의 자격 상실
선정당사자의 자격은 선정의 취소, 선정당사자의 사망, 선정당사자 본인에 관한 부분의 소가 취하되거나

판결이 확정되어 선정당사자의 공동이해관계가 소멸되는 경우에 당연히 상실된다. 判例도 "민사소송법 제53조 소정의 선정당사자는 공동의 이해관계를 가진 여러 사람 중에서 선정되어야 하는 것이므로, 선정당사자 본인에 대한 부분의 소가 취하되거나 판결이 확정되는 등으로 공동의 이해관계가 소멸하는 경우에는 선정당사자는 선정당사자의 자격을 당연히 상실한다고 보아야 할 것이다"(대판 2006.9.28. 2006다28775)고 판시하였다.
　☞ 사안에서 甲과 乙이 자신들의 청구 부분에 대하여 소를 전부 취하하고 A가 이에 동의한 경우(제266조 2항), 甲과 乙은 선정당사자의 자격을 상실한다.

[정답] ③

제2절 소송참가

문 14 보조참가에 관한 설명 중 옳지 않은 것은? (다툼이 있는 경우 판례에 의함) [변시 8회]

① 특정 소송사건에서 당사자의 일방을 보조하기 위하여 보조참가를 하려면 당해 소송의 결과에 대하여 이해관계가 있어야 하고, 여기에서 말하는 이해관계라 함은 사실상, 경제상 이해관계가 아니라 법률상 이해관계를 의미한다.

② 불법행위로 인한 손해배상채권을 가지는 甲이 공동불법행위자 乙 및 丙을 상대로 제기한 손해배상청구소송의 2심에서, 甲의 乙에 대한 손해배상청구는 인용된 반면 甲의 丙에 대한 손해배상청구는 전부 기각되는 판결이 선고된 경우, 위 2심 판결 중 甲의 丙에 대한 청구 전부 기각 부분에 대하여 甲이 상고기간 내에 상고하지 않더라도 甲의 상고기간 내라면 乙이 甲을 위하여 보조참가를 함과 동시에 상고를 제기할 수 있다.

③ 서울특별시장과 같은 행정청은 「민사소송법」상의 보조참가를 할 수 없다.

④ 당사자가 보조참가에 대하여 이의를 신청한 때에는, 법원이 참가 허가 여부를 결정하여야 하고, 이를 결정으로만 하여야 하며 종국판결로 하면 위법하다.

⑤ 피참가인과는 별도로 보조참가인에 대하여도 기일의 통지를 하여야 하나, 기일통지서를 송달받지 못한 보조참가인이 변론기일에 직접 출석하여 변론할 기회를 가졌고 위 변론기일 당시 기일통지서를 송달받지 못한 점에 관하여 이의를 하지 아니하였다면, 기일통지를 하지 않은 절차상 흠이 치유된다.

[해설] ① [○] 소송결과에 이해관계가 있는 제3자는 한 쪽 당사자를 돕기 위하여 법원에 계속중인 소송에 참가할 수 있다(제71조 본문). '소송결과에 이해관계가 있을 것'의 의미에 대하여 判例는 "특정 소송사건에서 당사자 일방을 보조하기 위하여 보조참가를 하려면 당해 소송의 결과에 대하여 이해관계가 있어야 할 것이고, 여기서 말하는 이해관계라 함은 사실상·경제상 또는 감정상의 이해관계가 아니라 법률상의 이해관계를 말하는 것으로, 이는 당해 소송의 판결의 기판력이나 집행력을 당연히 받는 경우 또는 당해 소송의 판결의 효력이 직접 미치지는 아니한다고 하더라도 적어도 그 판결을 전제로 하여 보조참가를 하려는 자의 법률상의 지위가 결정되는 관계에 있는 경우를 의미하는 것이다"(대판 2007.4.26. 2005다19156)고 한다.

② [O] "불법행위로 인한 손해배상책임을 지는 자는 피해자가 다른 공동불법행위자들을 상대로 제기한 손해배상 청구소송의 결과에 대하여 법률상의 이해관계를 갖는다고 할 것이므로, 위 소송에 원고를 위하여 보조참가를 할 수가 있고, 피해자인 원고가 패소판결에 대하여 상소를 하지 않더라도 원고의 상소기간 내라면 보조참가와 동시에 상소를 제기할 수도 있다"(대판 1999.7.9. 99다12796). 판결절차라면 상고심(다만, 상고심에서는 사실주장이나 증거제출을 할 수 없게 되는 제약이 있다 : 제76조 1항 단서), 재심에서도 보조참가가 허용된다.

쟁점정리 ※ 제71조의 소송결과에 이해관계가 있을 것(참가이유)
제71조 (보조참가) 「소송결과에 이해관계가 있는 제3자는 한 쪽 당사자를 돕기 위하여 법원에 계속중인 소송에 참가할 수 있다.」
즉, 判例는 기본적으로 '판결주문'에서 판단되는 소송물인 권리관계의 존부에 의하여 참가인의 법적 지위가 직접적으로 영향을 받는 경우에 한하여 참가이유를 인정하는 입장이다(위 ①판례 참고). 다만 判例 중에는 실질적으로 판결이유의 판단까지 참가이익을 확대한 경우도 있다(위 ②판례참고).

③ [O] "타인 사이의 항고소송에서 소송의 결과에 관하여 이해관계가 있다고 주장하면서 민사소송법 제71조에 의한 보조참가를 할 수 있는 제3자는 민사소송법상의 당사자능력 및 소송능력을 갖춘 자이어야 하므로 그러한 당사자능력 및 소송능력이 없는 행정청으로서는 민사소송법상의 보조참가를 할 수는 없고 다만 행정소송법 제17조 제1항에 의한 소송참가를 할 수 있을 뿐인데, 피고 보조참가인 서울특별시장은 행정청에 불과하므로 그가 상고심에서 민사소송법 제71조에 의하여 한 보조참가 신청은 부적법하다"(대판 2002.9.24. 99두1519)

④ [X] "당사자가 보조참가에 대하여 이의를 신청한 때에는 법원은 참가를 허가할 것인지 아닌지를 결정하여야 하고(민사소송법 제73조 제1항), 다만 이를 결정이 아닌 종국판결로써 심판하였더라도 위법한 것은 아니며, 이는 재판의 효력이 미치는 제3자가 공동소송적 보조참가를 한 경우에 그 참가에 대하여 당사자가 이의를 신청한 때도 같다"(대판 2015.10.29. 2014다13044).

⑤ [O] 참가인은 자기의 이익을 보호하기 위하여 독자적인 권한으로 소송에 관여하는 자이므로 당사자에 준하는 지위가 인정된다. 따라서 "피참가인과는 별도로 보조참가인에 대하여도 기일의 통지, 소송서류의 송달 등을 행하여야 하고, 보조참가인에게 기일통지서 또는 출석요구서를 송달하지 아니함으로써 변론의 기회를 부여하지 아니한 채 행하여진 기일의 진행은 적법한 것으로 볼 수 없다. 그러나 기일통지서를 송달받지 못한 보조참가인이 변론기일에 직접 출석하여 변론할 기회를 가졌고, 위 변론 당시 기일통지서를 송달받지 못한 점에 관하여 이의를 하지 아니하였다면, 기일통지를 하지 않은 절차진행상의 흠이 치유된다"(대판 2007.2.22. 2006다75641). 당사자가 참가에 대하여 이의를 신청하지 아니한 채 변론하거나 변론준비기일에서 진술을 한 경우에는 이의를 신청할 권리를 잃는다(제74조).

[정답] ④

문 15 보조참가에 관한 설명 중 옳지 않은 것은? (다툼이 있는 경우 판례에 의함) [변시 11회]

① 보조참가인이 피고를 보조하여 소송을 수행하였으나 피고가 소송에서 패소하여 그 판결이 확정된 경우에는 피고 보조참가인이 피고에게 패소판결이 부당하다고 주장할 수 없도록 하는 참가적 효력이 생긴다.

② 전소 확정판결의 참가적 효력은 전소 확정판결의 결론의 기초가 된 사실상 및 법률상의 판단으로서 보조참가인이 피참가인과 공동이익으로 주장하거나 다툴 수 있었던 사항에 한하여 미친다.

③ 보조참가인이 당해 소송에서 독립당사자참가를 하였다면 그와 동시에 보조참가는 종료된 것으로 보아야 한다.

④ 재심의 소에 공동소송적 보조참가인이 참가한 후에 피참가인이 재심의 소를 취하한 경우 공동소송적 보조참가인의 동의가 없어도 소 취하의 효력이 발생한다.

⑤ 참가적 효력은 피참가인의 상대방과 보조참가인 사이에서는 발생하지 아니한다.

해설 ① [○] ※ 참가적 효력의 의의

기판력은 당사자에게만 미치는 것이 원칙인 바(제218조 1항), 제77조의 '재판의 효력'의 의미가 문제된다. 이에 대해 통설과 判例는 피참가인이 '패소'한 뒤에 참가인과 소송행위를 하는 경우 피참가인에 대한 관계에서 참가인은 그 판결의 내용이 부당하다고 주장할 수 없는 구속력으로 보는 참가적 효력설의 입장이다(대판 1988.12.13. 86다카2289).

② [○] ※ 참가적 효력의 객관적 범위

참가적 효력은 ⅰ) 판결주문에 대해서 뿐만 아니라 ⅱ) 판결이유 중의 패소이유가 되었던 사실인정이나 법률판단에도 미친다. 기판력과 달리 참가적 효력을 확대하지 않으면 참가인에게 판결의 효력이 미치는 실익이 없어지기 때문이다. 다만 전소 확정판결의 참가적 효력은 전소 확정판결의 결론의 기초가 된 사실상 및 법률상의 판단으로서 보조참가인이 피참가인과 공동이익으로 주장하거나 다툴 수 있었던 사항에 한하여 미친다(대판 1997.9.5. 95다42133)

③ [○] ※ 보조참가인이 독립당사자참가를 한 경우 보조참가가 종료되는지 여부(적극)

"소송당사자인 독립당사자참가인은 그의 상대방 당사자인 원·피고의 어느 한 쪽을 위하여 보조참가를 할 수는 없는 것이므로 보조참가인이 독립당사자참가를 하였다면 그와 동시에 보조참가는 종료된 것으로 보아야 할 것이고, 따라서 보조참가인의 입장에서는 상고할 수 없다"(대판 1993.4.27. 93다5727,93다5734)

④ [×] ※ 공동소송적 보조참가인의 동의 없이 재심의 소를 취하 불능 : 공동소송적 보조참가인에 불이익한 행위(적극)

"재심의 소를 취하하는 것은 통상의 소를 취하하는 것과는 달리 확정된 종국판결에 대한 불복의 기회를 상실하게 하여 더 이상 확정판결의 효력을 배제할 수 없게 하는 행위이므로, 이는 재판의 효력과 직접적인 관련이 있는 소송행위로서 그 확정판결의 효력이 미치는 공동소송적 보조참가인에 대하여는 불리한 행위라고 할 것이다. 따라서 ⅰ) 재심의 소에 공동소송적 보조참가인이 참가한 후에는 피참가인이 재심의 소를 취하하더라도 공동소송적 보조참가인의 동의가 없는 한 효력이 없다. ⅱ) 이는 재심의 소를 피참가인이 제기한 경우나 통상의 보조참가인이 제기한 경우에도 마찬가지이다. iii) 특히 통상의 보조참가인이 재심의 소를 제기한 경우에는 피참가인이 통상의 보조참가인에 대한 관계에서 재심의 소를 취하할 권능이 있더라도 이를 통하여 공동소송적 보조참가인에게 불리한 영향을 미칠 수는 없으므로 피참가인의 재심의 소 취하로 인하여 재심의 소 제기가 무효로 된다거나 부적법하게 된다고 볼 것도 아니다"(대판 2015.10.29. 2014다13044)

[비교판례] ※ 공동소송적 보조참가인의 동의 없이 소를 취하 가능 : 공동소송적 보조참가인에 불이익한 행위(소극)

"공동소송적 보조참가는 그 성질상 필수적 공동소송 중에서는 이른바 유사필수적 공동소송에 준한다 할 것인데 유사필수적 공동소송의 경우에는 원고들 중 일부가 소를 취하하는 데 다른 공동소송인의 동의를 받을 필요가 없다. 또한 소취하는 판결이 확정될 때까지 할 수 있고 취하된 부분에 대해서는 소가 처음부터 계속되지 아니한 것으로 간주되며(민사소송법 제267조) 본안에 관한 종국판결이 선고된 경우에도 그 판결 역시 처음부터 존재하지 아니한 것으로 간주되므로, 이는 재판의 효력과는 직접적인 관련이 없는 소송행위로서 공동소송적 보조참가인에게 불이익이 된다고 할 것도 아니다. 따라서 피참가인이 공동소송적 보조참가인의 동의 없이 소를 취하하였다 하더라도 이는 유효하다"(대판 2013.3.28. 2012마43).

⑤ [○] ※ 참가적 효력의 주관적 범위

참가적 효력은 상대방과 참가인 사이에서는 미치지 않고 피참가인과 참가인 사이에만 미친다. 따라서 본 소송에서 패소한 피참가인이 참가인에 대하여 제기한 소에서 참가인은 본 소송의 판결의 내용이 부당하다고 다툴 수 없다. 判例도 "보조참가인이 피참가인을 보조하여 공동으로 소송을 수행하였으나 피참가인이 그 소송에서 패소한 경우에는 형평의 원칙상 보조참가인이 피참가인에게 그 패소판결이 부당하다고 주장할 수 없도록 구속력을 미치게 하는 이른바 참가적 효력이 있음에 불과하므로 피참가인과 그 소송상대방간의 판결의 기판력이 참가인과 피참가인의 상대방과의 사이에까지는 미치지 아니한다"(대판 1988.12.13. 86다카2289)고 판시하였다.

[정답] ④

문 E-5 보조참가 등에 관한 설명 중 옳지 않은 것은? (다툼이 있는 경우 판례에 의함)　　　　[변시 12회]

① 통상의 보조참가에서 참가인이 제기한 항소를 피참가인이 취하할 수 있다.

② 통상의 보조참가에서 소송계속 중 보조참가인이 사망하면 본소의 소송절차는 중단된다.

③ 재심의 소에 공동소송적 보조참가인이 참가한 후에는 피참가인이 재심의 소를 취하하더라도 공동소송적 보조참가인의 동의가 없는 한 효력이 없다.

④ 공동소송적 보조참가인은 참가할 때의 소송의 진행 정도에 따라 피참가인이 할 수 없는 행위를 할 수 없다.

⑤ 당사자가 통상의 보조참가신청에 대하여 이의를 신청하지 아니한 채 변론하거나 변론준비기일에서 진술을 한 경우에는 이의를 신청할 권리를 잃는다.

해설 ① [○] ※ **보조참가인들이 제기한 항소를 피참가인이 포기 또는 취하할 수 있는지 여부**(적극)

"민사소송법 제76조 제2항은 참가인의 소송행위가 피참가인의 소송행위에 어긋나는 경우에는 참가인의 소송행위는 효력을 가지지 아니한다고 규정하고 있는데, 그 규정의 취지는 피참가인들의 소송행위와 보조참가인들의 소송행위가 서로 어긋나는 경우에는 피참가인의 의사가 우선하는 것을 뜻하므로 피참가인은 참가인의 행위에 어긋나는 행위를 할 수 있고, 따라서 보조참가인들이 제기한 항소를 포기 또는 취하할 수도 있다"(대판 2010.10.14. 2010다38168)

② [✕] ※ **소송 중 보조참가인의 사망**(소송중단 소극)

"보조참가인은 피참가인인 당사자의 승소를 위한 보조자일 뿐 자신이 당사자가 되는 것이 아니므로 소송 계속 중 보조참가인이 사망하더라도 본소의 소송절차는 중단되지 아니한다"(94다27373).

비교쟁점 ※ **소송 중 공동소송적 보조참가인의 사망**(소송중단 적극)

공동소송적 보조참가의 경우 참가인에게 소송절차의 중단·중지의 사유가 발생하여 참가인의 이익을 해할 우려가 있으면 소송절차는 정지된다(제67조 3항 준용). 따라서 공동소송적 보조참가인이 소송계속 중 사망하면 소송절차는 중단된다.

③ [○] ※ **피참가인이 할 수 없는 행위**(공동소송적 보조참가인에 불이익한 행위)

判例는 ㉠ 소의 취하의 경우 공동소송적 보조참가인에게 불이익한 행위에 해당하지 않으므로 피참가인이 공동소송적 보조참가인의 **동의 없이 소를 취하**하였다 하더라도 유효하다고 판시한 반면(대판 2013.3.28. 2012아43 : 소의 취하는 재판의 효력과는 직접적인 관련이 없는 소송행위로서 공동소송적 보조참가인에게 불이익이 된다고 할 것도 아니다), ㉡ **재심의 소의 취하**는 공동소송적 보조참가인에 대하여 불리한 행위로서 공동소송적 보조참가인의 **동의가 없는 한 효력이 없다**고 보았다(대판 2015.10.29. 2014다13044 : 재심의 소를 취하하는 것은 확정된 종국판결에 대한 불복의 기회를 상실하게 하여 더 이상 확정판결의 효력을 배제할 수 없게 하는 행위이므로, 이는 재판의 효력과 직접적인 관련이 있는 소송행위로서 그 확정판결의 효력이 미치는 공동소송적 보조참가인에 대하여는 불리한 행위라고 할 것이다).

④ [○] ※ **민사소송법 제76조 제1항 단서가 공동소송적 보조참가인에게도 적용되는지 여부**(적극)

"통상의 보조참가인은 참가 당시의 소송상태를 전제로 피참가인을 보조하기 위하여 참가하는 것이므로 참가할 때의 소송 진행정도에 따라 피참가인이 할 수 없는 행위는 할 수 없다(민사소송법 제76조 제1항 단서 참조). 공동소송적 보조참가인도 원래 당사자가 아니라 보조참가인이므로 위와 같은 점에서는 통상의 보조참가인과 마찬가지이다"(대판 2018.11.29. 2018므14210)

⑤ [○] "민사소송법상 보조참가신청에 대하여 당사자가 이의를 신청한 때에는 수소법원은 참가를 허가할 것인지 여부를 결정하여야 하지만, 당사자가 이의를 신청하지 아니한 채 변론하거나 변론준비기일에서 진술을 한 경우에는 이의를 신청할 권리를 잃게 되고(민사소송법 제73조 제1항, 제74조) 수소법원의 보조참가 허가 결정 없이도 계속 소송행위를 할 수 있다"(대판 2017.10.12. 2015두36836).

[정답] ②

문 16 제3자의 소송참가에 관한 설명 중 옳지 않은 것은? (다툼이 있는 경우에는 판례에 의함) [변시 3회]

① 채권자 甲이 연대보증인 丙을 상대로 연대보증채무의 이행을 구하는 소송에서 주채무자 乙이 丙을 위하여 보조참가하여 주채무의 부존재를 주장하였으나 丙이 패소하였다. 그 후 甲이 乙을 상대로 주채무의 이행을 청구한 경우 乙은 전소의 판결이 부당하다고 주장하며 주채무의 존재를 다툴 수 있다.

② 甲이 乙을 상대로 제기한 소송에서 乙을 위하여 보조참가한 丙은 乙의 상소기간이 도과하지 않은 한 상소를 제기할 수 있다.

③ 甲이 乙을 상대로 제기한 소송에서 丙이 독립당사자참가를 한 경우에 甲과 乙만이 재판상 화해를 하는 것은 허용되지 않는다.

④ 甲이 乙을 상대로 근저당권설정등기의 불법말소를 이유로 그 회복등기를 구하는 소를 제기한 경우에 후순위 근저당권자인 丙은 甲과 乙이 당해 소송을 통하여 자신을 해할 의사, 즉 사해의사를 갖고 있다고 객관적으로 인정되고 그 소송의 결과 자신의 권리 또는 법률상의 지위가 침해될 염려가 있다고 인정되면 甲·乙을 상대로 근저당권부존재확인을 구하는 독립당사자참가를 할 수 있다.

⑤ 교통사고 피해자인 甲이 보험회사 丙을 상대로 제기한 손해배상청구의 소에서 소송계속 중, 甲은 교통사고 가해자인 乙을 상대로 丙이 부담하는 책임보험의 한도액을 초과하는 손해에 대하여 이를 청구할 권리가 있다는 취지의 소송고지신청을 하였고 그 소송고지서가 乙에게 송달되었다. 이와 같은 소송고지는 민법 제174조에서 정한 시효중단사유로서의 최고의 효력이 있고, 위 조항에 규정된 6월의 기간은 소송고지된 때부터 기산하여야 한다.

해설 ① [○] "보조참가인이 피참가인을 보조하여 공동으로 소송을 수행하였으나 피참가인이 그 소송에서 패소한 경우에는 형평의 원칙상 보조참가인이 피참가인에게 그 패소판결이 부당하다고 주장할 수 없도록 구속력을 미치게 하는 이른바 참가적 효력이 있음에 불과하므로 피참가인과 그 소송상대방간의 판결의 기판력이 참가인과 피참가인의 상대방과의 사이에까지는 미치지 아니한다"(대판 1988.12.13. 86다카2289).

☞ 따라서 참가적 효력은 참가인 乙과 피참가인 丙 사이에서만 미치는 것이고, 참가인 乙과 피참가인의 소송상대방 甲 사이에는 미치지 않는다.

[참고판례] 참가적 효력의 의의에 관하여 위 判例는, "보조참가인이 피참가인을 보조하여 공동으로 소송을 수행하였으나 피참가인이 그 소송에서 패소한 경우에는 형평의 원칙상 보조참가인이 피참가인에게 그 패소판결이 부당하다고 주장할 수 없도록 구속력을 미치게 하는 이른바 참가적 효력이 있음"(대판 1988.12.13. 86다카2289)이라고 판시하였다.

② [○] 민사소송법 제76조 1항에 의하면 보조참가인은 상소를 할 수 있지만, 동조 동항 단서에 의하면 "피고 보조참가인은 참가할 때의 소송의 진행 정도에 따라 피참가인이 할 수 없는 소송행위를 할 수 없으므로, 피고 보조참가인이 상고장을 제출한 경우에 피고 보조참가인에 대하여 판결정본이 송달된 때로부터 기산한다면 상고기간 내의 상고라 하더라도 이미 피참가인

인 피고에 대한 관계에 있어서 상고기간이 경과한 것이라면 피고 보조참가인의 상고 역시 상고기간 경과 후의 것이 되어 피고 보조참가인의 상고는 부적법하다"(대판 2007.9.6. 2007다41966).
☞ 따라서 피고 乙의 상소기간이 도과하지 않은 한 보조참가인 丙은 상소를 제기할 수 있다.

③ [○] "민사소송법 제79조에 의한 소송은 동일한 권리관계에 관하여 원고, 피고 및 참가인 상호 간의 다툼을 하나의 소송절차로 한꺼번에 모순 없이 해결하려는 소송형태로서 두 당사자 사이의 소송행위는 나머지 1인에게 불이익이 되는 한 두 당사자 간에도 효력이 발생하지 않는다고 할 것이므로, 원·피고 사이에만 재판상 화해를 하는 것은 3자 간의 합일확정의 목적에 반하기 때문에 허용되지 않는다"(대판 2005.5.26. 2004다25901).

④ [○] "사해방지 참가를 하기 위하여는 본소의 원고와 피고가 당해 소송을 통하여 제3자를 해할 의사를 갖고 있다고 객관적으로 인정되고 그 소송의 결과 제3자의 권리 또는 법률상의 지위가 침해될 염려가 있다고 인정되어야 한다"(대판 1999.5.28. 98다48552).
判例는 근저당권설정등기회복소송에서 승낙의무가 있는 후순위저당권자의 참가이유를 긍정하면서, "근저당권설정등기의 불법말소를 이유로 그 회복등기를 구하는 본안소송에서 원고가 승소판결을 받는다고 하더라도 … 본안소송의 결과는 당연히 후순위 근저당권자를 상대로 승낙을 구하는 소에 사실상 영향을 미치게 됨으로써 후순위 근저당권자의 권리의 실현 또는 법률상의 지위가 침해될 염려가 있다 할 것이다. 따라서 후순위 근저당권자에게는 원·피고들에 대한 근저당권부존재확인청구라는 참가소송을 통하여 후일 발생하게 될 이러한 불안 내지 염려를 사전에 차단할 필요가 있는 것이고, 이러한 참가소송은 사해판결로 인하여 초래될 이러한 장애를 방지하기 위한 유효적절한 수단이 된다고 할 것이다"(대판 2001.8.24. 2000다12785)고 판시하였다.
☞ 따라서 丙은 민사소송법 제79조 1항의 사해방지 참가를 할 수 있다.

⑤ [✕] ※ 민법 제174조의 최고로서 소송고지
소송고지는 소송 계속 중에 그 소송에 참가할 이해관계가 있는 제3자에 대해 소송계속 사실을 통지하는 것으로서, 재판은 피고지자에게도 그 효력이 미친다(민사소송법 제84조 내지 제86조, 제77조). 한편 채권자대위권을 재판상 행사하는 경우에는 소송고지를 하여야 할 의무가 있기도 하다(제405조).
최고로서 소송고지와 관련하여 判例는 " ㉠ 소송고지의 요건이 갖추어진 경우에 그 소송고지서에 고지자가 피고지자에 대하여 채무의 이행을 청구하는 의사가 표명되어 있으면 제174조 소정의 최고로서의 효력이 인정된다. ㉡ 소송고지에 의한 최고는 보통의 최고와는 달리 법원의 행위를 통하여 이루어지는 것이므로, 만일 법원이 소송고지서의 송달사무를 우연한 사정으로 지체하는 바람에 소송고지서의 송달 전에 시효가 완성된다면 고지자가 예상치 못한 불이익을 입게 되는 점을 고려하면, 민사소송법 제265조를 유추적용하여 당사자가 소송고지서를 법원에 제출한 때에 시효중단의 효력이 발생한다. ㉢ 당해 소송이 계속 중인 동안은 최고에 의하여 권리를 행사하고 있는 상태가 지속되고 있는 것으로서, 민법 제174조에 규정된 6개월의 기간은 당해 소송이 종료된 때로부터 기산하여야 한다"(즉, 소송고지서를 제출한 때가 아니라, 그 재판이 확정된 때로부터 6개월 내에 재판상 청구 등을 하면 시효중단의 효력이 유지된다)(대판 2015.5.14. 2014다16494 ; 대판 2009.7.9. 2009다14340)고 판시하고 있다.

[정답] ⑤

문 17 乙은 甲에 대한 대여금채무자이고, 丙은 乙의 甲에 대한 위 대여금채무의 보증인이다. 甲은 丙을 상대로 보증채무의 이행을 구하는 소를 제기하였고, 위 소송계속 중 乙이 丙 측에 보조참가하여 자신의 甲에 대한 채무가 존재하지 아니한다고 주장하였다. 이에 관한 설명 중 옳지 않은 것은? (다툼이 있는 경우 판례에 의함) [변시 9회]

① 위 소송에서 법원은 丙과는 별도로 乙에게도 소송서류를 송달하여야 한다.

② 위 소송에서 丙이 甲의 주장 사실을 명백히 다투지 아니함으로써 「민사소송법」 제150조 제1항에 의하여 그 사실을 자백한 것으로 보게 되는 경우에도 乙은 그 사실에 대하여 다툴 수 있다.

③ 위 소송에서 패소한 丙을 위하여 乙이 항소한 경우에도 丙은 乙의 위 항소를 취하할 수 있다.

④ 위 소송 결과 법원의 판결이 확정되어 참가적 효력이 인정되는 경우에도 참가적 효력은 乙과 丙 사이에서만 발생한다.

⑤ 위 소송이 화해권고결정으로 종료된 경우에도 확정판결에서와 같은 참가적 효력이 발생한다.

[해 설] ① [○] ※ **참가인에 대한 기일의 통지 및 소송서류의 송달**

참가인은 자기의 이익을 보호하기 위하여 독자적인 권한으로 소송에 관여하는 자이므로 당사자에 준하는 지위가 인정된다. 따라서 "피참가인과는 별도로 보조참가인에 대하여도 기일의 통지, 소송서류의 송달 등을 행하여야 하고, 보조참가인에게 기일통지서 또는 출석요구서를 송달하지 아니함으로써 변론의 기회를 부여하지 아니한 채 행하여진 기일의 진행은 적법한 것으로 볼 수 없다"(대판 2007.2.22, 2006다75641).

[참고판례] 그러나 "기일통지서를 송달받지 못한 보조참가인이 변론기일에 직접 출석하여 변론할 기회를 가졌고, 위 변론 당시 기일통지서를 송달받지 못한 점에 관하여 이의를 하지 아니하였다면, 기일통지를 하지 않은 절차진행상의 흠이 치유된다"(同 判例)

② [○] ※ **피참가인의 행위와 소극적으로만 불일치하는 경우(참가가능)**

참가인의 소송행위가 피참가인의 소송행위에 어긋나는 경우에는 그 참가인의 소송행위는 효력을 가지지 아니한다(제76조 2항). 그런데 判例는 "참가인의 소송행위가 피참가인의 소송행위에 어긋나는 경우라 함은 참가인의 소송행위가 피참가인의 행위와 명백히 적극적으로 배치되는 경우를 말하고 소극적으로만 피참가인의 행위와 불일치하는 때에는 이에 해당하지 않는 것인바, 피참가인인 피고가 원고가 주장하는 사실을 명백히 다투지 아니하여 민사소송법 제150조에 의하여 그 사실을 자백한 것으로 보게 될 경우(자백간주)라도 참가인이 보조참가를 신청하면서 그 사실에 대하여 다투는 것은 피참가인의 행위와 명백히 적극적으로 배치되는 경우라 할 수 없어 그 소송행위의 효력이 없다고 할 수 없다"(대판 2007.11.29, 2007다53310)고 한다.

③ [○] ※ **보조참가인들이 제기한 항소를 피참가인이 포기 또는 취하할 수 있는지 여부(적극)**

"민사소송법 제76조 제2항은 참가인의 소송행위가 피참가인의 소송행위에 어긋나는 경우에는 참가인의 소송행위는 효력을 가지지 아니한다고 규정하고 있는데, 그 규정의 취지는 피참가인들의 소송행위와 보조참가인들의 소송행위가 서로 어긋나는 경우에는 피참가인의 의사가 우선하는 것을 뜻하므로 **피참가인은 참가인의 행위에 어긋나는 행위를 할 수 있고, 따라서 보조참가인들이 제기한 항소를 포기 또는 취하할 수도 있다**"(대판 2010.10.14, 2010다38168).

> 【쟁점정리】 ※ 피참가인의 행위와 적극적으로 배치되는 경우(참가불가)
> 判例는 적극적으로 배치되는 경우로서 피참가인이 자백(재판상 자백)한 후에 참가인은 이를 부인할 수 없고(대판 2001.1.19, 2000다59333), 피참가인이 상소권을 포기한 이후에 참가인은 상소를 할 수 없으며(대판 2000.1.18, 99다47365), 보조참가인이 제기한 항소를 피참가인이 포기·취하할 수 있다(대판 2010.10.14, 2010다38168)고 한다.

④ [○] ※ 참가적 효력의 범위(주관적 범위)

참가적 효력은 상대방과 참가인 사이에서는 미치지 않고 피참가인과 참가인 사이에만 미친다.[1] 따라서 본 소송에서 패소한 피참가인이 참가인에 대하여 제기한 소에서 참가인은 본 소송의 판결의 내용이 부당하다고 다툴 수 없다. 判例도 "보조참가인이 피참가인을 보조하여 공동으로 소송을 수행하였으나 피참가인이 그 소송에서 패소한 경우에는 형평의 원칙상 보조참가인이 피참가인에게 그 패소판결이 부당하다고 주장할 수 없도록 구속력을 미치게 하는 이른바 참가적 효력이 있음에 불과하므로 피참가인과 그 소송상대방간의 판결의 기판력이 참가인과 피참가인의 상대방과의 사이에까지는 미치지 아니한다"(대판 1988.12.13, 86다카2289)고 판시하였다.

> 【쟁점정리】 ※ 참가적 효력의 의의
> 기판력은 당사자에게만 미치는 것이 원칙인 바(제218조 1항), 제77조의 '참가인에 대한 재판의 효력'의 의미가 문제된다. 이에 대해 통설과 判例(대판 1988.12.13, 86다카2289)는 피참가인이 패소한 뒤에 참가인과 소송행위를 하는 경우 피참가인에 대한 관계에서 참가인은 그 판결의 내용이 부당하다고 주장할 수 없는 구속력으로 보는 참가적 효력설의 입장이다.

⑤ [×] ※ 전소가 확정판결이 아닌 화해권고결정에 의하여 종료된 경우

최근 判例는 "전소가 확정판결이 아닌 화해권고결정에 의하여 종료된 경우에는 확정판결에서와 같은 법원의 사실상 및 법률상의 판단이 이루어졌다고 할 수 없으므로 참가적 효력이 인정되지 아니한다"(대판 2015.5.28, 2012다78184)고 판시하였다.

> 【쟁점정리】 ※ 참가적 효력의 요건 [본, 피, 확, 참]
> 참가적 효력이 발생하기 위해서는 당해 소송에서 본안판결이 선고되었을 것(소송판결 제외), 피참가인이 패소하였을 것, 그 판결이 확정되었을 것, 참가인에게 피참가인을 위하여 소송을 수행할 기회가 주어졌을 것(대판 2015.5.28, 2012다78184) 등을 요건으로 하여 발생한다.

> 【쟁점정리】 ※ 참가적 효력의 배제 [없, 어, 방, 실]
> ⅰ) 제76조의 규정에 따라 참가인이 소송행위를 할 수 없거나 ⅱ) 보조참가인의 행위가 피참가인의 행위와 어긋나 효력을 가지지 아니하는 때(제77조 1호), ⅲ) 피참가인이 참가인의 소송행위를 방해한 때(제77조 2호), ⅳ) 피참가인이 참가인이 할 수 없는 소송행위를 고의나 과실로 하지 아니한 때(제77조 3호)에는 보조참가인에게 참가적 효력이 미치지 않는다. 3호의 예로 참가인이 알지 못하는 사실이나 증거의 제출을 피참가인이 게을리하여 패소한 경우나 피참가인이 취소권 등의 사법상 권리를 행사하지 아니하여 패소한 경우가 있다.

[정답] ⑤

---

1) 소송고지를 받은 자에게도 참가적 효력이 미친다(제86조)

문 18 甲이 乙을 상대로 매매를 원인으로 한 소유권이전등기청구의 소를 제기하여 제1심 계속 중 丙이 이 소송에 독립당사자참가를 신청하였다. 이에 관한 설명 중 옳지 않은 것은? (다툼이 있는 경우 판례에 의함)

[변시 6회]

① 丙이 자신이 진정한 매수인이라고 주장하면서 乙에 대하여 소유권이전등기절차의 이행을 구함과 동시에 甲에 대하여는 甲이 매매당사자가 아님을 이유로 소유권이전등기청구권의 부존재확인을 구하는 것은 적법하다.

② 제1심 법원이 본안판결을 할 때에는 甲, 乙, 丙 3인을 당사자로 하는 하나의 종국판결을 하여야 한다.

③ 제1심 법원이 甲, 乙, 丙 3인에 대하여 화해권고결정을 하였는데 이에 대하여 丙만이 이의신청을 한 경우, 위 화해권고결정은 세 당사자 사이에서 효력이 발생하지 않는다.

④ 제1심 법원이 甲 승소판결을 하여 이에 대하여 丙만이 항소를 제기한 경우, 항소심 법원은 항소 또는 부대항소를 제기하지 않은 乙에게 결과적으로 제1심 판결보다 유리한 내용으로 판결을 변경할 수 없다.

⑤ 제1심 법원이 丙의 독립당사자참가신청을 각하하고 甲의 청구를 기각하였는데 丙은 항소를 제기하지 아니하였고 甲만이 항소한 경우, 위 독립당사자참가신청을 각하한 부분은 별도로 확정된다.

[해설] ① [○] "甲(원고)은 乙(피고)과의 사이에 체결된 매매계약의 매수당사자가 甲이라고 주장하면서 그 소유권이전등기절차이행을 구하고 있고 이에 대하여 丙(참가인)은 자기가 그 매수당사자라고 주장하는 경우라면 丙은 甲에 의하여 자기의 권리 또는 법률상의 지위를 부인당하고 있는 한편 그 불안을 제거하기 위하여서는 매수인으로서의 권리의무가 丙에 있다는 확인의 소를 제기하는 것이 유효적절한 수단이라고 보여지므로 결국 丙이 乙에 대하여 그 소유권이전등기절차의 이행을 구함과 동시에 甲에 대하여 소유권이전등기청구권 등 부존재확인의 소를 구하는 것은 확인의 이익이 있는 적법한 것이라고 할 것이다"(대판 1988.3.8. 86다148(본소),149(반소),150(참가),86다카762(본소),763(반소),764(참가)).

② [○] 判例는 "독립당사자참가는 제3자가 당사자로서 소송에 참가하여 3당사자 사이의 3면적 소송관계를 하나의 판결로써 모순 없이 일시에 해결하려는 것이다"(대판 1995.6.16. 95다5905,5912)라고 하여 3인을 당사자로 하는 하나의 종국판결을 하여야 한다고 보고 있다.

③ [○] "민사소송법 제79조에 의한 소송은 동일한 권리관계에 관하여 원고, 피고 및 참가인 상호 간의 다툼을 하나의 소송절차로 한꺼번에 모순 없이 해결하려는 소송형태로서 두 당사자 사이의 소송행위는 나머지 1인에게 불이익이 되는 한 두 당사자 간에도 효력이 발생하지 않는다고 할 것이므로, 원·피고 사이에만 재판상 화해를 하는 것은 3자간의 합일확정의 목적에 반하기 때문에 허용되지 않는다. 독립당사자참가인이 화해권고결정에 대하여 이의한 경우, 이의의 효력이 원·피고 사이에도 미친다"(대판 2005.5.26. 2004다25901). 즉, 독립당사자참가에 의한 소송에서 두 당사자 사이의 소송행위가 나머지 1인에게 불이익이 되는 경우, 두 당사자 간에도 효력이 발생하지 않는다.

④ [✕] 判例는 "항소심에서 심리·판단을 거쳐 결론을 내림에 있어 위 세 당사자 사이의 결론의 합일확정을 위하여 필요한 경우에는 그 한도 내에서 항소 또는 부대항소를 제기한 바 없는 당사자

에게 결과적으로 제1심판결보다 유리한 내용으로 판결이 변경되는 것도 배제할 수는 없다"(대판 2007.10.26. 2006다86573)고 하여 합일확정이 필요한 한도 내에서는 불이익변경금지원칙이 배제된다고 본다. 따라서 '제1심에서 원고 및 참가인 패소, 피고 승소의 본안판결이 선고된 데 대하여 원고만이 항소한 경우 원고와 참가인 그리고 피고간의 세 개의 청구는 당연히 항소심의 심판대상이 되어야 하는 것이므로 항소심으로서는 참가인의 원·피고에 대한 청구에 대하여도 같은 판결로 판단을 하여야 한다'는 입장이다.

⑤ [O] "제1심 판결에서 참가인의 독립당사자참가신청을 각하하고 원고의 청구를 기각한 데 대하여 참가인은 항소기간 내에 항소를 제기하지 아니하였고, 원고만이 항소한 경우 위 독립당사자참가신청을 각하한 부분은 원고의 항소에도 불구하고 피고에 대한 본소청구와는 별도로 이미 확정되었다 할 것이다"(대판 1992.5.26. 91다4669,91다4676).

[정답] ④

제3절 당사자의 변경

문 19 소송승계에 관한 설명 중 옳지 않은 것은? (다툼이 있는 경우 판례에 의함)   [변시 7회]

① 청구이의의 소가 제기되기 전에 그 소의 대상이 된 집행권원에 표시된 청구권을 양수하고 대항요건을 갖춘 자가 그 청구이의의 소에 승계참가신청을 하는 것은 특별한 사정이 없는 한 부적법하다.

② 매매를 원인으로 한 부동산소유권이전등기청구의 소 계속 중 제3자가 그 소송목적인 등기절차이행의무 자체를 승계한 것이 아니라 단순히 그 부동산에 대하여 자신의 명의로 소유권이전등기를 마친 경우, 그 제3자에 대하여 등기말소를 구하기 위한 소송의 인수는 허용된다.

③ 甲의 乙에 대한 손해배상청구의 소 계속 중 甲이 丙에게 위 손해배상채권을 양도하고 乙에게 채권양도의 통지를 한 다음 丙이 승계참가신청을 하자 탈퇴를 신청하였으나 乙의 부동의로 탈퇴하지 못한 경우, 甲의 청구와 丙의 청구는 통상의 공동소송으로서 모두 유효하게 존속한다.

④ 신주발행무효의 소 계속 중 원고적격의 근거가 되는 주식이 전부 양도된 경우에 그 양수인은 제소기간 등의 요건이 충족된다면 새로운 주주의 지위에서 신소를 제기할 수도 있고, 양도인이 이미 제기한 위 소송을 적법하게 승계할 수도 있다.

⑤ 당사자인 법인이 합병에 의하여 소멸된 때에는 합병에 의하여 설립된 법인 또는 합병한 뒤의 존속법인이 소송절차를 수계하여야 한다.

해설 ① [○] "민사소송법 제74조(현행 민사소송법 제81조)의 권리승계참가는 소송의 목적이 된 권리를 승계한 경우뿐만 아니라 채무를 승계한 경우에도 이를 할 수 있으나 다만 그 채무승계는 소송의 계속 중에 이루어진 것임을 요함은 위 법조의 규정상 명백하다. 그러므로 ⅰ) 청구 이의의 소의 계속 중 그 소송에서 집행력배제를 구하고 있는 채무명의에 표시된 청구권을 양수한 자는 소송의 목적이 된 채무를 승계한 것이므로 승계집행문을 부여받은 여부에 관계없이 위 청구 이의의 소에 민사소송법 제74조에 의한 승계참가를 할 수 있으나, ⅱ) 다만 위 소송이 제기되기 전에 그 채무명의에 표시된 청구권을 양수한 경우에는 특단의 사정이 없는 한 승계참가의 요건이 결여된 것으로서 그 참가인정은 부적법한 것이라고 볼 수밖에 없다"(대판 1983.9.27. 83다카1027)

② [X] ※ 계쟁물양도에 있어서 승계인의 범위
계쟁물의 양도에 있어서 승계인의 범위는 특정적인 권리관계의 변동에 의하여 종전 당사자가 당사자적격을 잃고 신당사자가 당사자적격을 취득하는 당사자적격의 이전이므로 제81조와 제82조의 소송승계인은 제218조의 **변론종결한 뒤의 승계인**에 준하여 **취급**하여야 한다는 것이 **判例**이다. 따라서 **判例**는 채권적 청구권에 기한 소송 중 계쟁물을 취득한 자는 여기의 승계인에 포함되지 아니한다고 보고(아래 80마283판결), 물권적 청구권에 기한 소송 중 계쟁물을 양수한 자는 승계인에 포함시키고 있다.

관련판례 "부동산소유권이전등기 청구소송계속 중 그 소목적이 된 부동산에 대한 이전등기 이행채무 자체를 승계함이 없이 단순히 같은 부동산에 대한 소유권이전등기(또는 근저당설정등기)가 제3자 앞으로 경료되었다 하여도 이는 민사소송법 제82조 제1항 소정의 '그 소송의 목적이 된 채무를 승계한 때'에 해당한다고 할 수 없으므로 위 제3자에 대하여 등기말소를 구하기 위한 소송의 인수는 허용되지 않는다"(대판 1983.3.22. 80마283).

③ [X] ※ 소송탈퇴, 소취하 등을 하지 않거나 상대방의 부동의로 탈퇴하지 못한 당사자와의 소송관계(필수적 공동소송)
종래 **判例**는 "원고가 소송의 목적인 손해배상채권을 승계참가인에게 양도하고 피고들에게 채권양도의 통지를 한 다음 승계참가인이 승계참가신청을 하자 탈퇴를 신청하였으나 피고들의 부동의로 탈퇴하지 못한 경우, 원고의 청구와 승계참가인의 청구는 통상의 공동소송으로서 모두 유효하게 존속하는 것이므로 법원은 원고의 청구 및 승계참가인의 청구 양자에 대하여 판단을 하여야 한다"(대판 2004.7.9. 2002다16729)고 판시하였다.
그러나 최근 대법원은 전원합의체 판결을 통해 "승계참가에 관한 민사소송법 규정과 2002년 민사소송법 개정에 따른 다른 다수당사자 소송제도와의 정합성, 원고승계참가인(이하 '승계참가인'이라 한다)과 피참가인인 원고의 중첩된 청구를 모순 없이 합일적으로 확정할 필요성 등을 종합적으로 고려하면, 소송이 법원에 계속되어 있는 동안에 제3자가 소송목적인 권리의 전부나 일부를 승계하였다고 주장하며 민사소송법 제81조에 따라 소송에 참가한 경우, 원고가 승계참가인의 승계 여부에 대해 다투지 않으면서도 소송탈퇴, 소 취하 등을 하지 않거나 이에 대하여 피고가 부동의하여 원고가 소송에 남아 있다면 승계로 인해 중첩된 원고와 승계참가인의 청구 사이에는 필수적 공동소송에 관한 민사소송법 제67조가 적용된다"(대판 2019.10.23. 전합2012다46170)고 하여 입장을 변경하였다.

④ [○] "소송의 목적물인 권리관계의 승계라 함은 소송물인 권리관계의 양도뿐만 아니라 당사자적격 이전의 원인이 되는 실체법상의 권리 이전을 널리 포함하는 것이므로, 신주발행무효의 소 계속 중 그 원고적격의 근거가 되는 주식이 양도된 경우에 그 양수인은 제소기간 등의 요건이 충족된다면 새로운 주주의 지위에서 신소를 제기할 수 있을 뿐만 아니라, 양도인이 이미 제기한 기존의 위 소송을 적법하게 승계할 수도 있다"(대판 2003.2.26. 2000다42786)

⑤ [○] **제234조 (법인의 합병으로 말미암은 중단)**「당사자인 법인이 합병에 의하여 소멸된 때에 소송절차는 중단된다. 이 경우 합병에 의하여 설립된 법인 또는 합병한 뒤의 존속법인이 소송절차를 수계하여야 한다.」

[정답] ②, ③

문 20 소송승계에 관한 설명 중 옳지 않은 것은? (다툼이 있는 경우 판례에 의함) [변시 10회]

① 소송인수가 있은 후 탈퇴한 원고가, 소송인수인의 소송목적 승계의 효력이 부정되어 소송인수인에 대한 청구기각 판결이 확정된 날부터 6월 내에 다시 탈퇴 전과 같은 재판상의 청구를 한 때에는, 탈퇴 전에 원고가 제기한 재판상의 청구로 인하여 발생한 시효중단의 효력은 그대로 유지된다.

② 甲의 乙에 대한 매매를 원인으로 한 X토지에 관한 소유권이전등기청구의 소송계속 중 그 소송목적이 된 X토지에 관한 乙의 이전등기의무를 승계함이 없이 단순히 X토지에 관한 소유권이전등기가 乙로부터 제3자 丙 앞으로 경료되었다고 하더라도, 丙을 상대로 위 경료된 丙 명의 소유권이전등기의 말소를 구하기 위한 소송의 인수는 허용되지 않는다.

③ 제1심 법원이 승계참가인의 참가신청과 피참가인의 소송탈퇴가 적법함을 전제로 승계참가인과 상대방 사이의 소송에 대해서만 판결을 하였는데 항소심에서 승계참가인의 참가신청이 부적법하다고 밝혀진 경우, 항소법원은 탈퇴한 피참가인의 청구에 관하여 심리·판단할 수 없다.

④ 당사자가 사망하였으나 그를 위한 소송대리인이 있어 소송절차가 중단되지 않는 경우, 상속인으로 당사자의 표시를 정정하지 아니한 채 망인을 그대로 당사자로 표시하여 판결하였더라도 그 판결의 효력은 망인의 소송상 지위를 당연승계한 상속인들 모두에게 미친다.

⑤ 원고가 제3자인 원고 승계참가인의 승계 여부에 대해 다투지 않으면서도 소송탈퇴, 소취하 등을 하지 않거나 이에 대하여 피고의 승낙, 동의를 받지 못하여 원고가 소송에 남아 있다면, 승계로 인해 청구가 중첩된 원고와 승계참가인은 통상공동소송인의 관계에 있다.

해설 ① [○] ※승계인의 소송인수와 시효중단

"소송목적인 권리를 양도한 원고는 법원이 소송인수 결정을 한 후 피고의 승낙을 받아 소송에서 탈퇴할 수 있는데(민사소송법 제82조 제3항, 제80조), 그 후 법원이 인수참가인의 청구의 당부에 관하여 심리한 결과 인수참가인의 청구를 기각하거나 소를 각하하는 판결을 선고하여 그 판결이 확정된 경우에는 원고가 제기한 최초의 재판상 청구로 인한 시효중단의 효력은 소멸한다. 다만 소송탈퇴는 소취하와는 그 성질이 다르며, 탈퇴 후 잔존하는 소송에서 내린 판결은 탈퇴자에 대하여도 그 효력이 미친다(민사소송법 제82조 제3항, 제80조 단서). 이에 비추어 보면 인수참가인의 소송목적 양수 효력이 부정되어 인수참가인에 대한 청구기각 또는 소각하 판결이 확정된 날부터 6개월 내에 탈퇴한 원고가 다시 탈퇴 전과 같은 재판상의 청구 등을 한 때에는, **탈퇴 전에 원고가 제기한 재판상의 청구로 인하여 발생한 시효중단의 효력은 그대로 유지된다**고 봄이 타당하다"(대판 2017.7.18. 2016다35789).

② [○] ※ 계쟁물양도에 있어서 승계인의 범위

계쟁물의 양도에 있어서 승계인의 범위는 특정적인 권리관계의 변동에 의하여 종전 당사자가 당사자적격을 잃고 신당사자가 당사자적격을 취득하는 당사자적격의 이전이므로 제81조와 제82조의 소송승계인은 제218조의 **변론종결한 뒤의 승계인에 준하여 취급하여야 한다**는 것이 判例이다. 따라서 判例는 채권적 청구권에 기한 소송 중 계쟁물을 취득한 자는 여기의 승계인에 포함되지 아니한다고 보고(아래 80마283판결), 물권적 청구권에 기한 소송 중 계쟁물을 양수한 자는 승계인에 포함시키고 있다.

[관련판례] "부동산소유권이전등기 청구소송계속 중 그 소송목적이 된 부동산에 대한 이전등기 이행채무 자체를 승계함이 없이 단순히 같은 부동산에 대한 소유권이전등기(또는 근저당설정등기)가 제3자 앞으로 경료되었다 하여도 이는 민사소송법 제82조 제1항 소정의 '그 소송의 목적이 된 채무를 승계한 때'에 해당한다고 할 수 없으므로 위 제3자에 대하여 등기말소를 구하기 위한 **소송의 인수는 허용되지 않는다**"(대판 1983.3.22. 80마283).

③ [○] "소송의 탈퇴는 승계참가가 적법한 경우에만 허용되는 것이므로, 승계참가가 부적법한 경우에는 피참가인의 소송 탈퇴는 허용되지 않고 피참가인과 상대방 사이의 소송관계가 유효하게 존속한다. 따라서 승계참가인의 참가신청이 부적법함에도 불구하고 법원이 이를 간과하여 승계참가인의 참가신청과 피참가인의 소송 탈퇴가 적법함을 전제로 승계참가인과 상대방 사이의 소송에 대해서만 판결을 하였는데 상소심에서 승계참가인의 참가신청이 부적법하다고 밝혀진 경우, 피참가인과 상대방 사이의 소송은 여전히 탈퇴 당시의 심급에 계속되어 있으므로 **상소심법원은 탈퇴한 피참가인의 청구에 관하여 심리·판단할 수 없다**"(대판 2012.4.26. 2011다85789).

④ [○] "당사자가 사망하였으나 소송대리인이 있어 소송절차가 중단되지 아니한 경우 원칙적으로 소송수계라는 문제가 발생하지 아니하고 소송대리인은 상속인들 전원을 위하여 소송을 수행하게 되는것이며 그 사건의 판결은 상속인들 전원에 대하여 효력이 있다 할 것이고, 이때 상속인이 밝혀진 경우에는 상속인을 소송승계인으로 하여 신당사자로 표시할 것이지만 상속인이 누구인지 모를 때에는 망인을 그대로 당사자로 표시하여도 무방하며, 가령 신당사자를 잘못표시하였다 하더라도 그 표시가 망인의 상속인, 상속승계인, 소송수계인 등 망인의 상속인임을 나타내는 문구로 되어 있으면 잘못표시된 당사자에 대하여는 판결의 효력이 미치지 아니하고 여전히 정당한 상속인에 대하여 판결의 효력이 미친다"(대결 1992.11.5. 91마342)

⑤ [×] ※ 소송탈퇴, 소취하 등을 하지 않거나 상대방의 부동의로 탈퇴하지 못한 당사자와의 소송관계(필수적 공동소송)

종래 判例는 "원고가 소송의 목적인 손해배상채권을 승계참가인에게 양도하고 피고들에게 채권양도의 통지를 한 다음 승계참가인이 승계참가신청을 하자 탈퇴를 신청하였으나 피고들의 부동의로 **탈퇴하지 못한 경우**, 원고의 청구와 승계참가인의 청구는 통상의 공동소송으로서 모두 유효하게 존속하는 것이므로 법원은 **원고의 청구 및 승계참가인의 청구 양자에 대하여 판단을 하여야 한다**"(대판 2004.7.9. 2002다16729)고 판시하였다.

그러나 최근 대법원은 전원합의체 판결을 통해 "승계참가에 관한 민사소송법 규정과 2002년 민사소송법 개정에 따른 다른 다수당사자 소송제도와의 정합성, 원고승계참가인(이하 '승계참가인'이라 한다)과 피참가인인 원고의 중첩된 청구를 모순 없이 합일적으로 확정할 필요성 등을 종합적으로 고려하면, 소송이 법원에 계속되어 있는 동안에 제3자가 소송목적인 권리의 전부나 일부를 승계하였다고 주장하며 민사소송법 제81조에 따라 소송에 참가한 경우, 원고가 승계참가인의 승계 여부에 대해 다투지 않으면서도 소송탈퇴, 소 취하 등을 하지 않거나 이에 대하여 피고가 부동의하여 원고가 소송에 남아 있다면 승계로 인해 중첩된 원고와 승계참가인의 청구 사이에는 필수적 공동소송에 관한 민사소송법 제67조가 적용된다"(대판 2019.10.23. 전합2012다46170)고 하여 입장을 변경하였다.

[정답] ⑤

문 E-6 **소송승계에 관한 설명 중 옳지 않은 것은?** (다툼이 있는 경우 판례에 의함)   [변시 12회]

① 소송계속 중에 소송목적인 권리를 양도한 원고는 법원이 소송인수결정을 한 후 피고의 승낙을 받아 소송에서 탈퇴하였는데, 그 후 법원이 인수참가인의 청구의 당부에 관하여 심리한 결과 인수참가인의 청구를 기각하거나 소를 각하하는 판결을 선고하여 그 판결이 확정된 경우에도 원고가 탈퇴 전에 제기한 재판상 청구로 인한 시효중단의 효력은 유지된다.

② 소송목적인 권리를 양도받은 권리승계인이라도 상고심에서는 승계참가신청을 할 수 없다.

③ 소송계속 중에 소송목적인 의무의 승계가 있다는 것을 이유로 하는 소송인수신청이 있는 경우, 법원은 그 신청의 이유로 주장하는 사실관계 자체에서 그 승계적격의 흠결이 명백하지 않는 한 결정으로 그 신청을 인용하여야 한다.

④ 소송계속 중에 제3자가 소송목적인 권리의 전부나 일부를 승계하였다고 주장하며 소송에 참가한 경우, 원고가 승계참가인의 승계 여부에 대하여 다투지 않으면서도 소송탈퇴, 소취하 등을 하지 않거나 이에 대하여 피고가 부동의하여 원고가 소송에 남아 있다면 승계로 인하여 중첩된 원고와 승계참가인의 청구 사이에는 필수적 공동소송에 관한 심판원칙이 적용된다.

⑤ 소송인수를 명하는 결정은 승계인의 적격을 인정하여 이를 당사자로서 취급하는 취지의 중간적 재판에 지나지 아니하는 것이기 때문에 이에 불복이 있으면 본안에 대한 종국판결과 함께 상소할 수 있을 뿐이고 승계인이 본안과 독립하여 위 결정에 대하여 불복할 수 없다.

해설 ① [X] ※ 승계인의 소송인수(민사소송법 제82조)와 시효중단

"소송목적인 권리를 양도한 원고는 법원이 소송인수 결정을 한 후 피고의 승낙을 받아 소송에서 탈퇴할 수 있는데(민사소송법 제82조 제3항, 제80조), 그 후 법원이 인수참가인의 청구의 당부에 관하여 심리한 결과 인수참가인의 청구를 기각하거나 소를 각하하는 판결을 선고하여 그 판결이 확정된 경우에는 원고가 제기한 최초의 재판상 청구로 인한 시효중단의 효력은 소

멸한다. 다만 소송탈퇴는 소취하와는 그 성질이 다르며, 탈퇴 후 잔존하는 소송에서 내린 판결은 탈퇴자에 대하여도 그 효력이 미친다(민사소송법 제82조 제3항, 제80조 단서). 이에 비추어 보면 인수참가인의 소송목적 양수 효력이 부정되어 인수참가인에 대한 청구기각 또는 소각하 판결이 확정된 날부터 6개월 내에 탈퇴한 원고가 다시 탈퇴 전과 같은 재판상의 청구 등을 한 때에는, 탈퇴 전에 원고가 제기한 재판상의 청구로 인하여 발생한 시효중단의 효력은 그대로 유지된다고 봄이 타당하다"(대판 2017.7.18. 2016다 35789).

② [○] ※ 상고심에서의 승계참가의 허용 여부(소극)
참가승계(인수)신청은 사실심의 변론종결 전에 한하며, 상고심에서 허용되지 않는다(대판 2002.12.10. 2002다48399). 사실심 변론종결 후의 승계인은 제218조에 의하여 판결의 효력이 미치므로 소송승계를 인정할 이익이 없기 때문이다.

③ [○] ※ 승계인의 소송인수
"소송 계속중에 소송목적인 의무의 승계가 있다는 이유로 하는 소송인수신청이 있는 경우 신청의 이유로서 주장하는 사실관계 자체에서 그 승계적격의 흠결이 명백하지 않는 한 결정으로 그 신청을 인용하여야 하는 것이고, 그 승계인에 해당하는가의 여부는 피인수신청인에 대한 청구의 당부와 관련하여 판단할 사항으로 심리한 결과 승계사실이 인정되지 않으면 청구기각의 본안판결을 하면 되는 것이지 인수참가신청 자체가 부적법하게 되는 것은 아니다"(대판 2005.10.27. 2003다66691). 즉, 인수신청 후 의무승계인 아님이 밝혀진 경우 청구기각설의 입장이다

[비교쟁점] 判例는 "당사자의 사망으로 인한 소송수계 신청이 이유 있다고 하여 소송절차를 진행시켰으나 그 후에 신청이 그 자격 없음이 판명된 경우에는 수계재판을 취소하고 신청을 각하하여야 한다"(대판 1981.3.10. 80다1895)고 판시하여, 수계를 인정하고 절차를 진행하다가 승계인이 아님이 밝혀진 경우에는 수계신청을 각하한다.

④ [○] ※ 소송탈퇴, 소취하 등을 하지 않거나 상대방의 부동의로 탈퇴하지 못한 당사자와의 소송관계(필수적 공동소송)
"승계참가에 관한 민사소송법 규정과 2002년 민사소송법 개정에 따른 다른 다수당사자 소송제도와의 정합성, 원고승계참가인(이하 '승계참가인'이라 한다)과 피참가인인 원고의 중첩된 청구를 모순 없이 합일적으로 확정할 필요성 등을 종합적으로 고려하면, 소송이 법원에 계속되어 있는 동안에 제3자가 소송목적인 권리의 전부나 일부를 승계하였다고 주장하며 민사소송법 제81조에 따라 소송에 참가한 경우, 원고가 승계참가인의 승계 여부에 대해 다투지 않으면서도 소송탈퇴, 소 취하 등을 하지 않거나 이에 대하여 피고가 부동의하여 원고가 소송에 남아있다면 승계로 인해 중첩된 원고와 승계참가인의 청구 사이에는 필수적 공동소송에 관한 민사소송법 제67조가 적용된다"(대판 2019.10.23. 전합2012다46170).

⑤ [○] ※ 소송인수를 명하는 결정에 대한 불복방법
"소송인수를 명하는 결정은 승계인의 적격을 인정하여 이를 당사자로서 취급하는 취지의 중간적 재판이므로 이에 불복이 있으면 본안에 대한 판결과 함께 상소할 수 있을 뿐이고, 승계인이 위 결정에 대하여 독립하여 불복할 수 없으므로, 고등법원의 위 결정에 대한 재항고는 부적법하다"(대결 1981.10.29. 81마357)

[정답] ①

❷ 민사소송법
상소심 및 재심절차

제1절 상 소

문1 甲은 乙을 상대로 불법행위를 원인으로 한 손해배상금 1억 원의 지급을 구함과 동시에 X 토지에 관하여 매매를 원인으로 한 소유권이전등기절차의 이행을 구하는 소를 제기하였다. 제1심 법원은 乙로 하여금 불법행위로 인한 손해배상금 1,000만 원을 甲에게 지급할 것을 명하고, 甲의 나머지 청구는 모두 기각하는 판결을 선고하였다.

甲은 제1심 판결정본을 송달받은 후 항소에 따른 인지대 납부에 부담을 느껴, 기각된 불법행위로 인한 손해배상금 청구(9,000만 원 청구 부분) 중 2,000만 원 부분에 대해서만 항소기간 내에 항소를 제기하였다. 이후 항소심 소송계속 중 甲이 적법하게 할 수 있는 것으로 옳은 것을 모두 고른 것은?

[변시 1회]

ㄱ. 甲은 제1심에서 기각된 9,000만 원의 손해배상금 청구 부분 전부에 대하여 다투는 것으로 항소취지를 변경(확장)할 수 있다.

ㄴ. 甲은 제1심에서 기각된 9,000만 원 부분뿐만 아니라 동일한 불법행위로 인한 손해배상으로 그 청구액을 2억 원으로 변경(확장)할 수 있다.

ㄷ. 불복하지 않은 청구도 항소심에 함께 이심된다는 입장에 따르면, 甲은 제1심에서 기각된 소유권이전등기청구 부분에 대하여 다투는 것으로 항소취지를 변경(확장)할 수 있다.

① 없음
② ㄱ
③ ㄱ, ㄷ
④ ㄴ, ㄷ
⑤ ㄱ, ㄴ, ㄷ

해설 ㄱ. [O], ㄷ. [O] 상소불가분원칙에 의해서 상소인의 불복 범위와 관계없이 원심판결의 전부에 차단효와 이심효가 발생한다. 특별한 규정이 없으면 제1심을 준용하는 결과 항소심에서 청구의 변경도 당연히 허용된다. 항소심에서 항소취지의 확장은 청구의 추가적 변경이라고 보아야 하는 바, 청구 변경의 요건(청구기초의 동일성이 유지될 것, 소송절차를 현저히 지연시키지 않을 것, 동종절차, 공통관할)을 갖추면 사실심 변론종결 전까지 허용된다.

ㄴ. [O] 항소심에서도 청구의 기초에 변경이 없는 한 청구의 확장 변경이 가능하다(대판 1969.12.26. 69다406).

[정답] ⑤

문 2 파기환송심을 포함한 상소심에 관한 설명 중 옳지 않은 것은? (다툼이 있는 경우 판례에 의함)   [변시 8회]

① 판결이 상고인에게 불이익한 것인지는 원칙적으로 판결의 주문과 이유를 모두 표준으로 하여 판단하여야 한다.

② 상고인이 적법한 상고이유서 제출기간 경과 후에 매매예약완결권이 제척기간 도과로 인하여 소멸되었다고 주장하였다고 할지라도 상고법원은 이를 판단하여야 한다.

③ 대법원의 파기환송 판결의 환송 후 2심(당해 사건에 대하여)은 파기의 이유가 된 잘못된 견해만 피하면 당사자가 새로 주장·증명한 바에 따른 다른 가능한 견해에 의하여 환송 전 2심 판결(당해 사건에 대하여)과 동일한 결론을 가져 온다고 하여도 대법원의 파기환송 판결의 기속력에 반하지 아니한다.

④ 상고심에서 항소심으로 파기환송된 사건이 다시 상고되었을 경우 환송 전 상고심에서의 소송대리인의 대리권은 그 사건이 다시 상고심에 계속되면서 부활하지 아니한다.

⑤ 상고이유서에 상고이유를 특정하여 원심판결의 어떤 점이 법령에 어떻게 위반되었는지에 관한 구체적이고도 명시적인 이유의 설시가 없는 때에는 상고이유서를 제출하지 않은 것으로 취급한다.

해 설 ① [X] 判例는 "상소인은 자기에게 불이익한 재판에 대해서만 상소를 제기할 수 있는 것이고 재판이 상소인에게 불이익한 것인가의 여부는 재판의 주문을 표준으로 하여 결정되는 것"이라 하여 기본적으로 형식적 불복설과 같은 입장이다(대판 1994.11.4. 94다21207). 이는 상소 전체에 적용되는 법리로 항소뿐만 아니라 상고에도 동일하게 적용된다.

② [O] "매매예약완결권의 제척기간이 도과하였는지 여부는 소위 직권조사 사항으로서 이에 대한 당사자의 주장이 없더라도 법원이 당연히 직권으로 조사하여 재판에 고려하여야 하므로, 상고법원은 매매예약완결권이 제척기간 도과로 인하여 소멸되었다는 주장이 적법한 상고이유서 제출기간 경과 후에 주장되었다 할지라도 이를 판단하여야 한다"(대판 2000.10.13. 99다18725).

③ [O] "환송판결의 하급심에 대한 법률상 판단의 기속력은 그 파기의 이유로서 원심판결의 판단이 정당치 못하다는 소극적인 면에서만 발생하는 것이고 하급심은 파기의 이유로 된 잘못된 견해만 피하면 다른 가능한 견해에 의하여 환송 전의 판결과 동일한 결론을 가져 온다고 하여도 환송판결의 기속을 받지 아니한 위법을 범한 것이라 할 수 없다고 할 것이므로 대법원의 환송 후 원심이 환송판결의 파기이유에 따라 피고의 어음법상 악의의 항변을 배척하되, 다만 상계항변을 채용함으로써 환송 전의 원심판결과 동일한 결론을 가져왔다 하여 환송판결의 기속력의 법리를 오해한 위법을 저질렀다고 할 수 없다"(대판 1990.5.8. 88다카5560)

④ [O] 判例는 "소송대리권 범위는 특별한 사정이 없는 한 당해 심급에 한정되므로, 상고심에서 항소심으로 파기환송된 사건이 다시 상고된 경우에는 항소심의 소송대리인은 그 대리권을 상실하고, 이때 환송 전 상고심 대리인의 대리권이 그 사건에 다시 상고심에 계속되면서 부활하게 되는 것은 아니라고 할 것"(대결 1996.4.4. 96마148)이라고 하여 새로운 상고심을 별개의 심급으로 본다.

⑤ [O] 상고장에 상고이유를 적지 아니한 때에 상고인은 제426조의 소송기록 접수의 통지를 받은 날부터 20일 이내에 상고이유서를 제출하여야 한다(제427조). 그런데 "상고법원은 상고이유에 의하여 불복신청한 한도 내에서만 조사·판단할 수 있으므로, 상고이유서에는 상고이유를 특정하여 원심판결의 어떤 점이 법령에 어떻게 위반되었는지에 관하여 구체적이고도 명시적인 이유의 설시가 있어야 할 것이므로, 상고인이 제출한 상고이유서에 위와 같은 구체적이고도 명시적인 이유의 설시가 없는 때에는 상고이유서를 제출하지 않은 것으로 취급할 수밖에 없다(대판 2017.5.31. 2017다216981)

[정답] ①

문3 甲은 乙의 주소를 알고 있었음에도 소재불명으로 속여 乙에 대해 대여금 청구의 소를 제기하였다. 乙에 대한 공시송달에 의한 재판진행 결과 甲 일부 승소의 제1심 판결이 공시송달로 확정되었다. 그후 乙은 위 사건기록 열람과 판결정본의 수령으로 위와 같이 공시송달에 의해 재판이 진행된 것을 알게 되었다. 다음 설명 중 옳지 않은 것은? (다툼이 있는 경우 판례에 의함) [변시 4회]

① 乙은 위 사실을 알게 된 날부터 30일 이내에 재심을 제기할 수 있다.

② 乙이 추후보완항소 제기기간을 도과하였을 경우에는 재심청구 제기기간 내에 있더라도 재심을 제기할 수 없다.

③ 乙의 추후보완항소가 적법하게 계속될 경우 甲은 부대항소를 제기할 수 있다.

④ 乙이 재심을 제기할 경우 법원은 재심의 소가 적법한지 여부와 재심사유가 있는지 여부에 관한 심리 및 재판을 본안에 관한 심리 및 재판과 분리하여 먼저 시행할 수 있다.

⑤ 乙이 추후보완항소를 제기할 경우 판결의 선고 및 송달 사실을 알지 못하여 항소기간을 지키지 못한 데 과실이 없다는 사정은 乙이 주장·증명하여야 한다.

해설 ① [O] 判例는 허위 주소를 이용한 공시송달에 의한 판결 편취의 경우에도 "공시송달의 방법에 의하여 피고에게 판결정본이 송달된 경우 피고의 주소가 허위라고 하여도 그 송달은 유효한 것이고, 그로부터 상소제기기간이 도과하면 그 판결은 확정되는 바, 이때 피고로서는 재심의 소를 제기하거나 추완항소를 제기하여서 그 취소변경을 구할 수밖에 없다"(대판 1980.7.8. 79다1528)고 하여 상소가 아닌 재심(민사소송법 제451조 1항 11호)으로 이를 구제한다. 재심은 당사자가 재심의 사유를 안 날로부터 30일 이내에 제기해야 한다(민사소송법 제456조 1항).

② [X] 추후보완상소는 '당사자가 책임질 수 없는 사유로 말미암아 불변기간을 지킬 수 없었던 경우에는 그 사유가 없어진 날부터 2주 이내에 게을리 한 소송행위를 보완할 수 있다'고 규정한 민사소송법 제173조 1항에 근거한 것으로, 민사소송법 제451조 이하에 근거하는 재심과 그 요건과 효과를 달리한다. 따라서 추후보완상소 제기기간을 도과하였더라도 재심청구의 요건을 만족하는 경우 재심 청구 가능하다.

"공시송달에 의하여 판결이 선고되고 판결정본이 송달되어 확정된 이후에 추완항소의 방법이 아닌 재심의 방법을 택한 경우에는 추완상소기간이 도과하였다 하더라도 재심기간 내에 재심의 소를 제기할 수 있다고 보아야 한다"(대판 2011.12.22. 2011다73540).

③ [O] 민사소송법 제403조는 '피항소인은 항소권이 소멸된 뒤에도 변론이 종결될 때까지 부대항소를 할 수 있다'고 규정하므로, 추후보완항소가 적법하게 계속되는 경우 변론 종결 전까지 부대항소를 제기할 수 있다.

④ [O] '법원은 재심의 소가 적법한지 여부와 재심사유가 있는지 여부에 관한 심리 및 재판을 본안에 관한 심리 및 재판과 분리하여 먼저 시행할 수 있다'(민소법 제454조 1항).

⑤ [O] "판결의 선고 및 송달 사실을 알지 못하여 상소기간을 지키지 못한 데 과실이 없다는 사정은 상소를 추후보완하고자 하는 당사자 측에서 주장·입증하여야 할 것"(대판 2012.10.11. 2012다44730).

[정답] ②

문 4 추후보완항소에 관한 설명 중 옳은 것을 모두 고른 것은? (다툼이 있는 경우 판례에 의함) [변시 7회]

> ㄱ. 원고가 피고의 주소를 허위로 기재하여 피고가 아닌 원고에게 소장부본이 송달되어 자백간주에 의한 원고승소판결이 선고되고 판결정본 역시 위와 같은 방법으로 송달된 것으로 처리되었다면, 판결정본은 피고에게 적법하게 송달되었다고 할 수 없으므로 그 판결은 형식적으로 확정되었다고 할 수 없어 소송행위의 추후보완 문제는 발생하지 않는다.
>
> ㄴ. 판결정본이 공시송달의 방법으로 송달된 경우 추후보완항소 제기기간의 기산점인 「민사소송법」 제173조 제1항의 '그 사유가 없어진 날'은 당사자나 소송대리인이 단순히 판결이 있었던 사실만을 안 때가 아니고, 나아가 그 판결이 공시송달의 방법으로 송달된 사실을 안 때를 의미한다.
>
> ㄷ. 추후보완항소를 한 경우에는 확정판결에 의한 집행력이 정지되므로 별도로 집행정지결정을 받을 필요가 없다.
>
> ㄹ. 소장부본이 적법하게 송달되어 소송이 진행되던 중 통상의 방법으로 소송서류를 송달할 수 없게 되어 판결정본을 공시송달의 방법으로 송달한 경우에 당사자가 소송의 진행상황을 조사하지 않아 항소기간이 경과하였다면 항소의 추후보완사유가 되지 않는다.

① ㄱ, ㄴ 　　② ㄱ, ㄷ

③ ㄴ, ㄷ 　　④ ㄱ, ㄴ, ㄹ

⑤ ㄴ, ㄷ, ㄹ

해설 (ㄱ) [O] "원고가 피고의 주소를 허위로 기재하여 피고가 아닌 원고에게 소장부본이 송달되어 자백간주에 의한 원고승소판결이 선고되고 판결정본 역시 위와 같은 방법으로 송달된 것으로 처리된 경우, 판결정본은 피고에게 적법하게 송달되었다고 할 수 없으므로 그 판결은 형식적으로 확정되었다고 할 수 없다. 따라서 피고는 언제든지 통상의 방법에 의한 상소를 제기할 수 있고, 판결이 확정됨을 전제로 하는 상소의 추후보완이나 재심청구는 허용되지 않는다"(대판 1978.5.9. 75다634).

(ㄴ) [○] ※ 처음부터 공시송달의 방법으로 소송이 진행된 경우(원칙적으로 과실부정)

"소장부본과 판결정본 등이 공시송달의 방법에 의하여 송달되었다면 특별한 사정이 없는 한 피고는 과실 없이 그 판결의 송달을 알지 못한 것이고, 이러한 경우 피고는 그 책임을 질 수 없는 사유로 인하여 불변기간을 준수할 수 없었던 때에 해당하여 그 사유가 없어진 후 2주일 (그 사유가 없어질 당시 외국에 있었던 경우에는 30일) 내에 추완항소를 할 수 있는바, 여기에서 '사유가 없어진 후'라 함은 당사자나 소송대리인이 단순히 판결이 있었던 사실을 안 때가 아니고 나아가 그 판결이 공시송달의 방법으로 송달된 사실을 안 때를 가리키는 것으로서, 다른 특별한 사정이 없는 한 통상의 경우에는 당사자나 소송대리인이 그 사건기록의 열람을 하거나 또는 새로이 판결정본을 영수한 때에 비로소 그 판결이 공시송달의 방법으로 송달된 사실을 알게 되었다고 보아야 한다"(대판 2000.9.5. 2000므87).

(ㄷ) [×] 판결은 상소기간이 도과되면 바로 확정되어 집행력이 발생하므로, 추후보완 소송행위를 하는 것만으로는 대상판결의 집행력·기판력이 배제되는 것은 아니다(대판 1978.9.12. 76다2400). 따라서 패소한 당사자가 추후보완을 하면서 그에 의한 집행을 저지하려면, 제500조에 의한 강제집행정지를 신청하여야 한다.

(ㄹ) [○] ※ 통상의 송달이후 공시송달이 이루어진 경우(원칙적으로 과실인정)

"민사소송법 제173조 제1항에 규정된 '당사자가 책임질 수 없는 사유'란 당사자가 소송행위를 하기 위하여 일반적으로 하여야 할 주의를 다하였음에도 불구하고 그 기간을 준수할 수 없었던 사유를 가리키는데, 소송의 진행 도중 통상의 방법으로 소송서류를 송달할 수 없게 되어 공시송달의 방법으로 송달한 경우에는 처음 소장부본의 송달부터 공시송달의 방법으로 소송이 진행된 경우와 달라서 당사자에게 소송의 진행상황을 조사할 의무가 있으므로, 당사자가 이러한 소송의 진행상황을 조사하지 않아 불변기간을 지키지 못하였다면 이를 당사자가 책임질 수 없는 사유로 말미암은 것이라고 할 수 없다"(대판 2012.10.11. 2012다44730).

[정답] ④

문5 다음 설명 중 옳지 않은 것은? (다툼이 있는 경우에는 판례에 의함)   [변시 2회]

① 원고가 건물인도청구 및 손해배상청구의 소를 제기하여 건물인도청구 인용·손해배상청구 기각의 판결을 받은 후 패소한 손해배상 부분에 대하여 항소한 경우, 승소한 건물인도 부분도 확정이 차단되고 항소심으로 이심된다.

② 소가 부적법하다는 이유로 각하를 한 제1심 판결에 대하여 원고만이 항소하고 피고는 부대항소를 하지 않은 경우, 항소심이 소 자체는 적법하지만 청구기각할 사안이라고 판단할 때에는 항소기각 판결을 해야 한다.

③ 손해배상청구소송에서 원고가 재산상 손해에 대해서는 전부승소, 위자료에 대해서는 일부패소하였다. 이에 원고가 위자료 패소부분에 대하여 항소한 경우, 전부승소한 재산상 손해에 대한 청구의 확장도 허용된다.

④ 甲이 주채무자 乙과 보증인 丙을 공동피고로 삼아 제기한 소송에서 甲이 전부 승소하자 乙만이 항소한 경우, 丙에 대한 판결은 그대로 확정된다.

⑤ 소송요건과 참가요건을 모두 갖춘 독립당사자참가소송에서 원고 甲 승소, 피고 乙 패소, 참가인 丙 패소의 경우, 丙만이 항소하여 항소심에서 심리한 결과 乙이 권리자로 판단되더라도 불이익변경금지의 원칙상 乙 승소판결을 할 수 없다.

해설 ① [O] 원고가 건물인도청구 및 손해배상청구의 소를 제기하여 건물인도청구 인용·손해배상청구기각의 판결을 받은 후 패소한 손해배상부분에 대해서만 항소한 경우, 승소부분인 건물인도부분은 비록 항소심의 심판범위에 들어갈 수 없지만(불이익변경금지의 원칙), 패소부분과 같이 항소심에 이심되고 확정이 차단된다(상소불가분의 원칙).

② [O] 소가 부적법하다고 하여 소각하한 제1심 판결에 대해 원고로부터 항소가 제기된 경우에, 항소법원이 소 자체는 적법하지만 어차피 본안에서 이유 없어 청구기각될 사안이라고 보일 때에 취할 조치에 대해 학설은 항소기각설, 필수적 환송설, 청구기각설, 절충설이 대립하나, **判例는 소각하판결보다 청구기각판결이 원고에게 불리하므로 불이익금지의 원칙상 항소기각판결을 해야 한다**고 하여 항소기각설의 입장이다(대판 2001.9.7. 99다50392).

③ [O] 전부 승소한 원고가 소의 변경 또는 청구취지 확장을 위해 상소하거나 전부 승소한 피고가 반소를 위해 상소하는 것은 상소의 이익이 없어 원칙적으로 허용되지 않는다(형식적 불복설). 다만 예외적으로 기판력을 받게 되기 때문에 뒤에 별도의 소송을 제기할 수 없게 될 경우(예: 잔부를 유보하지 아니한 묵시적 일부청구의 경우)에는 전부 승소한 원고라도 소의 변경 또는 청구취지 확장을 위한 상소의 이익을 인정할 필요가 있다(실질적 불복설).
判例는 원칙적으로 형식적 불복설의 입장이나, 예외적으로 "상소는 자기에게 불이익한 재판에 대하여 유리하게 취소변경을 구하기 위하여 하는 것이므로 전부 승소한 판결에 대하여는 항소가 허용되지 않는 것이 원칙이나, 하나의 소송물에 관하여 형식상 전부 승소한 당사자의 상소이익의 부정은 절대적인 것이라고 할 수도 없는바, 원고가 재산상 손해(소극적 손해)에 대하여는 형식상 전부 승소하였으나 위자료에 대하여는 일부 패소하였고, 이에 대하여 원고가 원고 패소부분에 불복하는 형식으로 항소를 제기하여 사건 전부가 확정이 차단되고 소송물 전부가 항소심에 계속되게 된 경우에는, 더욱이 불법행위로 인한 손해배상에 있어 재산상 손해나 위자료는 단일한 원인에 근거한 것인데 편의상 이를 별개의 소송물로 분류하고 있는 것에 지나지 아니한 것이므로 이를 실질적으로 파악하여, 항소심에서 위자료는 물론이고 재산상 손해(소극적 손해)에 관하여도 청구의 확장을 허용하는 것이 상당하다"(대판 1994.6.28. 94다3063)고 판시한 바 있다.

④ [O] 주채무자와 보증인을 공동피고로 삼아 제기한 소송은 통상 공동소송이고, 통상 공동소송의 경우 공동소송인 독립의 원칙(민소법 제66조) 때문에 공동소송인 중 한사람의 또는 한사람에 대한 상소는 다른 공동소송인에 관한 청구에 상소의 효력이 미치지 않으므로 그 부분은 분리 확정된다(일부 이심의 유일한 예외).
☞ 따라서 사안의 경우 주채무자 乙만 항소한 경우 보증인 丙에 대한 판결은 그대로 분리 확정된다.

⑤ [X] 독립당사자참가소송에서 패소하였으나 상소하지 아니한 당사자의 판결 부분에 대해서는 불이익변경금지의 원칙이 배제되며(대판 2007.10.26. 2006다86573,86580), 합일확정을 위해 필요한 한도에서는 더 유리하게 변경할 수 있다.
☞ 따라서 사안의 경우 丙만이 항소하여 항소심에서 심리한 결과 乙이 권리자로 판단되는 경우 불복항소하지 아니한 乙에게 유리하게 乙 승소판결을 할 수 있다.

[정답] ⑤

문 F-1 **부대상소에 관한 설명 중 옳지 않은 것은?** (다툼이 있는 경우 판례에 의함) [변시 12회]

① 피항소인이 부대항소를 할 수 있는 범위는 항소인이 주된 항소에 의하여 불복한 범위에 의하여 제한된다.

② 제1심에서 원고가 전부 승소하여 피고만이 항소한 경우에 원고는 항소심에서도 청구취지를 확장할 수 있고 이는 부대항소를 한 것으로 의제된다.

③ 제1심에서 원고의 청구가 일부인용되자 패소부분에 대하여 원고만 항소를 제기하고, 피고는 항소나 부대항소를 제기하지 않았음에도 원고의 항소가 기각되자 피고가 상고한 경우 그 상고는 상고의 이익이 없다.

④ 항소심의 종국판결이 상고심에서 파기되어 사건이 다시 항소심에 환송된 경우 새로운 종국판결이 있기까지는 항소인은 피항소인이 부대항소를 제기하였는지 여부에 관계없이 항소를 취하할 수 있다.

⑤ 통상공동소송에서 공동당사자 일부만이 상고를 제기한 때에는 피상고인은 상고인인 공동소송인 이외의 다른 공동소송인을 상대방으로 하여 부대상고를 제기할 수 없다.

해설 ① [×] ※ 피항소인이 부대항소를 할 수 있는 범위

"부대항소란 피항소인의 항소권이 소멸하여 독립하여 항소를 할 수 없게 된 후에도 상대방이 제기한 항소의 존재를 전제로 이에 부대하여 원판결을 자기에게 유리하게 변경을 구하는 제도로서, 피항소인이 부대항소를 할 수 있는 범위는 항소인이 주된 항소에 의하여 불복을 제기한 범위에 의하여 제한을 받지 아니한다"(대판 2003.9.26. 2001다68914).

② [○] ※ 제1심에서 전부 승소한 원고가 항소심에서 부대항소로 청구취지를 확장할 수 있는지 여부(적극)

원고가 전부승소한 경우 소의 변경만을 위한 항소는 상소이익이 없다(대판 2007.6.15. 2004다37904). 그러나 부대항소에는 항소의 이익이 필요 없으므로(비항소설) 제1심에서 전부 승소한 원고도 항소심 계속 중 그 청구취지를 확장, 변경할 수 있다. 判例도 "제1심에서 전부 승소한 원고도 항소심 계속 중 그 청구취지를 확장·변경할 수 있고, 그것이 피고에게 불리하게 하는 한도 내에서는 부대항소를 한 취지로도 볼 수 있다"(대판 1995.6.30. 94다58261)고 하였다.

③ [○] ※ 일부인용에 원고만 항소제기 후 항소심판결 선고 후 피고가 상고한 경우(상소이익 부정)

"제1심에서 원고의 피고에 대한 청구가 일부 인용되자 패소 부분에 대하여 원고만 항소를 제기하고, 피고는 항소나 부대항소를 제기하지 않고 있다가 원고의 항소가 기각되자 피고가 상고한 경우 그 상고는 상소의 이익이 없어 부적법하다"(대판 2004.7.9. 2003므2251,2268)

비교쟁점 ※ 일부인용에 원고만 항소제기 후 항소심판결 선고 후 원고가 상고한 경우(상소이익 부정)

"判例는 "원고의 청구를 일부 인용한 제1심판결에 대하여 원고만이 그 패소 부분에 대한 항소를 제기하고 피고는 항소나 부대항소를 제기하지 않은 경우, 제1심판결 중 원고 승소 부분은 항소심의 심판대상에서 제외됨으로써 항소심판결의 선고와 동시에 확정되는 것이고, 원고가 위와 같이 승소 확정된 부분에 대하여 상고를 제기하였다면 상고의 이익이 없어 부적법하다"(대판 2008.3.14. 2006다2940)고 보았다.

비교쟁점 ※ 일부인용에 피고만 항소제기 후 항소심판결 선고 후 원고가 상고(상고의 대상적격 부정)

"判例는 "원고의 청구를 일부 기각하는 제1심판결에 대하여 피고는 항소하였으나 원고는 항소나 부대항

소를 하지 아니한 경우, 제1심판결의 원고 패소 부분은 피고의 항소로 인하여 항소심으로 이심되나, 항소심의 심판대상은 되지 않는다. 항소심이 피고의 항소를 일부 인용하여 제1심판결의 피고 패소 부분 중 일부를 취소하고 그 부분에 대한 원고의 청구를 기각하였다면, 이는 제1심에서의 피고 패소 부분에 한정된 것이며 제1심판결 중 원고 패소 부분에 대하여는 항소심이 판결을 하지 않아서 이 부분은 원고의 상고대상이 될 수 없다. 따라서 원고의 상고 중 상고대상이 되지 아니한 부분에 대한 상고는 부적법하여 이를 각하하여야 한다"(대판 2017.12.28. 2014다229023)고 보았다.

④ [○] ※ 환송 후 항소심에서도 부대항소의 제기 여부에 관계 없이 항소를 취하할 수 있는지 여부
"항소는 항소심의 종국판결이 있기 전에 취하할 수 있는 것으로서(민사소송법 제363조 제1항), 일단 항소심의 종국판결이 있은 후라도 그 종국판결이 상고심에서 파기되어 사건이 다시 항소심에 환송된 경우에는 먼저 있은 종국판결은 그 효력을 잃고 그 종국판결이 없었던 것과 같은 상태로 돌아가게 되므로 새로운 종국판결이 있기까지는 항소인은 피항소인이 부대항소를 제기하였는지 여부에 관계 없이 항소를 취하할 수 있고, 그 때문에 피항소인이 부대항소의 이익을 잃게 되어도 이는 그 이익이 본래 상대방의 항소에 의존한 은혜적인 것으로 주된 항소의 취하에 따라 소멸되는 것이어서 어쩔 수 없다 할 것이므로, 이미 부대항소가 제기되어 있다 하더라도 주된 항소의 취하는 그대로 유효하다"(대판 1993.3.10. 94다51543).

⑤ [○] "통상의 공동소송에 있어 공동당사자 일부만이 상고를 제기한 때에는 피상고인은 상고인인 공동소송인 이외의 다른 공동소송인을 상대방으로 하거나 상대방으로 보태어 부대상고를 제기할 수는 없다"(대판 1994.12.23. 94다40734) 상고를 제기하지 않은 공동소송인은 분리확정되기 때문이다.

[정답] ①

제2절 재심절차

문6 재심에 관한 설명 중 옳은 것은? (다툼이 있는 경우 판례에 의함)   [변시 7회]

① 확정되지 아니한 판결에 대한 재심의 소는 부적법하지만, 판결 확정 전에 제기된 재심의 소가 각하되지 아니하고 있는 동안에 그 판결이 확정되었다면 재심의 소는 적법한 것이 된다.

② 확정된 재심판결에 재심사유가 있더라도 그 재심판결에 대하여 다시 재심의 소를 제기할 수 없다.

③ 재심사유와 추후보완항소사유가 동시에 존재하는 경우 추후보완항소기간이 경과하였다 하더라도 재심제기의 기간이 경과하지 않았다면 재심청구를 할 수 있다.

④ 재심사유 중 「민사소송법」 제451조 제1항 제3호의 대리권의 흠은 무권대리인이 실질적인 대리행위를 한 경우만을 말하고, 당사자 본인이나 그의 대리인이 실질적인 소송행위를 하지 못한 경우는 포함하지 않는다.

⑤ 채권을 보전하기 위하여 필요한 경우에는 실체법상 권리뿐만 아니라 소송법상 권리에 대하여도 대위가 허용되기 때문에 채무자와 제3채무자 사이의 소송이 계속된 이후의 그 소송과 관련한 재심의 소 제기는 채권자대위권의 목적이 될 수 있다.

해설 ① [×] "재심은 확정된 종국판결에 대하여 제기할 수 있는 것이므로, 확정되지 아니한 판결에 대한 재심의 소는 부적법하고, 판결 확정 전에 제기한 재심의 소가 부적법하다는 이유로 각하되지 아니하고 있는 동안에 판결이 확정되었더라도, 재심의 소는 적법한 것으로 되는 것이 아니다"(대판 2016.12.27. 2016다35123).

② [×] "민사소송법 제451조 제1항은 '확정된 종국판결'에 대하여 재심의 소를 제기할 수 있다고 규정하고 있는데, 재심의 소에서 확정된 종국판결도 위 조항에서 말하는 '확정된 종국판결'에 해당하므로 확정된 재심판결에 위 조항에서 정한 재심사유가 있을 때에는 확정된 재심판결에 대하여 재심의 소를 제기할 수 있다"(대판 2015.12.23. 2013다17124).

③ [O] **추후보완기간은 재심기간과는 별개로 진행한다.** 추후보완상소는 제173조 1항에 근거한 것으로, 제451조 이하에 근거하는 재심과 그 요건과 효과를 달리한다. 따라서 추후보완상소 제기기간을 도과하였더라도 재심청구의 요건을 만족하는 경우 재심 청구가 가능하다. 判例는 "공시송달에 의하여 판결이 선고되고 판결정본이 송달되어 확정된 이후에 추완항소의 방법이 아닌 재심의 방법을 택한 경우에는 **추완상소기간이 도과하였다 하더라도 재심기간 내에 재심의 소를 제기할 수 있다고 보아야 한다**"(대판 2011.12.22. 2011다73540)고 판시하였다.

④ [×] "민사소송법 제422조 제1항 제3호 소정의 소송대리권 또는 대리인이 소송행위를 함에 필요한 수권의 흠결을 재심사유로 주장하려면 무권대리인이 소송대리인으로서 본인을 위하여 실질적인 소송행위를 하였거나 소송대리권의 흠결로 인하여 본인이나 그의 소송대리인이 실질적인 소송행위를 할 수 없었던 경우가 아니면 안된다고 봄이 상당하므로, 본인에게 송달되어야 할 소송서류 등이 본인이나 그의 소송대리인에게 송달되지 아니하고 무권대리인에게 송달된 채 판결이 확정되었다 하더라도 그로 말미암아 본인이나 그의 소송대리인이 그에 대응하여 공격 또는 방어방법을 제출하는 등의 실질적인 소송행위를 할 기회가 박탈되지 아니하였다면 그 사유를 재심사유로 주장할 수 없다"(대판 1992.12.22. 92재다259).

⑤ [×] "채권을 보전하기 위하여 대위행사가 필요한 경우는 실체법상 권리뿐만 아니라 소송법상 권리에 대하여서도 대위가 허용되나, 채무자와 제3채무자 사이의 소송이 계속된 이후의 소송수행과 관련한 개개의 소송상 행위는 그 권리의 행사를 소송당사자인 채무자의 의사에 맡기는 것이 타당하므로 채권자대위가 허용될 수 없다. 같은 취지에서 볼 때 상소의 제기와 마찬가지로 종전 재심대상판결에 대하여 불복하여 종전 소송절차의 재개, 속행 및 재 심판을 구하는 재심의 소 제기는 채권자대위권의 목적이 될 수 없다"(대판 2012.12.27. 2012다75239).

[정답] ③

❷ 민사소송법
간이소송절차 및 종국판결에 부수되는 재판

제1절 간이소송절차
제2절 종국판결에 부수되는 재판

문7 제1심 판결 선고에 따른 가집행 및 강제집행정지에 관한 설명 중 옳지 않은 것은? (다툼이 있는 경우 판례에 의함) [변시 9회]

① 피고가 원고에게 제1심 판결 선고 후 위 판결 주문 중 인용 부분에 따라 지급한 돈이 제1심 판결 주문 중 가집행선고로 인한 지급물임에도 불구하고, 항소심이 이를 피고가 원고에게 임의로 변제한 것으로 보아 제1심 판결을 취소하고 원고의 청구를 기각해서는 아니 된다.

② 가집행선고 있는 제1심 판결에 기하여 피고가 원고에게 금원을 지급하였다가 다시 항소심 판결의 선고로 제1심 판결 선고가 실효됨으로 인하여 원고가 피고에게 부담하는 가지급물 반환의무는 부당이득 반환채무이므로, 피고가 가지급물 반환 신청 시「소송촉진 등에 관한 특례법」소정의 지연손해금을 청구하더라도 그 가지급물의 반환을 명하는 항소심 판결 주문 중 지연손해금에 대하여는 같은 법 제3조 제1항 소정의 법정이율이 적용되지 아니한다.

③ 가집행선고 있는 제1심 판결에 대한 강제집행정지를 위한 담보는 채권자가 그 강제집행정지로 인하여 입게 될 손해배상채권을 확보하기 위한 것이다.

④ 제1심 판결에 붙은 가집행선고는 그 본안판결을 변경한 항소심 판결에 의하여 변경되는 한도에서 효력을 잃게 되지만 그 실효는 변경된 그 본안판결의 확정을 해제조건으로 하는 것이다.

⑤ 금전 지급을 명하는 제1심 판결 주문에 가집행 주문이 있는 경우, 항소심 법원이 제1심 판결을 취소하고 원고의 청구를 전부 기각하는 판결을 선고한 후 상고심 법원이 그 항소심 판결을 전부 파기 환송하는 판결을 선고하면, 제1심 판결 주문상 가집행선고의 효력은 다시 회복된다.

[해설] ① [O] ※ 가집행선고의 효력(본집행의 효력)

가집행선고가 붙은 종국판결은 본집행의 효력과 마찬가지로 즉시 집행력이 발생한다는 점에서 집행보전에 그치는 가압류·가처분과 다르고, 상급심에서 그 가집행의 선고가 붙은 본안판결이 취소되는 것을 해제조건으로 한다는 점에서 본집행과 차이가 있다. 따라서 判例는 "가집행으로 인한 변제의 효력은 확정적인 것이 아니고 어디까지나 상소심에서 그 가집행의 선고 또는 본안판결이 취소되는 것을 해제조건으로 하여 발생하는 것에 지나지 않으므로, 제1심 가집행선고부 판결에 기하여 그 가집행선고 금액을 지급받았다 하더라도 항소심법원으로서는 이를 참작함이 없이 당해 청구의 당부를 판단하여야 한다"(대판 2000.7.6. 2000다560)고 판시하였다.

> [참고판례]　※ 가집행선고 있는 판결에 기한 변제의 효과 및 그것이 청구이의사유가 되는지 여부(적극)
> "가집행이 붙은 제1심 판결을 선고받은 채무자가 선고일 약 1달 후에 그 판결에 의한 그때까지의 원리금을 추심 채권자에게 스스로 지급하기는 하였으나 그 제1심 판결에 대하여 항소를 제기하여 제1심에서 인용된 금액에 대하여 다투었다면, 그 채무자는 제1심 판결이 인용한 금액에 상당하는 채무가 있음을 스스로 인정하고 이에 대한 확정적 변제행위로 추심 채권자에게 그 금원을 지급한 것이 아니라, 제1심 판결이 인용한 지연손해금의 확대를 방지하고 그 판결에 붙은 가집행 선고에 기한 강제집행을 면하기 위하여 그 금원을 지급한것으로 봄이 상당하고, 이와 같이 제1심 판결에 붙은 가집행선고에 의하여 지급된 금원은 확정적으로 변제의 효과가 발생하는 것이 아니어서 채무자가 그 금원의 지급 사실을 항소심에서 주장하더라도 항소심은 그러한 사유를 참작하지 않으므로, 그 금원 지급에 의한 채권 소멸의 효과는 그 판결이 확정된 때에 비로소 발생한다고 할 것이며, 따라서 채무자가 그와 같이 금원을 지급하였다는 사유는 본래의 소송의 확정판결의 집행력을 배제하는 적법한 청구이의사유가 된다"(대판 1995.6.30. 95다15827)

② [X]　※ 가집행선고의 실효로 인한 가지급물 반환의무의 법적 성질 및 소촉법 적용 여부(적극)
"제1심의 가집행선고부 판결에 기하여 금원을 지급하였다가 다시 상소심 판결의 선고로 그 선고가 실효됨으로 인하여 그 금원의 수령자가 부담하게 되는 가지급물의 반환의무는 성질상 부당이득의 반환채무라 할 것이므로 그 가지급물의 반환을 명하는 판결은 특별한 사정이 없는 한 구 소송촉진등에관한특례법(2003. 5. 10. 법률 제6868호로 개정되기 전의 것) 소정의 '금전채무의 전부 또는 일부의 이행을 명하는 판결'에 해당하므로 위 법률의 적용을 받는다"(대판 2005.1.14. 2001다81320).

> [참고판례]　※ 본안소송에서 패소확정된 보전처분채권자의 고의·과실이 사실상 추정되는지 여부(적극) 및 특별한 반증이 있는 경우 위 추정이 번복될 수 있는지 여부(적극)
> "본안판결의 변경으로 가집행의 선고가 실효되었을 경우, 법원은 가집행선고로 인하여 지급된 물건의 반환은 물론 가집행으로 인한 손해의 배상까지를 명할 수 있는데(제215조 2항), 위 배상의무는 공평원칙에 입각한 일종의 무과실책임이다"(대판 1979.9.11. 79다1123). 원상회복은 일종의 부당이득반환의무로서의 성격을 가지며, 손해배상책임은 일종의 불법행위 손해배상책임의 성격을 가진다. 한편 判例는 민법 제750조의 적용과 관련하여 "가압류나 가처분 등 보전처분은 그 피보전권리가 실재하는지 여부의 확정은 본안소송에 맡기고 단지 소명에 의하여 채권자의 책임하에 하는 것이므로, 그 집행 후에 집행채권자가 본안소송에서 패소확정되면 그 보전처분의 집행으로 인하여 채무자가 입은 손해에 대하여 집행채권자에게 고의 또는 과실이 있다고 사실상 추정되지만, 특별한 반증이 있는 경우에는 위와 같은 고의·과실의 추정이 번복될 수 있다"(대판 2014.7.10. 2012다29373)고 판시하였다.

③ [O], ④ [O], ⑤ [O]　※ 가집행선고부 판결에 대한 강제집행정지를 위한 담보의 효력
"가집행선고 있는 판결에 대한 강제집행정지를 위한 담보는 채권자가 그 강제집행정지로 인하여 입게 될 손해의 배상채권을 확보하기 위한 것이다(대결 1992.1.31. 91마718 : ③번 해설).
그리고, 제1심판결에 붙은 가집행선고는 그 본안판결을 변경한 항소심판결에 의하여 변경의 한도에서 효력을 잃게 되지만 그 실효는 변경된 그 본안판결의 확정을 해제조건으로 하는 것이어서(④번 해설) 그 항소심판결을 파기하는 상고심판결이 선고되면 가집행선고의 효력은 다시 회복되기에(대결 1965.10.20. 65마826, 대결 1993.3.29. 93마246,247 등 참조 : ⑤번 해설), 그 항소심판결이 확정되지 아니한 상태에서는 가집행선고부 제1심판결에 기한 가집행이 정지됨으로 인하여 입은 손해의 배상을 상대방에게 청구할 수 있는 가능성이 여전히 남아 있다고 할 것이므로 가집행선고부 제1심판결이 항소심

판결에 의하여 취소되었다 하더라도 그 항소심판결이 미확정인 상태에서는 그의 담보의 사유가 소멸되었다고 볼 수 없다(대결 1964.6.2. 63마165, 대결 1965.10.20. 65마826, 1983.9.28. 83마435 등 참조)"(대결 1999.12.3. 전합99마2078).

[정답] ②

문8　가압류에 관한 설명 중 옳지 않은 것은? (다툼이 있는 경우 판례에 의함)　　　　　　　　[변시 9회]

① 甲은 乙에 대하여 1억 원의 대여금채권을 가지고 있다. 甲에 대한 1억 원의 매매대금채권자 丙은 위 대여금채권에 대하여 2019. 10. 1. 법원에 압류 및 전부명령을 신청하였고, 법원은 같은 달 4. 위 신청에 따른 명령을 발령하였으며, 위 명령은 같은 달 7. 乙에게, 같은 달 8. 甲에게 각 송달된 후 확정되었다. 한편, 甲에 대한 1억 원의 매매대금채권자 丁은 2019. 9. 26. 법원에 위 대여금채권에 대한 가압류신청을 하였고, 법원은 같은 달 30. 위 신청에 따른 가압류결정을 하였으며, 위 가압류결정이 같은 해 10. 8. 乙에게 송달되었다면, 위 가압류결정은 효력이 없다.

② 「주택임대차보호법」상 대항요건을 갖춘 임차인의 임대차보증금반환채권이 가압류된 상태에서 임대주택이 양도되면 양수인이 채권가압류의 제3채무자 지위를 승계하지만, 가압류채권자는 임대주택의 양도인과 양수인 모두에 대하여 위 가압류의 효력을 주장할 수 있다.

③ A 토지에 대하여 2019. 7. 1. 임의경매가 개시되었고, A 토지 지상 B 건물에 대하여 같은 해 8. 1. 가압류등기가 마쳐진 후 같은 해 11. 1. 강제경매가 개시되었다. 甲은 같은 해 10. 1. 乙로부터 B 건물의 점유를 이전받아 위 건물에 관한 공사대금채권을 피담보채권으로 하는 유치권을 취득하였다. 丙이 위 각 경매절차에서 A 토지와 B 건물에 관한 매각허가결정을 받아 매각대금을 지급한 경우, 특별한 사정이 없는 한 甲은 丙에게 B 건물에 대한 유치권을 주장할 수 있다.

④ 甲은 乙에게 대여금채권을 가지고 있다. 甲은 丙에게 위 대여금채권을 양도하고 乙에게 확정일자 있는 채권양도통지를 하였으며, 甲의 채권자 丁은 甲에 대한 매매대금채권을 피보전권리로 하여 甲의 乙에 대한 위 대여금채권에 대하여 가압류결정을 받았다. 乙에 대한 위 채권양도통지의 도달일과 위 가압류결정의 송달일이 같은 날이지만 그 선후를 알 수 없는 경우, 乙은 법원에 변제공탁을 함으로써 丙과 丁에 대한 책임을 면할 수 있다.

⑤ 동일한 채권에 대하여 확정일자 있는 채권양도통지의 도달과 채권가압류결정의 송달이 같은 날 위 채권의 채무자에게 이루어졌는데, 그 선후관계에 대하여 달리 증명이 없으면 동시에 도달·송달된 것으로 추정한다.

[해설] ① [O] ※ 채권양수인과 동일 채권에 대하여 가압류명령을 집행한 자 사이의 우열결정기준

"채권이 이중으로 양도된 경우의 양수인 상호간의 우열은 통지 또는 승낙에 붙여진 확정일자의 선후에 의하여 결정할 것이 아니라, 채권양도에 대한 채무자의 인식, 즉 확정일자 있는 양도통지가 채무자에게 도달한 일시 또는 확정일자 있는 승낙의 일시의 선후에 의하여 결정하여야 할 것이고, 이러한 법리는 채권양수인과 동일 채권에 대하여 가압류명령을 집행한 자 사이의 우열을 결정하는 경우에 있어서도 마찬가지이므로, 확정일자 있는 채권양도 통지와 가압류결정 정본의 제3채무자(채권양도의 경우는 채무자)에 대한 도달의 선후에 의하여 그 우열을 결정하여야 한다"(대판 1994.4.26. 전합93다24223).

② [X] ※ 임차건물의 양수인지위(보증금반환채권이 가압류된 '후' 임차건물이 양도된 경우)

주택 임대차보호법은 임차주택의 양수인 기타 임대할 권리를 승계한 자(상속·경매 등으로 임차물의 소유권을 취득한 자)는 '임대인의 지위'를 승계한 것으로 본다(동법 제3조 4항, 상가건물 임대차보호법 제3조 2항도 동일). 이 경우 임대차에 종된 계약인 보증금계약 등도 임대차관계에 수반하여 이전되어(제100조 2항 유추적용), 그 결과 判例에 따르면 양수인이 임대차보증금반환채무를 '면책적으로 인수'(병존적 인수 아님)하고, 양도인은 임대차관계에서 탈퇴하여 임차인에 대한 임대차보증금반환채무를 면하게 된다고 한다(대판 1987.3.10. 86다카1114).

이러한 법리는 임차인의 임대차보증금반환채권이 가압류된 상태에서 임대주택이 양도된 경우에도 그대로 적용되므로 이 경우 양수인은 임대차보증금반환채무를 면책적으로 인수하게 되는데, 나아가 判例는 "ⅰ) 임대주택의 양도로 임대인의 지위가 일체로 양수인에게 이전된다면 채권가압류의 제3채무자의 지위도 임대인의 지위와 함께 이전된다고 볼 수밖에 없다는 점과 ⅱ) 만약 이를 부정하면 가압류권자는 장차 본집행절차에서 주택의 매각대금으로부터 우선변제를 받을 수 있는 권리를 상실하는 중대한 불이익을 입게 된다는 점 등에서 양수인은 채권가압류의 제3채무자의 지위도 승계하고, 가압류권자 또한 임대주택의 양도인이 아니라 양수인에 대하여만 위 가압류의 효력을 주장할 수 있다고 보아야 한다"고 판시하였다(대판 2013.1.17. 전합 2011다49523).

③ [O] ※ '가압류'의 효력 발생 후에 그 목적물을 인도받아 유치권을 취득한 경우(유치권 인정)

"부동산에 가압류등기가 경료되어 있을 뿐 현실적인 매각절차가 이루어지지 않고 있는 상황 하에서는 채무자의 점유이전으로 인하여 제3자가 유치권을 취득하게 된다고 하더라도 이를 처분행위로 볼 수는 없다"(대판 2011.11.24. 2009다19246).

[비교판례] ※ '압류'의 효력 발생 후에 그 목적물을 인도받아 유치권을 취득한 경우(유치권 부정)

"채무자 소유의 건물 등 부동산에 강제경매개시결정의 기입등기가 경료되어 압류의 효력이 발생한 이후에 채무자가 위 부동산에 관한 공사대금 채권자에게 그 점유를 이전함으로써 그로 하여금 유치권을 취득하게 한 경우, 그와 같은 점유의 이전은 목적물의 교환가치를 감소시킬 우려가 있는 처분행위에 해당하여 민사집행법 제92조 1항, 제83조 4항에 따른 압류의 처분금지효에 저촉되므로 점유자로서는 위 유치권을 내세워 그 부동산에 관한 경매절차의 매수인에게 대항할 수 없다"(대판 2005.8.19. 2005다22688). 이 경우 위 부동산에 경매개시결정의 기입등기가 경료되어 있음을 채권자가 알았는지 여부 또는 이를 알지 못한 것에 관하여 과실이 있는지 여부 등은 채권자가 그 유치권을 매수인에게 대항할 수 없다는 결론에 아무런 영향을 미치지 못한다(대판 2006.8.25. 2006다22050).

④ [O] ※ 채권양도 통지와 가압류결정 정본을 동시에 송달받은 채무자의 변제공탁 가부(적극)

"채권양도의 통지와 가압류 또는 압류명령이 제3채무자에게 동시에 송달되었다고 인정되어 채무자가 채권양수인 및 추심명령이나 전부명령을 얻은 가압류 또는 압류채권자 중 한 사람이 제기한 급부소송에서 전액 패소한 이후에도 다른 채권자가 그 송달의 선후에 관하여 다시 문제를 제기하는 경우 기판력의 이론상 제3채무자는 이중지급의 위험이 있을 수 있으므로, 동시

에 송달된 경우에도 제3채무자는 송달의 선후가 불명한 경우에 준하여 채권자를 알 수 없다는 이유로 변제공탁을 함으로써 법률관계의 불안으로부터 벗어날 수 있다"(대판 1994.4.26. 전합93다24223).

⑤ [O] ※ 채권양도 통지와 가압류결정 정본이 같은 날 도달된 경우 동시 도달 추정 여부(적극)
"채권양도 통지와 채권가압류결정 정본이 같은 날 도달되었는데 그 선후관계에 대하여 달리 입증이 없으면 동시에 도달된 것으로 추정한다"(대판 1994.4.26. 전합93다24223).

[정답] ②

문 9 가압류, 압류명령, 전부명령에 관한 설명 중 옳지 않은 것은? (다툼이 있는 경우 판례에 의함) [변시 9회]

① 당사자 사이에 양도금지의 특약이 있는 채권에 대하여 집행채권자가 양도금지의 특약이 있는 사실을 알면서 전부명령을 받은 경우 위 전부명령은 무효이다.

② 적법한 집행권원에 의한 압류 및 전부명령에 기하여 채권자가 제3채무자를 상대로 전부금청구의 소를 제기한 경우, 법원은 특별한 사정이 없는 한 그 집행채권(채권자가 채무자에 대하여 가지는 채권)의 소멸에 대하여 심리·판단할 필요가 없다.

③ 임대차보증금반환채권이 전부된 후 임대차계약이 해지된 경우, 임대인이 위 전부채권자에게 잔존임대차보증금반환채무를 현실적으로 이행하거나 그 채무이행을 제공하였음에도 임차인이 목적물을 인도하지 않았다는 점에 대하여 임대인이 주장·증명하지 않았다면, 임차인의 목적물에 대한 점유는 불법점유라고 볼 수 없다.

④ 채무자와 제3채무자가 아무런 합리적 이유 없이 채권의 소멸만을 목적으로 계약관계를 합의해제한다는 등의 특별한 경우를 제외하고는, 제3채무자는 채권에 대한 가압류가 있은 후에도 채권의 발생원인인 법률관계를 합의해제하고 이로 인하여 가압류채권이 소멸되었다는 사유를 들어 가압류채권자에게 대항할 수 있다.

⑤ 甲이 乙의 丙에 대한 금전채권을 압류하여 그 압류명령이 丙에게 송달된 후 丙이 乙에게 채무를 일부 변제하고 그 후에 乙의 다른 채권자인 丁이 위 금전채권을 압류하여 그 압류명령이 丙에게 송달된 경우, 丙의 乙에 대한 위 채무 변제는 丁에 대해서는 유효하다.

[해설] ① [X] ※ 양도금지특약이 있는 채권을 압류할 수 있는지 여부(적극)
양도금지특약이 있는 채권이라도 개인의 의사표시로써 압류금지재산을 만들어내는 것은 채권자를 해하는 것이 되어 부당하기 때문에, '악의'의 채권자라도 압류 및 전부명령에 의해 채권을 취득할 수 있다(대판 2003.12.11. 2001다3771).

② [O] ※ 채권압류 및 전부명령이 적법하게 이루어진 경우 전부금청구사건에서 집행채권의 소멸 또는 소멸가능성에 대한 심리판단을 요하는지 여부(소극)
"집행력 있는 채무명의에 기하여 채권의 압류 및 전부명령이 적법하게 이루어진 이상 피압류채권은 집행채권의 범위내에서 당연히 집행채권자에게 이전하는 것이어서 그 집행채권이 이미 소멸하였거나 소멸할 가능성이 있다고 하더라도 위 채권의 압류 및 전부명령의 효력에는 아무런 영향이 없

다 할 것이므로 전부금 청구사건에 있어서는 특단의 사정이 없는 한 그 집행채권의 소멸 또는 소멸 가능성에 대하여 심리판단이 필요없다"(대판 1976.5.25. 76다626).

③ [O] ※ 임차인의 임차보증금반환청구채권이 전부된 경우 임대차계약 해지 후의 임차인의 목적물에 대한 점유가 불법점유인지 여부(한정 소극)
"임차인의 임차보증금반환청구채권이 전부된 경우에도 채권의 동일성은 그대로 유지되는 것이어서 동시이행관계도 당연히 그대로 존속한다고 해석할 것이므로 임대차계약이 해지된 후에 임대인이 잔존임차보증금반환청구채권을 전부받은 자에게 그 채무를 현실적으로 이행하였거나 그 채무이행을 제공하였음에도 불구하고 임차인이 목적물을 명도하지 않음으로써 임차목적물반환채무가 이행지체에 빠지는 등의 사유로 동시이행의 항변권을 상실하게 되었다는 점에 관하여 임대인이 주장·입증을 하지 않은 이상 임차인의 목적물에 대한 점유는 동시이행의 항변권에 기한 것이어서 불법점유라고 볼 수 없다"(대판 2002.7.26. 2001다68839).

④ [O] ※ 채권가압류가 채권의 발생원인인 법률관계에 대한 채무자의 처분을 구속하는지 여부(소극)
"채권에 대한 가압류는 제3채무자에 대하여 채무자에게의 지급 금지를 명하는 것이므로 채권을 소멸 또는 감소시키는 등의 행위는 할 수 없고 그와 같은 행위로 채권자에게 대항할 수 없는 것이지만, 채권의 발생원인인 법률관계에 대한 채무자의 처분까지도 구속하는 효력은 없다 할 것이므로 채무자와 제3채무자가 아무런 합리적 이유 없이 채권의 소멸만을 목적으로 계약관계를 합의해제한다는 등의 특별한 경우를 제외하고는, 제3채무자는 채권에 대한 가압류가 있는 후라고 하더라도 채권의 발생원인인 법률관계를 합의해제하고 이로 인하여 가압류채권이 소멸되었다는 사유를 들어 가압류채권자에게 대항할 수 있다"(대판 2001.6.1. 98다17930).

⑤ [O] ※ 채권압류의 처분금지효력의 상대성
"압류의 처분금지 효력은 절대적인 것이 아니고, 채무자의 처분행위 또는 제3채무자의 변제로써 처분 또는 변제 전에 집행절차에 참가한 압류채권자나 배당요구채권자에게 대항하지 못한다는 의미에서의 상대적 효력만을 가지는 것이어서, 압류의 효력발생 전에 채무자가 처분하였거나 제3채무자가 변제한 경우에는, 그 보다 먼저 압류한 채권자가 있어 그 채권자에게는 대항할 수 없는 사정이 있더라도, 그 처분이나 변제 후에 압류명령을 얻은 채권자에 대하여는 유효한 처분 또는 변제가 된다"(대판 2003.5.30. 2001다10748)

[정답] ①

문 10 채권압류 및 추심명령에 관한 설명 중 옳지 않은 것은? (다툼이 있는 경우 판례에 의함) [변시 9회]

① 임대차보증금반환채권이 양도된 후에 양수인의 채권자가 임대차보증금반환채권에 대하여 채권압류 및 추심명령을 받은 경우 위 채권양도계약이 통정허위표시로서 무효인 때에는, 양수인의 채권자는 이로 인해 외형상 형성된 법률관계를 기초로 실질적으로 새로운 이해관계를 맺은 「민법」 제108조 제2항 소정의 제3자에 해당한다.

② 채권압류 및 추심명령의 제3채무자가 압류채권자에게 압류된 채권액 상당에 관하여 지체책임을 지는 것은 집행법원으로부터 추심명령을 송달받은 때가 아니라 추심명령이 발령된 후 압류채권자로부터 추심금청구를 받은 다음날부터이다.

③ 채권압류 및 추심명령의 제3채무자는 위 명령을 송달받은 후 압류채무자에게 채무를 이행하더라도 압류채권자에게 대항할 수 없어 추심명령을 받은 압류채권자에게 채무를 이행하여야 할 의무를 부담하게 된다.

④ 채권자가 채권압류 및 추심명령을 신청하면서 채무자와 제3채무자 사이의 소송의 판결결과에 따라 제3채무자가 채무자에게 지급하여야 하는 금액을 피압류채권으로 표시한 경우에는, 채권자가 받은 채권압류 및 추심명령의 효력은 위 소송결과에 따라 제3채무자가 채무자에게 실제 지급하여야 하는 판결금채권에 한하여 미치는 것으로 보아야 한다.

⑤ 채권압류명령을 받은 제3채무자가 압류채무자에 대한 반대채권을 가지고 있는 경우 상계로써 압류채권자에게 대항할 수 있기 위해서는, 압류의 효력이 발생할 당시에 대립하는 양 채권이 상계적상에 있거나 그 당시 반대채권의 변제기가 도래하지 아니한 때에는 그것이 피압류채권의 변제기와 동시에 또는 그보다 먼저 도래하여야 한다.

해설 ① [○] ※ 가장양도된 채권에 대하여 그 양수인의 채권자가 채권압류 및 '추심명령'을 받은 경우

"임대차보증금반환채권이 양도된 후 양수인의 채권자가 임대차보증금반환채권에 대하여 채권압류 및 추심명령을 받았는데 임대차보증금반환채권 양도계약이 허위표시로서 무효인 경우 채권자는 그로 인해 외형상 형성된 법률관계를 기초로 실질적으로 새로운 법률상 이해관계를 맺은 제3자에 해당한다"(대판 2014.4.10. 2013다59753).

비교판례 ※ 가장양도된 채권의 채무자

채권의 가장양도에서 채무자는 ⅰ) 채권의 양도인이 채무자에게 채무의 이행을 청구할 때 선의의 채무자는 채권 양수인에게 변제하여야 함을 이유로 거절할 수 없다. 이 경우 채무자는 가장양도에 터 잡아 새로운 이해관계를 맺은 바가 없기 때문이다(대판 1983.1.18. 82다594 ; 이 판결은 채무자가 가장양수인에게 지급하지 않고 있는 동안에 양도가 허위표시에 기한 것임이 밝혀진 경우를 전제로 하고 있음을 주의해야 한다). ⅱ) 그러나 채권의 가장양도인이 채무자에게 채무의 이행을 청구하였는데 채무자는 이미 채권의 양도가 유효한 것으로 믿고 채권 양수인에게 채무를 이행해 버린 경우, 채무자는 채권의 가장양도에 터 잡아 '채무의 변제'라는 새로운 이해관계를 맺었기 때문에 제3자에 해당하는 것으로 보아야 한다(다수설). 따라서 채무자는 이를 이유로 변제를 거절할 수 있다. 물론 채무자는 그 밖에 제452조 1항에 의한 항변, 채권의 준점유자에 대한 변제(제470조) 항변 등을 할 수도 있다.

② [○] ※ 압류·추심명령에 따라 압류된 채권액 상당에 관하여 제3채무자가 압류채권자에게 지체책임을 지는 시기

"추심명령은 압류채권자에게 채무자의 제3채무자에 대한 채권을 추심할 권능을 수여함에 그치고, 제3채무자로 하여금 압류채권자에게 압류된 채권액 상당을 지급할 것을 명하거나 그 지급기한을 정하는 것이 아니므로, 제3채무자가 압류채권자에게 압류된 채권액 상당에 관하여 지체책임을 지는 것은 집행법원으로부터 추심명령을 송달받은 때부터가 아니라 추심명령이 발령된 후 압류채권자로부터 추심금 청구를 받은 다음날부터라고 하여야 한다"(대판 2012.10.25. 2010다47117).

③ [○] ※ 변제수령자

채권자가 원칙적으로 변제수령권한을 갖는다. 그러나 채권이 압류·가압류된 경우, 채권이 질권의 목적인 경우, 채권자가 파산한 경우에는 채권자에게 변제수령권한이 없고, 압류·가압류채권자, 질권자, 파산관재인이 변제수령권한을 갖는다.

예컨대 A의 B에 대한 금전채권을 A의 채권자 C가 압류 (또는 가압류)한 때에는, 법원은 제3채무자(B)에게 채무자(A)에 대한 지급을 금지하고 채무자에게 채권의 처분과 영수를 금지하여야 하므로(민사집행법 제227조·제296조 3항), B의 A에 대한 변제는 C에 대해서는 무효이다. C가 위 압류에 기초하여 추심명령 또는 전부명령을 얻은 때에는 B는 C에게 변제하여야 한다 (민사집행법 229조). B가 이중변제를 한 때에는 A에 대해 부당이득의 반환을 청구할 수 있다.

④ [×] ※ 채권압류 및 추심명령을 신청하면서 판결 결과에 따라 제3채무자가 채무자에게 지급하여야 하는 금액을 피압류채권으로 표시한 경우, 채권압류 및 추심명령의 효력이 거기에서 지시하는 소송의 소송물인 청구원인 채권에 미치는지 여부(적극)

"판결 결과에 따라 제3채무자가 채무자에게 지급하여야 하는 금액을 피압류채권으로 표시한 경우 해당 소송의 소송물인 실체법상의 채권이 채권압류 및 추심명령의 대상이 된다고 볼 수밖에 없고, 결국 채권자가 받은 채권압류 및 추심명령의 효력은 거기에서 지시하는 소송의 소송물인 청구원인 채권에 미친다고 보아야 한다"(대판 2018.6.28. 2016다203056)

사실관계 甲 주식회사가 乙을 상대로 토지 인도 및 차임 상당의 부당이득반환소송을 제기하자, 甲 회사에 대한 구상금채권인 신용보증기금이 '그 소송에서 甲 회사가 받게 될 지료청구채권 및 합의로 소가 취하될 경우 합의금 등 청구채권'을 피압류채권으로 하는 압류명령 및 추심명령을 받았고, 그 후 위 소송에서 차임 상당의 부당이득반환을 구하는 부분이 신용보증기금에만 당사자적격이 있다는 이유로 각하판결이 선고되어 확정되자, 신용보증기금이 乙을 상대로 추심금 청구의 소를 제기하여 승소판결을 받은 다음 乙 소유 동산에 대한 강제집행을 신청하였는데, 위 각하판결 확정 후 甲 회사로부터 부당이득반환채권을 양수한 丙이 乙을 상대로 제기한 소송에서 부당이득금의 지급을 명하는 이행권고결정이 확정되어 위 강제집행의 배당절차에서 丙에게 배당금을 지급하는 내용의 배당표가 작성되자, 신용보증기금이 강제집행절차 진행 중 사망한 丙의 단독상속인 丁을 상대로 배당이의의 소를 제기한 사안에서, 丁은 채권압류 및 추심명령의 효력이 발생한 후에 이루어진 피압류채권에 관한 채권양도로 채권압류 및 추심권자인 신용보증기금에 대항할 수 없다고 한 사례

⑤ [○] ※ 지급금지채권(압류 또는 가압류된 채권)을 수동채권으로 하는 상계

지급을 금지하는 명령을 받은 제3채무자는 그 후에 취득한 채권에 의한 상계로 그 명령을 신청한 채권자에게 대항하지 못한다(제498조). 지급금지명령을 받은 채권이란 압류 또는 가압류를 당한 채권으로서, 본조는 압류의 효력을 유지하여 채무자의 재산으로부터 만족을 얻으려는 집행채권자를 보호하려는 데에 그 취지가 있다. 그러므로 압류 또는 가압류의 효력이 발생하기 전에 제3채무자가 채무자에 대해 채권을 가지고 있은 때에는 상계할 수 있다(제498조의 반대해석).

다만 判例는 "㉠ 압류의 효력 발생 당시에 대립하는 양 채권이 상계적상에 있거나, ㉡ 그 당시에 제3채무자가 채무자에 대해 갖는 자동채권의 변제기가 아직 도래하지 않았더라도 압류채권자가 그 이행을 청구할 수 있는 때, 즉 피압류채권인 수동채권의 변제기가 도래한 때에 자동채권의 변제기가 동시에 도래하거나 또는 그 전에 도래한 때에는 제3채무자의 상계에 관한 기대는 보호되어야 한다"(대판 2012.2.16. 전합 2011다45521)고 한다.

[정답] ④

문 11 금전채권에 대한 전부명령, 추심명령에 관한 설명 중 옳지 않은 것은? (다툼이 있는 경우 판례에 의함)

[변시 10회]

① 당사자 사이에 양도금지의 특약이 있는 채권이라도 압류 및 전부명령에 따라 이전될 수 있으나, 양도금지의 특약이 있는 사실에 관하여 압류채권자가 악의인 경우에는 그렇지 않다.

② 채권자대위소송이 제기되고 대위채권자가 채무자에게 대위권 행사사실을 통지하거나 채무자가 이를 알게 된 이후에는, 피대위채권에 대한 전부명령은 우선권 있는 채권에 기초한 것이라는 등의 특별한 사정이 없는 한 무효이다.

③ 전부명령이 확정되면 그 명령이 제3채무자에게 송달된 때에 소급하여 압류된 채권이 집행채권의 범위 안에서 당연히 압류채권자에게 이전되고 동시에 집행채권 소멸의 효력이 발생한다.

④ 금전채권에 대한 압류 및 추심명령이 있는 경우, 채무자는 제3채무자에 대하여 가지는 피압류채권에 기한 동시이행 항변권을 상실하지 않는다.

⑤ 임대차보증금이 수수된 임대차계약에서 임대인의 차임채권에 관하여 압류 및 추심명령이 있었다 하더라도, 당해 임대차계약이 종료되어 목적물이 반환될 때에는 그때까지 추심되지 아니한 채 잔존하는 차임채권 상당액도 임대차보증금에서 공제된다.

해설 ① [×] ※ 전부명령과 양도금지 특약

전부명령에 의하여 피전부채권은 동일성을 유지한 채로 집행채무자로부터 집행채권자에게 이전되므로(민사집행법 제229조 3항), 제3채무자인 피고는 채권압류 전에 피전부채권자에 대하여 가지고 있었던 항변사유를 가지고 전부채권자에게 대항할 수 있다.

그러나 피전부채권이 양도금지의 특약이 있는 채권이더라도 전부명령에 의하여 전부되는 데에는 지장이 없고, **양도금지의 특약이 있는 사실에 관하여 집행채권자가 선의인가 악의인가는 전부명령의 효력에 영향을 미치지 못하는 것이므로**(대판 2002.8.27. 2011다71699), 제3채무자인 피고가 채무자와 사이에 피전부채권에 관하여 양도금지의 특약을 체결하였고, 원고가 그 사실을 알고 있었다고 주장하더라도 이는 유효한 항변이 될 수 없다. 나아가 전부채권자로부터 다시 그 채권을 양수한 자가 그 특약의 존재를 알았거나 중대한 과실로 알지 못하였다고 하더라도 제3채무자는 위 특약을 근거로 삼아 채권양도의 무효를 주장할 수 없다(대판 2003.12.11. 2001다3771).

② [○] "채권자대위소송이 제기되고 대위채권자가 채무자에게 대위권 행사사실을 통지하거나 채무자가 이를 알게 되면 민법 제405조 제2항에 따라 채무자는 피대위채권을 양도하거나 포기하는 등 채권자의 대위권 행사를 방해하는 처분행위를 할 수 없게 되고 이러한 효력은 제3채무자에게도 그대로 미치는데, 그럼에도 그 이후 대위채권자와 평등한 지위를 가지는 채무자의 다른 채권자가 피대위채권에 대하여 전부명령을 받는 것도 가능하다고 하면, 채권자대위소송의 제기가 채권자의 적법한 권리행사방법 중 하나이고 채무자에게 속한 채권을 추심한다는 점에서 추심소송과 공통점도 있음에도 그것이 무익한 절차에 불과하게 될 뿐만 아니라, 대위채권자가 압류·가압류나 배당요구의 방법을 통하여 채권배당절차에 참여할 기회조차 가지지 못하게 한 채 전부명령을 받은 채권자가 대위채권자를 배제하고 전속적인 만족을 얻는 결과가 되어, 채권자대위권의 실질적 효과를 확보하고자 하는 민법 제405조 제2항의 취지에 반하게

된다. 따라서 채권자대위소송이 제기되고 대위채권자가 채무자에게 대위권 행사사실을 통지하거나 채무자가 이를 알게 된 이후에는 민사집행법 제229조 제5항이 유추적용되어 피대위채권에 대한 전부명령은, 우선권 있는 채권에 기초한 것이라는 등의 특별한 사정이 없는 한, 무효이다"(대판 2016.8.29. 2015다236547)

③ [○] "전부명령이 확정되면 피압류채권은 제3채무자에게 송달된 때에 소급하여 집행채권의 범위 안에서 당연히 전부채권자에게 이전하고 동시에 집행채권 소멸의 효력이 발생하는 것으로, 이 점은 피압류채권이 그 존부 및 범위를 불확실하게 하는 요소를 내포하고 있는 장래의 채권인 경우에도 마찬가지라고 할 것이나 장래의 채권에 대한 전부명령이 확정된 후에 그 피압류채권의 전부 또는 일부가 존재하지 아니한 것으로 밝혀졌다면 민사소송법 제564조 단서에 의하여 그 부분에 대한 전부명령의 실체적 효력은 소급하여 실효된다"(대판 2001.9.25. 99다15177).

④ [○] "금전채권에 대한 압류 및 추심명령이 있는 경우, 이는 강제집행절차에서 추심채권자에게 채무자의 제3채무자에 대한 채권을 추심할 권능만을 부여하는 것이므로, 이로 인하여 채무자가 제3채무자에 대하여 가지는 채권이 추심채권자에게 이전되거나 귀속되는 것은 아니므로, 추심채무자로서는 제3채무자에 대하여 피압류채권에 기하여 그 동시이행을 구하는 항변권을 상실하지 않는다"(대판 2001.3.9. 2000다73490)

⑤ [○] "부동산 임대차에 있어서 수수된 보증금은 차임채무, 목적물의 멸실·훼손 등으로 인한 손해배상채무 등 임대차에 따른 임차인의 모든 채무를 담보하는 것으로서 그 피담보채무 상당액은 임대차관계의 종료 후 목적물이 반환될 때에 특별한 사정이 없는 한 별도의 의사표시 없이 보증금에서 당연히 공제되는 것이므로, 임대보증금이 수수된 임대차계약에서 차임채권에 관하여 압류 및 추심명령이 있었다 하더라도, 당해 임대차계약이 종료되어 목적물이 반환될 때에는 그 때까지 추심되지 아니한 채 잔존하는 차임채권 상당액도 임대보증금에서 당연히 공제된다"(대판 2004.12.23. 2004다56554).

[정답] ①

문 12 乙이 丙에 대하여 가지는 A 부동산에 관한 소유권이전등기청구권이 甲에 의하여 가압류된 경우에 관한 설명 중 옳지 않은 것은? (다툼이 있는 경우 판례에 의함) [변시 11회]

① 乙은 丙에 대하여 위 부동산에 관한 소유권이전등기절차의 이행을 구하는 소를 제기할 수 있고, 법원은 가압류가 되어 있음을 이유로 이를 배척할 수 없는 것이 원칙이다.

② 어떠한 경로로 丙으로부터 乙 명의로 위 부동산에 관한 소유권이전등기가 마쳐졌다면 甲은 부동산 자체를 가압류하거나 압류하면 되고 위 소유권이전등기의 말소를 구할 필요는 없다.

③ 乙이 丙을 상대로 위 부동산에 관한 소유권이전등기절차의 이행을 구하는 소를 제기한 경우, 丙이 위 가압류 사실을 주장하고 증명하였다면 법원은 가압류의 해제를 조건으로 하지 않는 한 소유권이전등기절차의 이행을 명할 수 없다.

④ 丙이 위 부동산에 관하여 丁에게 소유권이전등기를 해주었다면, 甲이 丁에 대하여 위

> 소유권이전등기가 가압류에 저촉되어 원인무효라고 주장하며 한 말소등기청구는 인용되어야 한다.
>
> ⑤ 乙이 위 부동산에 관한 소유권이전등기절차의 이행을 구하는 소를 제기하였으나, 丙이 이에 적극적으로 응소하지 않음으로써 가압류의 사실이 주장되지 않아 乙의 승소로 소유권이전등기가 된 후 결과적으로 그 부동산이 丁에게 소유권이전등기가 되어 甲에게 손해를 입혔다면, 丙은 甲에 대하여 불법행위에 기한 손해배상책임을 부담한다.

[해설] ① [O] ※ 채권가압류결정이 제3채무자에게 송달된 후에 채권을 양도받은 자가 제3채무자를 상대로 이행의 소를 제기할 수 있는지 여부(적극)

"일반적으로 채권에 대한 가압류가 있더라도 이는 가압류채무자가 제3채무자로부터 현실로 급부를 추심하는 것만을 금지하는 것이므로 가압류채무자는 제3채무자를 상대로 그 이행을 구하는 소송을 제기할 수 있고, 법원은 가압류가 되어 있음을 이유로 이를 배척할 수 없는 것이며, 채권양도는 구 채권자인 양도인과 신 채권자인 양수인 사이에 채권을 그 동일성을 유지하면서 전자로부터 후자에게로 이전시킬 것을 목적으로 하는 계약을 말한다 할 것이고, 채권양도에 의하여 채권은 그 동일성을 잃지 않고 양도인으로부터 양수인에게 이전된다 할 것이며, 가압류된 채권도 이를 양도하는 데 아무런 제한이 없으나, 다만 가압류된 채권을 양수받은 양수인은 그러한 가압류에 의하여 권리가 제한된 상태의 채권을 양수받는다고 보아야 할 것이다"(대판 2000.4.11. 99다23888).

② [O] ※ 등기청구권이 (가)압류된 후 채무자의 처분행위가 있는 경우

"부동산소유권이전등기청구권의 가압류는 채무자 명의로 소유권을 이전하여 이에 대하여 강제집행을 할 것을 전제로 하고 있으므로 소유권이전등기청구권을 가압류하였다 하더라도 어떠한 경로로 제3채무자로부터 채무자 명의로 소유권이전등기가 마쳐졌다면 채권자는 부동산 자체를 가압류하거나 압류하면 될 것이지 등기를 말소할 필요는 없다"(대판 1992.11.10. 전합92다4680).

③ [O] ※ 가압류·가처분된 '소유권이전등기청구권'에 대한 이행청구

가압류·가처분된 소유권이전등기청구권에 대한 이행청구(대판 1992.11.10. 92다4680)도 소의 이익이 있다. 다만, 대법원은 "소유권이전등기청구권에 대한 압류나 가압류가 있더라도 채무자는 제3채무자를 상대로 그 이행을 구하는 소송을 제기할 수 있고 법원은 가압류가 되어 있음을 이유로 이를 배척할 수는 없는 것이지만, 소유권이전등기를 명하는 판결(민법 제389조 2항)은 의사의 진술을 명하는 판결로서 이것이 확정되면 채무자는 일방적으로 이전등기를 신청할 수 있고 제3채무자는 이를 저지할 방법이 없게 되므로(소유권이전등기를 명하는 판결의 경우 별도의 집행단계가 존재하지 않고, 집행공탁의 공탁물은 금전에 한정되기 때문에 제3채무자는 채무를 면할 방법이 없다 : 저자주) 위와 같이 볼 수는 없고 이와 같은 경우에는 '가압류의 해제'를 조건으로 하지 않는 한 법원은 이를 인용하여서는 안된다"(대판 1999.2.9. 98다42615 ; 대판 1992.11.10. 전합 92다4680 등)고 판시하고 있다(원고일부승소).

다만, 변론주의원칙상 제3채무자가 소유권이전등기청구권이 가압류된 사실을 주장하는 등의 사정이 있어야 위와 같은 해제조건부 인용 판결이 가능하다.

④ [X] ※ 등기청구권이 (가)압류된 후 채무자의 처분행위가 있는 경우

"소유권이전등기청구권에 대한 압류나 가압류는 채권에 대한 것이지 등기청구권의 목적물인 부동산에 대한 것이 아니고, 채무자와 제3채무자에게 결정을 송달하는 외에 현행법상 등기부에 이를 공시하는 방법이 없는 것으로서 당해 채권자와 채무자 및 제3채무자 사이에만 효력을 가지며, 압류나 가압류와 관계가 없는 제3자에 대하여는 압류나 가압류의 처분금지적 효력을

주장할 수 없으므로 소유권이전등기청구권의 압류나 가압류는 청구권의 목적물인 부동산 자체의 처분을 금지하는 대물적 효력은 없다 할 것이고, 제3채무자나 채무자로부터 소유권이전등기를 넘겨받은 제3자에 대하여는 취득한 등기가 원인무효라고 주장하여 말소를 청구할 수 없다"(대판 1992.11.10. 전합92다4680).

⑤ [O] ※ 소유권이전등기청구권이 가압류된 경우 제3채무자의 응소의무 인정여부(적극)

"소유권이전등기를 명하는 판결은 의사의 진술을 명하는 판결(민법 제389조 2항)로서 이것이 확정되면 채무자는 일방적으로 이전등기를 신청할 수 있고 제3채무자는 이를 저지할 방법이 없으므로, 소유권이전등기청구권이 가압류된 경우에는 변제금지의 효력이 미치고 있는 제3채무자로서는 일반채권이 가압류된 경우와는 달리 채무자 또는 그 채무자를 대위한 자로부터 제기된 소유권이전등기 청구소송에 응소하여 그 소유권이전등기청구권이 가압류된 사실을 주장하고 자신이 송달받은 가압류결정을 제출하는 방법으로 입증하여야 할 의무가 있다고 할 것이고, 만일, 제3채무자가 고의 또는 과실로 위 소유권이전등기 청구소송에 응소하지 아니한 결과 의제자백에 의한 판결이 선고되어 확정됨에 따라 채무자에게 소유권이전등기가 경료되고 다시 제3자에게 처분된 결과 채권자가 손해를 입었다면, 이러한 경우는 제3채무자가 채무자에게 임의로 소유권이전등기를 경료하여 준 것과 마찬가지로 불법행위를 구성한다고 보아야 한다"(대판 1999.6.11. 98다22963).

[정답] ④

문 F-2 직무집행정지 및 직무대행자선임에 관한 설명 중 옳지 않은 것은? (다툼이 있는 경우 판례에 의함)

[변시 12회]

① 「민법」상 조합의 청산인에 대하여 법원에 해임을 청구할 권리가 조합원에게 인정되지 않으므로, 특별한 사정이 없는 한 그와 같은 해임청구권을 피보전권리로 하여 청산인에 대한 직무집행정지와 직무대행자선임을 구하는 가처분은 허용되지 않는다.

② 주식회사의 이사나 감사를 피신청인으로 하여 그 직무집행을 정지하고 직무대행자를 선임하는 가처분이 있는 경우 그 이사 등의 임기는 가처분결정으로 인하여 당연히 정지되고 그 가처분결정이 존속하는 기간만큼 연장된다.

③ 가처분재판에 의하여 비법인사단인 종중의 대표자의 직무대행자가 선임된 상태에서 적법하게 소집된 총회의 결의에 따라 피대행자의 후임자가 새로 선출되었더라도 위 가처분결정이 취소되지 않는 한 총회에서 선임된 위 후임자는 그 선임결의의 적법 여부에 관계없이 대표권을 가지지 못한다.

④ 이사의 직무집행정지를 위한 가처분에서 주식회사에는 피신청인의 적격이 없다.

⑤ 법원의 직무집행정지 가처분결정에 의하여 주식회사를 대표할 권한이 정지된 대표이사가 그 정지기간 중에 체결한 계약은 절대적으로 무효이고, 그 후 무효인 계약이 가처분신청의 취하에 의하여 유효하게 되지는 않는다.

해설 ① [○] ※ 민법상 조합의 청산인에 대한 해임청구권을 피보전권리로 하여 청산인에 대한 직무집행정지와 직무대행자선임을 구하는 가처분이 허용되는지 여부(원칙적 소극)

"민사집행법 제300조 제2항에서 정한 '임시의 지위를 정하는 가처분'은 다툼 있는 권리관계에 관하여 그것이 본안소송에 의하여 확정되기까지 가처분권리자가 현재의 현저한 손해를 피하거나 급박한 위험을 막기 위하여 또는 그 밖에 필요한 이유가 있는 경우 허용되는 응급적·잠정적인 처분이므로 다툼 있는 권리관계의 존재를 요건으로 한다.

법률관계의 변경·형성을 목적으로 하는 형성의 소는 법률에 명문의 규정이 있는 경우에 한하여 제기할 수 있다. 단체의 대표자 등에 대하여 해임을 청구하는 소는 형성의 소에 해당하고, 이를 허용하는 법적 근거가 없는 경우 대표자 등에 대하여 직무집행정지와 직무대행자선임을 구하는 가처분 신청은 가처분에 의하여 보전될 권리관계가 존재한다고 볼 수 없어 허용되지 않는다.

조합이 해산한 때 청산은 총조합원 공동으로 또는 그들이 선임한 자가 그 사무를 집행하고 청산인의 선임은 조합원의 과반수로써 결정한다(민법 제721조 제1항, 제2항). 민법은 조합원 중에서 청산인을 정한 때 다른 조합원의 일치가 아니면 청산인인 조합원을 해임하지 못한다고 정하고 있을 뿐이고(제723조, 제708조), 조합원이 법원에 청산인의 해임을 청구할 수 있는 규정을 두고 있지 않다. 민법상 조합의 청산인에 대하여 법원에 해임을 청구할 권리가 조합원에게 인정되지 않으므로, 특별한 사정이 없는 한 그와 같은 해임청구권을 피보전권리로 하여 청산인에 대한 직무집행정지와 직무대행자선임을 구하는 가처분은 허용되지 않는다"(대결 2020.4.24. 2019마6918).

② [X] "주식회사의 이사나 감사를 피신청인으로 하여 그 직무집행을 정지하고 직무대행자를 선임하는 가처분이 있는 경우 가처분결정은 이사 등의 직무집행을 정지시킬 뿐 이사 등의 지위나 자격을 박탈하는 것이 아니므로, 특별한 사정이 없는 한 가처분결정으로 인하여 이사 등의 임기가 당연히 정지되거나 가처분결정이 존속하는 기간만큼 연장된다고 할 수 없다. 나아가 위와 같은 가처분결정은 성질상 당사자 사이뿐만 아니라 제3자에 대해서도 효력이 미치지만, 이는 어디까지나 직무집행행위의 효력을 제한하는 것일 뿐이므로, 이사 등의 임기 진행에 영향을 주는 것은 아니다"(대판 2020.8.20. 2018다249148)

③ [○] "가처분재판에 의하여 법인 등 대표자의 직무대행자가 선임된 상태에서 피대행자의 후임자가 적법하게 소집된 총회의 결의에 따라 새로 선출되었다 해도 그 직무대행자의 권한은 위 총회의 결의에 의하여 당연히 소멸하는 것은 아니므로 사정변경 등을 이유로 가처분결정이 취소되지 않는 한 직무대행자만이 적법하게 위 법인 등을 대표할 수 있고, 총회에서 선임된 후임자는 그 선임결의의 적법 여부에 관계없이 대표권을 가지지 못한다"(대판 2010.2.11. 2009다70395)

④ [○] "임시의 지위를 정하기 위한 이사직무집행정지가처분에 있어서 피신청인이 될 수 있는 자는 그 성질상 당해 이사이고, 회사에게는 피신청인의 적격이 없다"(대판 1982.2.9. 80다2424)

⑤ [○] "법원의 직무집행정지 가처분결정에 의해 회사를 대표할 권한이 정지된 대표이사가 그 정지기간 중에 체결한 계약은 절대적으로 무효이고, 그 후 가처분신청의 취하에 의하여 보전집행이 취소되었다 하더라도 집행의 효력은 장래를 향하여 소멸할 뿐 소급적으로 소멸하는 것은 아니라 할 것이므로, 가처분신청이 취하되었다 하여 무효인 계약이 유효하게 되지는 않는다"(대판 2008.5.29. 2008다4537)

[정답] ②

부 록

판 례 색 인

[하급심 판결]